現代日本社会の権力構造

浅野正彦
ジル・スティール［編著］

ANALYZING POLITICS AND SOCIETY IN MODERN JAPAN

北大路書房

はじめに

権力はどのように獲得され、行使されるのだろうか。本書は現代の日本社会に焦点を当てて、この問題を多角的に考察する。一昔前の評論家の分析によれば、日本は有機的に調和した社会であり、権威や権力を持つのは国家、企業、家族の中の年長者、さまざまな階層で権限を握る男性であった。実際の政治の現場では、自民党一党優位体制の下で首相がころころ変わり、効率的な政策立案を妨げる多数の拒否権プレーヤー、ほとんど権力がなく政治に消極的な国民、そして必ずしも一般市民の意見を反映していない政治システムが存在するというのが日本の特徴とされていた。

しかし、日本では２００９年の政権交代に象徴される大規模な政治・社会変動が起き、権力配分をめぐる状況にパラダイムシフトに匹敵するほどの変化が生じたことで、日本の政治・社会状況を改めて学問的に考察する必要性が出てきた。本書はこのような状況を踏まえて、社会や政治の領域で地位、影響力、正統性、知識という形で現れる権力や権威がどのように獲得され、行使されているのか、という問題に取り組む。

本書に収録された論文はいずれも今日的な課題をテーマとしている。日本は巨額の公的債務を抱える一方で、急速な高齢化の進展で社会保障費が増え続けている。財政の持続性を懸念する政策立案者は、想定される問題の「解決策」を探る中で、労働者、女性、家族、移民の活用に再び着目するようになった。こうした動きに対して、該当するカテゴリーに属する個々の成員はどのような反応を示しているのだろうか。

そこで本書は、家族、子ども、労働者に対する国家の権力について考察する。具体的には、家庭での親と子の接し方や家事分担に対する妻の不公平感など、家族・子ども・労働者の日常生活を調査し、日常的な経験に影響を及ぼそうとする政策課題について分析している。続いて、国家権力と家族政策の関係に焦点を当て、特定の方法で家族を「つくり上げる」ために国はどのような政策課題を設定しようとしているか、家族形成や子育てにおいて国はどのような役割を担うことができるかを検討する。

次に政治的権力に注目する。政治家が政策形成過程に介入したり、レトリックを使って教育改革に基づく世論操作をしたり、改革の正当化を通じて政策課題を設定しようとする方法を考察すると共に、政治家が権力を維持するために構造的条件の変化にどのように対応しているかを明らかにする。また、本書のテーマは社会組織における権力関係の変容、政策の策定・執行方法の変更、権力に対する市民の反応の変化を明らかにすることでもある。ここで言う権力とは、国家の権力、雇用主の権力、個人の権力である。本書が注目するのは、隅々まで規制する政府と政治的に消極的な大衆という構図ではなく、個人がその役割を発揮するさまざまな方法、言い換えれば、国家権力の集中を妨げる多様な方法である。以上に加えて、権力の変遷について述べ、権力には文脈依存性があり、主体にとって権力を行使できる状況とそうでない状況があることを指摘する。

本書は先進国にとってタイムリーかつ重要な問題を取り上げ、社会科学の各分野で活躍する研究者の論文を収録している。分析・調査手法は、大規模調査で収集された定量データの分析、各種統計調査の二次分析、事例研究、個別インタビュー、フォーカスグループインタビュー、公文書の内容分析と多岐にわたり、幅広い読者の興味に応え、特に日本に関心のある読者に有益な情報を提供する。

本書は、政治学、社会学、人類学の研究者にとって理解しやすく興味深い内容である。また、ジャーナリストや政策立案者の参考になるだけでなく、日本研究、ジェンダー、比較政治、政治行動論、政治的社会化、教育を学ぶ大学3・4年生、大学院生向けのテキストとしても最適である。

編者　浅野正彦、ジル・スティール

目次

目次

Section 2　社会政策と人々の対応

Section 4 政治的権力

現代日本社会の権力構造

第1章 権力とは

■ジル・スティール、浅野正彦、マリー・トーステン

ジョナサン・ハーン（Jonathan Hearn）は「権力[1]（power）は社会学者の研究対象の一つにすぎないのではなく、むしろその中心にある」と述べている（Hearn, 2012, p.3）。本書は、ハーンのこの指摘に同意する執筆者たちが、日本の人々が権力をどのように獲得し、社会や政治において地位、影響力、正当性、知識、権威などを示すために権力をどのように利用するのかを検証しようというものである。大規模な社会的、政治的変化によって権力の配分においてもパラダイムシフトが起こった今、これらは改めて研究するにふさわしい課題であろう。

権力を持つのは国家、雇用主、家族の中の年長者、そしてさまざまなヒエラルキーの中で立場が上の男性、というステレオタイプ的な考え方は、著しく時代遅れとなったようだ（これらの考え方が正しいことがあったとすればだが）。東日本大震災で地震、津波、福島第一原子力発電所事故という三つの大災害にみまわれた日本国民は、原子力発電所に関して「もう政府は信用できない」「政府に任せておくわけにはいかない」とデモ行進した。その後、多数の国民

◆1　以後 power を「権力」と表記する。

が再び立ち上がり、特定秘密保護法などに反対するデモや行進を繰り広げた（本書の第16章を参照）。

経済に目を転じてみても、日本の高度経済成長時代ははるか遠い過去のこととなり、国の権力は揺らいでいる。一部のアナリストは、日本の将来を極めて危惧している。デフレ圧力と低成長に直面し、借金を抱えた日本にとって、少子高齢化がさらなる足かせとなっているからだ。世界最高の高齢化率や、最速で進行している高齢化への対応を迫られている日本が、今後どのような選択をしていくのか。世界中の社会学者や政策立案者はこれに注目し、理解すべきだろう。他の先進国も、やがては同様の問題に取り組まざるをえないからだ。

本書の執筆者たちは、国民の生活に関して権力を行使しようとする政策や制度についてのそれぞれの研究において、家族、子ども、労働者に対する国家の権力の考察を行う。また、家族やコミュニティの中で権力がどのように作用しているのかということにも着目する。さらに、政治的権力に目を向け、主導者が複数いるような状況において、政治家がどのように権力を行使するか（またはアジェンダを作成するか）ということにも目を向ける。

これまで権力は、「政治学的」、「社会学的」、「人類学的」など縦割りで孤立した分野ごとに研究されることがあまりにも多かった。私たちのアプローチでは、家族内やコミュニティ内の関係を研究することにより、政策や政策方針の決定が、個人間、家族間、コミュニティ間の相互作用（つまり権力関係）に与える（また与えられる）影響力を検討できる。同時に私たちは、国民や政策策定者間の相互作用（政策提供の責任を担う国家公務員等と国民との関係も含め）についても検討する。

本書は、理論的にも興味のあるものとなろう。なぜならば、アクターが実際に権力をどのように行使するかを理解するために、抽象的な権力理論はほとんど役に立たないと嘆く権力の研究者もいるからだ（Smith, 2009, Capter1を参照）。本書はそのような抽象論に陥ることなく、国家が権力をどう行使するかについての経験的な証拠を挙げている。権力行使のメカニズムに含まれるのは、①政策決定プロセスに及ぶコントロール、②改革を正当化するために使用されるレトリック、③教育改革や再ブランド化を通じた世論の操作、そして④権力を維持し続ける手段としての大臣任命（特に、体制の変化に伴い、権力の源泉としての大臣の重要度が増す場合に）である。

西欧国家を研究したマーティン・スミス（Martin Smith）は、国家は一般に「権威、官僚、武力」に依存してきたが、近年はそれを「インセンティブ、規制、リスクと監視」で補っているという説を唱えている（Smith, 2009）。本書では、戦後日本が権威、官僚、インセンティブ、規制という手段に主として依存してきたことを追う。国家としての日本が有してきたのは、power over（支配）というよりはむしろ、政策プログラムやビジョンを達成するための power to である。◆2 本書では各章を通じて、日本が経済的目標を達成するためにいかに社会集団を動員しようとしているかを検討する。経済的目標に含まれるのは、適正人口の維持（または維持のための努力）や、望ましい支出レベルを政府が維持できるような税収基盤の確保である（この場合、たとえば日本が縮小して、経済資源が少なく支出能力も低い国家となり得ることは想定していない）。

盛山和夫らが指摘しているように、社会科学の文献には実に多くの権力の理論や概念がみられ、統一された定義は存在しない（盛山 2000 pp.2-10）。本書の執筆者たちも、統一された定義を用いてはいない。だが、権力とは統治機関、民族国家、あるいはエリートがすべてを支配するゼロサムゲームではないという点において、私たちの認識は一致している。注目するのは社会、国民、行政組織間の相互作用であり、権力とそれを与えることについて多面的に考えようというのが本書の狙いである。確かに権力関係が非対称的なのは明らかであり、どのグループも常に、すべての資源を保有しているわけではない。むしろ、ある社会的結果を生み出そうと試みる際、アクターたちは、各々の効果の程度は異なるものの、さまざまなメカニズムを用いる（Smith, 2009, p.7 を参照）。それは、一つには、明らかな権力

◆2　ジョナサン・ハーンは power over と power to を、power の議論を定義づける対立・対照概念として挙げている。power to は保守層の利益を守るために使われる可能性があるので気をつけるべきだと彼が注意を促しているのは正しい。あるいは彼は、power to を単に現状維持のための手段だと考えていたのかもしれない。いずれにしろ、この二つは対として考えられている（Hearn, 2012, p.7）。

を持たず、体制上は不利な立場に置かれている国民や集団であっても、国家の権力を回避する手段を持っているからである。

全体を通して私たちは、社会組織における権力関係の変化、すなわち、政策はどのように策定され運営されるか、国民は権力にどのように反応するか（権力を持つのが国家、雇用者、個人のどのアクターであれ）を明らかにしていく。支配する側の政府とされる側の大衆という構図にとらわれず、個人が役割を伸ばしていく様々な方法に注目し、それによって国家の権力をいかに回避していくのかを見ていく。さらに、時間の経過によって権力がどのように衰退していくか、そして権力は特定の状況に依存しており、アクターはある状況では権力を持ち得るが、別の状況ではそうではないことにも注目する。

権　力（power）

「不平等の分散」という条件下では、権力を行使するために利用できる資源（社会的地位、ネットワーク、正当性、富、知識、公職等）の全てを一つの集団が所有するのは不可能である（Dahl, 1961）。この点は、私たちも承知している。そこで本書では、分配的権力という概念を用いる。これはマックス・ウェーバー（Max Weber）が、「人がひとり、または集団で社会的行為を通じて、たとえその行為に参加している他者が抵抗したとしても、自らの意志を実現させる可能性」だと述べている権力である（Weber, Roth & Wittich, 1978, p.926）。権力とは何かについては、「もしそれを行使しなければＢが行わなかったであろうことを、ＡがＢに行わせることができる場合、ＡはＢに対して権力を持つ」というダール（Dahl, 1957, p.202-203）の説明がよく知られており、彼の権力論は社会科学の広い分野に大きな影響を及ぼした。ダールが研究したのはコミュニティレベルでの権力であるものの、権力のこの定義を国家または国際レベルで用いると問題が生じる。なぜならば、ＡやＢという一つの主体が、社会あるいは国家へと一般化されかねないからだ。

第二次世界大戦後の日本において20世紀の研究が行われた時期は，社会科学や人文科学において権力の概念が見直された時期と重なる。なかでもミシェル・フーコー（Michel Foucault）はいち早く「歴史は，日常生活において人々の間で働く権力の戦略やメカニズムではなく，権力を持つ者——すなわち王，将軍，制度を研究してきた」と嘆いている（Foucault, 1980, p.51）。フーコーによると，個人とは権力の一つの点ではなく，ネットワーク的で循環的な権力の媒体として，ある場所や状況で働くものである（Foucault, 1980, pp.98-99）。権力は主権国家のために，見かけの全体性を作り出すために「上」で作られるのかもしれないが，権力が機能するのは日常生活の目に見える社会的エージェント（家族，医者，親，先生等）のレベルである。フーコーの権力に関する研究は，非西欧を対象とするものを含め，いくつかの学問領域に影響を与えた。彼の考え方を用いれば，政府とフーコーの造語である「統治性（governmentality）」の双方が検討可能となるからである。「統治性」は「統治心性」とも訳され，ネットワークを通じて行使される権力（それが非公式に行使されるものであっても）の心性を指す（本書の第４章と第15章を参照）。

私たちは権力の古典的な定義には限界があるという認識に立って，行動や規範を形づくる「隠れた」もしくはより見えにくい権力に着目する。本書において私たちはアクター（たとえそれが国家のような強力な存在であっても）が，ある状況で権力を持っていても，別の状況では必ずしもそうではないことを追っていく（Smith, 2009, Chapter12を参照）。一つの理論のみに依存する説明を求めるのではなく，スミスが見出したように「権力の性格は，それがどこで行使され，誰が権力関係に関わっており，誰が権力の主体であるかによる」（Smith, 2009, p.7）ことに着目する。

本書では，この枠組みを利用して国家と社会の分析を行い，日本文化に関する従来の著名な文献に見られるような短絡的な説明に頼ることはしない。現代日本に関する研究は急増しているが，国内外の識者は未だに「支配する側の政府と支配される側の大衆」という古い日本のステレオタイプを引きずっている。それは「（日本の）人々は，公に意見を述べる責任を感じておらず，自らを分析したり批判したりすることもない」という影響力のあるジャーナリストの意見や（Foreign Press Center Japan, 2013）、日本は大衆が無関心な「観客民主主義」の国であるという学者の指摘に表れている（Hrebenar & Itoh, 2014, p.8）。

他方、本書は理論面だけでなく実際面からも興味のあるものとなろう。国民の生活や規範的期待の理解は、政策策定に活かされねばならない。政策立案者が社会組織をどのように理解しているかは、改革の軌跡に影響を及ぼす。というのは、その理解によって、彼らが実行可能だと考える代替政策パラダイムの幅が決まるからである。ピーター・ホール（Peter Hall）が「政策はある国の社会組織を次第に変化させることができる。それはその政策の形が、最初にその組織に大きく影響されるのと同様にである」（Hall, 1986, p.267）と言うように、この関係は時に相互的である。◆[3]

だが時には、政策策定者の理解が国民の規範に沿ったものではなく、社会組織を形づくるために、イデオロギーに則った政策が提案されることもある。たとえば自民党が「家族という単位を個人の上に位置づけ、天皇を元首に格上げする伝統的な家父長的価値」を謳って２０１２年に憲法改正案を提案した際、彼らが重視したのは、将来はどうあるべきかという自民党独自のイデオロギーやビジョンであった（Yamaguchi, 2015）。このようにトップダウンで権威を主張しようとしても、国民の共感は得られない（結局この提案は棚上げされた）。本書では、国家がもっと目立たないような方法で権力を行使して、行動規範を変えようとしている事例も紹介する。その一例が、自民党が広めようとする「理想的な」家族像である（そしてこの理想像は、党の税政策や家族に関する政策に裏打ちされている）。

また本書は、国家と個人が著しく非対称な権力関係にあるとはいえ、非力な個人が国家権力に反論したり、抵抗したりする例を見ていく。国民も、政策提供の責任を負う者も、単に従順なわけではない。「国家」は一枚岩ではないとよく言われる点は（そしてこの指摘が無視されることも多いが）、極めて重要である。肥大化した官僚組織、機関、公務員、制度は、政策を国民の末端まで徹底させる十分な権力を持たないことが多い。そしてその結果として、国民はかなりの自由を得るのである◆[4]（Smith, 2009, pp.254-257 を参照）。

各章のサマリーと全体の流れ

本書はまず、子どもが権力、なかでもシティズンシップ（公民権・公民）と政治についてどう学ぶかを理解するために、学校と親の役割について検討する。第2章でキャサリン・テグマイヤー・パクは教育課程におけるシティズンシップ教育について検討している。学校では、社会における子どもの適切な役割を教えるのであろうか。パクは、学校で教えられるシティズンシップの規範について分析し、それがどの程度国際基準に適合しているかに注目する。

次の第3章でジル・スティールは、政治的社会化の問題、すなわち「人はどのように権力について学ぶのか」を再検討する。政治に対する国民の信頼が揺らぎ、昔のように安心して自民党に投票することがなくなった、あるいは投票すらしなくなった今、親は子どもをどのように社会化しているのだろうか。スティールは子どもが政治意識や政治的傾向を形成する際にメディアが果たす役割に注目する。

武田宏子は第4章で、女性に労働市場に呼び込むために国がどのようなレトリックを用いているかを検討する。武田は、日本の新しい家族像を提示するために歴代政権がどのようなキャッチフレーズを使ってきたかを調べた上で、国家が家族の形態に関与するようになったと主張する。つまり国は、あるべき家族像を広め、それを実践させるために権力を行使するのである。

また秋吉美都も第5章で、国家の政策と個人の行動が必ずしも相容れないという状況を描き出す。日本の家庭を見

◆3　同様に、政策が政治を形づくると指摘したペンペル（Pempel, 1998, p.27）による引用。

◆4　ヒエラルキー型の官僚組織が、政策の成果を予定どおりに挙げることができないという問題を論じた文献は数多くあり、スミスはそれらを概観している（Smith, 2009, p.255）。

ると、子どもにとって有害ともなり得る世界のメディア情報を規則や監視を通じて遮断する親がいる一方で、まるっきり放任している親もいる。国は防犯対策を提案し、企業は親の心配を軽減するような装置を売り出すが、結局は誰も存在しない市場を作り出す。その理由は、日本中で報道されるような事件数例を除き、見知らぬ他人から襲われる危険性は日本ではとても低いからである[◆5]。この誰もが知っているような状況において、親は自分たちで安全を確保する。ここでの権力とは、国家権力の直接的な影響を避けつつ、親が自らの知識や影響力をもって子どもたちの行動を左右することなのである。

確かに国家は、あるべき家族像を広めようとしているのかもしれない。だがグレゴリー・プールは、第6章で実際に政策を提供しようという国家の権力には、限界があることを示す。プールが調査した保育園では、保育園の職員が、政策立案者が想像しえなかったような役割分担や組織体制を考え出した。そして、行政が想定するような単なる保育施設に留まらないコミュニティをつくり上げた。子どもを預けている家族にとって、保育園は生活の中心的な存在であり、そこには一つのコミュニティが形成されているのである[◆6]。

第7章では中村真由美と秋吉美都が、家庭内の権力の不均衡について分析する。女性が職場に進出しているにもかかわらず、夫たちは家事を分担していない。だが中村と秋吉によると、女性がそれを必ずしも不公平だと思っていない。女性は、同じ社会ネットワークに属する他の人々がどのように家事を分担しているかという知識を元に、公平か不公平かを判断するのである。

第8章で小笠原祐子は、権力やジェンダーに関する議論では通常、男性が女性に対して権力を行使するという関係に焦点が当てられるものの、ここではそれとは異なる側面に焦点を当てている。長時間労働を強いられる男性は、給料を家に持ち帰るだけで、父親や夫という役割を十分に果たすことができない。小笠原は、この厳しい性別分離によって、男女が柔軟に働き方等を決める場合よりもかえって、女性に対する男性の力が弱まると指摘する。

男性が権力を有しているのは、女性の管理職や政治家が依然として少ないことからも明らかだ。確かに女性の管理職や政治家は徐々に増えており、長い目で見れば男女平等も成功していると考える学者もいる（Christensen, 2008, pp.233-234）。だが平均的な増加傾向だけからは、依然として男女格差の大きい分野や全く変化していない分野などは見えてこない。

国の政治に目を向けると、メディアは安倍晋三首相が閣僚や党の主要ポストに女性を任命したと報じている。だが女性の進出は、首相自身が所属する自民党の中ですら果たされていない。２０１４年の時点で、自民党役員に占める女性の割合は10％にすぎず（内閣府男女共同参画局 2015）、自民党を見ても、そして長年の連立パートナーである公明党を見ても、選挙における女性候補者の数は非常に少ない。逆に左派政党のほうがもっと多くの女性候補を擁立している。◆7女性議員の割合は、衆議院が10・1％、参議院が20・66％にすぎない。その結果、列国議会同盟による国会の女性議員割合ランキングでは、日本は１９０か国中１６４位であった（Interparliamentary-union, 2017）。

一方、地方政治を見ると、女性政治家の数が少しずつ増えているのは変化の現れといえるが、ここでも平均的な数字は、２０１５年の段階で全国の地方議会１７８８のうち、２割超に当たる３７９の市町村議会に女性が１人もいないという事実を覆い隠している（朝日新聞 2015; Cucek, 2015）。２０１５年の道府県議会選挙では、女性候補者の割合は全体の12％に届かず、自民党に至っては、候補者１３１９人のうち女性はわずか48人（３・６％）にすぎなかった。これは、女性リーダーの養成を謳うアベノミクスと明らかに矛盾している（毎日新聞 2015）。そもそも選ばれる女性候補者の数が少ないので、どのレベルの選挙を見ても女性議員が少数しか誕生していないのは、さほど不思議なこと

◆5　殺人および殺人未遂の件数は、２０１３年に戦後最低を記録し（The Japan Times, 2014）、すでに低かった誘拐件数は２００８年にさらに減少した（子どもの誘拐を含む。ただし親による子どもの連れ去りは含まれない）（UNODC, 2014）。

◆6　この事例は文献に多く見受けられる。たとえば金井雅之（2014）は、限られた資源しか持たない夫婦に自治体が手厚い支援の手をさしのべ、子育てを可能とする例を紹介している。

◆7　２０１６年３月27日、民主党と維新の党が合流し「民進党」が結成された。

ではない（内閣府男女共同参画局 2016 を参照）。

行政の分野を見ても、２０１６年に上級公務員に占める女性の割合は22・2％、本省課室長相当職、審議会等は36・7％、審議会等専門委員等は24・8％である（内閣府男女共同参画局 2016, pp.13-14）。安倍首相は、女性をトップに登用する、つまり変化をさらに加速させると発言している。だが、女性の審議会メンバーが増えたのは、各省が政策を変えるために新たな人々を審議会等の委員に任命したのがその理由の一つである。審議会等の委員の少なくとも30％を女性とするという目標は、男女平等を目指すというよりは、政策を変える手段の一つであった[8]（Noble, 2003, pp.120-126）。

その他の職業の指導的地位に女性が占める割合も、ほとんど増えていない。２０１４年、女性が占める割合は裁判官が約19％、公認会計士が15％だった。その他の分野の見通しも明るいとはいえない。たとえば、女性の管理職は２０１５年の時点で全体の10％以下で、多くの経済団体や職業団体の理事会等でも女性メンバーはほとんどいない（Gender Equality Bureau Cabinet Office, 2014）。非正規労働者となる可能性も、男性より女性のほうが高い（Shikata 2012 引用による OECD, 2010）。日本における非正規労働は、常勤労働者・正社員となるための足がかりではなく、その先はない「行き止まり」である。特に女性を見ると、非正規雇用から正規雇用になる女性の割合は17・9％にすぎない（Shikata, 2012）。

家事分担における男女差も、職場における女性のステップアップを妨げる可能性がある。さらに、女性がより高い職責に進めるような支援策や美辞麗句も、女性が家庭を持ちながら仕事でも昇進や昇格ができるよう、労働慣行を根本から変えることはないだろう。特に男女間で家事が分担されず、家政婦等の家事労働者も雇用されていない現状では、職場の慣行を変えるような法整備が必要だが、政府がそのような法整備を行う予定はない。

今井順は第9章で、日本の雇用関係が過去50年でどのように変化したかを説明する。今井によると、労働組合の権力の低下によって、会社に対する労働者の立場も弱まっている。労働組合の組織率、労働争議の件数、争議に参加する労働者の数はいずれも低下し続けている。そして近年、会社単位の組合は、労務管理のさまざまな分野から撤退し、活動範囲をますます狭めている。今の日本の職場では、労働者参加の事例はほとんど見られないと、今井は結論づけている。

第10章にてグラシア・ファーラーは、外国人を対象とする日本の在留資格制度が、移民（在留外国人）の権利や力を制限していると指摘する。移民は、日本の社会や経済の希望やニーズに基づいて選ばれる。高度な専門職や留学生の受け入れは、日本の経済的利益を伸ばし、国際的なイメージを向上させるためにも望ましいが、一方で外国人単純労働者は、必要な存在ではあるものの、人目につかない臨時の労働者のほうがよいとみなされることが説明される。制度上の制約は、移民の社会経済的モビリティにも影響を及ぼす。そして国籍あるいは民族的背景によって異なるモビリティのパターン（またはモビリティの欠如）をつくり出すのである。

池田謙一と竹本圭佑は第11章にて、日本の社会ネットワーク、さらに範囲を広げて東アジアの社会ネットワークにおいて権力がどのように働いているかを、自由な民主主義に対してヒエラルキーと同調圧力がどのような悪影響を及ぼしているかを問いかけつつ、検証する。2人は、規範や価値観に影響を及ぼす権力のさまざまな側面（より見えにくい権力も含め）を、本章においては調和と家父長主義に焦点を当てながら見る。それは結果として、人々がネットワーク内の他者をどう認識し、どのように関わっていくか（言い換えるならば、彼らがどのように権力を経験するか）に影響を及ぼす。

政策が雇用慣行を変えるとするならば、個人の家庭での行動や人々の価値観もまた変わるかもしれない。だが全体として、仕事と家庭の両立を可能とする雇用慣行に関する法律が不在な中、女性の職業生活における活躍は、単なるポーズやかけ声に終わってしまう。女性大臣の数を増やすと約束しておきながら、自民党が国や地方の選挙における

◆8　助言を与えてくれたグレゴリー・W・ノーブル（Gregory W. Noble）に感謝する。

候補者選びの方法を変えないのであれば、これらの約束はせいぜい「象徴的な代表」にすぎない。理論家は、政党が「女性のために」、または男女共同参画のために行動していることを示す宣言、ポーズ、イメージづくりについて説明する。ジョニ・ロヴェンダスキ（Joni Lovenduski）は、平等の「レトリック」、平等の「推進」、平等の「保障」の違いを指摘している。平等のレトリックとは、政党政治への参加を女性に促し、女性の「記述的な代表」を支持するという政党の声明である。平等の推進とは、候補者選びのプロセスに参加する機会を女性に提供する取り組みや方策の実施である。たとえば、政党指導部による呼びかけや人材育成の取り組みを強化して、より多くの女性が選ばれるよう「促進し」、「奨励し」、「期待する」ことが挙げられる。他方、平等の保障とは、女性議員比率の増加を義務づけたり、特定のポストに就くために何らかの要件を設ける（たとえば女性に限定する等）などの方策を打ち出すことである（Lovenduski, 2005）。

職場慣行に関する法律の不在と同じように、自民党その他の主要政党が方針を大きく変えて、女性候補の数を増やす、あるいは一定数を確保するなどを打ち出さない限り、安倍首相のウーマノミクスは意味のないものとなるだろう。このように女性の参加率が低い一方で、職場で管理職などの高い地位にある女性のみに焦点を当てるのは、女性や主婦が家庭内で持つ権力の価値を低くみることにつながると小笠原は指摘する。私的な領域はそもそも、公的な領域より価値が低いとみなされているのである（第8章）。

最後の数章は、権力の配分と政策策定における変化と連続性を扱っている。そこで明らかになるのは、せめぎ合う求心力と遠心力の緊張関係、国民を代表して国民の声に応える政府を目指すという動きと、それに逆行する既得権や癒着の構造を守ろうという動きとの間の緊張関係である。

日本の政治については以前から、中心が弱く、反対者が複数存在する過度に多元的な意思決定プロセスであり、これが効果的・効率的な政府の実現を妨げていると評論家たちが述べてきた。時代とともに社会が多様化し、組織票の数が減少し、経済が低迷し、自民党は以前ほど気前が良くない。選挙改革の成果が現れてきた現在、政治家は年中選挙運動を強いられるようになり、以前よりも投票者の期待に応える必要性が高まってきたと思われる。

これらの変化にもかかわらず、公共政策のパラダイムについての言説がどのように変化してきたかを調査したグレゴリー・W・ノーブルが指摘するように、エリートの権力ネットワークを構成する主要素は根強く存在している。それと同時に、より開かれた国民の声に応えるシステムを作ろうという動きと政策立案を総理大臣の監督下に置こうとする動きとの間の緊張関係も存在する。ノーブルによる第12章は、各種の選択肢を形づくる権力を明らかにしている。そしてペンペル（Pempel, 1998）が指摘するように、これは本質的には対立を形づくる権力なのである（p.27）。

浅野正彦とデニス・パターソンは第13章で、政治家がいかに権力を持ち続けるか、特に構造的な変化（この場合は選挙制度）が政治のあり方に与える影響について分析している。具体的には、中選挙区制下で大臣ポストを経験することは候補者の当選確率を上げるが、小選挙区制下では当てはまらないという結果を得た。このことは、選挙制度が民主主義の中枢である政治過程に影響を与える可能性があることを示唆している。

第14章でヒジノ・ケン・ビクター レオナードは、地方分権に伴う変化をたどりつつ、改革に関わる言説を検証し、ここ数十年に行われた改革を評価する。地方分権の推進は、行政の効率を向上させ、地方経済を活性化し、民主主義的な応答性を高める万能薬であると大いに宣伝された。だが分権はそれらの目標達成に失敗し、選挙区や利益団体の反対にあって崩れ去った。

第15章においてマリー・トーステンは、ソフト・パワーとハード・パワーの関係について考察する。21世紀の日本は、国家の新たなブランドづくりをソフト・パワーとして、そして再軍備をハード・パワーとして進めているが、日本の権力者は特にジョセフ・ナイ（Joseph Nye）の「ソフト・パワー」という概念に魅力を感じているようである。「ソフト・パワー」とは、相手を力で押し倒す強制力ではなく、相手を引き込むような魅力を利用することで、ナイはもっぱら国家によるその行使について論じている。トーステンは、この二つの定義が何を意味するかではなく、それらが実際に何を「する」かが重要だと主張する。政治学における権力の焦点は、我々を国民国家（nation state）に注目させるのだろうか、それとも国民国家の外にいるアクターや権威に挑戦するようなアイディアに注目させるのだろうか。この問いは、ポップカルチャーやマスメディアをソフト・パワーと称する場合に特に意味を持つ。そのレッテルを貼られた文化的事物は、必ずしも公共の意見を述べたり、国民主権を支持したりするのではなく、国家のために使われるようになるからである。もしそうなのであれば、ソフト・パワーとハード・パワーを組み合わせることによって、日本の影響力を外国に及ぼすと同時に、国内では国に対する誇りを生み出す可能性を秘めていると言えよう。

そして最終の第16章においてジル・スティールは、２０１０年代に日本で活発化した政治運動が、本質的には市民が国家権力に立ち向かう運動であったことを説明する。市民はさまざまな行動を起こしたものの、目的を達成できなかった。しかし、その過程で、彼らは、受け身で政治に無関心な日本人というステレオタイプを覆すことに成功した。

以上が本書の各章の概要である。第2章からは複雑な権力関係の現状をさまざまな側面から見ていくが、いずれの章も、政治と社会の双方の場面で見られる、求心力と遠心力の緊張関係を明らかにしている。政治の世界を見ると、国民を代表して国民の声に応える政府を目指すという動きとそれに逆行する既得権や癒着の構造を守ろうという動き、あるいは「ソフト・パワー」という新たなブランドを掲げる国家と「ハード・パワー」として再武装する国家との共存が見られる。社会的ネットワーク、職場、家庭の中においては、人々がいかに権力を経験するかに影響を及ぼす、複雑で、時に意外とも思えるような規範が描き出される。さらに、個人がいかにネットワーク内の権力関係や、自分対国家の権力関係を理解するのかも見ていく。全体として浮き彫りにされるのは、権力、特に国家の権力がいかに状況に依存しているかということである。ある状況で権力を行使できたとしても、別の状況でもそれが可能だとは限らない。権力の分布がどのように変化したということを理解できれば、社会や政治の変化の全貌もまた明らかになるのである。

Section 1

どのようにして人は社会的権力を「学ぶ」のか

第2章

学校教育制度と権力

■キャサリン・テグマイヤー・パク

「国家」、「社会」、あるいは「市民」について子どもたちに教えることは、価値観や考え方の教育に深く関わるため、学校教育制度は権力を形づくるといえる。第二次世界大戦後に米国が日本を民主化しようとした際、占領軍が優先させたのは教育改革だった（Dower, 2000）。占領が終了すると、日本の保守系政治家たちは、子どもたちの政治的な方向性を変えて、日本の伝統文化や愛国心を取り戻そうとする逆改革を計画した。この動きに反発したのが、平和主義、地方分権、民主主義を守ろうとした社会主義者や共産主義者、そして教職員組合であった。そしてその後の70年間に、民主主義国家日本の国民としての役割に対する心構えを学校は子どもたちにどう教えるべきかをめぐり、伝統文化を育もうという動きと愛国主義に反対する動きとの間で、何度となく論争や対立が生じた。21世紀初めに登場した、伝統的な価値観や国の誇りを改めて重視して教育を「活性化」し、それによって倫理的危機を解決しようという教育改革をめぐっても、白熱した議論が交わされた。これは、市民教育によって子どもたちの中に政治的関心が生まれると多くの日本人が考えていることの表れである。

マーク・ベビル（Mark Bevir）は、「世界、その中の自分の位置、価値観や利害についての物語」を構築しようとするエリートたちの奮闘努力に注目し、権力へのアプローチを説明している（Bevir, 2010, p.437）。ベビルは、社会学者に対して次のように訴えた。第一に、ある出来事に直面したり、特定の状況に置かれたりした際に、政治的アクターが「対立する理念の網」（Bevir, 2013, p.66）をめぐってどのように議論するかを調べるべきである。第二に、明確に規定された利害という観点から考えることによって、構造や制度を具体化するのを避けるべきである。ベビルのガバナンスについての理論は、今回の日本の教育改革について意見（本章の冒頭に引用した記事を参照）と改革そのものの両方を説明している。市民とは何か、市民である人間が公共の場でどう行動すべきかについての子どもの意見を形づくるのは、ベビルの統治性のアプローチによると、それが「人々に理念と行動を与え……従って社会的世界を作る」（Bevir, 2010, p.433）ために、権力の構成要素となるのである。

本章では、現代日本において権力がいかに構築されるかを理解する一つの方法として、子どもの市民教育に関わる次の四つの疑問を取り上げる。

① 誰が子どもたちに教える内容を決めるのか
② 子どもたちに何を教えるべきか
③ 子どもたちは実際にどのように教育されているのか
④ 子どもたちの政治学習はどの程度まで可能か

政治家、官僚、社会評論家、教師、そして多くの親たちが市民教育は重要であると考えている。だが、政治的社会化の主流派の学者たちは、低年齢の児童が学校において、持続する政治的価値観を学ぶとは思っていない。日本の民主主義の質を研究している政治学者たちが、市民育成における義務教育の役割にあまり関心を払ってこなかったのは、恐らくそれが理由なのだろう。もちろん、多くの学者や研究者は、日本人がどのようにして民主主義の可能性を完全に実現するかを理解したいと考えている。派閥政治、大きな影響力を持つ官僚、限られた国民参加などに不満を抱く学者たちは、十分な情報が提供され、創造性に富んだ、生き生きとした市民社会を構築するための前提条件とは何かに焦点を当てた活発な議論を展開している。

社会資本や信頼、参加型民主主義の習慣を作り出すようなボランティアやＮＧＯ、ＮＰＯは日本にも遍在している。そしてその多くは地方自治体と協力しつつ、さまざまな習慣を創出するという期待に応えることを支持する研究もいくつか存在する（Haddad, 2007; Takao, 1998, 2006）。一方、国の制度的・規範的制約があまりにも大きいため、アクターたちは政策決定において力を十分発揮できないとみなす、より懐疑的な研究もある（Pekkanen, 2006; Pharr & Schwartz, 2003; Tsujinaka & Pekkanen, 2007）。だが、市民社会に関するいずれの議論においても、教科課程（カリキュラム）の是非は検証されてはいない。

筆者は本章において、公民、民主主義、および歴史に関する義務教育は、ベビルが論じるところの権力を構築する「理念の網」の一つの経験例となることを論じる。カリキュラムの制定やそれをめぐる議論では、多様な政治的アクターが自分たちの中に権力を構築すると同時に、未来の世代にも利用可能な意味の網をつむぎ出す。ベビルの社会理論的アプローチは、子どもが学校で持続する政治知識を獲得することを示した、子どもの発達や政治的社会化の研究から得られた最近の知見に沿うものである。

もっと具体的に言うならば、右派の伝統主義者と左派の対立というおなじみの構図は、子どもの市民教育という複雑な事象を単純化しすぎている。日本では、国会や官僚制度、さらには学校の中にも対立する多様な意見が存在するため、カリキュラムでは権力に関するさまざまな価値観や理念を教える。国が定める公式のカリキュラムは、グローバル・パターンを踏襲し、国の歴史、愛国心、民主的な価値観を組み合わせた多様な状況の下で示されるさまざまな理想に言及している。筆者は、日本の公民教科課程を国際的な規範や基準と比較してこの点を論証する。一方、友人や教師との接し方に影響を及ぼす「隠れたカリキュラム」には、国際的に見られるパターンや理想だけでなく、日本独自の特徴もいくつか見られる。最近の自民党の改革は、一部の教科内容の変更には成功するかもしれないが、これらのより大きく複雑な理念の網を作り直すことができると解釈されるべきではない。

誰が子どもたちに教える内容を決めるのか

子どもの理念や価値観を形づくる上で一番有利な立場にあるのは、日本の文部科学省（文科省）で働くエリートである。文科省は教科書の採択手続きを監督し、国の教科課程基準や教育指導要領や教員養成の指針となる政策を制定する（Cave, 2010; Nishino, 2008; Saito, 2011）。自民党政府閣僚らによって設立される特別委員会や審議会は、教育行政の優先順位の変更や決定を行う。これらの委員会等を通じて推進される考えや活動は、国民の関心を最も多く集め、政府の決定という権威を持つ。だが一方で、県や市町村の教育委員会、教職員組合、裁判所、マスコミ、教科書出版業者、作家、シンクタンク、個々の学校や教室など、幅広い分野に存在するエリートたちが提唱する、時には対立し、時には補完し合い、時には他と異なる（deleted）断片的な考え方や活動と競い合う場合もある（Lebowitz & McNeill, 2007; McCullough, 2008）。

過去40年間、政治的アクターや評論家は、自民党の特別審議会や委員会の一連の提言を契機とする政策転換について激しい議論を交わしてきた。臨時教育審議会（臨教審）、教育改革国民会議、教育再生会議、そして最近設立された安倍内閣の教育再生実行会議は、日本や国際社会に貢献する「良い市民」を育てるためのビジョンやプランをまとめた何百もの提言を行っている。これらの提言については、文科省の中央教育審議会（中教審）が調査や審議を行う。中教審は、文科省により任命された最大30名の有識者で構成される審議会で、中教審自身も多くの提言を発表している。また、国立教育政策研究所は、専門的な調査研究を行い、文科省の官僚に政策助言を提供する。さらに、県や市町村の教育行政を担当するのは教育委員会である。教育委員の任命権は地方公共団体の長にあるため、政府の審議会を中心とする教育改革議論には地方の政治家も関わることになる。

子どもたちに何を教えるべきか

日本の子どもに何を教えるかを決定するエリートをこのように列挙していくと、シティズンシップ教育をめぐる論争や対立は、日本の中でのみ起きているように思えるかもしれない。教育政策をめぐる政治家、官僚、社会評論家などの発言を考えると、さらにその感が強くなる、彼らは日本文化、国の誇りや経済的利益などに言及し、過去数十年に登場したさまざまな選択肢をめぐって論争してきた。しかし、伝統的な価値観や文化遺産、苦労して勝ち取った平和や民主主義についての議論は、国際的な団体によって明確にされている規範や理念や理想も思い起こさせる。教育について考える際には、世界と日本双方の複雑に絡み合う理念や規範が関わってくるのである（Baker & LeTendre, 2005; Saito, 2011）。

■伝統と文化の尊重、愛国心

「道徳教育」に関する最近の議論は、市民教育をめぐる白熱した論争がたとえ日本国内のみで展開されていようと、そこには国際的な規範が関わってくることを証明した一例である。小渕政権が２０００年に発足させた教育改革国民会議は、公立学校で「道徳教育」を教科化するかどうかという問題をめぐる長年の論争を再燃させることとなった（Anzai & Matsuzawa, 2014; Anzai, 2014; Cave, 2010）。道徳教育に関する議論は、カリキュラム制定に関わる人々の間で、伝統文化遺産と「良い市民（good citizenship）」についての概念が鋭く対立していることを浮き彫りにした。多くの自民党支持者がいじめや若者による犯罪、自殺などの社会問題の解決策として日本「独自の」道徳的伝統や文化への回帰というカリキュラムを提示した一方で、進歩主義者はそれを軍国主義的なナショナリズムに結びつけ、社会問題に取り組むには確固とした個人主義や民主主義、人権教育のほうがふさわしいと主張した（Davies, Mizuyama & Hampden, 2010; Horio, 1988; Ide, 2009; Takayama, 2008）。自民党はその後、第一次安倍内閣時代に教育基本法を改正し、日本の公立学校における道徳教育を復活するという文言を加えた。これを言い表すために安倍内閣が使用した「戦後レジームからの脱却」というスローガンは、抜本的な改革を示唆するもので、多くの評論家から懸念の声が上がった（Anzai, 2014, p.8）。だが大きく変更された第二条では、義務教育の目標が「伝統と文化を尊重し、それらをはぐくんできた我が国と郷土を愛するとともに、他国を尊重し、国際社会の平和と発展に寄与する態度を養うこと」だと述べられており（Cave, 2010, p.46）、日本だけでなく普遍的な政治規範も必要だと訴えている。

２０１５年３月15日付けの産経新聞に次の記事が報じられた。

> **「健全な社会秩序維持」「価値観の押しつけ」**
>
> 文部科学省は13日、平成30年度以降に教科化される小中学校の道徳をめぐる学習指導要領の改定案について、２月４日～３月５日の期間で実施していた意見公募（パブリックコメント）を集計したところ、国内を中心に５００２人から計５９９３件の意見が寄せられたことを明らかにした。教科化によって「健全な社会秩序が維持され、伝承される」などの賛成意見が出た一方、「一定の価値観や規範意識の押しつけにつながることが危惧される」などの反対意見も寄せられた。
>
> 賛成意見では、子供たちへの教育の観点からだけでなく、教科化によって、教員の能力を高め、学校教育の質の向上を期待する声が目立った。具体的には「教師が子供とともに学ぶことが必要」「多くの教員が道徳の授業のあり方を考えることとなり、授業の質にも目が向けられる」などの意見があった。

一方、反対の立場からは「偏狭なナショナリズムにつながる」「国の考え方を子供に植え付ける危険性が極めて高い」などの意見がみられた。「道徳は普段の生活などから学ぶもので、教科として学ぶものではない」「現行の制度でも十分に実施できる」などと教科化することへの疑問も目立った。

（「道徳教科化に賛否両論６０００件」２０１５年3月15日産経新聞）

この記事が示唆しているのは、文部科学省は道徳教育を義務教育の正式な教科とすることによって、道徳教育のさらなる制度化を目指しているということである。教育政策の変更は、最近変更された、または変更が予定されている事項（特に地方の教育委員会の自主性を弱める動きや、公立学校の教科書における不十分あるいはまったく不正確な日本の戦争中の歴史の取り扱い）をめぐって続く論争と並んで、自民党の反対者を警戒させるものとなっている。最も攻撃的な評論家は、これらの変更が、平和憲法の弱体化を狙う非常に巧妙かつ憲法違反の戦略であると反発している（Akahata Editorial, 2015; JPRI Working Paper No. 107.;「子供と教科書全国ネット21」; Tawara, 2008）。

■市民教育におけるグローバル・パターンと理想

日本の公民教育は、市民教育カリキュラムの国際比較研究で確認されるグローバルなパターンにも合致しており、研究実施機関が暗に提唱する理想を明確に謳っている。たとえば、国際教育到達度評価学会（ＩＥＡ）が実施した調査結果は、教育方針や教育方法が子どもに与える影響を、教育学者や政治家が理解するための一助となる。自民党が掲げる目標に、多くの進歩的なエリートが反対意見を述べているのは確かだ。しかし、日本の生徒たちが市民に関して世界共通の理念を共有し育てていくために、日本の市民教育カリキュラムが多くの手段や資源を提供しているのは否定できない。その理由を、以下で説明していく。

科学や技術教育の分野では、国際的な目標と地域の目標とが互いに深く関連し合っていることは、誰もが理解しているだろう。国内の経済に関する言説では、数学や科学、読解における達成度が国際的にどの位置にあるかということが、よく話題になる。教育の有効性についての大規模な国際比較研究には、ＯＥＣＤが行う学習到達度調査（ＰＩＳＡ）のような総合的な調査や、数学や科学等のテーマ別の調査（Center for Public Education）がある。ＰＩＳＡによって測られる学力は経済発展にも大きな影響を持つため、教育目標を設定する際には、どこの国でも、報道機関や政治家、関連団体が結果を広く大々的に宣伝する。

一方、日本の市民教育において、国際的な規範と日本の規範がどう位置づけられているかについてはそれほどわかっていない。ＩＥＡは青少年（低年齢の子どもではなく）の市民や政治に関する教育成果を研究しているが、日本政府はＩＥＡのこの調査に一度も参加していない。そこで、日本のシティズンシップ教育に含まれる国際的な規範や理想を特定するために、筆者は小規模な国家間研究、国ごとに実施されたケーススタディ、日本政府の文書や報告書に注目した。

日本のカリキュラムをグローバル・パターンと比較する前に、グローバル・パターンとは何かについて確認してみ

表 2.1　シティズンシップ教育では世界的に共通のテーマ内容が教えられているという根拠
出典：Schulz et al., 2010

テーマ別のシティズンシップ教育の内容	加盟国のうち関連する内容を教えている国の割合（%）と教えていない国の名前
人権	92% 香港特別行政区、ロシア連邦、グアテマラ
異文化と異民族の理解	97% 香港特別行政区
議会と政治制度	92% 香港特別行政区、ロシア連邦、グアテマラ
投票	95% 香港特別行政区、ロシア連邦
国際社会と国際機関	92% 香港特別行政区、ロシア連邦、グアテマラ
環境問題	95% 香港特別行政区、エストニア

よう。ワイズマンら（Wiseman et al. 2011）は最近、ＩＥＡの２００９年市民性教育国際調査（ＩＣＣＳ）のデータを分析したが、調査を実施した38か国の公民教育カリキュラムでは、「国家への帰属意識よりも、むしろ人権や社会的公正などの人間としての原理原則」（p.15）に関わる普遍的な公民概念が推進されている、と述べている。一方、ＩＥＡ自体は、大部分の国が普遍的な人間としての理想と国家への帰属意識の両方を推進しようとしていると報告しており、そこにはワイズマンらの分析よりも複雑な見解が示されている。実証面では、ＩＥＡの研究は第一に、各国のカリキュラムがいくつかの点で非常に類似していることを明らかにしている。第二に、大部分の国の官僚は、学校運営や文化への生徒と親の参加を促すことによって、学校が民主的な参加を確保するように勧告あるいは要求している。第三に、表２・１が示すように[◆1]、過半数の国が同じような内容に力を入れており、参加国の90％が、評価対象の12の知識項目のうち六つを教えている[◆2]。残りの六つの項目については、四つ（法制度、経済、紛争解決、コミュニケーション・メディア研究）については参加国の89％が力を入れており、もう一つの項目である地域の制度および組織は参加国の82％、ボランティア団体は74％で教えるべき内容とされている。このように、教科課程には国際的な収斂がみられ、どの国も、生徒は公民性についての基本的な事実を学び、主要な概念と価値観を理解すべきだとしている。

また圧倒的大多数の国が生徒に対して、市民（civic and civil）社会への参加、議論や討論を通じた相互理解、国民意識の形成、プロジェクトやレポートの作成を促している（Schulz et al. 2010, pp. 24-26）。

だがワイズマンらとは逆に、ＩＥＡの研究者らは国ごとの違いも指摘している。特に大きく異なるのは、公民（civics

◆1　割合の数字（％）はSchulz報告書の表４に示された「大いに力を入れている」と「ある程度力を入れている」の数字を合計したものである（Schulz et al. 2010, pp.29-30）。
◆2　以下の記述では、Schulz報告書の表４の「大いに力を入れている」と「ある程度力を入れている」への回答を一つにまとめている（Schulz et al. pp.29-30）。

and citizenship）の教育方法である。学校段階区分（たとえば、初等学校、中等学校など）が国によって違うため、いつ、どのように教えるかは学校や教室ごとに大きく異なってくる。同様に、教育内容も国ごとに異なる。公民（civics）を一つの教科として教える国もあるが、他の教科の一部として教える国や、関連する科目の共通テーマとして教える国もある（Schulz et al., 2010, p.30）。

シティズンシップに関するこのようなグローバル・パターンが確認されたので、次に筆者は、日本のシティズンシップ教育が、グローバル・パターンに従いつつも、国際的な規範や理想を日本的な内容と融合させるための三つの項目について述べる。第一に日本のカリキュラムにおける公民性、第二に「隠れたカリキュラム」による民主的なシティズンシップの実践、そして第三にカリキュラムの内容を順番に考察していく。

国際的な規範や理想と日本的シティズンシップ教育との融合

日本のカリキュラムにおける公民性

本章ではこれまで、日本のシティズンシップ教育カリキュラムの例として、道徳教育と歴史について論じてきた。一部の研究者は、「シティズンシップ教育」が「日本の学校教育における教科」ではない点、また日本は「市民としての役割や責任に対する若者の心構え」に重点を置いた教科課程を定めていない点を指摘して、「シティズンシップ・カリキュラム」という用語の使用に反対している（Davies et al., 2013; McCullough, 2008, p.21）。これらの研究者は、日本ではシティズンシップ教育が暗黙のうちに行われているのは認めるものの、その教え方はグローバル・パターンから規範的にも実証的にも外れていると主張する。だが筆者は、彼らは間違っていると考える。たしかにＩＥＡが調査した約半数（47％）の国の教育制度と同様に，シティズンシップは独立した教科として日本で教えられていない（Schulz et al., 2010, p.23）。しかし公民教育は，社会科，「総合的な学習」，「道徳」の学科にまたがって行われる（K. Otsu, 2001, 2008; T. Otsu, 2010; Parmenter, 2004）。これらの授業がシティズンシップとどう関わっているかについての議論は，21世紀初めに活発化して今日に続いているが（Ikeno, 2005, 2012），そのことからも，権力（power）をめぐる理念や価値観の対立の一部としてこれらの科目を考えるべきだという筆者の主張は正しいと言えるだろう。

次に実証面をみると，文科省は他の自由民主主義国家と同じ形式や方法で日本の子どもにシティズンシップを教えようとしている。日本政府は，社会科教育の目的として次の公式目標を掲げているが，これも世界的な原則と一致する。

> 社会に関心を持ち，資料やデータに基づいてさまざまな観点から出来事を考慮し，母国と歴史に対する生徒の愛着と理解を深め，生徒が市民として幅広い視野を持つために必要となる知識の基礎を育み，民主的で平和な国と社会の担い手としての市民に必要不可欠な基本的な素質を育てること。
>
> （K. Otsu, 2008, p.82）

道徳教育については，国立教育政策研究所（ＮＩＥＲ）がこれを，他の国々の「価値観教育，シティズンシップ教育，および宗教教育」と同等であるとみなしているのは明らかである（Maruyama, 2013, p.1）。道徳教育では，国民として望ましい道徳性を育成するために，①基本的行動様式，②道徳的心情・判断，③個性伸長・創造的生活態度，④国家・社会の成員としての道徳的態度と実践意欲という四つの柱を中心として，学校での学習とカリキュラム内容を指導している（Maruyama, 2013, p.3）。

だが，この道徳教育の基本段階ではまだ，国のカリキュラムは目立った日本らしさを推進しておらず，その代わりに，進んで公共の役に立とうとする心情を育てるべきとする，よいシティズンシップについての普遍的な概念を提示している。強い反対意見があるにもかかわらず，自民党と文科省が道徳教育の必修化を通じて国や伝統文化への愛着を育てようと奮闘している時でも、他省庁の官僚たちは既存のシティズンシップ教育には満足していなかった。彼らは、世界的なシティズンシップの規範にさらに近い、より明確な政治教育を要求している。経済産業省（経産省）はすでに２００６年の報告書において、シティズンシップ教育に特化したカリキュラムが必要だと述べている（T. Otsu, 2010）。２６６ページに及ぶ報告書の中で、経産省は日本のＮＰＯ、いくつかの私立学校、米国の学校や大学、英国の学校などの勧告や資料を参照して、モデルとなるシティズンシップ教育カリキュラムをどう構築するかを説明している（METI & Mitsubishi Research Institute, 2006）。もう一つの例は、選挙推進に関わっている官僚が行った批判である。公益財団法人明るい選挙推進協会と有権者教育に関する総務省の研究グループは、英国のクリック・レポートが提供した「賢明な指導（wise lead）」に沿った若者の公民教育を提唱し、欧米のシティズンシップ教育の研究を推進している。総務省の報告書は、教育基本法の中の教育に関する矛盾した記述が、効果的な有権者教育への制約となっていると批判している。

> 教育基本法の第14条第1項は、「良識ある公民として必要な政治的教養は、教育上尊重されなければならない」と定めており、政治教育の重要性を認めている。だがそれは、「法律に定める学校は、特定の政党を支持し、又はこれに反対するための政治教育その他政治的活動をしてはならない」として、政治的中立性を求める第2項によって否定されている。
>
> (Regular education activities study group, 2011, p.3)

シティズンシップをいかに教えるか、あるいは何をシティズンシップとして教えるかに関する議論は今後も続くであろうが、シティズンシップ教育を提供しようという政府の意図は疑いようもない。

■「隠れたカリキュラム」による民主的なシティズンシップの実践

シティズンシップの教育には、公式な指導以上のものが関わってくる。他国だけではなく日本の教育者や政治家も、子どもたちが学校教育全体を通じて責任ある民主的な市民権を学ぶことを期待している。したがって日本は、ＩＥＡが特定する第二のパターン（グローバル化の影響が世界に及んでいることが示されている）に属する。日本では、校内の清掃やクラブ活動、および運動会、入学式、卒業式、授業参観や遠足などの社会活動といった日常的な活動を通じた学習に重点が置かれている（McCullough, 2008）。学校では、毎日の学校生活や特別行事の計画に、低年齢の児童であっても取り組むことが期待される。これらの活動は通常、小グループでの集中的な共同作業などを通じて行われ、活動終了後は教師と共に定期的に反省を行うとされている（Parmenter, 2004）。

この「隠れたカリキュラム」の内容は、遠足やクラブ活動、また参加型、共同作業型、競争型のさまざまな学習に関しての権限を、地方の教育委員会や公務員が有しているため、日本各地で大きく異なっている（Ito, Kubota & Ohtake, 2014）。伊藤らが実施した最近の計量経済学的研究では、日本国内でも「隠れたカリキュラム」の違いが、成人後の社会化に影響を及ぼすことが明らかになっている。経済産業研究所（政府系シンクタンク）によるこの研究では利他性、協力、相互関係、国に対する誇りなどが測定され、その結果はグローバル・パターンに合致している。

ＩＥＡの研究では、シティズンシップ学習のもう一つの側面として、保護者と地域社会による学校活動への参加についての評価も行われたが、これは日本ではあまり活発ではない。保護者はＰＴＡに加入し、特に母親は子どもの成績を気にすることで知られているが、保護者は学校運営に関わろうとしない傾向があると、ニプラス（Knipprath, 2004）は指摘している。そこで文科省は、今世紀初め以降の大規模な改革の一部として、保護者、地域団体および学校が学校運営に参加する学校運営協議会（school councils）制度を設けようと提案した。それによって、より国際的な基準に沿った新しい学校と地域のつながりが生まれるであろう。

■カリキュラムの内容

　ほぼ世界全体に広がったといえるシティズンシップ教育に関する第三の側面である、カリキュラム内容を見ても、日本の子どもは世界の子どもと同じような内容を学習することが期待されている。国立教育研究所が発表した評価基準によると、世界各国がシティズンシップ教育で重視している項目のすべてが、日本の小中学校や高等学校での社会科（歴史および地理を含む）およびシティズンシップ教育でも重要だとされている。

　したがって、国によるカリキュラムの計画を見ると、日本のシティズンシップ教育は世界的な原則を複数年にわたり、重層的に教育しようとしていることがわかり、これはＩＥＡによるシティズンシップ教育の比較研究を通

表 2.2　IEA の知識カテゴリーに基づいて分類した日本のシティズンシップ教育の内容
出典：国立教育政策研究所

人権
•中学校公民「人間の尊重と日本国憲法の基本的原則」の中で
異文化と異民族の理解
•小学校（6 年生）「世界の中の日本の役割」の中で •中学校「世界の地域構成」の中で •中学校公民「よりよい社会をめざして」の中で一部を教える
議会と政治制度
•小学校（6 年生）「暮らしの中の政治」の中で •中学校公民「国民の生活と政府の役割」の中で •中学校公民「民主主義と政治参加」の中で
投票
•小学校（6 年生）「我が国の政治」の中で •中学校公民「民主主義と政治参加」の中で
国際社会と国際機関
•小学校（6 年生）「世界における日本の役割」の中で •中学校歴史「現代日本と世界」の中で •中学校「世界平和と人類の福祉の増大」の中で
環境問題
•小学校（5 年生）「日本の自然の状況」 •中学校「人間の生命と世界の環境」と「日本の地域構成」の中で •中学校公民「よりよい社会をめざして」の中で一部を教える •高校公民「私たちの社会：現代社会における環境の問題について」の中で

じて測定された結果と一致している。もちろん本章は、日本のシティズンシップ教育全体を検討したものであると理解されるべきではない。上記の表に記載されているのは、公式カリキュラムの目標と評価基準のみである。これらの項目の多くは、普通教育の他の分野でも扱われていると考えられる。日本のシティズンシップ教育では、日本の歴史が詳しく教えられ、また経済、文化や地域の伝統、メディアやコミュニケーションなども扱われる。こうした学習項目の大半は、ＩＥＡ研究の調査対象国・地域における公民教育でも取り上げられていることが多い。また最後に、今日の日本の生徒も世界の生徒と同じように、シティズンシップ教育のさまざまな要素を通じて事実を習得し、思考習慣を身に付け、文章課題を完成することが求められているという、世界的なシティズンシップ教育とのもう一つの類似点も指摘しておくべきだろう。

以上をまとめると、日本のシティズンシップ教育の公式カリキュラムは他国のカリキュラムととても似ている。一方、非公式のカリキュラムや地域社会との関係には、日本独自の傾向が見られる。

子どもたちは実際にどのように教育されているのか

公式・非公式のカリキュラムは、社会や制度といったマクロレベルで政治的社会化を行うための枠組みと基礎を提供する。だが、教師がカリキュラムをどのように使うかを理解しておかないと、シティズンシップ教育によって形成される理念の「より大きな網」に政府主導の教育改革がどう影響するかを、十分に評価することはできない。さらに、家族が子どもにどのように教えるのかを知る必要もある。既存の研究からは、「良い市民」のどのような概念が子どもに教えられているかの全体像はわかるものの、このような「良い市民像」自体が「良い」かどうかの判断基準となっているのは、十分な根拠のない仮定や希望である。これまでの研究は、民主主義の理論についてもっと議論した上で検討されるべきである。

日本の教師は、高校で大学入試の指導を行うことで有名である。受験勉強は、シティズンシップの知識を学ぶには有益かもしれないが、民主的な考え方に基づいて、信頼、国民主権の支持、ガバナンス（運営）への参加などについての態度や価値を育むにはあまり有益とは言えない。しかしながら、二次文献に簡単に目を通してみると、多くの教師は人権関連のトピックを生徒が興味を持つような方法で指導しており、それらは、民主主義的な態度や習慣を育成する上で役立つと考えられる。グループでの交流や社会との積極的な結びつきに重点に置いた非公式のカリキュラムは、特に重要だと思われる。

小学校教育の民族誌的研究によると、教師は「数学や科学などの教科では、機械的な暗記ではなく、実践的な活動や問題解決、高次元の質問、題材の創造的な取り扱いに力を入れている」（LeTendre, 1999, p.40）。全国社会科教育学会は、教師が開発した社会科の模範授業に関する最近の報告の中で、小中高のどの段階でも、経験学習とクリティカル・シンキング（批判的思考）が実施されていることを称賛した（Kobara, 2011）またバッサーニ（Bassani, C.）は、日本の子どもの社会資本形成について評価した関連する研究において、生徒と教師は固い絆で結ばれており、その絆が必修のクラブ活動を通じてさらに強化されるため、生徒の社会資本を育成する上で学校は最も重要であると指摘する（Bassani, 2003）。小学校教師は、非公式カリキュラムを通じて、学習に意欲的に参加し、小グループで協力し合うよう、子どもたちを指導する（Johnston & Kotabe, 2002; McCullough, 2008）。批判的思考やグループで互いに協力する力は、どちらも民主的な市民に必須な、育成すべき習慣であると評価されてきた。だがグループでの共同作業を、社会的ネットワークと信頼を築く上で好ましいという観点から肯定的に扱うべきか、あるいは自由な個人主義や自立した考え方を妨げるものとして否定的に扱うべきかについては、規範的にも実証的にもまだわかっていない。

これらの民主主義推進的な学校教育も、潜在的には重要だろう。だが対照的に、日本と英国における政治リテラシーを比較した最近の研究によると、どちらの国の「生徒にシティズンシップの知識やスキルを教えようと熱心に取り組む､能力のある教師｣でさえも､結局はディスカッションなどの日常的な授業内容に重点を置くとのことである(Davies et al., 2013)。民主主義の理論家の多くは、健全な民主主義は知識を持つ市民の参加にかかっており、そのためにも政治知識は提供されるべきだと強調している。しかし、熟議（deliberative）民主主義の理論家は、人々がもっと議論やディベートを行ってこれらに慣れるべきだとしている。

さらに、家族、教室、性別、メディア消費など、その他多くの要因も、子どもが政治知識や「良い市民」の概念を学ぶ上で影響を及ぼすのは確かだ。これらの要因の中でも、子どもにシティズンシップを教える社会レベルでの取り組みとしてまず考えられるのは、家族が利用するテレビ番組、ビデオゲーム、歌や本などのメディアやコミュニケーションのツールである。だが、子どもの発達研究から得られた研究成果を見ても、そこでは個人主義と強い集団主義のいずれが良いのか、あるいは悪いのかという、お決まりの議論がなされている。歌と子ども向け文学についての研究では、信頼、相互の結びつき、社会的な調和と共感が、子どもに教えるべき主要な理想として歌や児童文学の中心的なテーマになっているとしている（Kelley, 2008; Morrone & Matsuyama, 2012）。シティズンシップについての理念と価値観に関するさまざまな考え方や主張を幅広く理解するには、良いシティズンシップの概念が、学校教育だけでなく、家庭で（就学前の段階も含め）どのように教えられているかについて、もっと積極的に研究すべきだろう。

子どもたちの政治学習はどの程度まで可能か

政治家や社会評論家は、学校教育における公民、歴史、社会科の議論に非常に多くの時間を費やしている。そのために、事情を知らない人間が子どもの政治学習は非常に重要な問題だと思い込むのも無理はない。教育の専門家もそのように考える傾向にあるが、政治学者は、それほどの確信を抱いていない（Wiseman et al., 2011）。行動主義の研究者は１９６０年代から１９７０年代にかけて，子どもの政治社会化についての数多くの研究を行った。だが１９８０年代になると，子どもの政治に関する知識や態度の研究に政治学者は関心を示さなくなった（Niemi & Hepburn, 1995; Sapiro, 2004; van Deth, Abendschön & Vollmar, 2011）。１９９０年代半ばには，研究対象の範囲を狭めた上で政治社会化の課題が再び浮上したが，著名な政治学者たちは，子どもの発達的見地から言うと，学習の大部分は14歳から20代半ばまでの青年期に行われるため，この年代に研究の重点を置くべきであると主張した（Niemi & Hepburn, 1995）。早期学習の可能性が疑われるようになった理由の一つは，子どもが早い段階で特定の主義や理念の支持を明らかにしても，それは長続きしないと思われたためであった。青年を対象とした研究はふたたび活発に行われるようになったが，子どもの政治学習についてはほとんど検証されないままであった。

だが子どもの発達研究で得られた知見は，興味のある事柄についての「学習の大部分」は，青年期に行われるという主張を疑問視するものであり，低年齢の子どもに関する研究復活の必要性を裏付けている。子どもは発達を通じて正しい認識の枠組みを形成するというピアジェ（Piaget, J.）の発達理論を踏襲した考え方を，ベルティ（Berti, A. E.）は次のように批判した。

> 子どもが具体的な政治の問題に接したり教えられたりして，それについて考える契機を与えられるならば，いったい何を理解できるだろうか。この点を，これらの研究は時に過小評価してきた。したがって知識不足が，その知識を理解または構築するために必要な認知構造が不足していることと間違えられる可能性がある。
> （Berti, 2005, p.97）

サピロ（Sapiro, V.）が行った信頼性の高い文献レビューによると，政治学習の概念に党派性（partisanship）や政策だけでなく，アイデンティティや社会的カテゴリー化まで含めるのであれば，たとえ5歳程度の子どもであっても，その後の人生における政治的行動や態度に関わる重要な社会的関係にすでに組み入れられていると指摘している

（Sapiro, 2004, p.14）。一方、より最近の研究では、寛容や平等を志向する「文化的志向性」は青年期後半（21歳から24歳）までは安定化しないことがわかっている（Hooghe & Wilkenfeld, 2008）。幼児であっても人生の早い時期から、コールバーグ（Kohlberg, L.）が提唱する権威と懲罰に対する反射的恐怖とは異なる形で、モノや情報を所有したり分かち合ったりすることについて論理的に考える能力を持つ（Wong, 2011）。現在の政治的社会化研究では、政治についてさまざまな学習を続けていく中で、人生のどこかの時点で変化が生じるのか、あるいは変化せずに持続するのか、という研究が中心となっている。

現在行われている子どもの政治学習研究の、もう一つの流れは、子どもは子どもなりに政治の対象であり仲介者であるという考え方に基づく取り組みだ（Habashi & Worley, 2014; Jovchelovitch, Priego-Hernandez & Glaveanu, 2013）。サピロはこの種の研究がいずれ行われるだろうと予測しており、「より広い社会の中で子どもが政治にどう関わるかを観察できる状況が少ないため、子どもの政治の理解力や、あるいは政治への意識や関心がどの程度継続されるかを十分に理解するのは困難である」（Sapiro, 2004, p.18）と述べている。

安倍政権が提案する教育改革が、政治リテラシー、権威に対する態度および「良い市民」という概念にどのような影響を与え得るかを理解するには、「いかにして政治は子どもたちにとって身近なものとなるのか」についてのもっと実証的な研究が必要である。ある比較研究は、ベルティが研究で提唱した概念である子どもの「概念的な政治ドメイン（conceptual political domain）の形成に寄与しているのは、公式カリキュラムであると示唆している（Berti & Andriolo, 2001; Berti & Ugolini, 1998; Berti, 2005; Sapiro, 2004; van Deth et al., 2011; Wong, 2011）。

まとめ

本章では，私たちが権力について理解する際に，教育改革政策をめぐる論争がさまざまな形で関わってくることを示した。まずベビルの理論に沿って，子どもがシティズンシップの何を学ぶべきかについての議論を通じて権力がどのように構築されるかを検討した。社会的世界が構築されるよう，対立する言説は討論を通じて語られ，価値観は明確に述べられ，理念は擁護されなければならない。青年期の政治学習は追跡研究を行う価値があると広く認められている一方で，低年齢の子どもの知識形成は過去20年間見過ごされてきた。そこで筆者は本章において，主要な国際調査で使用されたパラメータを用いて日本の公民教育をカテゴリー化した。一部の研究者は，この分野の日本のカリキュラムには日本独自の特徴があると主張する。それに対して，日本の公式カリキュラムの内容は世界的傾向とほぼ整合しており，さらにシティズンシップ教育に関する日本独自の取り組み方は非公式教育の中で明確に見られるというのが筆者の主張である。道徳を公式の教科にすることによって愛国心や日本独自の文化の感覚を養おうとする総理大臣の取り組みは，とりわけ日本の外交にとって確かに重要な問題であろうが，その影響は，公式カリキュラムの他の分野に組み込まれた世界的な民主的規範や，民主的参加の価値観に沿った非公式カリキュラムによって緩和されることであろう。

第3章

政治的選好の形成と権力

■ジル・スティール

政治学者は、若者の政治的態度や行動について改めて研究し直すべきだ。民主主義を尊重するならば、若者の政治離れによって将来どうなるかを理解しなくてはならない。

(Bennett, 2007)

人はどのように政治に興味を持ち、意見を持つようになるのだろうか。言い換えるならば、どのように政治的選好を形成するのだろうか? 日本の研究者は長年、政党帰属意識が重要だと主張してきた。初期には、アンガス・キャンベル(Angus Campbell)をはじめとするミシガン学派の理論に基づく研究が行われた。これは、有権者は比較的若い頃からある特定の政党に親近感を抱くが、そこには家族の影響が大きく働いているとする理論である(Campbell, Converse, Miller & Stokes, 1960)。長年にわたる政党帰属意識(party identification)や党派性(partisanship)は、投票行動のみならず、人々が政治の世界をどう評価し、どう反応するかに影響する。事実、河田潤一は、党派性は「日本の選挙民の政治への関わりのなかでも、最も共有される度合いが高く、安定的・中心的で、重要な要素である」と述べている◆1(Kawata, 1987, p.246)。

日本における初期の研究は、親が持つ政治的価値観を子どもは実質的に「受け継ぐ」ことを見出している（加留部 1975; Massey, 1976; 岩瀬 1977; Miyake 1991, p.201）。これは特に、自由民主党（以下「自民党」）が政権を握っていた数十年に当てはまる。この時代、自民党を支持する親の多くは自民党に投票し、そうするよう子どもにも教え、それによって自民党は権力を維持できた。自民党より支持者の少ない野党支持者の家庭内でも、同様なことが行われていた。[◆2] だが半世紀以上も前の知見が、今の時代にも当てはまるかどうかはわからない。第一に、この研究が対象としていた戦前の体制下で社会化された人々は、戦後の民主主義の時代に社会化された人とはまったく異なる行動をとる可能性がある。[◆3] 第二に、ここ数十年の間に政治情勢が変化したため、政党帰属意識の傾向が十分理解できていない可能性がある。第三に、多様化したメディア環境は、ネットワークや政治コミュニケーションを大きく変化させ、小さい子どもであっても新旧メディアを毎日、積極的に消費するようになっている。限られた数の地上波テレビ局しか見ることのできなかった時代とは異なり、情報源が多様化しているため、それが子どもと親双方の行動や政治的態度に反映されている可能性がある。また政治が変わる時代に、メディアの影響力が増す可能性もある。

本章は、現代日本の若い国民がどのように信念体系を構築していくかを研究の対象とし、子どもが政党について、あるいは政治全般についてどう思っているかを調査した。本研究は、現実社会において民主主義を実践する際に適用可能であり、社会化研究の再活性化という今の世界的な潮流にも沿っている。そしてこの社会化研究は、成熟した民主主義国家の国民、特に若者がなぜ市民参加への興味を失い、政治意識を希薄化させているかを理解したいという欲求も一つの動機となっている（Berti, 2005, p.74）。

変化する環境下における政党帰属意識と政治的価値観

今の親世代のコーホートは、自民党が支配する55年体制下で大人となったそのまた親の世代と比較すると、予測が難しい政治環境下で大人となった。[◆4] 研究によると、特に政党制度やコーホート特有の要因に意味がある（Jennings & Niemi, 1974; Westholm & Niemi, 1992; Percheron & Jennings, 1981; Sapiro, 2004, p.8）。たとえばエーケン（Achen, 2002）は、他の条件が同じだと仮定した場合、親世代の政治経験が限定的であったり一貫性がなかったりすると、その経験は次の世代にとってあまり意味を持たなくなる[◆5]（Achen, 2002, p.163）。その結果、親は子世代に無視されてしまうとアーヘンは考える。筆者は以前の研究において、政治行動と政党制度の変化は、次のいずれかを示唆すると論じた。①親の価値観が変化している、②親が子どもを社会化していない、③世代間の断絶が生じた（Steel, 2014.

◆1　久保田とWardは河田より懐疑的で、以下のように警告している。「日本人の政党に対する忠誠は、アメリカと比べると移ろいやすく、しかももっと控えめなようだ。だが、政党志向性と実際に投票する政党との相関性は、アメリカと比べると強いようだ」（Kubota & Ward, 1970, p.169）。

◆2　公明党や日本共産党等の支持者についての事例研究も有用であろう。これらの政党を支持する家庭は少数であるため、今回のような一般的な調査にはまず含まれないからである。

◆3　Mary Alice Haddadは、民主主義に対する態度や民主主義的な行動において、世代ごとの価値観の変化がどう影響するかを説明するにあたり「民主的教育の力」について論じている（Haddad, 2012, Chapter2）。

◆4　三宅一郎は、１９６０年代や１９７０年代の旧世代の経験は社会的、経済的、職業的経験がまったく異なる若い世代にとって意味がないと論じているが、それとは異なる見解があることも認めている（Miyake, 1991, pp.198-199）。

◆5　これは、第二次世界大戦後のヨーロッパにおいて党派性が弱かったことの標準的な説明である（Achen, 2002, p.157; Sears, 1975, pp.120-121）。

2016)。

過去数十年、政治情勢が変わり続けたことは、社会化のプロセスに関する私たちの理解が十分追いついてないことを示している。変化とは、民主党の支持率の急上昇および急降下、無党派層の拡大、安定しない人々の態度、政治不信の拡大、有権者と政党との間に生じる新たな緊張関係（橋本 2004）、新党の結成と弱体化、投票率の低下などである。対照的にこれら以外の、政党や首相に対する有権者の関心増大などの変化は、支持政党の選択が有権者にとってますます重要となっていることを暗示している。小選挙区比例代表並立制のもとでは、有権者は党か立候補者かの選択の板ばさみとなるものの、時間が経つと、投票を決定する際にはどの党に投票するかのほうが重要になると有権者は言うようになる。

政治が変化している時代の党派性を理解できなければ、党派性を全体としても理解しているとは言えないだろう。したがって本研究は、今も議論が続いている党派性という問題をいかに正確に捉えるか、すなわち、それは家庭で早いうちに形成されるのか、それともある時点における行政への評価にすぎないのかについての研究に貢献できると考える。

社会化に関する文献を調べてみると、党派性に関するこの二つの相対立する概念は、次の二つの議論の中で用いられている。第一の議論は、研究対象とする子どもの年齢（つまり、党派性は何歳になったら芽生えるのか）であり、第二は党派性が人生の早い段階で芽生えるのであれば、それは子どもの人生を通じて意味を持つのか（つまり、若い頃に親近感を持つようになると、それは大人になっても続くのか）である。第一の議論については、アメリカの子どもはすでに3～13歳（Easton & Hess, 1962, p.211）または6～9歳（Greenstein, 1965; Easton & Dennis, 1969; Hess & Torney-Purta, 1967）で、政党について考えているという初期の研究がある。◆6 これには、5～6歳の子どもには「政治の世界のことはまだ漠然とすらわからない」として、反対する意見もある（Connell, 1971; Berti & Benesso, 1998 summarized in Berti, 2005）。

文献を調べてみても、若者が子どもだった頃の傾向に意味がないわけではない。事実、年齢が上がるにつれて、態度はある程度安定化する（Alwin & Krosnick, 1991)。態度が世代を超えて最も伝わるのは、その態度が「中心的、具体的、感情を伴う」ものであり（Jennings, Stoker & Bowers, 2009)、両親が同じ政治意識を持ち、両親以外の社会化のエージェントも両親と同じようであり（Jennings & Niemi, 1974; Tedin, 1980)、家族が特定の方法でコミュニケーションをする（Chaffee et al., 1973）場合である。

本研究では党派性だけではなく、子どもの政治観についても調べる。イーストン（Easton, 1965）は、システム論を元にした初期の研究において、政治的権威に対する子どもの態度はアメリカの政治システムを安定させる重要な要因であると考えた(Niemi & Sobieszek, 1977, p.217)。日本における社会化研究の第一の波（１９６０年代）はこのイーストンの研究を土台にしている。これらの研究は、まだ若い戦後の民主主義下における安定を理解しようとしたものである。この世代の親は子どもを社会化して民主的な価値観を持たせようとしたが、彼らの親世代は戦前の体制下で社会化されている。さらに、これらの研究の一部は、当時よく使われていた「日本人の国民性」（Massey, 1976）という言葉に、経験的に対抗しようとした。

本研究では、イーストン（Easton, 1965）の今では古典的となった区別、すなわち支持の対象（政治社会、体制、議員）と支持の種類（政治に対する相当固定的で根強い態度から構成される拡散的支持と、それよりむしろ評価的態度に似ている特定支持）に基づき、子どもの政治的傾向を調査した。

◆6　Sapiro（2004, p.4）はこの「波」を論じた文献をいくつか挙げているが、社会化に関する初期の研究は瓦解し、理論的・方法論的に批判され、顧みられなくなった（Abendschön, 2013, p.2 参照)。

方　法

２０１３年秋、ある日本の地方都市の私立小学校において小学１・２年生を対象に、観察、参与観察、面接調査、アンケート調査から構成されるケース・スタディを実施した。[◆7] １年生には授業の合間の休み時間と放課後に約15分間の対面面接を実施した（n=29）。２年生は、研究チームの日本人が質問を読み上げる中で、自己記入質問書を見ながら答えを記入した（n=24）。特に断りのない限り、本章ではこの研究から得られたデータを使用する。これとは別に、予備調査として東京の５～９歳の子どもを対象に、より詳しい自由回答式のインタビューを実施した。

これらの調査対象児童が、他の児童（中産階級に属する都市部の私立学校の児童）と組織的に異なると信じる理由はない。だが一方で、彼らが小学生全体を代表する事例と主張することもできない。

質問によっては１年生には興味がないか、まだ知らない事柄であったため、１年生と２年生にすべて同じ質問を繰り返したわけではない。だが、「知らない」または「わからない」と回答する子どもの割合は、年齢が高くなるにつれて低下すると予測しつつも、子どもがいつ政治に興味を持ち始めたかを特定するための質問をした。また、子どもたちの生活にもっと身近な事柄だと思われる日々の生活、興味、意思決定の規範についても調べた。

これに加えて、２０１３年２～３月に実施された千葉県の公立小中高校児童生徒および早稲田大学学生に対する質問票調査（若倉 2014）の結果も参考にした。本章では小学３・４年生（n=211）と５・６年生（n=200）の調査結果を副標本としている。

結　果

■政党帰属意識

筆者は、調査対象の子どもたちの大部分が政治に興味がなく、政治に関わる質問には「知らない」または「わからない」と回答すると予想していた（研究の目的は、何歳から政治を意識するようになるかを調べることにあった）。だが予想に反して、以下の調査結果に示されるように、政治の仕組みや実際の政党について学び始める前のごく早い段階から、一部の子どもは大人の政治の世界に興味を持ち始めていた。

「すきな政党はありますか。あったら１つだけ○をしてください。もし政党のいみがわからなかったら、政党のいみがわからないに○をしてください」との質問に対しては小学２年生の半数近くが、自民党が「好きだ」と答えた。自民党以外の政党を選んだ子どもはおらず、６％が「好きな政党はない」、41％が「政党の意味がわからない」と答えた（図３・１）。本研究の調査設計上の限界を考えると、この傾向がどの程度重要なのかは不明であり、今後の研究が必要であろう。またよく言われるように、政党帰属意識が幼いうちに家庭内で芽生えるかどうかもはっきりしない。

今回のケース・スタディの結果を、その３年前に実施された全国調査「若い有権者の意識調査」（第３回）の結果と比較してみる。「若い有権者の意識調査」において「支持政党がある」と答えた16歳の割合は20％未満で、ケース・スタディにおいて小学２年生が「自民党が好き」と答えた割合よりはるかに少なかった。ただし自民党もその他の政

◆7　この調査は Katherine Tegtmeyer Pak と共同で実施した。

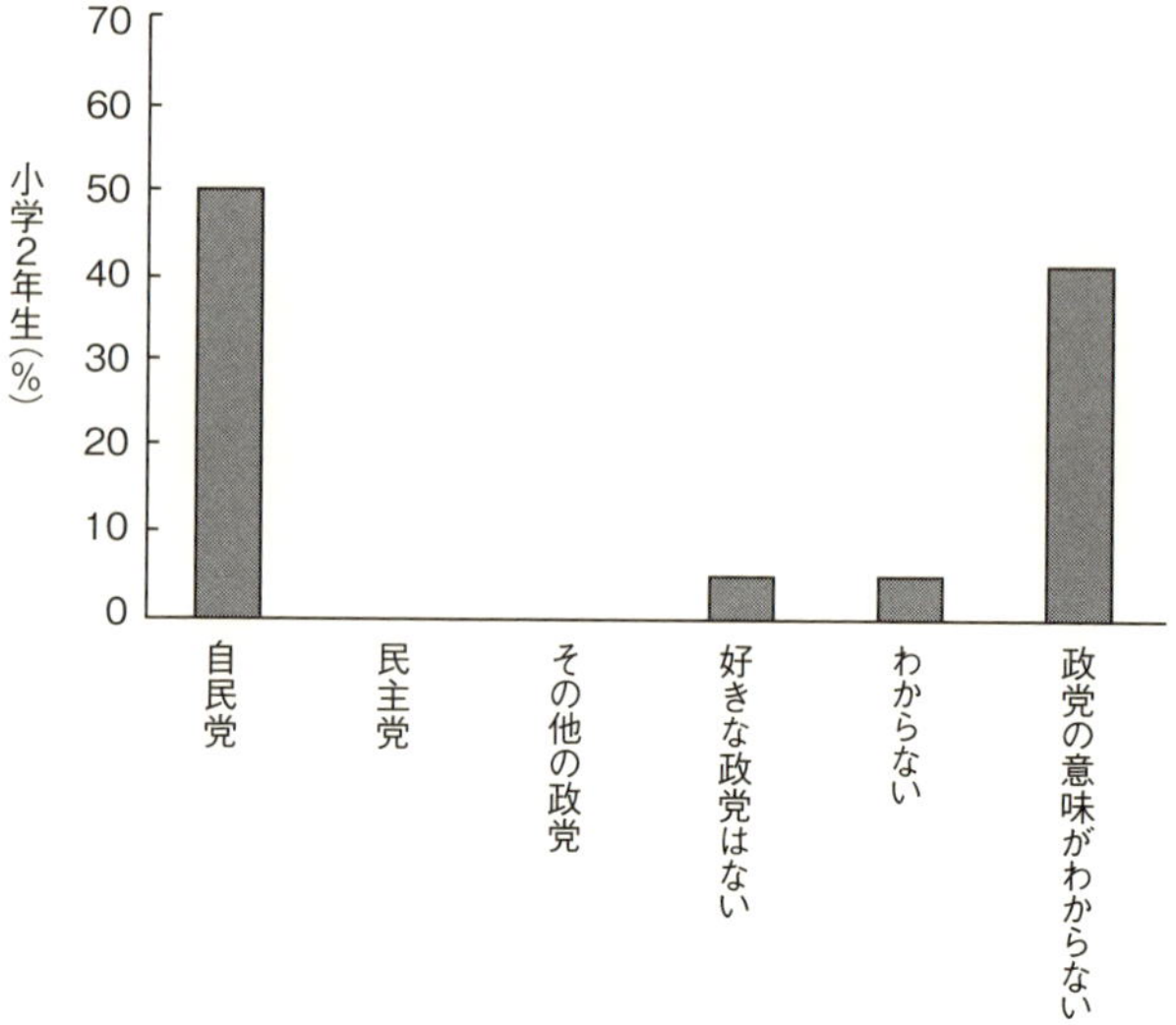

図 3.1　党派性は幼い頃に芽生えるか

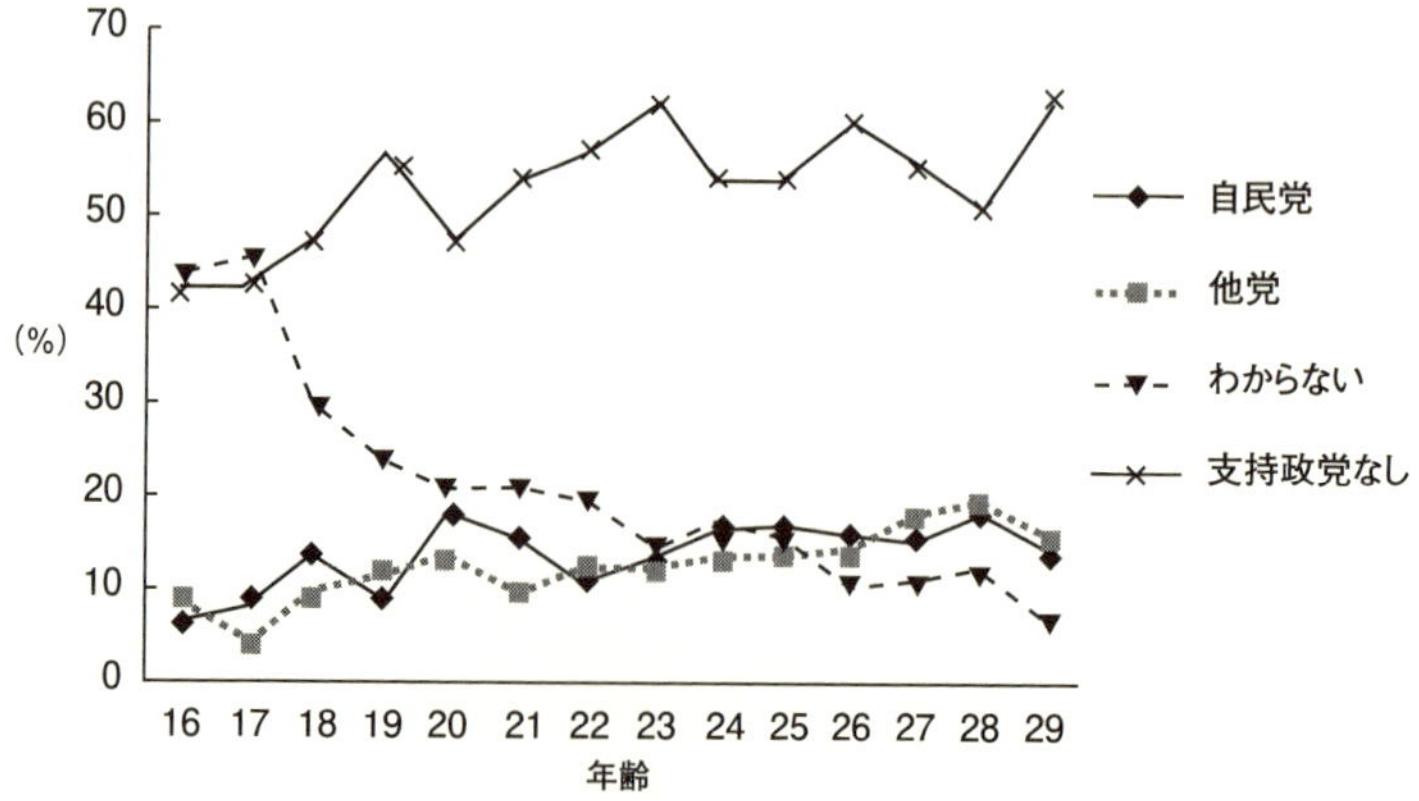

図 3.2　若者の党派性（2009 年）
出典：若い有権者の意識調査（第 3 回：2009）

党も、20代になると支持者は少しずつ増えている（図3・2）。16歳と小学2年生との支持率の差は、子どもは成長するにつれて批判的となる証拠で、その後の政党支持率の増加は「ライフサイクル効果」であるとも考えられる。違いは、あるいは「時代効果」[8]によるものかもしれない。自民党の人気は２００９年より２０１３年のほうが高かったため、２０１３年より前または後のほうが「好き」と答える割合が低くなるという可能性もある。

「時代効果」あるいは「ライフサイクル効果」が、人気の原因の一つとして考えられるにせよ、小学2年生ですら名前を知っていて「好きな」政党であると答えた自民党は明らかに有利である。

自民党の圧倒的なリードは党にとって有利である。たとえ自民党が好きだと答えた多くの子どもが自民党しか知らず、また将来好きではなくなるかもしれないにせよ、他党に比べれば少なくとも出発点において有利である。パネル研究を長期にわたって実施するのが困難であるため、これらの結果は一時的なものにすぎないかもしれない。だが価値観がどのように形成されていくかは、今後の研究に値する課題である。

■ 総理大臣

アメリカや一部のヨーロッパ諸国における先行研究によると、都市部の白人の子どもたちは政治的指導者を「親切な（benevolent）指導者」とみなし、政府の機関や役人をとても好意的に捉えている（Easton & Dennis, 1969, pp. 391-393による「理想化」段階）。だが、これらの結果は（アメリカの結果ですら）その時の状況次第であることが程なくわかった。アフリカ系、メキシコ系、あるいは白人でもアパラチア山脈周辺の住民[9]および、ニクソン政権時代に実施された研究で対象とされた子どもの一部（全部ではない）は、大統領をそれほどは理想化していなかった。

◆8　時代効果とは、特定の世代やライフサイクルを越えて、ある出来事を経験した人々はすべて、その出来事から同じような影響を受けるとする考え方である。

◆9　保守的な貧困白人層。

対照的に、1960年代の日本の子どもたちは（ごく小さな子どもでさえ）政治的指導者にこのような肯定的なイメージは抱いていなかった。もっと年長の子どもたちは、さらに否定的であり、総理大臣は親しみにくく、正直でなく、能力も高くないというイメージを持っていた（Massey 1975; 岡村 1970）。その後の研究者も、これらをベースにして、日本の若者は政治的指導者を理想化しないと考えている。だがこれらの知見は、少なくとも部分的にはその時の状況に左右されていたともいえる。当初の研究は1960年代後半、すなわち若者が反抗的で、当時の佐藤栄作総理大臣が特に不人気だった時代に行われており、支持率が一時的に「通常」レベル以下に下がっていた可能性がある。◆10　これとは対照的に、筆者らの研究は2013年の秋、つまり安倍首相の支持率が高かった時に行われている。◆11

驚くべきことに、小学1年生の約37%が写真を見て、それが安倍氏で、彼は総理大臣であると答えることができた。彼について家族から聞いたと答えた子どもは2人しかいなかった。2人とも女子で、そのうちの1人は、お母さんは安倍首相が好きではないと答え、もう1人は安倍首相のおじいさんも総理大臣だったとおじいさんから聞いたと答えた。40年前の子どもたちは総理大臣に対して明らかに冷やかであった。だが今の安倍首相のメディア対策は、今の子どもたちに逆の効果を与えているようである。その後に聞いた「彼はどのような人物か」という質問には、多くの子どもが答えられなかったものの、小学1年生は概して否定的ではなく、答えられた場合の回答の多くは好意的であった。

安倍首相について答える際、ニュースやテレビで見たと答えた子どもの割合は、家族から聞いたと答えた割合の2倍以上だった。回答者のうち2人は首相の名前を知らなかったが、いつもニュースに出ていると答えた。社会学者は、子どもの社会化の第一のエージェント（担い手）として親や家族を挙げるが、それは単に一緒に過ごす時間が長いからであって、政治の問題となると実際にはメディアが重要な役割を果たす。これは理に適っており、態度の世代間伝達は特定の状況においてのみ成功することを示した、前述の全国調査の結果とも一致する。親は政党政治について子どもに積極的に教えたり、政治について話し合ったりはしないが、子どもは、たとえばそばにいる親の意見を聞くことで、いわば日常会話の「副産物」（La Due Lake & Huckfeldt, 1998）としての親の支援を受ける。物価や年金について話し合ったり、あるいは政治家の私生活を話題にしたりする日常会話、たとえばこれらを話題にしたニュース・ショーを見ている時などに政治は登場する。日常会話のこれらの副産物は、中立的ではなく、人々の信念構造に大きな影響を与えるものである。

ゴードン（Gordon, 2004）の研究によると家族は、次のいずれかによってアイデンティティを共有し、信念構造を強化する。①候補者を自分の仲間扱いするようなあだ名を用いることによって親近感を持つ、②自分が支持していない政治家が関わったとされるスキャンダルについて話し合い、有罪だと確信する、③家族が政党支持者であると言う。子どもたちはその内容はよく理解できないにせよ、家族の発言のトーンは理解できるのである。

政治のことがよくわからないまたは興味のない親は、家庭内で政治について話す機会が少ない。したがって両親の支持政党について知る手がかりが、副産物的な会話からですら、あまりない。同様に、政治について異なる意見を持つ両親は当然、子どもに対してそれぞれ異なるメッセージを発する。だが今回は、調査対象が小学校低学年であることから、両親の政党帰属意識については質問しなかった。

友だちを挙げた子どもは１人もいなかったが、これも説明は可能である。たとえば、ハリス（Harris, 1998）は、一般に、人格形成において、仲間集団は親よりも強い影響力を持つが、政治的選好についてはそうではないと主張している。またリッチ・ハリスは、政治的選好は子どもたちが絆を結ぶ上で決定的な要因とはならず、したがって家庭で得た政治的な意見が、子どもが帰属する仲間集団の影響を受けることはないとしている。

◆10　データは１９６８年秋（岡村 1970）と１９６９年春（Massey, 1975）に収集されたが、この頃に収集されたデータは定型的ではないと考えられる。第一に当時は学生運動が盛んであり、第二に当時の佐藤首相の人気は前の政権よりも低く、しかも内閣支持率よりも首相の支持率が低いほど落ち込んでいた（時事データ）。内閣支持率についてのデータを提供してくれた Maeda Yukio に感謝したい。

◆11　政権支持率は、政権発足から９か月経ってもまだ55％強であった（時事通信社ウェブサイトより）。

■総理大臣の評価

小学1・2年生の安倍首相観がアンビバレントであったのは、興味深いことであった。「1．そうりだいじんはあなたやあなたのかぞくをたいせつだと思っている」という質問に対しては、2年生の大半(78%)が「たいせつだと思っている」と答えたが、「しんらいできる」[◆12]と答えた児童の割合はそれより低かった(質問票には総理の中立的な写真を掲載した)。また「2．そうりだいじんはしんらいできる」に対しては、70%近くが「しんらいできる」と答えたものの、「しんらいできない」と答えた子どもの割合も17%に達した(「どちらともいえない」と答えたのは13%だった。図3・3参照)

調査からは、子どもたちはまず「やさしい指導者」というイメージを持つが、年齢を重ねるにつれてより批判的になるという傾向を見て取ることができた。結果には、二期目就任直後の「安倍ちゃん人気」という短期効果も影響したと思われる。海外メディアは概ね、安倍首相は強硬な歴史修正主義者で超保守的な人物だと報道しているが、調査時点において国内では首相のソーシャルメディアも一部の

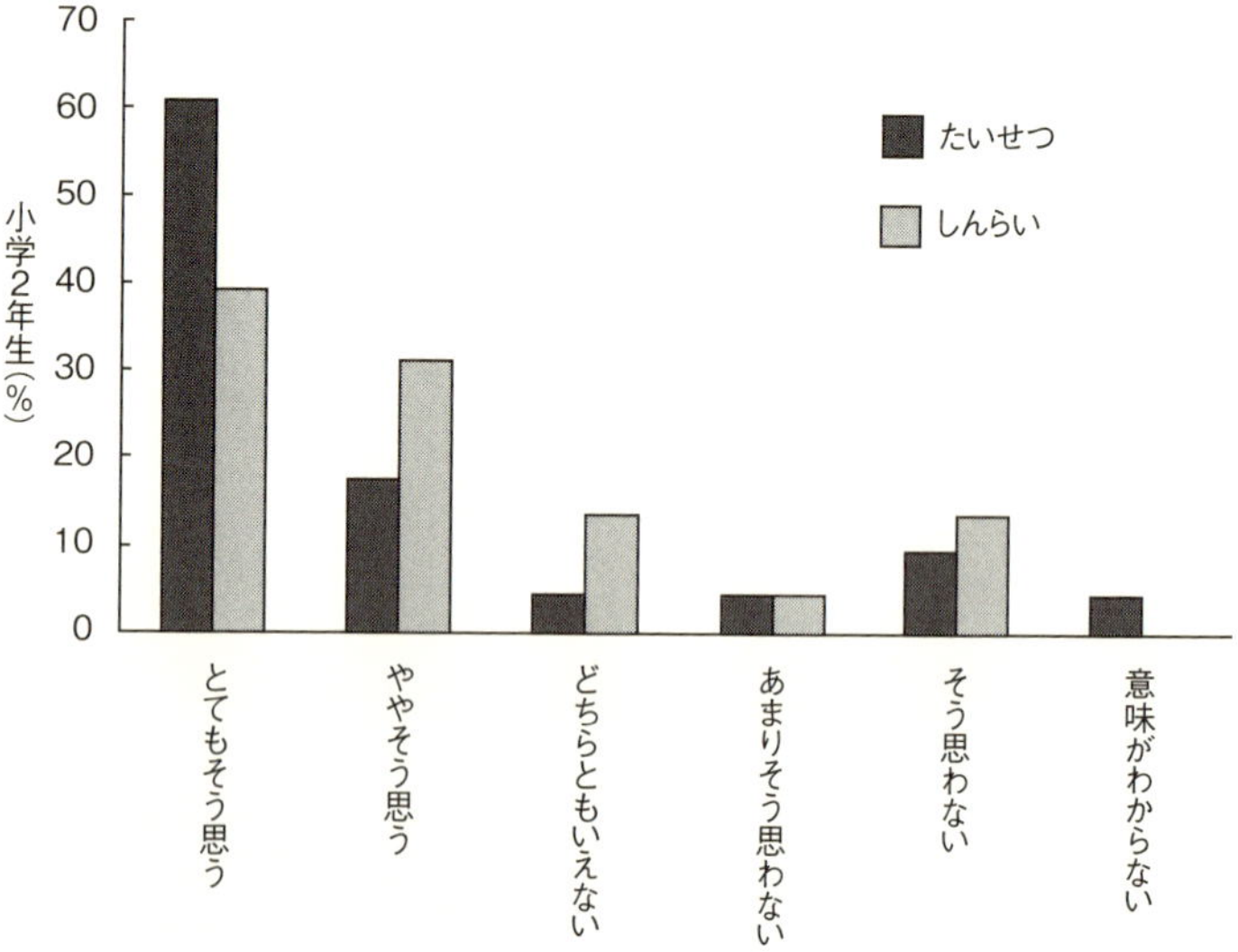

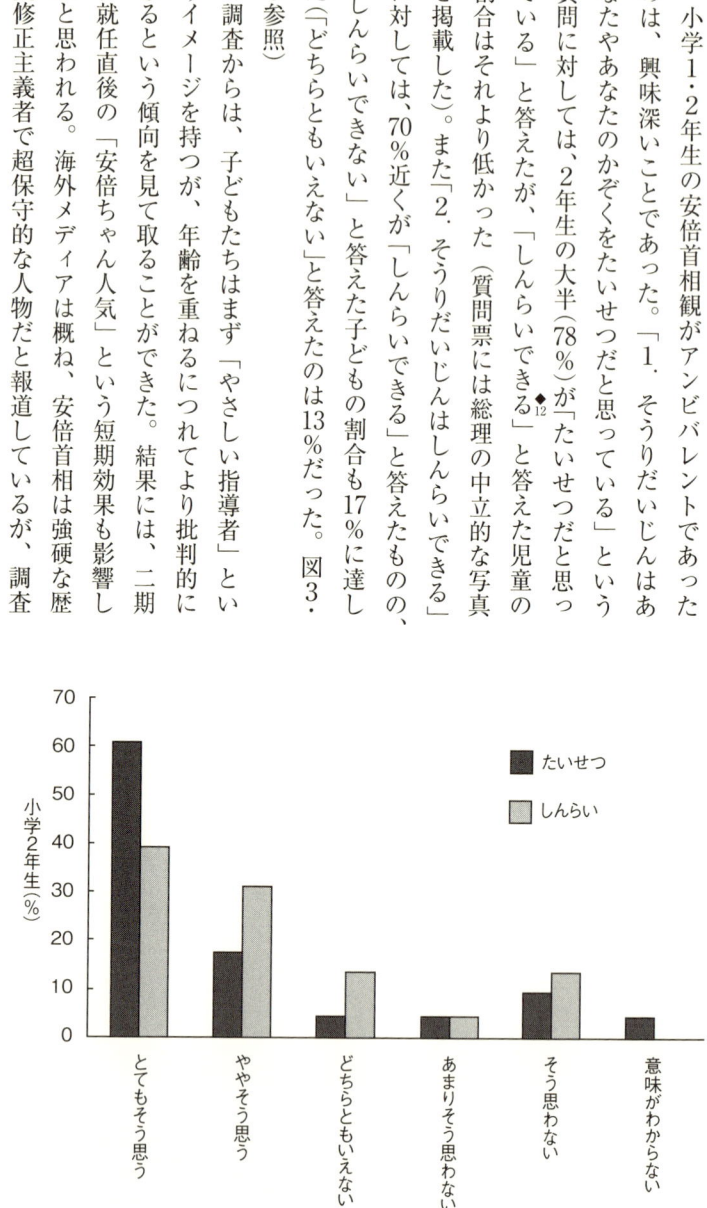

図3.3　2年生にとって安倍首相は「たいせつ」だがそれほど「しんらい」できない

◆12 子どもに「信頼」の意味を聞かれた際には、「信じられる」、「信用」と答えた。

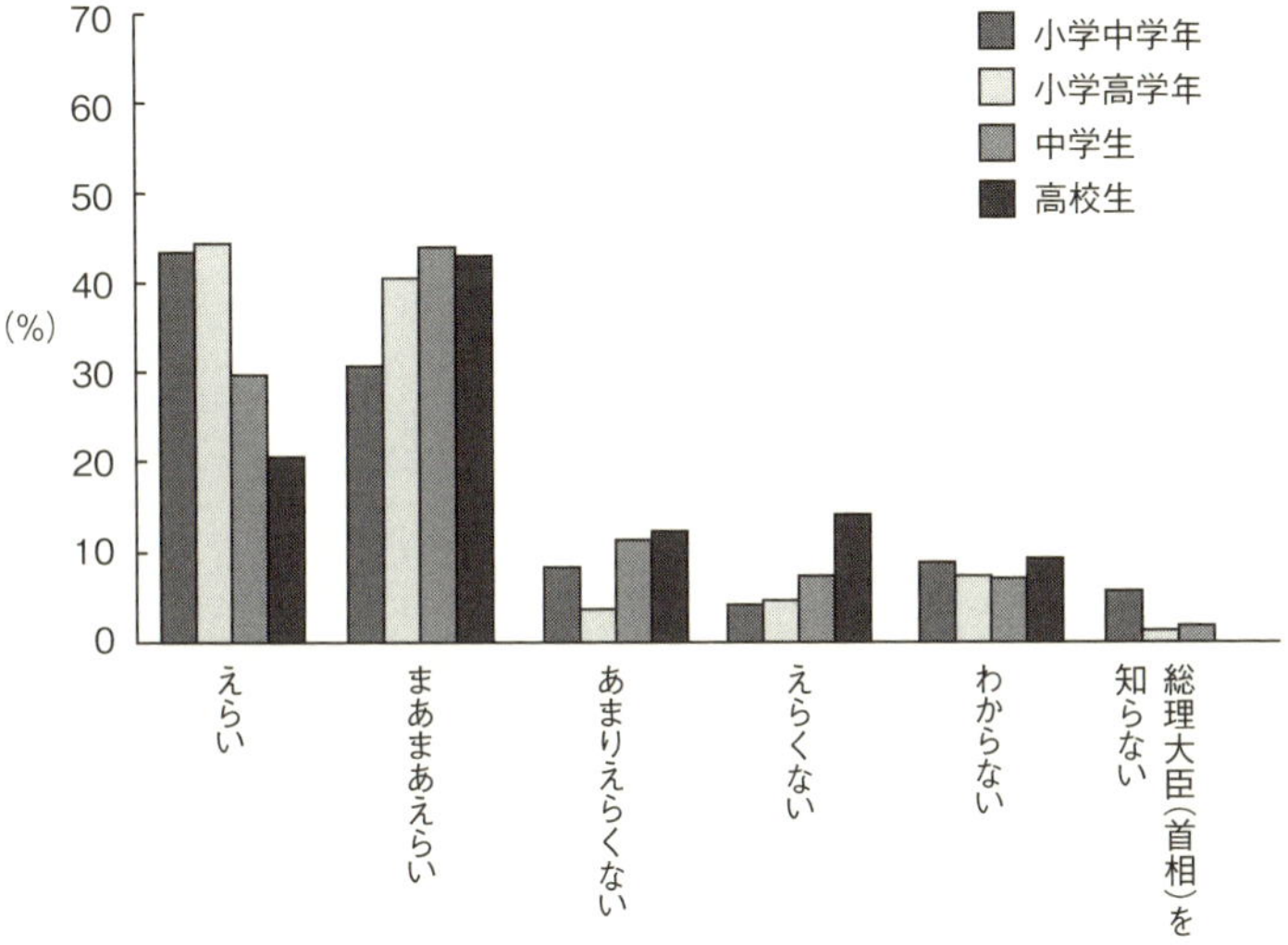

図 3.4　若者による首相評価（「えらい」かどうか）2013 年

出典：千葉県の公立小中高校児童生徒および早稲田大学学生に対する質問票調査（若倉，2014）

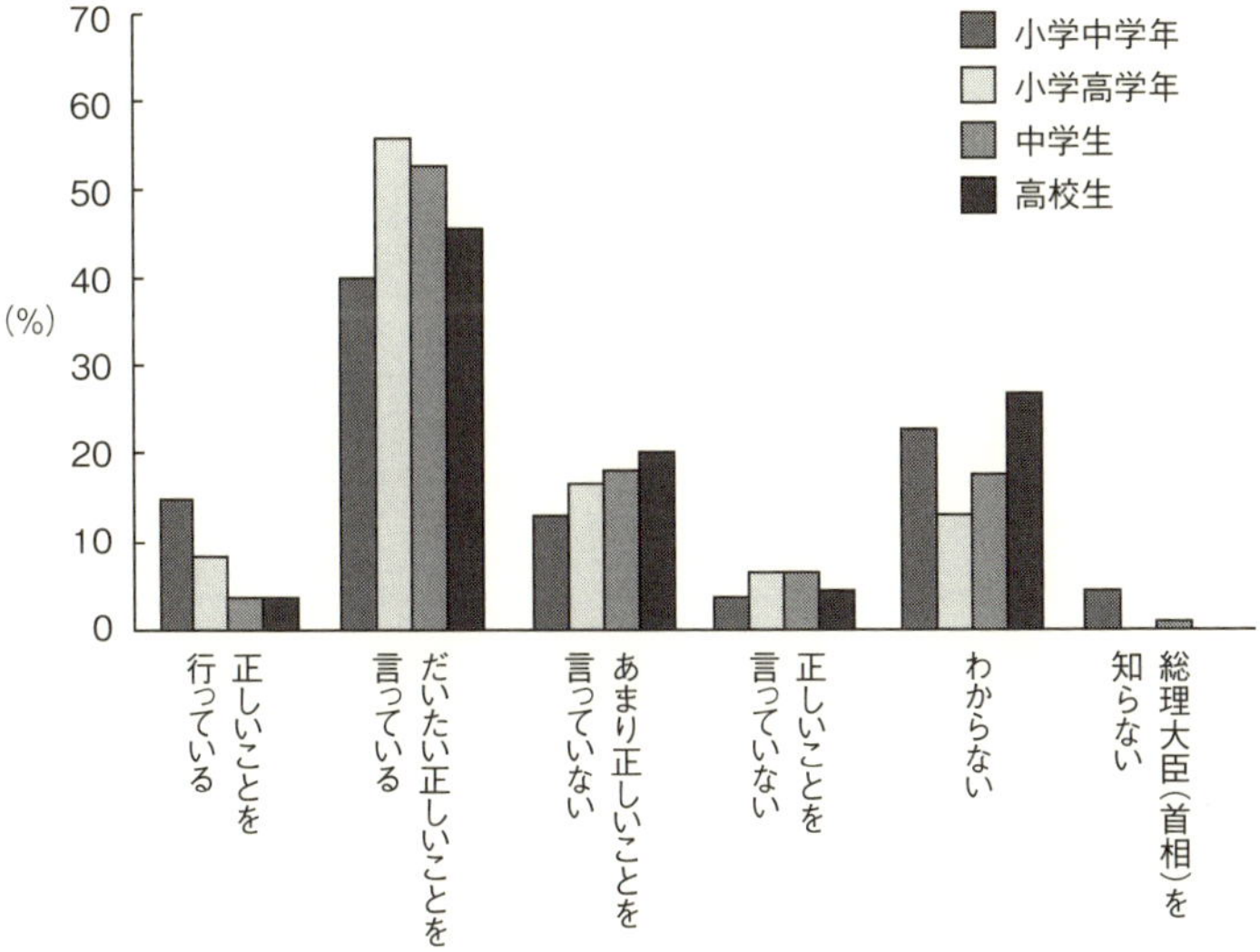

図 3.5　若者による首相評価（「正しい」かどうか）2013 年

出典：千葉県の公立小中高校児童生徒および早稲田大学学生に対する質問票調査（若倉，2014）

マスコミも、にこやかで、親しみやすく、時には子どもと遊ぶ。

首相のイメージを広める上でメディアが重要な役割を果たすことは、筆者が行った参与観察からも裏付けられる。２０１５年、ある父親は筆者にこう語った。「私たち家族が妻の両親と同居していた頃、子どもたちはテレビを見る機会が多く、首相を『安倍ちゃん』と呼んでいました。でもその後引っ越してテレビを見なくなったため、もうそのあだなは使わなくなりました」。

千葉県の小学生から高校生を対象とした調査を見ると、年齢とともに批判的になるという傾向はさらに明らかである。子どもは年齢が上がるにつれ、総理大臣が「えらい」そして「正しい」とは考えないようになる（図３・４と図３・５参照）。

■ 政治と政治家

政治と政治家についての小学2年生の意見は分かれた。半数弱が政治はクリーン・とてもクリーンだと考えており、否定的な答えは非常に少なかったが、知らないと答えた児童も多かった（39％）。「政治家は信頼できるか」という質問には、できると答えた児童は非常に少なく、大半ができないと答えた（「わからない」は27％だった）。

国会議員が「えらい」、「正しい」と思う児童・生徒の割合は、小学生から高校生までを通して比較的多かったが、年齢が上がるにつれてその割合は低下した（図３・６と図３・７）。また国会議員は総理大臣ほどえらくなく、正しくもないとも答えた。これは、年齢が上がると批判的になることと、イーストンとデニス（Easton & Dennis, 1969）によるパーソナル化（personalization）という概念の双方によるものかもしれない。イーストンとデニスは、子どもはまず個人（この場合は総理大臣）を通じて政治的権威を認識すると指摘する。子どもたちは安倍氏が総理大臣であることを知っており、それが回答にも影響を及ぼす。だが一方で「国会議員」や「政治家」はもっと抽象的な概念である。

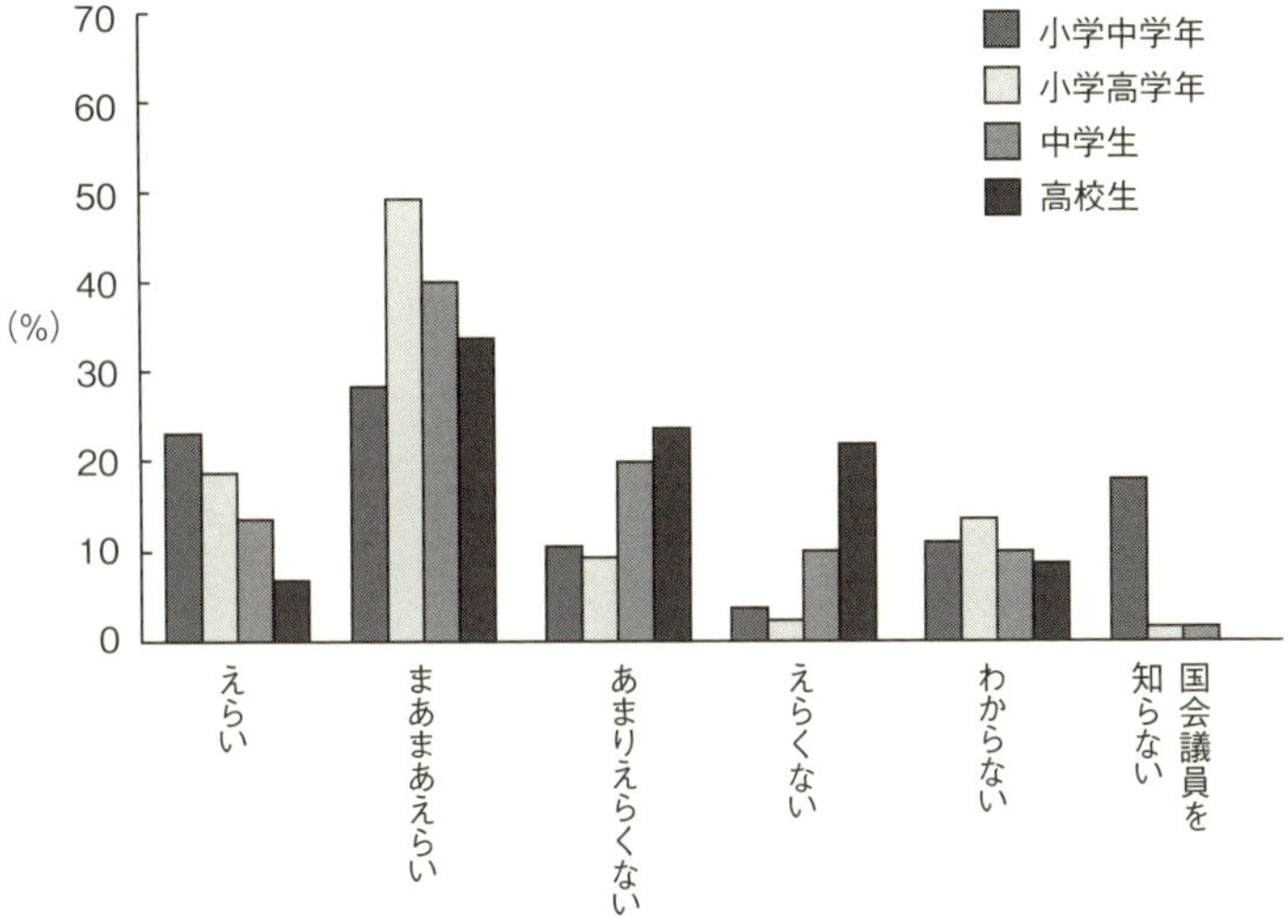

図 3.6　若者による国会議員評価（「えらい」かどうか）2013 年
出典：千葉県の公立小中高校児童生徒および早稲田大学学生に対する質問票調査（若倉，2014）

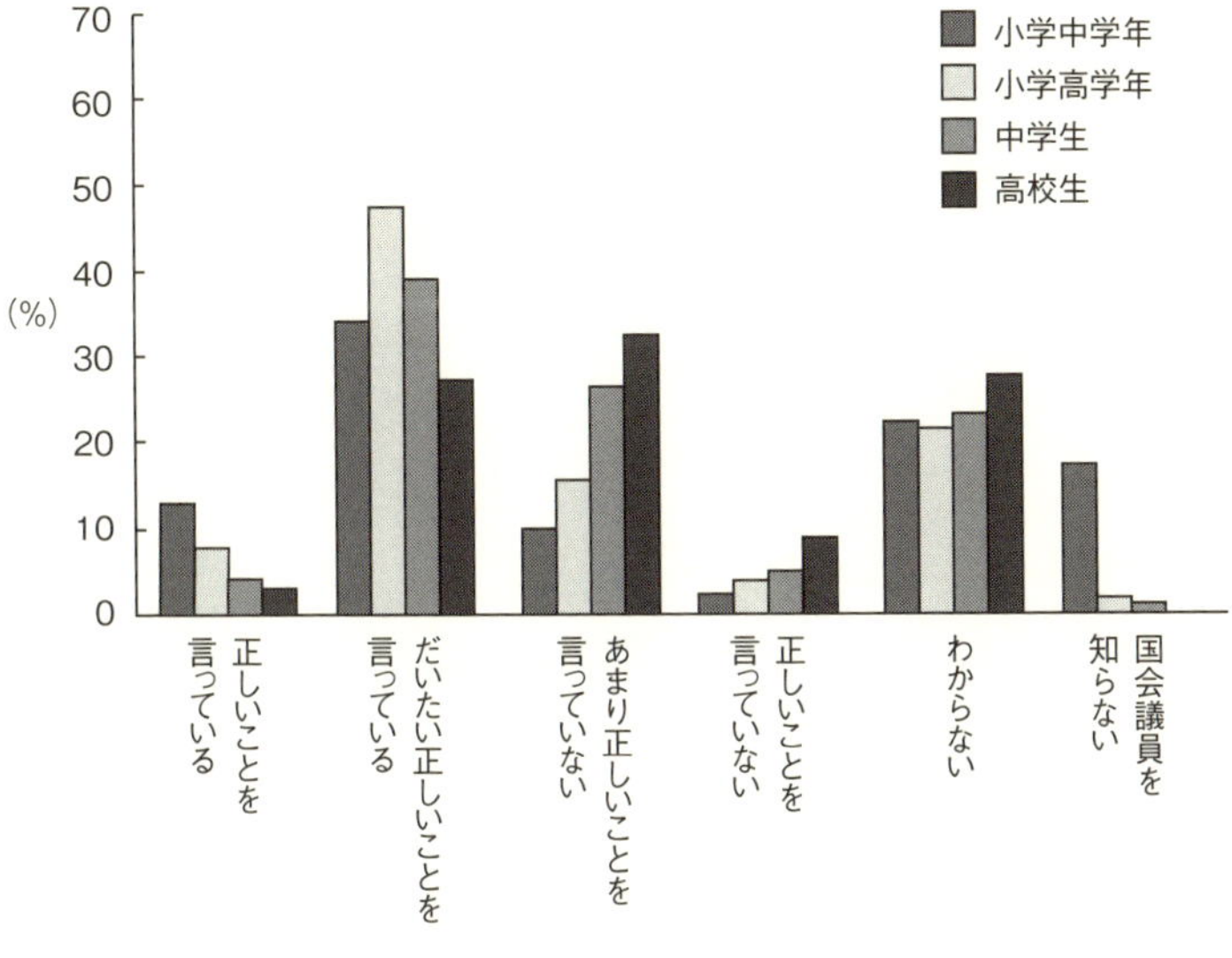

図 3.7　若者による国会議員評価（「正しい」かどうか）2013 年
出典：千葉県の公立小中高校児童生徒および早稲田大学学生に対する質問票調査（若倉，2014）

ここでも、年齢が上がるにつれて批判的になるという同じパターンが見られた。イーストンとデニスは、子どもの成長過程におけるこの段階を制度化（institutionalization）と名付けた。つまり小学校高学年になって人間以外の事物（たとえば国会）を理解するようになると、個々人よりは制度に目を向けるようになり、個人に対して批判的となり、役割と個人とを区別し始めるようになる（Steel, 2016を参照）。

考　察

今回の調査結果は、政党帰属意識が単なる伝達を通じてではなく、もっと複雑なプロセスを経て発達することを示している。子どもたちはごく小さい時に自民党に親しみを感じるようになるが、一部の子どもは年齢が上がるにつれてそう思わなくなり、だがその後、ふたたび親しみを感じるようになる。この複雑な帰属意識のプロセスは、年齢とともに子どもの経験や判断基準が広がる（それとともに自民党の優位性も高まる）ことからも説明できるだろう。ザッカーマンと彼の共著者（Zuckerman, Dasovic & Fitzgerald, 2007）は、党派性に関する研究の中で次のような疑問を投げかけ、そして回答している。「人は支持政党をどのように決めるのだろうか。他の事柄と同じようにである。そこでは家族、友人、同僚、隣人などの好み、価値観、期待、理解が考慮される。人は互いに影響し合い、あるひとつの決定は人々の社会ネットワークにおけるある意見の総体に反応する」（p.xv）。

日本の平均的な家族は、今でも自民党を支持している。子どもは小さい頃に両親の党派性を知るようになるが、それもメディアが飽和状態にある中においてである。そして10代になり、他の人たちと交流し会話するようになると、小さい頃の素直さを失い、斜に構えるようになる。だが、20代後半（young adult）になった彼らが置かれるのは、親と酷似した社会経済状況である（Ishida & Slater, 2010）。彼らは社会的ネットワークや対話のネットワークの中の隣人、同僚、友人から自民党に投票するきっかけを与えられ（Ikeda, 2010を参照）それが20代後半以降の政党帰属意識を形づくるのである。

本章のケース・スタディでは小学2年生の半数近くが、自民党が「好きだ」と回答した。これは、自民党は政府の「当然の」政党だと国民はみなしているという指摘が正しいことを示唆している。調査の時点では、日本の政治情勢が流動的で先行き不透明であったことから、この結果はとても意外であった。調査設計の限界上、これが初期の研究者が人生の早い時期に形成されるとした政党愛着感であるかどうかを論証することはできない。それでもなお、子どもが小さい頃から政党を肯定的に認識することは、その政党にとっては有利である。この点については今後の研究が必要だろう。

これらの結果からは、メディアを通じて肯定的な「イメージ」を伝えるのも政党にとって重要だとわかる。総理大臣についての質問では、家族よりメディアを挙げる子どものほうが多かった。たしかにメディア消費は重要である。だが他の社会化のエージェントと同様、テレビ視聴も誰もいない真空状態の中で行われるわけではない。それは子どもの発達に影響を及ぼす他の要因と同時に進行する。たとえば今回の調査では、子どもが親と一緒にテレビを視聴することでまさに同時に進行する。小学生でも、より年長の子どものほうが年下の子どもよりも慎重である。子どもたちは親の態度をそのまま引き継ぐのではない。彼らの価値観は年齢を重ねる間に形成されていくが、影響するのは親だけではない。これまで見てきたように、低学年の子どもの多くは自民党が「好き」だが、成長するにつれてその傾向は薄れ、他の政党に注目する若者も少数ながら出てくるようになるのである。

政治が大きく変化する時は、一貫して安定した政治体制下で子どもが政治的に社会化されるわけではないため、子どもは政党についてあまり確信を持てないという仮説を筆者は立てた。これは20代後半の若者については当てはまるようであった。だが自民党が権力を持ち続けていたために、調査対象の子どもたちも政治の世界について理解でき、その一部が自民党に親しみを覚えていたとも言える。これは政権交代が行われたのが、全体として安定した政治環境下であったからであろう（Sapiro, 2004, p.9 を参照）。

今回の調査結果は，子どもが自分たちの経験をどのように解釈し，その解釈がどのように受け継がれたかが重要だとする，社会化研究の「第一の波」以降に行われた各種調査の結果と合致する。すなわち，党派性はそのまま受け継がれるのではない。大半の小さな子どもは，政治家や総理大臣を肯定的に評価するが，年齢が上がるにつれて評価は下がる。また子どもたちすべてが政治家は正直だとみなしているわけではない。これは，若い国民が時に理解しがたい政治の世界を冷静な目で捉えていることを示している。

【謝辞】

本研究は Katherine Tegtmeyer-Pak と共同で実施した。研究に示唆を与え，インタビューに協力してくれた櫛渕恵利子氏と永富真梨氏に感謝したい。

時間を割いて調査に協力してくださった学校の児童，保護者，先生たちに感謝する。本章を読んで有益なコメントを提供してくれた Ken Hijino と Michael Strausz にも感謝する。

千葉県の公立小中高校児童生徒及び早稲田大学学生に対する質問票調査を実施し，データを提供してくれた若倉健亮，ならびに本研究へと誘ってくれた加藤言人にも感謝する。

Section 2

社会政策と人々の対応

第4章

家族政策と権力作用――「統治性」ガバナンスと日本の家族

武田宏子

はじめに

2015年9月、安全保障関連法を巡って激しく紛糾した国会が閉会した後、安倍晋三首相は経済優先の政治方針を表明して内閣改造を行い、アベノミクスと安保法制に代わる主要政策目標として「一億総活躍社会」の実現を掲げた。新たに組閣された第3次安倍内閣では「一億総活躍社会」担当大臣が任命され、また、翌月には、閣僚に加えて15名の民間有識者委員から成る「一億総活躍国民会議」が立ち上がり、「新三本の矢」として定められた「希望を生み出す強い経済」、「夢をつむぐ子育て支援」、そして「安心につながる社会保障」の実現に向けたプラン作りが開始された。

政策形成に着手されてから間もない現時点で「一億総活躍社会」政策の具体的内容がどのようなものとなるのか見定めることは困難であるが、他方で、既にいくつかの興味深い点が観察される。なかでも、「夢をつむぐ子育て支援」

に関して、「希望出生率」という表現を用いて合計特殊出生率の向上に向けての数値目標が明確に設定されたことは特筆に値する。たとえば、「一億総活躍社会」実現のプラン策定作業の基本的な考え方を示すものとして取りまとめられた「一億総活躍社会の実現に向けて緊急に実施すべき対策」（２０１５年11月26日）においては、「１・８」という数値について次のように説明されている。

国民一人ひとりが活躍できる社会づくりを進める上で最重要の課題の一つは、結婚・子育ての希望を実現しにくい状況を克服することである。２０１４年の合計特殊出生率は１・42に止まっているのに対して、国民一人ひとりの結婚、出産、子育てに関する希望がすべてかなえられる環境が整備されれば、希望出生率１・８の実現へとつながっていく。

（一億総活躍国民会議 2015, p.2）

合計特殊出生率は、よく知られているように、再生産年齢にある女性一人当たりが出産する平均の子どもの数を示すものである。したがって、妊娠／出産することのできるのが女性のみである現状を踏まえると、「１・８」という数字は現在および近未来に出産することのできる年齢層の女性の多くが２人の子どもを出産することによってしか実現することができない。言い換えるならば、合計特殊出生率を使った数値目標の設定は、女性たちに対して「特定の数の子どもを産め」という直接的なメッセージとなってしまう危険性を孕むものである。対して、日本政府は、戦時中の出産奨励政策の反省という観点から、少子化問題が重要政治課題として広く認識されるようになって以後も、女性に対して出産を強要していると多少でも受け取られかねないようなアプローチを取ることは長い間、避けてきた。日本の少子化問題に関する政策形成過程を調査したレナード・ショッパ（Lenard J. Schoppa）は、厚生労働省の官僚が明示的に出生率の上昇を政策目標と設定しない原因は戦時中の出産奨励策の記憶であると説明し、その上で「女性たちに出産を強要することに少しでもつながるような意見は、誰も口にしたがらなかった」という女性官僚の発言を引用している（レナード 2007, pp.260-261. 発言は p.261）。こうした証言を踏まえると、合計特殊出生率による数値目標を明確に示した安倍政権の家族政策は、これまでの政策方針からの大幅な転換を示すものであったと言える。

「一億総活躍社会」に先んじて「希望出生率」という表現を使ったのは２０１５年６月に発表された「日本再興戦略　改訂２０１５」であった。この政策文書では少子化の進行は日本が直面する「危機」と位置づけられており、したがって数値目標の導入というドラスティックな政策変更は、なかなか改善する兆しが見えない「危機」的状況を打開する努力であったと理解することができる。しかしながら、こうしたラディカルな政策変更がなされるにあたって、政策形成過程においてどのような議論がどれほどなされたのかという点に関しては現時点では必ずしも明確ではない。少子化対策の実効性を高めるためには具体的な数値目標の設定が必要であるという意見は、これまでもたとえば日本経済団体連合会による「少子化対策についての提言[◆1]」（２００９年２月）によって表明されていたが、２０１４年５月に出された安倍首相の諮問によってこの問題を議論した「少子化危機突破タスクフォース（第２期）」のとりまとめにおいては賛成／反対意見が併記され、「出生率や出生数等については、特に慎重に議論すべきである」や「合計特殊出生率（期間合計出生率）は特定の年の短期的な状況を反映するものであるため、人口学の観点から、政策効果を測るにはふさわしくないとの意見があった」というコメントが付けられ（少子化危機突破タスクフォース 2014, p.15）、数値目標の設定に関しては慎重な姿勢が保たれていた。その後、経済財政諮問会議が作成し、経済政策の方針を定める「経済財政運営と改革の基本方針」の２０１４年度版（６月発表）に「希望通りに働き、結婚、出産、子育てを実現することができる環境を整え、人々の意識が大きく変わり、２０２０年を目途にトレンドを変えていくことで、50年後にも1億人程度の安定的な人口構造を保持することができると見込まれる」という文言が盛り込まれ（経

◆1　全文は以下の日本経済団体連合会のホームページで読むことができる。
http://www.keidanren.or.jp/japanese/policy/2009/012/honbun.html#part1（Accessed 2016/2/1）

済財政諮問会議 2014, p.5)、人口規模に関して具体的な数値目標が導入されことを経て、翌年の「日本再興戦略 改訂2015」につながっていくわけであるが、この間にこの問題に関して公の場で議論が交わされたというわけではない。

以上のような経緯で導入された数値目標であるが、そもそもこうした措置が少子化対策として効果的であるという確定的な学術的証拠が存在しているわけではない。「少子化危機突破タスクフォース（第2期）」のとりまとめで指摘されているように、過去に少子化問題を克服した国の事例としてしばしば言及されるスウェーデンとフランスは数値目標を取り入れてはいない。加えて、こうした外国の例以上に数値目標の政策効果に対して疑問を投げかけるのは、戦時期の日本の状況である。先にも述べたように、「総動員体制」が取られていた当時の日本においては、非常にアグレッシブな出産奨励政策が導入されており、国家が結婚・出産といった事柄に積極的に介入していた。公営の結婚相談所や花嫁学校が全国各地に設置され、多子家庭が表彰され、国家指導者たちが女性たちに対して「国のために」良妻賢母となることを直接に訴えた。しかしながら、そういった状況にもかかわらず、荻野美穂が既に指摘しているように、戦時中の出産奨励政策がどれほど効果的なものであったのかという問題に関して判断することは専門家でも難しいと言われている（荻野 2008, p.140)。人口動態統計によれば、日中戦争によって大幅に減少した出生数は1940年代に入って一時、弱冠の回復を見せるが、1944年以後、戦況の悪化により統計自体が取られなくなり（厚生労働省 2015, p.9)、他方で、多くの男性が戦地に送られ、その結果、女性の結婚難が深刻化していき、さらに内地の生活が極度に逼迫していく中では、家族を形成し、維持していくこと自体が困難な課題となっていった。

ただ、こうした当時の政治的および社会的要因に加えて、より根源的な問題として、国家の政策が実際にどの程度、個人の家族形成行動に影響することができるのか考えてみる必要があるようにも思われる。たとえ全体主義国家の戦争指導者が結婚や出産を薦めたとしても、実際にそのように行動するかどうかは結局のところは個人的な問題であり、そこには個人の選好が強く作用するのではないか。そんなふうに考えさせられるのが、1940年代、農村において圧倒的な発行部数を誇っていた雑誌『家の光』[◆2] １９４０年3月号に掲載された「結婚の導き方研究会」という記事である。この座談会には国家の政策に沿って若い女性たちを結婚／出産に導く役職に就いていた現役の教育者や高級官僚が集合し、彼らの経験をベースに戦時下における若い女性の結婚のあり方について議論を展開しているわけであるが、興味深いことに、日本帝国のエリートであり、権力関係において若い女性に対して圧倒的に有利な立場に立っていたはずの彼らは以下のようなフラストレーションに満ちた発言を残している。[◆3]

> それにまた、娘も少し教育されると理想が高くなって来る。男女お互いに相手を選ぶ場合、「顔よりは心、姿よりは気立て。」と私どもは聞かされて来たが、今の娘に選ばせて見よ、きつと節くれだった野育ちの男より、よわよわしくても綺麗に見える男の方がよいという。
>
> （『家の光』１９４０年3月号 107 頁）
>
> 先刻大陸の花嫁について、満州の魅力を語って、トラクターや機械農具があり、因習にゆがめられない新生活ができることを挙げていますが、私どもはそれがために生活に規律がなくなり、アパートで二人の男女が面白をかしく暮すといったような、安価な都会生活の真似になるのを恐れる。
>
> （『家の光』１９４０年3月号 108-109 頁）

こうした発言が示唆するのは、総力戦を遂行している全体主義国家を背負っていた政策形成エリートたちであった

◆2　『家の光』は産業組合中央会によって１９２５年に農村生活の文化向上を目的として創刊された教養雑誌であり、その発行部数は１９３７年には１４６万部に達していた（板垣 1992; 佐藤 2002）。戦況が悪化し、多くの雑誌が休刊／廃刊に追い込まれる中でも『家の光』は継続され、農村に住む人々にとっての主要な情報と娯楽の供給源として発行部数を伸ばした。『家の光』は現在も発行されており、２０１５年には創刊90周年を迎えた。

◆3　以下、『家の光』からの引用は基本的に原文のまま。

としても、結婚問題に関して行使できたコントロールには限界が存在していたということである。言い換えれば、国家が結婚／出産に関する政策目標をいくら掲げたとしても、それが実際に結婚／出産行為に関わる人々によって選択されない場合、政策目標は実現されない。ここに家族政策特有の難しさが存在している。家族政策を成功裏に形成し、履行するために、国家の直接的な権力行使は、直ちに効果的であるとは言えないのである。だとしたら、効果的に家族政策を実施し、一定の政策成果を達成するために、権力はどのように行使されるべきなのだろうか。

アジア太平洋戦争の終結後、一時的なベビー・ブームの後、1950年代半ばまでに日本の出生率は急激に低下し、その後20年近く、人口置換水準（合計特殊出生率2・07前後）で安定する。戦後初期のこうした出生率の推移の背後にも日本政府による出生率の低下を目指した家族政策が存在していたが、民主化された戦後の日本では戦争中の全体主義的な状況とは異なる仕方で政策が実施され、政策目標が実現した。戦争中と戦後初期で家族政策の明暗を分けたのは何であったのか。この点を理解する上で参考となるのが、ミシェル・フーコー（Michel Foucault）に由来する「統治性（governmentality）」の議論である。そこで本章では、以下、「統治性」の議論を概観し、その後、「統治性」の議論に照らしながら、戦後日本の家族政策の展開について考察する。

「統治性」

2010年代半ばの現在、「統治性」は批判的社会科学の分析において頻繁に言及される用語であるが、フーコーが「統治性」の議論を展開したのはその晩年である1970年代後半のことであり、彼自身が「統治性」に関する議論をまとまった著作という形で残しているわけではない。[◆4] 現行の「統治性」の議論は、フーコーの死後、彼の残した講義録などを土台として、さまざまな国々の研究者によって発展してきたものである。[◆5]

「統治性」は、基本的には、次の二つのタイプの権力作用が観察されるガバナンス型の統治システムを意味する。第一のタイプの権力は「規律権力(disciplinary power)」であり、学校や職場などの社会組織を通じて特定の行為パターンを身につけるように個人の身体と精神を規律することを通じて作用する。これに対して、第二のタイプの権力はフーコーが「人口の生－政治（biopolitics of the population)」と表現したもので、国民に対して彼らが健康で、幸福な生活を送ることができるように「配慮」し、支援する。より具体的には、「人口の生－政治」の目的は、「死亡率は緩和され、低下されねばならない。寿命はより長いものとならなければならない。そして、出生率は向上されなければならない」（Foucault, 2003, p.246）とフーコーが表現したように、各種統計データによって表される国民の生命と生活の向上である。フーコーによれば、ヨーロッパで近代国家が編成された過程を通じて、こうした二つのタイプの権力作用が徐々に国家の統治システムに組み込まれていき、特定の統治技術が用いられるようになっていった。この過程を彼は「国家の統治性化（governmentalization of the state)」と呼んでいる（Foucault, 1991, p.103, 2007, pp.109-110)。

第二次世界大戦後、国家の統治システムとして先進国の間で一般化したケインズ主義型福祉国家は「国家の統治性化」の帰結として位置づけられる（Gordon, 1991, pp.27-36)。したがって、ポランニ（Polanyi, 1944）が「大転換」と呼んだ、近代国家が古典的自由主義の自由放任の原則に沿った「夜警国家」から転換し、国民の福祉や幸福の擁護をその役割の一部として認知した「発展」の過程は、「統治性」の議論の観点から捉えると、「規律権力」と「生－政治」

◆4　フーコー自身の「統治性」についての議論としては主な文献として以下のものがある（Foucault, 1978, 1983, 1991, 2003, 2007, 2008)。1970年代後半にこれらの議論を展開した後、フーコーは「統治性」の分析から離れて、古代ギリシアの「自己のテクニック」に関する探究に研究の焦点を移した（Dillon & Neal, 2011, p.1-2)。

◆5　フーコー以後の「統治性」の研究に関する文献は数多いが、代表的なものとしては、Burchell（1996)、Gordon（1991)、Dean（1999)、Lemke（2012）などが存在している。

という権力作用を取り入れることによる国家の統治システムの刷新であったと理解することができる。しかしながら、フーコーはこうした近代国家の発展過程には影の側面も存在していたことも指摘している。国民一人ひとりの健康と幸福に気を配る国家は、一旦、戦争という事態になったら、その国民に対して国家の戦争に全面的に協力することを要請する組織でもある。フーコー自身の言葉によれば、「一つの国民全員を死にさらすという権力は、もう一つの国民に生存し続けることを保証する権力の裏側に他ならない」（Foucault, 1978, p.137）。すなわち、それは「生き『させるか』、そして死ぬに『任せる』権力」（Foucault, 2003, p.241）であり、ここからフーコーは「統治性」型ガバナンスシステム内に、個人を主体化し、同時に従属させる権力の二重のダイナミクスを見出した（Foucault, 1983, p.331）。

１９７０年代以降、ケインズ主義型福祉国家の統治不能性（ungovrnability）が問題とされ（Offe, 1984）、新自由主義の影響を強く受けた制度改革が開始される。これにより、頻繁に引用されるマーガレット・サッチャーの「社会などというものはない（There is no such thing as society）」という発言に表れているように、一旦は福祉国家内で制度化されていた福祉／社会サービスが個人や家族の責任で行うべきこととして再定義されていった。フーコーの死後に「統治性」の議論を展開していたグラアム・バーチェル（Graham Burchell ）やニコラス・ローズ（Nikolas Rose）などの研究者は、こうした制度的変化の過程に「統治性」の機能の仕方の一定の変化を確認している。すなわち、彼らによれば、ケインズ主義型福祉国家の機能の縮減は、「統治性」を基盤とした統治システムを解体することなく、むしろ、個々人よる「統治性」の権力作用が内面化されることを促すことによって「統治性」を「高度化」した（Burchell, 1996; Rose, 1996, 1999）。このメカニズムを具体的に考察するために、ローズは、１９９０年代のイギリス社会において「企業家的（enterprising）」という形容詞が個人の主体のあり方に関する規範として使用されたことに注目する。「企業家的」個人とは、ローズによれば、「19世紀的な利益を追求する経済的な主体」とは区別され、高度自由主義的資本主義社会において常に「自分自身の企業家」であろうとするようなタイプの主体である（Rose, 1999, p.142）。彼／彼女たちは高度資本主義社会の経済的合理性に自律的に従って、自らの生と生活を最適化する能力と意思を充分に持っており、その意味で人生の設計者として非常に「有能」であると見なされる。

こうした「自律的」な「企業家的」個人は高度自由主義的資本主義社会において適合的な合理的行動様式を習得する際に、近代初期の「統治性」型ガバナンスシステムが利用した学校や職業訓練所、ソーシャル・サービスのような大規模な組織や施設を必要としない。彼／彼女たちは高度自由主義的資本主義社会の統治のロジックを既に内面化しており、したがって、そういった個人が自律的に決断し、合理的に行為する環境が整えられてさえいれば彼らは望ましいように行為をし、それによって高度自由主義的資本主義社会は円滑に機能すると予想される。この意味で、「企業家的」個人は、公的部門が「船を漕ぐのではなく、舵を取る」(Blair & Schröder, 2000, p.164) べきであると考えられる高度自由主義資本主義社会のガバナンスシステムに適合的な主体のあり方であると言える。

同時に、こうした「企業家的」個人が主体のあり方として規範的な位置を占めることは重大な問題も提起する。なぜなら、高度自由主義的資本主義社会の成員すべてがこのタイプの主体のあり方に適合し、自律的かつ有能に行為することができるわけではないからである。ローズは、この点に、現代の「統治性」型ガバナンスシステムに特有の排除のメカニズムを見出す (Rose, 1996, pp.59-60)。すなわち、ローズが分析したイギリス現代社会においては、「企業家的」個人の範疇に当てはまらない人々――失業や低賃金によって経済的に困難な状況にある人々や素行不良などの傾向のある「社会的逸脱者」など――は「不適合者」として認定され、望ましい行動様式を身に着けるために教育や訓練を受け、適切な職業能力や対人スキルを習得することを強いられる。こうした政治的対応は、実は、次の二つの前提に基づいている。第一に、経済的および社会的困難の原因はそういった状況にある個人の主体のあり方や行動様式に存在しており、第二に、したがって、彼らが訓練に真摯に取り組むことによって問題は取り除かれ、再び社会に包摂されるようになる。しかしながら、再訓練を受けた人々がすべて高度自由主義的資本主義社会に適合する主体のあり方や行動様式を習得する／できるわけではないし、そもそもそのように選択しない人々も存在する。そういった場合でも、上記のような前提が存在している限り、再訓練を受けても社会の主要な規範に従って行動しない／できない／しないと選択する人々が「不適合者」として排除されることが正当化されてしまう。包摂されるためのチャンスが与えられたのに、それを有効に活かさなかったのはその人自身なのだ。だから、有能な「企業家的」個人の集団から排除されてしかるべきである、と。このように考えると、ローズが描き出した現代型の「統治性」において、社会的排除は必要不可欠な構成要素であり、そこでは、主体のあり方と行動様式によって個人は分類され、統治される。言い換えれば、現代型の「統治性」では、権力作用は個人の内的ダイナミクスを通じて行われることになる。

ローズによって指摘された現代的状況における「統治性」の「高度化」は、家族政策の機能の仕方を考える上においても大きな意味を持つ。ジャック・ドンズロ（Jacques Donzelot）が論じたように、近代初期において「統治性」型のガバナンスシステムが機能する際に、個人と職場や学校、社会的サービスなどの社会的組織の間に存在したのは家族であった（Donzelot, 1997）。個人は家族の内部に位置づけられることで、「統治性」の権力作用の客体となり、主体となった。したがって、現代的な状況における「統治性」の「高度化」は、家族のあり方に対して一定の変化を求めると考えられ、そうした変化が家族政策の機能の仕方にも影響すると考えられる。これらの問題を具体的に考察するために、次節では、戦後日本の家族政策を取り上げる。ただし、紙幅も限られているので、日本における家族政策の転換期である1950年代と2000年代初期に焦点を当て、それぞれの時代を特徴づける施策である「新生活運動」と「家族の構造改革」がどのように展開したのかを見ていくことにする。

戦後日本の家族政策と「統治性」――日常生活の最適化

今日ではほとんど忘れ去られてしまったが、「新生活運動」は1950年代から1970年代の間、日本各地で多くの人々が参加した国民運動であった。◆6 新生活運動の目的は文字通り生活の仕方、あり方を改善し、新しい生活を作り出すということであり、多くの場合、家庭の主婦たちであった参加者たちは、地域で行われる各種の活動を通じて生活改善のための具体的な技術と知識を習得した。近代日本において生活改善を目的とした「国民運動」が組織されたのは初めてのことではなく（小山 1999; Garon, 1997）、戦前に行われた生活改善運動と新生活運動の間には一定の連続性が確認できるが（Takeda, 2005, p.192-193）、他方で後に詳述するように、新生活運動の主要な活動領域の一つは特定の仕方での再生産行為の管理、すなわち人口管理の問題であり、この点においてそれ以前の日本における類似の運動から区別され、また「統治性」の議論との深い関連性を示している（Foucault, 2003）。

新生活運動がアジア太平洋戦争の敗戦後に開始されたのは、当時の経済状況と人口問題に起因していた。総力戦がもたらした経済的損失は甚大で、戦争終結時までには全国の生産設備の約3分の1が失われ、日本経済の状況は1935年時点のレベルにまで後退していた（中村 1986）。同時に、旧植民地からの引き揚げや兵員の帰国に加え、1940年代後半のベビー・ブームによって日本の人口は劇的に増加した。大淵寛によれば、この時期、日本の総人口は約1千万人増加したと見られている（大淵 1997, pp.19-21）。脆弱な国民経済に対して人口の急増という事態は、まさしくマルサスが「生活手段を超える人口増加」と表現した状況の現実化であり、この時期、「過剰」人口問題が重大政治課題として浮上した。

こうした状況に直面して、日本政府は連合軍総司令部との協力のもとに、人口政策に対するアプローチの転換を図る。戦前の「産めよ殖やせよ」という標語に象徴されるアグレッシブな出産奨励では禁止されていた受胎調節を解禁する一方で、1948年には優生保護法が施行され、一定の条件のもとに人工妊娠中絶を合法化する。[◆7]さらに

◆6　本章で議論することができたのは新生活運動の限られた側面のみである。より詳細な議論は別稿で行った（Takeda, 2005, Chapter5）。また次の文献も参考となる（Garon, 1997; Gordon, 1997; 田間 1996; 荻野 2008; 大門 2012）。統治性に関連して新生活運動を議論した文献には重田（2000）がある。

1950年代になると受胎調節に代わって「家族計画」という用語が使用されるようになる。政策用語としての「家族計画」は世帯あたりの子どもの数を制限することのみを単に意味していたわけではなく、より広い射程を持つものであり、その主たる政策目標は日本国民の家族生活の質の向上であった。端的に言えば、「家族計画」は日本の家族の「健康で文化的な生活」（憲法25条）を実現する手段であり、したがって、それは民主的で平和な国家となった日本を再建するための政策とも位置づけられていた（Takeda, 2005, pp.106-109）。こうした「政策アイディア」としての「家族計画」が当時の人々の間で普及するにあたって、その具体的な媒体となったのが新生活運動であった。

新生活運動の実際の活動は、前述したように、家庭の主婦たちによって地域の場で展開された。[8] 社宅や隣近所といった単位で主婦たちは小規模の集団を形成し、各家庭における毎日の生活をより合理化し、改善するための具体的な知識や技術として、調理や清掃といった家事の仕方から、家計管理、そして受胎調節の方法を、保健婦や栄養士などの専門家から指導を受けることによって習得し、より良い「家族計画」の担い手となるように促された。こうした主婦たちの活動は、日本政府や地方自治体、そしてトヨタや日本鋼管、日立などの民間企業によって支えられていた。新生活運動の活動を計画し、指導する全国組織である新生活協会は制度上、民間組織であったが、理事などの資格で数多くの政策形成エリート（超党派の政治家、官僚、財界人、審議会などの委員を務めていた女性／消費者団体の指導者）が参加し、運動の指導にあたっていた。また、新生活運動には1979年に至るまで国から予算措置が取られており、さらに社会教育プログラムなどを通じて地方自治体とも協働した。民間企業においては、新生活運動は企業福利の一環として実践され、従業員とその家族に対して「幸福な家庭」を築くことを奨励することによって「明るい職場」を実現するための手段であると位置づけられていた。従業員が経済的困難や感情的な問題で不安定で、不幸な日常生活を送っている場合、翌日の仕事に備えるために家庭で充分な休息を取ることはできず、仕事に差しさわりが出てしまう。企業からすれば、こうした事態は業績に影響する可能性がある。したがって、そのような事態を避けるために、従業員の妻たちに対して「家族計画」を奨励し、家庭における有能なマネージャーになるように支援するのは企業としては合理的である。こうしたロジックのもとに、日本経済の復興を担う多くの企業が新生活運動に参加し、その数は１９５８年までには82に達していた。

新生活運動は、以上のように多様な公的／私的アクターが参加し、それぞれの役割を果たすことで協働するネットワーク型の構造をしており、家庭の主婦たちは運動に参加することを通じて「家族計画」を自律的に実践する有能な家庭のマネージャーとなるように導かれた。このような新生活運動は、個々の家族のみではなく、国民経済と国家にとっても特定の利益を提供するものとして理解されていた。すなわち、運動のロジックにおいては、家族生活の幸福は企業の業績面での成功と分かちがたく結びつけられており、幸福な家庭を基盤として企業活動が活発化することにより日本経済の再建が促進され、同時に１９４０年代後半のように大規模ストライキが頻繁に発生するなどの社会的混乱が生じる可能性を未然に防ぐこともできる。こうしたことは「民主的で平和な日本」が維持され、さらに発展することに寄与する。このように考えると、新生活運動は「統治性」における規律権力と生－政治が具体的に作用する際の「セキュリティの装置（apparatus of security）」であったと考えることができる。家族の内部に位置づけられた個人は一定の配慮を受けることで自律的で有能な主体となっていくことを促されるが、こうした個人は家族の生活および企業活動を最適化し、それにより国民経済と国民国家を繁栄に導く行為体でもある。このように新生活運動は、戦後日本に現出し、実際に機能した「統治性」型ガバナンスシステムの実例であったと見なすことができる。

こうした日本における「統治性」型ガバナンスシステムとしての新生活運動が実際にどのように機能したのか理解するための興味深い資料として、４コマ漫画が残されている（新生活運動協会 1958, p.105; 荻野 2008, p.204）。運動初期の１９５２年に参加者に対して配布されたこの漫画では、異なる家族構成の２組の家族が描かれている。最初の

◆7　ただし、この時、堕胎を取り締まる刑法29章が残されたことは明記しておく必要があるだろう。
◆8　本段落における新生活運動の説明は以下の拙稿を下敷きとしている（Takeda 2005, Chapter5; 武田 2016）。

家族は6人の子持ちで、2番目の家族は子どもが2人。漫画の最初の2コマでは子ども6人の家族の生活困難が描かれている――6人の子どもに対して食事を用意するのに卵が2個しかないこと。夜になっても子どもたちが寝静まることなく、翌日仕事のある父親が休むことができずに困り果てる様子。その後、3コマ目で登場する子ども2人の家族の様子は、ずっと穏やかで楽しげであるように見える。若々しく、美しい母親は帰宅した父親にその日子どもたちがよく勉強したと報告し、そういう子どもたちに対して、父親は土産を差し出す。2組の家族が対比された後で、4コマ目ではそれぞれの子どもたちを連れた母親たちが対面し、横には「ホントにお宅はうらやましいわ。私はもう6人の子どもでクタクタ」という台詞が添えられている。

この漫画が1952年という日本経済が戦後の混乱から抜け出し、回復傾向に向かおうとしている時期に配布されたということを考慮すると、4コマ目の台詞で表現された子ども6人の母親の剥奪感とフラストレーションは多子家庭の主婦である忙しさだけに限定されず、より広範な問題に根差していたことを確認する必要がある。まず、子ども6人を養育するための経済的コストは、この家族が経済成長から受け得る恩恵を相対的に低下させる。さらに、子どもの数が多ければ、親が子ども一人ひとりにかけることのできる配慮やケアがより限定され、子どもたちが発育の点でデメリットを受ける可能性も考えられる。戦後初期の日本のように学歴が成長後のライフコースの重要な決定要因であり、福祉国家システムからの支援がほとんどない状態で高齢者の介護が家族内で行われていた状況では、子どもが発育過程で受けた不利益はその子どもが「生産的な」労働者となることができない可能性を高くするだけではなく、親世代の老後の生活を不安定化する結果ともなり得る。言い換えれば、子どもの数を適切にコントロールできなかったということで、家族は長期にわたって経済成長の恩恵から排除されることにもなりかねないのである。そういった事態を避けて、幸福な生活を送りたければ、新生活運動が指導するように家族生活（特に子どもの数）を適切に計画する必要がある。4コマ漫画が運動の参加者に対して伝えるメッセージは、非常に率直であるように読める。

1950年代の前半に合計特殊出生率は急速に低下し、その後、1970年代半ばまで人口置換水準と言われる2・

07に近い水準で安定する。家族社会学者の落合恵美子は、戦後日本の家族形成のパターンとして、大多数の女性が結婚し、2人から3人の子どもを出産した「再生産平等主義」の傾向があったことを指摘している（落合 1997）。他方で、アメリカ人の日本研究者、キャスリーン・ウノ（Kathleen Uno）は戦前に大きな影響力を持った「良妻賢母」規範が戦後においても女性にとっての理想として存続したと議論している（Uno, 1993）。こうした議論は、戦後の日本社会において、子どもの数が2人もしくは3人で、厳格な性別役割分担を実践し、主婦によって適切に運営されている核家族が増加し、次第に「標準家族」として見なされるようになっていったということを示している。この意味で、新生活運動はその政策目標を充分に実現したと考えられる。

1990年代前半にバブル経済が崩壊した後、日本経済が長期停滞に陥った時期に、結婚パターンの変化や少子化傾向が注目を集めるようになり、戦後の「標準家族」の動揺が議論されるようになる。その後、「失われた10年」という言葉が象徴するように、経済停滞は2000年代になってからも改善されず、また1990年代以降、少子化対策や男女共同参画に関する政策が導入されたにもかかわらず人口動向に大きな変化が見られず、家族に関する政治課題は深刻化していった。2000年初めに小泉純一郎政権によって「構造改革」が進められたのはそうした状況であった。

政治プログラムとしての「構造改革」は、既に指摘されているように、市場原理、国家の権能の縮減、民営化、規制緩和、効率化、企業家精神といった新自由主義の原則に根差している（内山 2007; 上川 2010）。そうした構造改革が日本社会の中において実行される過程において「自己責任」という言葉が広く流通し[◆9]、また、個人が自律的かつ積極的に行為することの重要性が強調された。構造改革のロジックは、現代的なグローバル化された経済状況に対応するために、ジェンダーに関わりなく各個人が自分自身に対して責任を持ち、自律的で有能な行為者であること、端的

◆9　この点については次の共著論文で詳細に検討した（Hook & Takeda, 2007）。

に言えば、「自己責任」を果たすために稼得能力を持ち、納税者となることを求めた。

ここから論理的に導き出されるのは、構造改革の観点からすると、性別役割分業は望ましい選択肢であるとは言えないということである。たとえば、構造改革の立役者であった竹中平蔵は、経済財政政策担当大臣として２００１年度版国民生活白書に寄せた文章の中で、厳格な性別役割分業を基盤としている標準家族は、一家の大黒柱として働く男性と家庭内労働を担う女性のライフコースを固定化してしまう傾向があるため、「家族が自らの選択に基づいて充実した生活を実現していく」ことを阻害する要因になってしまっていると指摘した上で、この問題を解決するために雇用分野でのさらなる構造改革が必要であると主張している（内閣府 2002a）。ここで重要なのは、１９９０年代以来の経済停滞への対応に加え、規制緩和の進展により雇用が不安定化した当時の状況にあって、性別役割分業により男性稼ぎ主の雇用に重度の依存をしていた日本の標準家族は、同時期に政府の家族制度に関する審議会／研究会の委員を務めていた社会学者の山田昌弘がその著書の中で論じたように、個々人に対して「充実した生活の実現」を阻んでいるだけではなく、一旦、男性稼ぎ主の雇用に問題が生じた場合には家族全員の生存が危うくなるリスクを孕む危うい存在として捉えられるようになっていたことである（山田 2001）。構造改革が雇用の規制緩和を進めようとする時、当然のステップとして従来型の標準家族からの転換が必要とされたのである。

この点に関連して、興味深いことに、小泉政権の成立に先立つ２００１年６月、内閣府国民生活局から「構造改革の一環として家族関連制度の見直し」という文章が公表されている。この政策文書においては、構造改革時代の「新しい家族のイメージ」が次の２点によって定義されている。[10]

①夫婦の関係は「経済的相互依存関係」から独立の所得を前提とした「精神的依存関係」へ

②「年齢・性別による固定的な役割分担」から「個人の自立に基づいた選択」による安定へ

（内閣府国民生活局 2001）

非常に抽象的な表現で語られたこうした「新しい家族のイメージ」が実際にどういった家族であるのか、より詳しい家族像を提供してくれるのが２００２年に公表された「生活未来懇談会」による報告書である。[11]「生活大航海、未来生活への指針」というタイトルが付けられたこの報告書には２０３０年の日本に暮らす家族の暮らしぶりを描いたセクションが存在している（内閣府 2002b）。「生活大航海、未来生活への指針」で紹介された２０３０年の家族についての短いストーリーを読んで、特に興味深いのは、報告書で語られている家族はライフ・ステージが異なるさまざまな年齢層に分布しているにもかかわらず、日本人同士の異性愛婚姻を基盤としており、また行為の仕方においては非常に近似していることである。すなわち、「生活大航海」報告書の家族は皆、幸福な家族生活を実現するために精一杯の努力をし、自己の責任を適切に果たす勤勉な人々の集団として描写されている。しかも、就労年齢にある家族に限ってみれば、共稼ぎ家族であることの重要さが強調されている。自律的で、有能で、自己充足的な生産的な主体が幸福な家族生活を構築するために日々、努力をする。「生活未来懇談会」の報告書の家族に関する記述を読んだ限りでは、２０３０年の日本で家族生活を営んでいるのは「企業家的」個人と想定されているようである。

「企業家的」個人が家族を形成した場合、彼らは家族生活の最適化のために自律的に努力すると考えられ、したがってそこでは新生活運動のような「セキュリティの装置」を導入することなく、家族生活が適切に運営されることが可能であると考えられる。言い換えれば、「生活未来懇談会」のレポートに示されている権力作用は、家族に位置づけられた個人を対象としているのではなく、個人を通じて機能するものであり、この意味で、高度自由主義的資本主義社会における「統治性」の「高度化」の議論に沿った統治モードの転換が２０００年代の日本で模索されたことを示

◆10　なお、この文章を作成した家族とライフスタイルに関する研究会には前述の山田昌弘が参加している。
◆11　懇談会の委員は学識経験者（東京大学総長 佐々木毅、慶應義塾大学教授 清家篤、千葉商科大学政策情報学部助教授 宮崎緑、東京学芸大学教育学部助教授 山田昌弘）、財界関係者（株式会社ザ・アール代表取締役社長 奥谷禮子、株式会社電通消費者研究センター消費者情報開発部主管 袖川芳之）、そして作家（Ｃ・Ｗ・ニコル）で構成されていた（肩書はすべて当時のもの）。

唆している。

同時に、家族関係というものの性質を考えた時、こうした転換は構造改革の名のもとに行われた家族政策改革の論理構成に関して深刻な疑問を投げかけるものである。個人が集団を構成する時、利害の対立する状況は常に避けられず、家族的状況もまたその例外ではあり得ない。たとえば、現代の競争が激しく不安定な労働市場で、何とかキャリアを切り拓いて、充実した職業人生を送りたいと願っている夫婦が子どもを持つ時期を決めるという状況を考えてみた場合、それぞれが自分の仕事の事情を抱え、労働市場の中で独立したアクターとして競争に直面しているからこそ、異なるアジェンダが衝突し、合意に至ることは容易ではない。こうした状況は、実は「生活未来懇談会」報告書に登場する子どものいない若夫婦の状況である。「生活大航海」のストーリーによれば、この夫婦は2人ともが夢の職業に就くために支え合い、その結果、結婚した当初、法科大学院の学生だった夫は弁護士に、外資系企業で働いていた妻はイタリア料理店のパティシエになるという希望を実現した。しかしながら、この非常に幸福そうな若夫婦のストーリーは、利害の対立を予感させる形で終了する。なぜなら、お互いの「当初の」夢を実現した段階で、夫はＭＢＡの資格を取る勉強を始めることを考え、この夫よりも多少年上の妻はそろそろ子どもを持つ時期かと思案しているからである。この夫婦が経済的および社会的資源に恵まれていた場合、ＭＢＡと子どもという二つの選択肢は両立できるものなのかもしれない。けれども、もし、どちらか一方を選ばなければいけない場合、「企業家精神」のロジックはＭＢＡを優先し、子どもは「企業家的」個人が自分自身のキャリアを一時中断した時、言い換えれば、利他的な態度で、他者の幸福を考えて妥協した時にのみ可能となる。だとするならば、「企業家的」個人はそのような選択をするのだろうか。あるいは、「企業家的」個人にとっては、お互いにとって最良の選択をするために別離の道を選んだほうが合理的なのではないのだろうか。

こうした問題を考えると、企業家精神のエートスは家族形成に対して厳格にコミットメントすることから個人を遠ざける方向に働くのではないかという疑問が出てくる。実際、多くの先進国で、家族のライフスタイルの多様化は共通して観察される傾向にあり、これに対応して、結婚制度の柔軟化や個人単位の税／社会保障制度の導入など、言うなれば家族関係の「規制緩和」が進行した。これに対して、日本における２０００年代の家族の構造改革は、「企業家精神」を奨励する一方で、個人を依然として（共稼ぎとなった）標準家族の枠内に位置づける傾向が存在していた（Takeda, 2011）。この問題を最も明確な形で示す例が、先述した構造改革の「新しい家族のイメージ」である。文書に記された2点を総合すると、構造改革時代の新しい家族は「精神的依存関係」を前提とするとともに「個人の自立に基づいた選択」を基盤とするということになるのだろうが、問題は「企業家的」個人の視点からすれば「精神的依存関係」と「個人の自立に基づいた選択」はしばしば矛盾し、対立することである。しかしながら、この単純で基本的な事実が２０００年代の家族の構造改革の過程で考慮された形跡は見出せない。この点において、家族の構造改革は重大な論理矛盾を孕んでいたのである。

まとめにかえて

２０００年代に行われた家族の構造改革の論理矛盾は日本における「統治性」型ガバナンスシステムの高度化の試みが不十分なものでしかなかったことを示唆するものである。その間にも日本の少子化問題はさらに深刻化し、その結果として、はじめに述べたように、安倍政権はこれまでの方針を転換し、出生率の数値目標の導入という政策転換に出た。同時に、民主党からの政権奪還後の２０１２年に発表された憲法改正草案では、非常に保守的な家族観を明確に打ち出している。こうした安倍政権の方針は、しかしながら、戦前の日本の家族政策の辿った軌跡を考えると、少子化状況を改善することにおいてどれほど効果的であるのか疑問のあるところである。

対して、本章の議論が示したように、戦後日本において家族政策が成功裏に実施された戦後初期の状況において鍵となったのは、「統治性」型のガバナンスシステムであった。そこでは、個人が自らの意志として家族の幸福を追求することが政策目標の実現に結び付けられており、したがって家族政策は特定の主体を構成する「構成的な」権力作用を通じて機能するように設計されていた。新生活運動はそのような主体を陶冶するための具体的な装置であった。

　資本主義経済の構造変動は「統治性」の「高度化」を誘発し、個人が「企業家」的であることの規範性が強調されるようになり、イギリスなどの国ではこうした状況が家族や親密な関係のあり方に深く影響を与え、家族の規制緩和が進行したことが観察された。対して日本における類似の試みである家族の構造改革においては、家族の規制緩和は限定的で、従来の家族の枠組みが色濃く残されており、他方で、国家や企業が担ってきた福祉／社会サービス供給機能が縮減された。こうした歴史的過程を踏まえるならば、現代日本が直面する少子化問題を解決するための政策オプションは論理的には次の二通りであるように思われる。第一のものは、戦後初期に国家や（特に）企業が担っていた福祉／社会サービス供給機能を回復することである。あるいは、第二のオプションとして、家族の制度的枠組みを規制緩和して個人がより多様なライフスタイルを享受し、個々人が自らの人生を「起業」することを可能とすることも考えられる。ただし、最初のオプションは経済構造の変動を経て、雇用形態が異なる現在では実現性に疑問があり、対して、二番目のオプションは起業家的主体であることと家族を形成し、子どもを持つことの間に存在するギャップを依然として埋める必要がある。いずれにしろ、これらの方策は「数値目標」や保守的な家族規範の普及を進める現政権の方針とは極めて異なっており、したがって、日本の少子化問題は近い将来も大きな進展を見せることがないと予想される。

第5章

子どものインターネット利用とその規制

秋吉美都

子どものネット利用規制における政府の役割

本章では子どものインターネット利用と国や保護者によるその規制について検討する。[◆1] 本章は1990年代後半から続く子どもの安全なネット利用に関する論争は、現代日本において変化しつつある権力関係の一例であることを示す。答えのない問題に直面した時、多様な当事者が行動理念やルールとなるような暫定的な答えをともに生み出すこ

◆1 本章ではネット上でのさまざまな活動を「インターネット利用」と総称する。「インターネット利用」はコンピュータ、ケータイなどによるコミュニケーション全般を指す。本章のデータは2008年に収集された（データの詳細については本書88ページを参照）。したがって以下の分析はケータイとしておもにフィーチャーフォンを扱っている。ただしその理論的枠組みはスマートフォンやタブレットなどのより新しいデバイスにも適用可能なものとして構想されている。

とが本章から明らかになるだろう。本章が扱う問題は、インターネット利用に伴うマイナスの影響からどのように子どもを守るのかということである。このテーマの関係者は国、保護者、および子どもである。以下に述べるように、それぞれの関係者は自分たちが適切であると信じるネット上での行為を促進するために権力を行使する。国は影響力という権力の一形態を用いている。それに対して、保護者は公的なガイドラインに従わず、ひそかに国の政策を否認している。既存の研究は、同質性が高く同調主義的で、対立を忌避する日本のイメージをしばしば提示するが、本章からは21世紀の日本では人々の考えは多様であり、必ずしも同調主義的ではないことが明らかになるだろう。

まず国の動向から検討しよう。日本では、子どもがオンライン上でトラブルに巻き込まれるという懸念から、インターネットを監察し保護者を啓蒙するという課題に国が2000年前後から取り組んでいる（FMMC, 2008）。緩やかな介入主義あるいはリバタリアン・パターナリズム（libertarian paternalism）という概念が、日本の行政システムの国民に対する関係を最も的確に要約するものといえるだろう。テーラーとサンスティン（Thaler & Sunstein, 2009）が明快に説明しているように、緩やかな介入主義とは、複数の選択肢がある時に、人を特定の決定へと「優しく導く（nudge）」ことによって他者に影響を及ぼすことである。「優しい導き」はあらかじめ決められた選択肢を与えることによって意思決定に関与する。コンピュータ科学の分野で、「デフォルト」あるいは初期値といわれるものがこれに該当する。一般に、ソフトウェアやデバイスの初期値はメーカーやサービス・プロバイダーによって設定されている。初期値は「そのまま使う」という、最もコストのかからない行動の選択肢を提供することによって利用者の行動に影響する。同様に、マーケティングする側は、「デフォルトの力」を利用することができる。[◆2] そっと行動を促すことの力は、より広い文脈でも見受けられる。

緩やかな介入主義者は丁寧なアドバイスやお勧めによって他者を操る。緩やかな介入主義者は「さあ、ここにA、B、C、Dという選択肢があります。好きなものを選んでください。ご自分で決めてください。でもたぶんAが一番お気に召すと思います」という具合に話を進める。[◆3] 日本では、市民が複数の行為の選択肢の中から特定の選択をするように、国や地方自治体が働きかけようとすることがよくある。たとえば、核廃棄物処理という意見の分かれる問題について、日本政府と国民の関係は「広報」に集約される。政府には望ましい選択肢があり、国民がそれを受容することを期待している（Lawless et al. 2014）。また、別の例を挙げるなら、理想的な家族規模や男女の適切な役割に関するアドバイスを国はふんだんに提供してきた（本書の第4章）。日本的な「緩やかな介入主義」では、国が意思決定を行い、国民に対しては意思決定過程への参加ではなく決定への理解と協力を促す。

国、より具体的には総務省が市民のネット利用行動に関しても緩やかな介入主義をとっているといえる。一方、国民は日常生活の中で新しいメディアを使いながらその役割を模索し、国からのメッセージを適宜取捨選択している。国による「優しい導き」と各家庭の日常の中での意思決定は、子どものオンラインおよびオフラインの生活にどのように作用するだろうか。本章は、ネット利用をめぐって国が規定することと子どもの安全を守るために保護者が選択することとの関係を検討する。この研究課題は二つの観点から重要である。第一にそれは技術と社会の共－進化（co-evolution）において生じる日常的な論議、交渉、およびサンクションを例示する（Latour, 1990）。第二に、国による「優しい導き」の力と家族が保持する意思決定の力の関係に注目することにより、それは現代の日本における権力のあり方に関する新たな理解をもたらす。本章のおもな知見は適切なインターネットの利用について保護者と子ども双方に言い分があるということである。保護者や子どもはインターネット利用に伴う危険に関する公的な見解を必ずしも受け入れているわけではない。公的なガイドラインに対するミクロレベルでの抵抗（micro-disrupting）は、既存研究が強調するほど日本の権力構造は階層的でも一枚岩でもないことを示唆する（本書の第1章）。保護者による子ども

◆2　たとえば、消費者にニュースレターを受信してもらいたいと思う企業は、「ニュースレターを受け取る」という欄に予めチェックを入れた画面を消費者に提示して、受信を促す。受信したくない消費者は「チェックをはずす」というひと手間をかけなくてはならない。

◆3　「優しい導き」の概念は価値中立的である。それは「優しい導き」を受ける側の利益の最適化につながることもあれば、詐欺や搾取につながることもある（Thaler & Sunstein, 2009）。

のネット利用の監督に関するアンケートを分析することによって、本章はこの知見を論証する。

19世紀後期から、保護者は子どものメディア接触に気を配ってきた（Marvin, 1990）。家庭における媒介されたコミュニケーションの手段として電話がまず普及し、ラジオやテレビがこれに続いた。インターネットはこれらの手段に加わった最も新しい手段である。それぞれの発明は新しい倫理面および行動面の課題を提起してきた。保護者はルールを即興で定め（ルールを決めず自由にするという決定も含めて）、絶えず変化する技術環境を背景に、子どもの成長に応じてルールを変更しなくてはならない。たとえば、すべてのデバイスの電源を切る時間や使用場所に関するルールを設ける家庭もある（Yardi & Bruckman, 2011）。

子どものネット利用に関するルールづくりを保護者任せにするのではなく、日本では国がヒントやガイドラインを提供している。たとえば、警察庁は保護者向けに注意を喚起するパンフレットを作って、携帯電話（以下、ケータイ）とパソコンにフィルタリング・ソフトを入れるよう呼びかけている。子どもが使うデバイスにフィルタリング・ソフトを入れないことにより保護者が処罰されることはない。しかし警察庁ではフィルタリングの使用を望ましい行動として勧奨している。また、警察庁はケータイの販売店が保護者に対し、フィルタリング・サービスに関する情報提供を的確に行っているかということについて詳細な調査研究を行っている[4]（NPA, 2010, 2013, 2015）。ネット利用の安全を促進するという国のイニシアチブの法的な根拠は、２００８年に制定された「青少年インターネット環境整備法」である。同法はケータイ事業者が未成年利用者の保護者に対しフィルタリングを提供することを義務付けているが、保護者がフィルタリングを望まない場合には事業者はこの義務を免除されるものと定めている。同法は意見の分かれる問題に対して国が優しい導きを行うことの典型例である。

地方自治体もまた未成年のケータイやパソコン利用に関する条例を導入して、その望むところを明らかにしている。[5]たとえば石川県は県条例により、小中学生によるケータイの保持を禁じている（Japan Times, 2009）。また、刈谷市では午後9時以降の子どものケータイ利用を禁止している（Reilly, 2014）。本章執筆時点（２０１５年４月）、広島市は午後10時には子どものケータイの電源を切ろうというキャンペーンを開始した（Yomiuri Shinbun, 2015）。つまり、国と地方自治体は保護者に対し、フィルタリングや定刻に電源をオフにするなどの何らかの使用制限を導入して子どものオンライン行動を監督するようにアドバイスしているが、このアドバイスを順守しない保護者に対し罰則を科すことはしていない。国と地方自治体はなによりも市民に情報を提供し、啓蒙し、説得することを重視している。

しかし明らかな疑問は市民——保護者——が果たして耳を傾けるかということである。子どものオンライン行動を規制すべく、国が素人の社会学者のようにふるまい、その理論に基づいて対処策をアドバイスする一方で、保護者や子どももまた新しい技術の役割について彼らなりの理論を生み出している（Callon, 1987）。

さまざまな観点から本章ではこの問題を考察する。第一に筆者は子どものオンライン行動への保護者の関わり方に関する実証研究のレビューを行う。レビューからはネット利用にまつわる危険から子どもを守るために、保護者はさまざまなルールを試行錯誤しつつ取り入れていることが明らかになる。次に筆者は「青少年インターネット環境整備法」が国会で審議されていた時期、２００８年に行われたアンケート調査を分析する。ネット利用の慣習や法的合意などのインフォーマルあるいはフォーマルな社会統制のメカニズムが確立されておらず、したがってあまり参考にならない段階で、保護者と子どもが情報コミュニケーション技術の適切な利用方法を探っていたことが、回帰分析および共分散構造分析によって明らかになる。最後に結論として知見の含意について論じる。

◆4　警察庁は１２００のケータイ販売店に、娘にケータイを買い与える保護者を装った覆面調査員を派遣した。この調査では52％の販売店がフィルタリングについて適切な情報提供をしていないと判定された（NPA, 2015）。

◆5　日本には約１７００の市区町村からなる47都道府県がある。都道府県および市区町村はいずれも条例を制定する権限を有する。一部の条例は違反に対する罰則規定があるが、本章で扱う条例はすべて違反に対する罰則の定めが無いものである。

子どものネット利用の保護者による媒介

インターネットは貴重な教育資源であり，情報技術関連のスキルは将来の労働者にとって必須であるといわれている（Hammond, 2014; Ragnedda & Muschert, 2013）。しかし，若年利用者には不適切な内容に触れたり虐待や搾取の被害者となるおそれもある（NPA, 2013）。保護者による子どものネット利用の監督は「公共ドラマ（public drama）」の主題となった。公共ドラマとは「集団の名において，集団の視野において遂行される，目に見える観察可能な行為」（Gusfield, 1984, p.175 拙訳）である。公共ドラマでは，関連する法が「危険に関するわかりやすい説明」（Gusfield, 1984, p.173 拙訳）を提供している場合でも，同様に説得力のある説明が他にも複数存在する。国や地方自治体の解釈では，ネットは危険を孕むものであり，保護者自身も危険を認識している。一方で，「情報技術を使いこなすスキルが必要である」ということも保護者は意識している。保護者はしたがって子どもをネット利用の潜在的なリスクから保護しつつ，子どもが重要な情報技術に関するスキルを身に付けるよう手助けをするという課題に直面することになる。

概して保護者は子どもの自律を促すことと子どもを守ることのバランスを取るように配慮している。日常生活への情報技術の浸透はコミュニケーションの可能性の新しい領域，つまり保護者が監督しなくてはならない場所を生み出すことによって，保護者にとっての難しい課題を一つ増やした（Lee, 2013）。さまざまな問題が子どものオンライン行動に関する脅威やリスクとして指摘されている（Erdur-Baker, 2010; Kirwil, 2009; Notten & Nikken, 2014; Verton, 2002; Yardi & Bruckman, 2011）。次のような脅威やリスクが挙げられる。

・金銭的に搾取されるおそれ
・暴力的な内容に触れるおそれ
・性的な内容に触れるおそれ
・人種差別主義やテロリズムなど民主主義と相容れないイデオロギーに触れるおそれ
・性的に虐待・搾取されるおそれ
・麻薬やアルコールなど規制対象の物品を入手するおそれ
・ネット依存に陥り、学業などの義務を果たさなくなるおそれ
・ネットいじめに加担するおそれ
・ネットいじめの対象となるおそれ
・個人情報を窃取されるおそれ
・意図的にあるいは意図せずに違法行為に加担するおそれ[6][7]

いつの時代にも保護者は子どもにとって身体的にも心理的にも安全な環境を確保するために心を砕いてきた。インターネットの普及は子どもに新しい能力を与えたため、子どもを守るという親の仕事を難しくした。[8] 情報技術は他者

◆6　たとえば、著作権保護の対象となっている素材を、子どもは関連する法的概念を理解しないままアップロードしてしまうかもしれない。あるいはコンピュータ・ネットワークをハックして停止させるかもしれない。そのような行為の違法性は子どもには少しは理解できてもその甚大な被害は十分には把握できないかもしれない。「マフィアボーイ」などの未成年者によるハッキングは数百万ドルに及ぶ被害をもたらしている（Verton, 2002）。

◆7　これらの脅威は相互に排他的ではなく、また網羅的でもない。

◆8　電話や自動車などのイノベーションによって、若者は特にデートや恋愛関係に対して、画期的なレベルの自由と自律を手にすることになった（Fischer, 1992）。

を傷つけたりあるいは他者に傷つけられたりする新たな形を生み出した。ネットが浸透した社会において子どもを保護することは保護者にとって複雑で負担の重い任務である。

子どものオンライン行動を監督するにあたって，保護者には複数の選択肢がある。大まかに言って，これらの選択肢は社会的解決法と技術的解決法の二つに分類できるが，「技術とは長持ちする社会のことである（technology is society made durable）」（Latour, 1990 拙訳）から，この区分はもちろん分析的なものに過ぎない。社会的解決法とはルールや制限を交渉を通じて確立していくことを指す。たとえば，保護者はネットを利用する時間を制限したり，ネット・ショッピングを禁止したり，ネットで粗野な言葉を使わないよう，子どもに対して言葉でアドバイスすることができる。親子間でルールを決めるということは相互の信頼と尊敬に基づく社会統制の形式の一つである。これを順守しないことの帰結はさまざまだが，これは何らかの倫理規定や合意による自主規制を含意する。他方，技術的解決法はフィルタリング・ソフトウェアなどの技術的デバイスの利用やデバイスへの物理的アクセスの制限を伴うものである。原理的には，社会的監視は相互の合意無くしては崩壊するのに対して，技術的監視は子どもの同意が無くても保護者の一存で実行することができる。

既存研究では保護者はさまざまな保護方法を試行していることが明らかになっている。ある研究では厳格，権威主義，寛大，放任という4種の保護者の子育てスタイルを見出している。厳格タイプの保護者は他のタイプに比べて技術的妨害を活用する傾向が顕著である（Eastin, Greenberg & Hofschire, 2006）。土地柄や社会化の様式もインターネットに関する子育てのスタイルに影響を及ぼす。一般に，ヨーロッパの保護者は技術的解決より社会的解決を選好する傾向がある（Kirwil, 2009）。ヨーロッパにおいては，子育てに関する価値志向が，保護者が制約の大きい介入を行うか，あまり制約の大きくない媒介を選ぶかの違いを説明する。韓国に関するある研究によれば，子どものネット利用に関して保護者が制限をかける度合いは，子どもの年齢，保護者が想定するネットのネガティブな影響，保護者が想定する子どもの自己統制の限界，および保護者自身のインターネットに関するスキルによって説明される（Lee, 2013）。

技術的な子育て（technoparenting）に関しては保護者が最良の専門家とは限らないために，広範なコミュニティのサポートを進んで頼りにする保護者も存在する（Yardi & Bruckman, 2011）。中学生の子を持つ日本の保護者はGPSやICカードを用いた先進的な技術的解決法に関心を示しているが，大多数はこれらの技術の使用経験がない（Nakayama, 2011）。先進的監督システムに対する関心は子育てスタイル，とりわけ，統制と反応の的確性と関連することが明らかになっている。

子どものネット利用習慣は複数の関係者による継続的なルール作り，施行，議論の過程の中で形成されることになる。国，地方自治体，保護者，および子どもは立法，アドバイスやガイドライン，制約を伴う媒介や制約を伴わない媒介などのあらゆる権力を用いてこの過程に関与する。権力の多面性はこの過程に顕れる。解決法の中には影響力としての権力を例示するものもあれば，自己の意思を他者に強制するというウェーバー的な権力に該当するものもある。

図5・1は子どものオンライン行動を媒介するための社会－技術的戦略の類型を図示するものである。図には二つの軸がある。X軸は社会的解決法と技術的解決法を区別する。分析を容易にするために，Y軸は二種類の権力を分類する。自己の意思

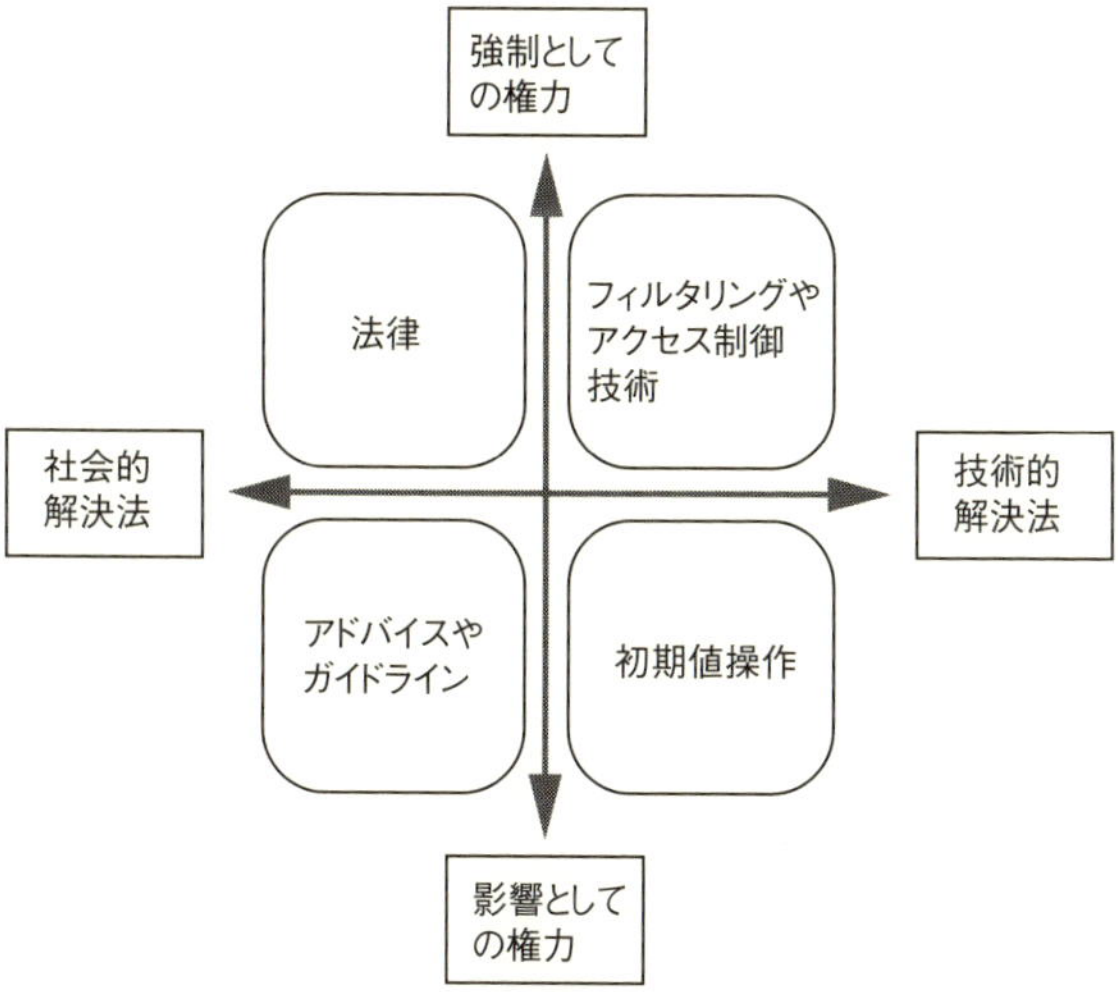

図5.1　媒介戦略の分類

を他者に強制するウェーバー的権力と、影響力としての権力である。第二象限は強制的な社会的解決法である。ネットの安全に関する法律はこれに属する。第三象限は適切な行動を促す非強制的な社会的解決法である。ガイドラインやアドバイスがこれに含まれる。[9] 第一象限はフィルタリングや使用時間を制限するソフトウェアなどの強制的な技術的解決法である。第四象限は非強制的な技術的解決法、つまり技術的な優しい導きである。たとえば、ブラウザの初期値を子どもに不適切な内容を遮断するよう設定することがこれに該当する。

日本の保護者は子どものインターネット利用を媒介する上でどの戦略を選んでいるだろうか。日本の保護者は他社会の保護者と同じように考え行動しているだろうか。保護者間の違いを説明する要因は何だろうか。次節ではこれらの問題を検討する。

保護者の媒介戦略

以下の分析には２００８年に収集されたインターネット・アンケートのデータを用いる。このアンケートは一般財団法人マルチメディア振興センターが企画し実施したものである。母集団は東京、千葉、神奈川、埼玉に居住する保護者とその子どもである。子どもの対象年齢は9歳から15歳（小学4年生から中学3年生）である。２２４９の家族をアンケートの回答者として抽出した。サンプルはインターネット調査会社が保持する登録者名簿から系統抽出法により抽出した（FMMC, 2008）。アンケートは2週間にわたって実施した。まず第1週に保護者が回答し、第2週に子どもが回答した。１３１４家族の２６２８人の回答が有効回答として得られた。データには、パソコンやケータイのアクセスと利用、パーソナル・ネットワークのサイズ、子どもが経験したネット上のトラブル、保護者の子育て方針や実行していることなどの変数が含まれる。本章では、子どもは主にケータイでネットを利用していることから、

ケータイによるインターネット利用について分析する。◆10

アンケートからは、子どものネット利用の監督方法についてはコンセンサスがなく、見解が分かれていることが明らかになった。アンケートではさまざまなルールのリストを示し、保護者には家庭で実行しているものを複数選択で選んでもらった。図5・2はルールと実行割合を示す。利用料金や金銭を伴う取引に関するルールが最も一般的である。利用してよいウェブサイトを制限している保護者も多い。また、子どもにネットで乱暴な言葉遣いをしないように注意し、トラブルがあればすぐに報告するように言っている保護者もいた。

保護者は多様なルールを設けている。77％は子どものネット利用に関して何らかのルールを決めていた。ルールの中には利用時間の制限や金銭を伴う取引の禁止など制約を課すタイプのものがある。また、よい習慣や判断力を身に付けさせることに関わるルールもある。保護者は子どものオンライン行動を監督する一方で、子ども自身が自分の行動をコントロールするように促してもいる。

このアンケートではフィルタリング・サービスやソフトの利用についても尋ねている。前節で触れたように、このアンケートは「青少年インターネット環境整備法」が国会で審議されている時期に実施された。フィルタリングを利用している家庭の割合は不明だった。そこで、フィルタリング利用動向を調べるために、保護者に対して子どものためのフィルタリング利用の有無について尋ねた。図5・3からは、フィルタリングについては保護者の見解が分かれていることがわかる。フィルタリングを利用しているのは3分の1だった。利用していない保護者は、将来利用したいと考えているグループと利用する意思がないグループに分かれた。

フィルタリング利用の意思がない保護者は、さまざまな理由を挙げている。10％はフィルタリングの存在について

◆9　この二種類の社会的解決法は違反した場合のサンクションが異なる。強制的な社会的解決法の違反者は法的な責任を負うことになるが、非強制的な社会的解決法の違反者は一部の顰蹙を買うのみである。

◆10　本調査においては90％の子どもが両親にメールを送るためにケータイを利用していた。

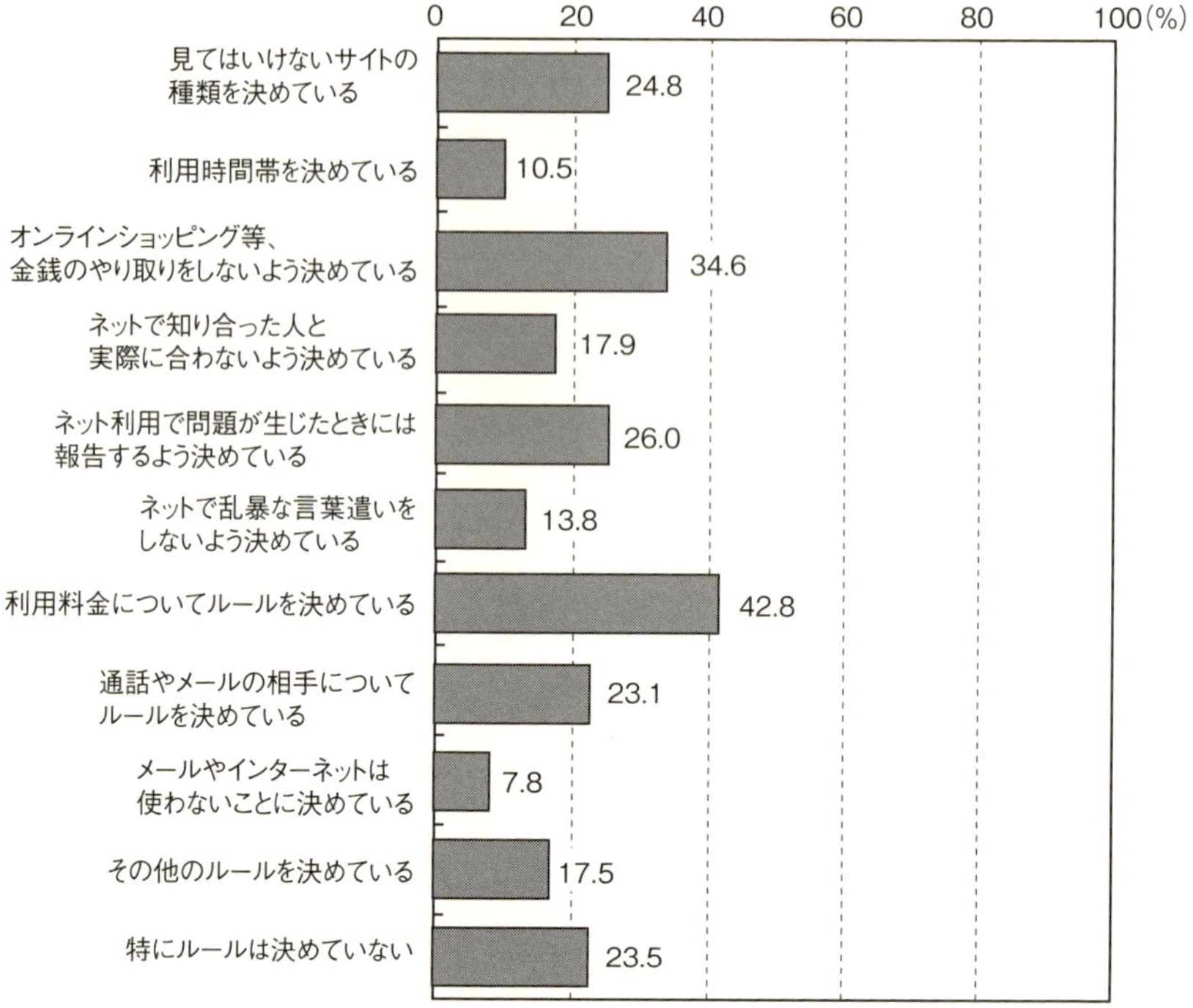

図 5.2　子どものケータイ利用に関するルールや制限事項
出典：ネット利用ときずなに関する調査（FMMC, 2008）

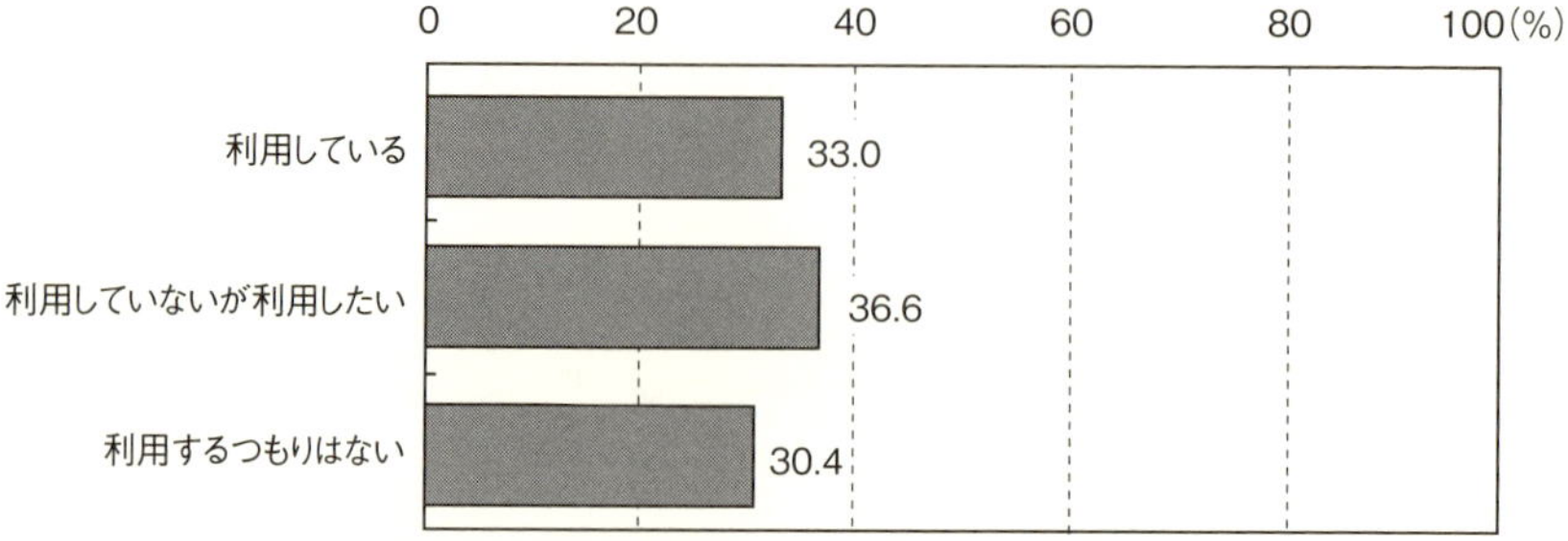

図 5.3　ケータイ向けフィルタリング利用意向
出典：ネット利用ときずなに関する調査（FMMC, 2008）

知らなかったと回答している。16％は子どもがまだ小さいので、フィルタリングは必要ないとしている。40％は子どもの判断力を信頼できるので必要がないと考えている。35％はフィルタリングよりも社会的な解決法を支持しており、「ネット利用についてルールやエチケットを子どもと話し合えば十分だと思う」という選択肢を選んでいる。6％は費用に関する懸念から利用しない意向である。利用を希望しない保護者の間の理由のばらつきからは、技術的解決法の導入に対する慎重な考察が読み取れる。利用を希望しない保護者の多くが信頼や適切な行動を促すための話し合いといった社会的解決法を意図的に選んでいる。知識不足や費用の制約を挙げる保護者は多くない。利用を希望しない保護者の意向は、フィルタリングに関して公的なガイドラインと個人の選択の間にある緊張関係を示唆する。保護者は子どもにとって最良と考える選択をする権力を保持しており、その選択は国がアドバイスすることとは異なることもある。

したがって、国と保護者の選好は図5・1の全象限に位置づけられることになる。国と地方自治体は強制的な技術的解決法を要請し、また「青少年インターネット環境整備法」やケータイ利用制限に関する条例によって社会的解決法を提供している。保護者は社会的解決法を取り入れる意向がある。具体的なネット利用の決まりについては多数が従うようなはっきりと合意されたものはない。同法施行後もフィルタリングは意見の分かれる問題であった。保護者の中にはフィルタリングを使わず、社会的解決法を重視する人もいた。次節ではこのような保護者間のアプローチの違いを説明する要因を考察する。

ネット内外での子どもの監督

マルチメディア振興センターのアンケートは保護者と子どもの属性、社会経済的地位、態度に関する変数を収集している。データを分析すると，保護者が子どもに課すルールの種類には，保護者の社会経済的地位はあまり関係がないことが明らかになる。ロジスティック回帰分析によると，子どもの学年が特定のルールを課すか否かに影響することがわかる。世帯収入や保護者の学歴は，ルールの有無を説明する上では統計的に有意ではない。これら二つの社会経済的地位の指標はルールの有無に影響しないのに対して，保護者のオンライン・ネットワークのサイズは関係がある。オンライン・ネットワークのサイズはケータイに登録されている連絡先の数によって測定した。それは子どものネット利用の仕方に影響する。図5・4は保護者のネット上のネットワーク・サイズが大きいほど，子どもがケータイ・メールを利用する頻度が高くなることを示している。

また，ネットワーク・サイズが大きい保護者は子どもの利用料金に関して制限を設ける傾向がある。図5・5は親のネット上のネットワーク・サイズと利用料金に制限を設けることとの予測確率を示すものである。他のルールについても同様の傾向が見られた。保護者の知識やネットでのコミュニケーションの経験が子どもに対する監督方法を形づくる要因となっている。

態度に関する変数については，保護者の一般信頼，社会的スキル，寛容性はルールの選択に影響していない。[11]一方，保護者が子どもと一緒に行う活動の種類は社会的解決の選択に影響することが判明した。このアンケートには保護者が子どもと一緒に行う四つの活動に関する質問がある。①学校の勉強を手伝ったり，本を一緒に読んだり，本について話し合ったりするか，②なるべく一緒に夕食をとるように心がけているか，③美術館，博物館，演劇，映画などに一緒に行くか，④家族ぐるみで近所づきあいをするか，である。関与の度合いは「よくこれらの活動を子どもと一緒にする」から「全く一緒にすることはない」まで，5点法による自己評価で測定した。

保護者のさまざまな活動への関与の役割を評価するために共分散構造分析を行った。モデルと評価値は図5・6に示す。モデルの結果は，保護者による子どもの日常的な活動への関与はさまざまなルールの存在に寄与することを示唆している。つまりオフラインでの子どもの生活にあれこれ関わるいわば「世話焼き」の保護者は子どものオンライ

◆11　社会的スキルは次の5つの変数で測定した。①人と話していて会話が途切れないほうか、②知らない人とでも、気後れせずに会話を始めるほうか、③人間関係のトラブルをうまく処理できるか、④感情や気持ちを表現できるか、⑤間違いを犯した時に認めて謝ることができるか。

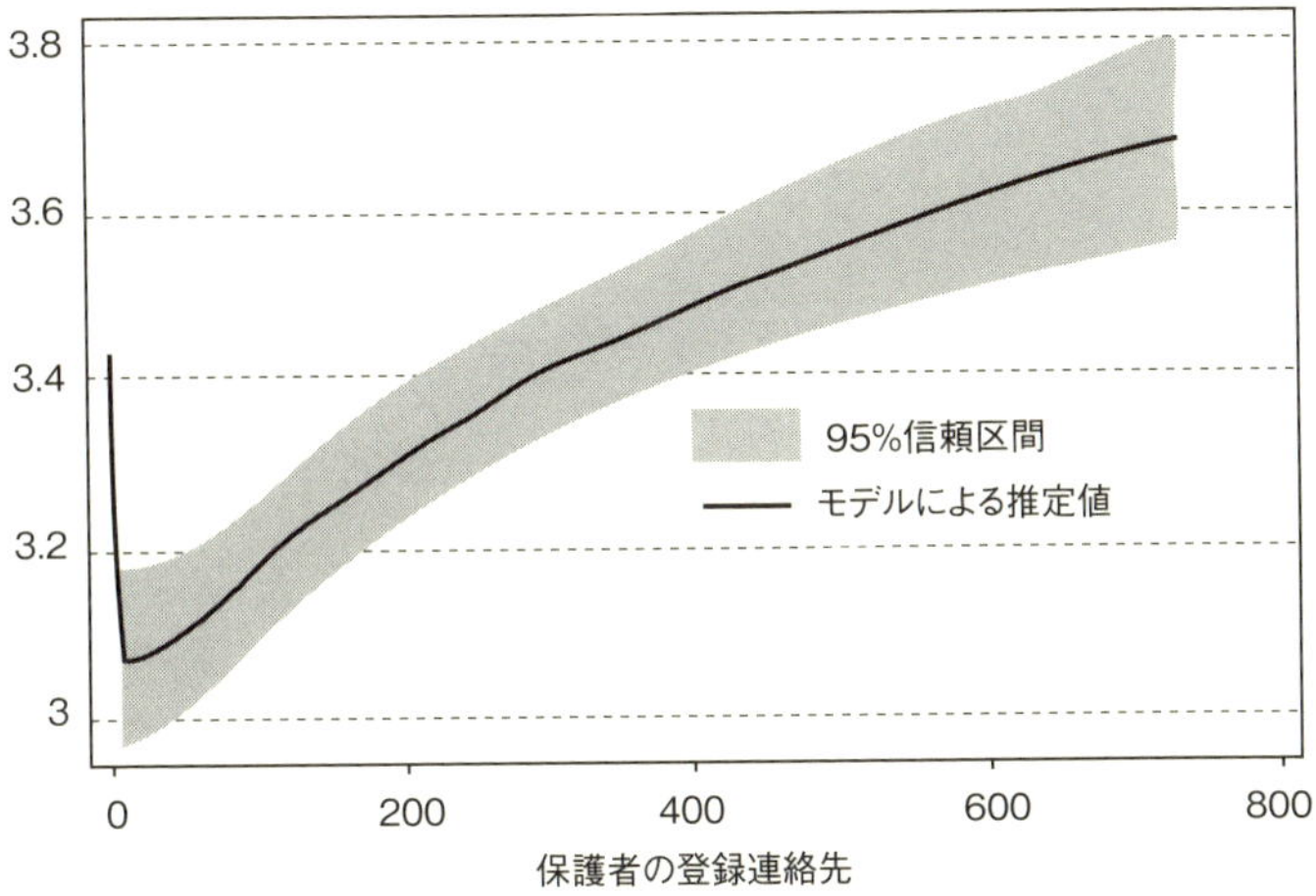

注）フラクショナル・ポリノミアルモデル。子どもの性別、学年、保護者の学歴および世帯収入は統制している。縦軸は、1：利用していない、2：1週間に1回以下、3：1週間に2、3回、4：ほぼ毎日、の頻度カテゴリの推定値である。

図 5.4　メール利用頻度の予測値

出典：ネット利用ときずなに関する調査（FMMC, 2008）

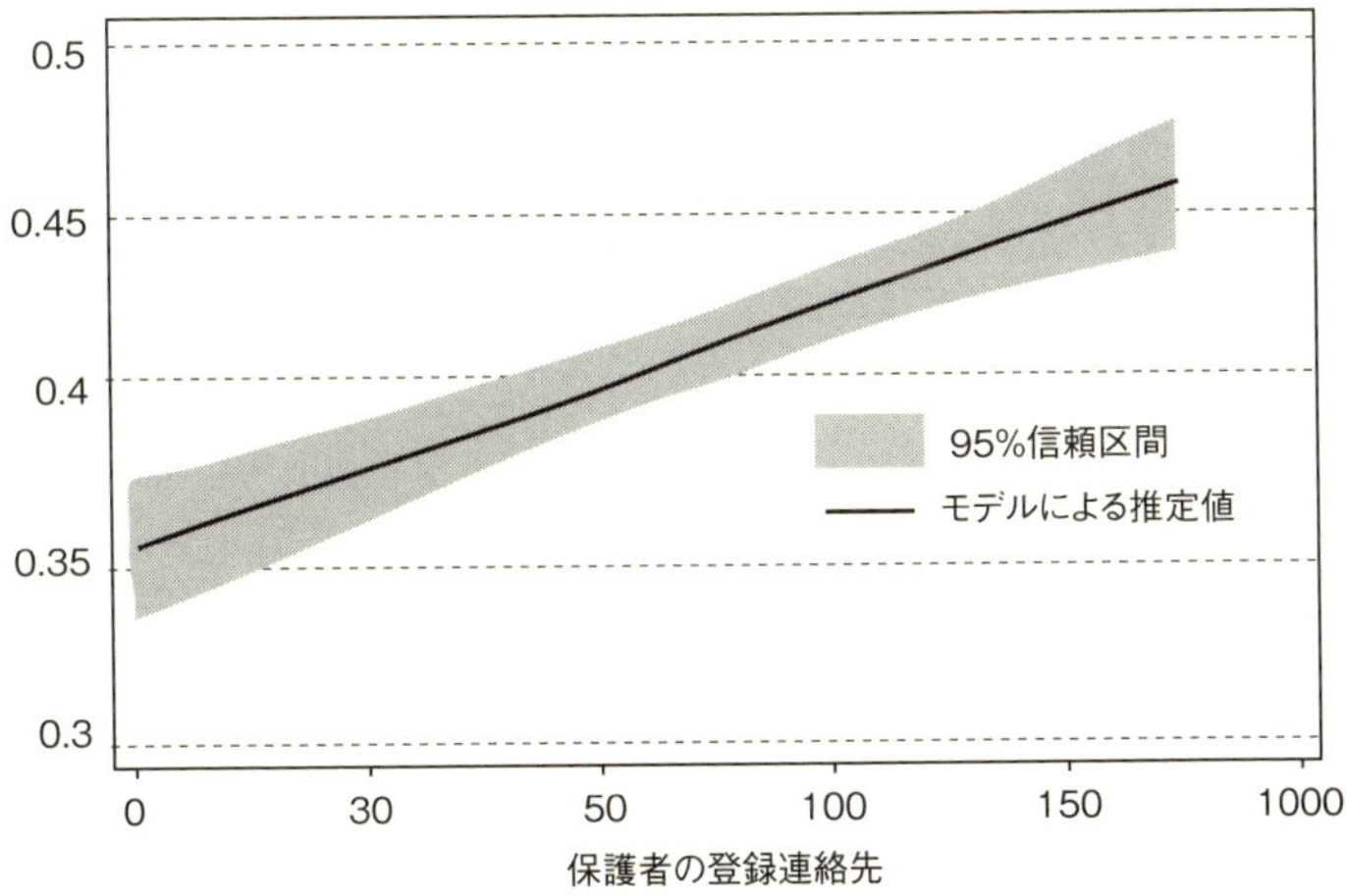

注）ロジスティック回帰モデル。子どもの性別、学年、保護者の学歴および世帯収入は統制している。

図 5.5　利用料金に関する制限設定の確率

出典：ネット利用ときずなに関する調査（FMMC, 2008）

ンでの行動にも目を光らせているのである（ネット利用のルール内容については図5・2を参照）。

デジタル・ディバイド研究においては、属性や社会経済地位が情報技術のアクセスと利用を説明することが知られている（Ragnedd & Muschert, 2013）。本章の分析の興味深い知見は、これらの変数が、日本ではインターネットにまつわる子育てにほとんど影響していないことである。他者への信頼、寛容性、その他の態度に関する変数もほとんど影響がない。しかし、保護者のネット上のネットワーク・サイズや日常生活での子どもの活動への関与はインターネット利用の監督の仕方に関係がある。保護者のネット上の交際範囲のサイズが影響するということは、保護者の情報技術利用の重要性を示唆する。ネット上のネットワークのサイズが大きい保護者は、ルールの必要性をより切実に感じている。また「世話焼き」の保護者はネット上でもそれ以外でも、あらゆる場面で子どもの世話を焼くのである。

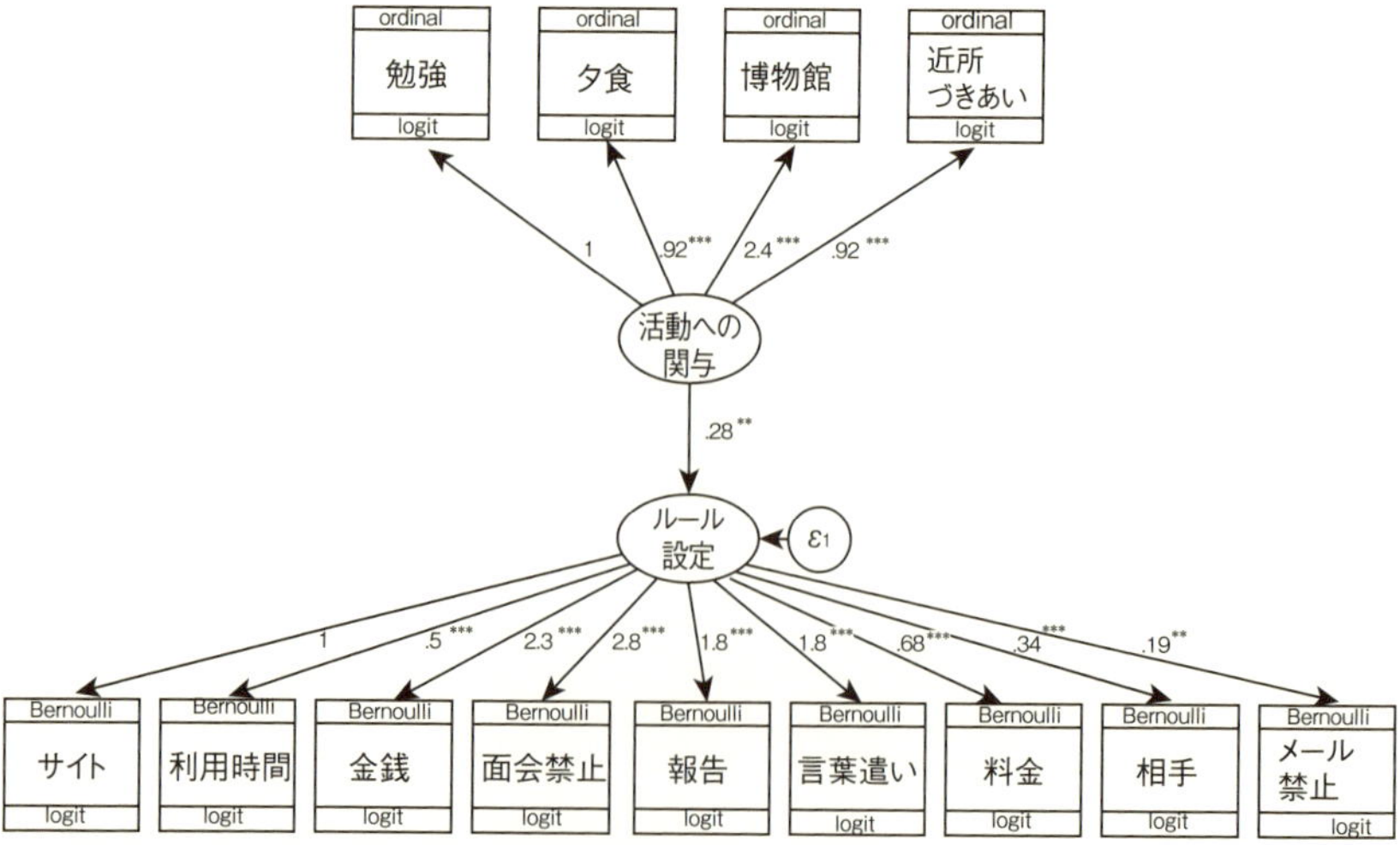

注）共分散構造分析。楕円は潜在変数、長方形は観察変数を示す。
$^{**}p<.05$, $^{***}p<.0001$

図 5.6　子どもの活動への親の関与とネット利用ルール有無の関係
出典：ネット利用ときずなに関する調査（FMMC, 2008）

結　論

本章では日本では国と保護者がどのように子どものオンライン行動を監視し、規制し、形づくるのかということを検討した。国や地方自治体の法律や規制に注目すると、国はある種の緩やかな介入主義に基づいて、保護者に対してネット利用のマイナス面から子どもを守るように促していることがわかる。法律や条例では技術的なブロッキングやケータイの夜間利用禁止が勧奨されている。ただし、国や地方自治体はこれらの方針に従わない保護者の法的な責任を問うことはない。罰則を伴わない法律や条例が多数制定されている。国はどのような方向性が望ましいか、注意深くその希望を表明しているのである。

２００８年に行われたアンケート調査からは保護者が子どものネット利用をどのように監督しているかが明らかになった。家庭内ではさまざまなルールが設けられていた。77％の保護者は何らかの社会的解決法を取り入れていた。フィルタリングをしているのは3分の1だった。総務省はフィルタリング使用を推進しているが、保護者の中には社会的解決法を重視し、あえてフィルタリングを利用しないという選択をしている人もいた。子どものネット利用をどう媒介するか、ということについて、社会的なコンセンサスはほとんどない。

統計的な分析によって、保護者のネット上のネットワーク・サイズと子どもの生活への日常的な関与が、ルールや制限を設けるという意思決定と関連することが判明した。ネット上のネットワーク・サイズが大きい保護者や子どもの活動に積極的に関わる保護者はルールを設ける傾向がある。保護者は自分の知識が経験に基づいて子どもにとって最も適切な監督方法を決めていることがうかがわれる。ルールの有無は子どもの学年にも影響される。保護者の社会経済地位や態度は統計的には有意ではなかった。

国と保護者は、子どもをネット利用に伴う危険から守るという目的を共有しているものの、異なる種類の権力を用いている。国はさまざまなアドバイスを通じて優しい導きの権力を行使する一方、両親に対しては技術的なブロッキングという強制としての権力を用いることを勧奨している。しかし保護者は子どもの判断力を信頼できると考える場合は必ずしも強制的ではない社会的解決法を使うことがある。国も保護者もネットを利用することの潜在的な危険を認識しているが、どちらも互いを無視して自分の意思を押し通す権力は持っていない。

【謝辞】

本章で分析に用いたアンケートを企画し実施したマルチメディア振興センターにお礼申し上げる。筆者は企画に参加し、調査内容を検討する機会に恵まれた。また、態度関連の変数の測定に関しては、明治学院大学の故 宮田加久子先生のアドバイスをいただいた。本章は、同志社大学人文科学研究所で２０１４年6月27日に開催された Power in Contemporary Japan での報告内容を加筆修正したものである。Marie Thorsten や Gill Steel をはじめとするシンポジウム参加者からは貴重なコメントをいただいた。記して感謝したい。

第6章

保育園は国からの圧力にどう抵抗しているか

■グレゴリー・プール

序論

ＯＥＣＤ（経済協力開発機構）に加盟する多くの国同様、日本も人口減少の一途を辿っている。直線式による推計では、今後50年で４千万人もの減少、および定年退職者の割合が40％を超えることが予測される。[1] こういった人口現象に関しては、一方で高齢化社会、他方で「少子化」と呼ばれる少子化傾向という点に議論が集中する。日本で観測者や政治家によって一般的に使われる「少子化問題」という表現からもわかる通り、少子化はあくまで社会的「問題」

◆1　国民の３分の１が生活し働く、東京・横浜・埼玉（２４００万人）、大阪・神戸・京都（１０００万人）、名古屋（４００万人）、福岡（２００万人）の超都市化したメガシティーの人口は、依然として増加傾向にある。人口減少は、日本の地方および半地方に集中している。

とみなされ，少子化や人口減少の潜在的な利点については十分に討議されていない。

人口減少の対策として論じられるのは，主に出生率をいかに上げるかという点で，移民政策の変更が提案されることはない。中央政府と地方自治体による政策は，いずれも女性が結婚し，出産を経て専業主婦として子育てをすることを奨励している（猪熊 2014）。政府支援のキャンペーンは，働く母親の子育てを父親がサポートするよう働きかけるが，実際の職場では，男性が育児休暇を取るのが（ましてや夕方に保育園へ子どもを迎えに行くことができるような，柔軟な勤務時間を得るのが）難しいのが現状だ。また，出産後の従業員がフルタイムで正社員として再び働くことを雇用主が受け入れないため，多くの女性は，育児休暇より会社を辞めることを選択する。◆2

出生率を回復させるため，家族としての「役割を果たす」ように国民にプレッシャーをかけると同時に，国は共稼ぎの家庭に対する育児支援強化の必要性も認識している。しかしながら，解決策として地方自治体が提示した政策――幼稚園に保育園のサービス提供を許可するもの（認定こども園）――は，生まれてくる子どもの数が減っているにもかかわらず，多くの保育園が入園順番待ちの子ども（待機児童）を抱える，という事実に何ら変化をもたらしていない（猪熊 2014）。

本章では，日本の人々が家族に対する国からの圧力にどう抵抗しているかをより良く理解するため，少子化という社会現象の議論に，保育園の園長，保育士，そして保護者という観点を加えて考察する。各当事者が保育園で，どのように地域コミュニティの一員としての意識を構築しているかを理解することにより，家庭，親，職場への規範的かつ凝り固まった認識に基づいた解決策によって組み立てられた公的政策の有効性について，疑問を投げかける。◆3

まず，幼稚園や保育園，教育者，幼稚園教諭や保育士，保護者，そして園児自身に，厳密には何が求められているかという点に注目する。一般的には，保育園が主に「保育」の場であり，対して幼稚園は「教育」の要素が強いという認識があるが，研究対象となったいくつかの保育園の保護者や保育士は，そこが「保育」の場であるのと同じだけ，「教育」の場でもあるという意識を持つ。さらに，それらの保育園では父親を含む保護者が積極的に参加し，日本の子育ておける男女の役割意識――ことに父親に関する固定観念――に立ち向かっている。これら二つの民族特有の実例は、若い夫婦に対する地域コミュニティ支援ネットワークとしての幼稚園や保育園の役割が、人口減少社会において、いかに拡大家族に取って代わった形で機能しているかを示す。

中央政府および地方自治体は、「保育」と「教育」との明確な区別を保つことに熱心だが、それは少子化の懸念からだけではなく、保育園を管轄する省（厚生労働省）と幼稚園を管轄する省（文部科学省）がそれぞれ異なることに由来する。その一方で、保育園の園長、保育士、保護者、園児は、その活動目的の大分部を「教育」という観点のみに置く。私が研究対象とするのは単に子守のための施設ではない。子どもたちを「保育」しつつも教育を提供することに全力を傾け、「地域コミュニティの形成に従事する」という使命を持ち、通園する子どもの家族の多くが積極的にこの使命に関われるよう尽力し、カリスマ性のある園長によって運営される、まさに教育施設とも呼ぶべき場所なのだ。重要なのは、父親は育児に非協力的だとする数多くの研究結果とは対照的に、これらの保育園に関わる父親が、園内での活動の中心となることが求められている点だ。本研究で調査した2か所の施設では、保育園というのが母親に出産を促すために作られた単なる保育施設ではなく、家庭生活、また広い意味では地域コミュニティの中心とも言える存在となっている。

◆2　一方で、雇用主に対してそういった雇用慣行を見直すよう促す政府のキャンペーンは、私の知る限り存在しない。知り合いの夫婦は、女性が正社員として雇用されている出版社での給与と地位を保つため、育児休暇を見送る決断を下した。子どもが生まれると、代わりに公立校で教員を務める父親が、法的に認められた育児休暇を取得したが、それは後々の昇進に響くことを十分に認識しての選択だった。育児「休暇」を取る男性は、その後主任や校長などの選定から外されるというのが、その学区では暗黙の了解なのだ。

◆3　同時に、政策立案者は、人口動向というのが実務的なレベルにおいて「是正」され得るのか、またその必要があるのかという、より大きな疑問を無視しているようだ。

背景――少子化

日本における人口減少についての議論は、「高齢化社会」だけでなく「少子化問題[4]」という点に集中する傾向にある。こういった動向に対処すべく政府によって打ち出される手段は、出生率を上げるための方法に重点が置かれ、家族にプレッシャーをかけるものばかりだ。女性が結婚し、出産を経て専業主婦として子育てをすることを奨励するのが政策目的の大部分であり、いわば政府と企業が母親と父親いずれの育児休暇取得も認めていない、という現実を映し出したものになっている（Shimoda, 2008）。もちろん、昨今の低成長もしくはゼロ成長という経済的実態においては、共稼ぎが若い勤労者世帯にとってもはや選択肢の一つではなく、必要事項であるのは間違いない[5]。共働きの夫婦、特に働く母親に対する育児支援強化の必要性は、生まれてくる子どもの数が減っているにもかかわらず多くの保育園で多数の待機児童が存在しており、それによって夫婦の保育園探し（保活）が長期化し、さらに70％もの母親が出産後の職場復帰を断念する、といった事実に反映されている（猪熊 2014）。

さらに、早期幼児教育、特に保育の価値観に相対する子育て観というのはある種の社会的なバロメーターであり、家族の構造変化や多様化――識者が、前述の少子化や高齢化などの「問題」からもちろん始まり、経済的階層や収入格差の拡大、地域コミュニティや地方の空洞化、不景気や仕事の不安定などを含む、無数の社会経済事象に非を問う変化――に懸念を示す政策立案者による改革のターゲットとなっている（Okada, 2010; Imoto, 2007）。本書の第4章で武田が論じているように、適切な家族の形と、それぞれの家庭内でどのような育児が行われるべきかという政府の基準を（再度）明確にすることで、政府は官僚制の権力を家族に対して行使しようとしているのだ。

歴史的に見て、日本の文部科学省と厚生労働省はそれぞれ個別の保育施設を並行して運営してきた。「日本では幼児教育の歴史に二つの系列がある。一つ目は、1876年の幼稚園設立、もう一つは1890年の保育園設立によって開始した。この分類は現在でも持続しているものの、根本的な差異は片方の機関に帰する。幼稚園と保育園はいずれも同じ役割を持ち、同様の対象者に開かれている」(森上 1973, p.154)。この少子化の時代[6]に矛盾した形でそういった施設への需要が増加したため、保育園と幼稚園にもともと存在していた幾ばくかの差異をより曖昧にすることによる、システムの合理化が画策されてきた (Imoto, 2007)。2015年には、「認定保育園」という新たな分類が、共同運営機関として両系列の一元化を果たした。この行政上の変化と並行して、民間の営利的な施設 (多くの場合に、都市部の駅に隣接した高級不動産に入っている) の増加に見られる、商業化の動きも顕著になってきている。

また、それぞれの施設のプログラム内容も、この早期幼児教育の新自由主義化という波にさらわれている。これは、「革新的」アプローチを打ち出しつつもやはりどこか保守的で、早期幼児教育をいわゆる「学校教育」と見なす官僚的視点に重きを置いた形での、施設の指針やカリキュラムの増加という結果をもたらした。このような、読み書き・計算能力の重視、子どもを管理しようとする動きに見られる「基本」への回帰は、多くの議論を呼んだ10年前の文部科学省による大規模な実験――ゆとり教育 (探究心と想像力のためにゆとりを持たせた教育) の「失敗」と、その結果として認知された学力低下への揺り返しと捉えられるかもしれない (Cave, 2007; 苅谷 2008; Willis, Yamamura & Rappleye, 2008)。

しかし、メディアや学術的見識者が幼稚園や保育園をめぐるこの社会的議論の積極的な貢献者として役割を担って

◆4　興味深いことに、「高齢化社会」が単に状況説明の表現であるのに対して、子どもの減少傾向を表す言葉「少子化問題」はそれ以上の意味を持つ。この社会現象について議論される際には、ほぼ自動的に「問題」という言葉が追加されるが、これは少子化が明らかに覆すべき人口動向であるという人々の認識を映し出していると考える。

◆5　二つの保育園には幅広い社会経済的多様性を持つ家庭の子どもたちが通うが、なかでも勤労者世帯の子どもが多数を占める。

◆6　これは、都市部における人口増加や働く母親が多いことに由来するかもしれない。

きたのは確かだが、彼らの報告や分析は、ヨコミネ式教育法などのどちらかというと煽情的なケース以外には、それほど多くの実例を含んでいるわけではない。[7] なかでも著しく不足している印象を受けるのは、幼稚園や保育園の園長、教諭や保育士、保護者、そして特に父親による声無き声である。このことを念頭に、私は、東京のおよそ百キロ北の地方に位置する群馬にある、二つの保育園の事例に着手した。

本章では、主に民族誌的な方法論によって収集したデータから導き出した調査結果について報告する。調査には、園長、保育士、保護者とのカジュアルな面談や突っ込んだ議論、および施設の活動やイベントを記録するために実施した、特に二つの保育園における参加観察が含まれる。加えて、地方の２００を超える園長と共に2日間みっちりと過ごした、週末の勉強会の経験も盛り込んだ。

調査を通じて明らかになったのは、前述の過去の制度に立ち戻った形で、引き続き中央および地方政府が幼児「保育」と幼児「教育」との区別を気にかけるのに対し、保育園の園長、保育士、保護者、そして園児は、「単なる保育」だけでなく、「教育」、「支援」、そして「地域コミュニティ」によってその活動目的を組み立てているという点だ。これらの保育園は園児を「保育」するだけの場所ではなく、「地域コミュニティの形成に従事する」という使命を持ったカリスマ性のある園長によって運営される、まさに教育施設であり地域コミュニティの中心とも呼ぶべき存在なのだ。このような、地域コミュニティ形成の役割を持つ教育、というテーマは重要だと言える。本書の第7章で中村や秋吉は、日本の多くの家庭で不均等な労働分担が存在することを指摘するが、それに対して私が調査を通じて発見したのは、子どもの送り迎えや職員との面談、イベントの計画などを含む保育園における両親の役割において、多くの場合父親と母親が平等な役割を担っていることが多いという点だ。本研究で調査した二つの保育園では、それが単に母親に出産を促す施設というだけではなく、家族の生活の中心となる組織であり、間違いなくある種の「コミュニティセンター」とも言うべき場所となっている。当事者たちは地域コミュニティで自己強化することによって、国家権力に抵抗しているのだ。

以下では、保育園コミュニティの特徴を説明するために、いくつかの民族誌的データを提示する。序論で紹介した少子化という人口現象と、そこから派生した公的政策の議論に、保育園の園長、保育士、および保護者という視点を加えるのが目的だ。日本における拡大家族の性質変化を目の当たりにしている若い夫婦に対して、地域コミュニティ支援ネットワークとしての保育園が担う役割は一体何だろうか。保育園というのは、保護者、保育士、そして園児によって、「保育」機関とみなされるのか、それとも「教育」機関とみなされているのだろうか。[◆8] 保護者、特に父親は、どのように保育園に関わっているのか。これらの問いに対する答えは、社会的当事者がそれにより保育園に事実上の代替的役割を与えることで、家族に降りかかる国家権力に抵抗することができるという、いわば地域コミュニティ全体に役立つ家族支援のメカニズムを示す。

方法論

このプロジェクトを始動するにあたり、研究対象としたのは二つの私立保育園だが、その選択基準は、通いやすさ、園長が協力的であること、そしてこれはフィールドワークでしばしば見られる要素だが、巡り合わせや偶然というの

◆7　ヨコミネ式教育法は、子どもの学習トレーニングのためのドリルやテクニックのシステムを指し、日本の何百との幼稚園や保育園によって取り入れられてきたが、これはゆとり教育のマイナスイメージの影響によると考えられる（Mizumoto, 2009）。

◆8　この疑問点が重要な意味を持つのは、保育園が当初貧困層の子どものための保育および保護施設として始まり、次第に下層階級の共働きの親によって利用されることになったためである。このことが、競争を重視する教育システムにおいて、しばしば未来の成功を勝ち取るためのエリート街道の第一歩とされる私立幼稚園に比べて、保育園が劣っているというイメージにつながっている（Cutts 1997; LeTendre et al. 2006）。そのため、保育園の園長や保育士、および園児の家族は、こういった幼稚園に相対立する保育園のイメージを変えるために、保育プログラムの教育的要素を強調することに意識を注いでいる。

も多分にあった。チェスナット保育園[9]との出会いは、友人の子ども2人がそこに通っていいたため、彼の紹介により実現した。園長の原田先生[10]には、園の創立30周年記念イベントで初めてお目にかかったが、市民ホールで開催されたこの3時間にもわたるイベントは、保育士、園児や卒園児の保護者によって企画・運営され、園の幼児教育への姿勢を特徴づけるものになっている。園自体は、県内で三番目に規模の大きい市（人口およそ20万人）のやや郊外、30年前は田園が広がっていたが、現在は宅地開発化されたエリアに位置している。

そして二つ目のワンダー保育園[11]は、園長の町田先生[12]を原田先生に紹介してもらうことで決定した。町田先生の幼児教育に対するアプローチは、チェスナット保育園同様の革新性を持つが、そこに園長、園長の両親、そして創立者の真念を反映させたキリスト教「色」を加えたものになっている。[13]ワンダー保育園は、県庁所在地の外れにある丘の斜面に建っている。畑や森に囲まれた田舎の環境にあり、園児の数もチェスナット保育園と比べると約半数の90人だ。園舎は、同列経営のお年寄り向けデイケア施設に隣接している。

12か月間にわたり、ミュージカルの発表会や保護者会に顔を出したり、遠足を手伝ったり、園児と親しくなったり、母親や父親と話をしたり、職員室でお茶を飲みながら園長や職員たちと数々の議論を重ねたりする中で、私は園長、保育士、保護者、そして園児たちとの信頼関係を少しずつ築いていった。園長との親交をより深めようと、何度かホームパーティーに招待したりもした。私の努力は報われ、それぞれの園で「園長の友人」として他者に紹介されるまでになった。園長はどちらも取材をとても快く受け入れてくれ、ある意味光栄にも感じてくれているようだった。原田先生とチェスナット保育園に至っては、すでに教育関係の書籍において少なくとも一章丸々を割いて紹介されたのに加え、プロの写真家による撮影の舞台にもなっている。さらに、人類学セミナーの一環として、両方の園に大学生2人を送り込んで2日間のゼミ合宿が行われた。そこで収集されたデータは、何百もの写真、何時間もの編集および未編集映像、5時間ものインタビュー映像、学級通信やパンフレット、プレゼンテーション、フィールドノートなどの文章記録やデータを含む。

家族の教育と保育

保育園の「保育」を形容するのに、しばしば保育士や保護者によって使用されるのが、「温かく」などの曖昧な言葉だ。「残念ながら、これは近年さらに理屈っぽくなってきた幼稚園支持者の多くが、保育園を見下していることを意味します」と嘆くのはワンダー保育園の園長だ。保育園は「情緒的」に見られていると彼は言う。これは、夫婦が保育園に子どもを預ける際の入園条件に由来するかもしれない。保育園はほんの数年前まで、「保育に欠ける」家庭のための施設とされてきた。最近になって、対象こそ「保育を必要とする」家庭すべてに調整されたが、（前述の通り）保育園というのが、十分にケアを受けられない、いわば恵まれない子どもたちのための施設であり、幼稚園の「本格的な教育」より「温かいケア」が提供されるべきだという見方は変わっていない。

しかしながら、ワンダー保育園の園長は、彼が運営する園の役割を「養護の要素を加えた教育」とする。日本で「教育」というと多くの場合、それがたとえ幼児教育の段階であっても、特に読み書き・計算を教えるような（たとえば前述の脚注◆7にある、未就学児童の学習および身体能力を重視する「ヨコミネ式教育法」のような）「学習」を象徴する。そのため、町田園長にとっての教育が、彼の主張する基本的な教育原則であるレイチェル・カーソン（Rachel Carson）の「センス・オブ・ワンダー」や、キリスト教的な隣人愛（「隣人を自分のように愛しなさい」）の具現化であることは、私にとって驚きだった。特に二つ目の原則は、園児だけでなく家族全体に保育と教育を提供したいと

◆9◆10◆11◆12　いずれも、仮名。
◆13　日本でキリスト教の信仰者は1％以下と言われている。

いう彼自身の真念とも関連している。注目すべき点は二つある。まずは家族、「近隣」、および地域コミュニティの構築と支援、そして「自己」――「我々が子どもたちに伝えなくてはならない、他者を尊重するためにはまず自分を尊重するべきだという認識」だ。

一方、チェスナット保育園の明確な教育指導原則は、教育原則について話していた時のある出来事によって浮き彫りとなった。チェスナット保育園の卒園児が小学校に通学した際に、洋服のボタンの掛け違いを見つけた幼稚園卒園児の母親が、「かわいそう！　お母さんが直さないの？」と言ったそうだ。それに対して、原田園長の教育方針を支持するチェスナット保育園卒園児の母親は、「自分で着たことがすごいじゃないの」と園長に主張した。保育園をとにかく保護のための施設であると位置づける日本の一般認識にもかかわらず、園長や保護者の間には認識の幅が存在する。以下によって示されるように、チェスナット保育園とワンダー保育園における保育園の使命とは、読み書き教育を超え、地域コミュニティの慣行をも包括する原則を含む、教育に対する理解の具現化にある。

家族の教育と支援は、両方の保育園において重要な価値および目的となっている。ワンダー保育園では、「エミコのカフェ」と園が呼ぶ、「エミコ」[14]いう主任保育士による勤務時間内の保護者面談が行われている。ほとんどの母親が、2人やそれ以上で連れ立って参加するが、そこで彼女が最もよく目の当たりにするのは、母親たちの孤独や孤立といった感情、そして自尊心の乏しさだ。この事実は、彼女が子どもの態度を理解するのに役立つ。彼女のアドバイスを必要とする母親の理由として最も多いのが、家族、特に夫に「自分を認めてもらいたい」という欲求だ。これは、夫とのコミュニケーション不足と自尊心の低さからくるのではないかと彼女は感じる。「以前は、はじめから妻が夫の協力を期待することもありませんでしたが、近年は夫に対する期待に変化が見られます」。夫が妻からのプレッシャーにより鬱の兆候を見せる場合もある。母親たちとは異なり仲間と子育てについて話す機会が少ないということもあるのか、父親が面談に参加する場合、母親よりも強い孤独を訴えることが多い。「妻は夫を肯定して、感謝の気持ちを表現する必要があります。重要なのは、夫婦がお互いに非を押しつけることなく、『なぜ子育てをするのか』という大切な質問に一緒に取り組むことです」と彼女はさらに主張する。チェスナット保育園について以下に述べるように、父親は以前よりも育児に積極的に取り組める環境にあるが、エミコの言葉は、依然として母親が主たる養育者であるという文化標準、そして本書の第8章で小笠原が言及する母親、父親、雇用者という性別の三角関係における「不幸な衝突」への対処法探求の両方をあぶり出す。

より階層化かつ多面化された今日の社会において、「典型的」な家族というのはもはや存在しない。「外国人の家族もいますし、シングルマザーやシングルファーザーの家庭、なかにはドメスティックバイオレンスなどの問題を抱えた家族もいます」。保育士は姑問題、離婚、不倫、ドメスティックバイオレンスなど、保護者からさまざまな個人的悩みを打ち明けられる。保育士の資格を得るのに「家族支援論」についての講座が必須科目ではあるものの、誰もがこういった人生相談に対して常に自信を持ってアドバイスできるわけではない。そのため、園長は人生経験豊富な職員を好む傾向にあり、仕事経験、訓練、学歴よりも重要な適性とみなされていることも多い。

日本の保育園は、より商業化しつつある。いわば顧客である働く保護者に対して、「サービスを提供する」という傾向が色濃く見られる。支払った料金に対して、保護者は「保育」というサービスを受けるが、これは「共稼ぎ」の時代における、保護者の要望を重要視した商取引と言える。それに対して、ワンダーとチェスナットの両保育園で重視されているのは保護者だけではなく、家族全体である。こういった理由で、園長は「一緒に子育てをする」（もしくは「育ち合い」）のために、保護者が園での活動に積極的に参加するよう奨励することが重要だと感じている。このようなケースでは、保育園そのものが地域コミュニティの中心的存在となる。子どもの送り迎えだけでなく、他の保護者との交流を通じて職員や保護者と親しくなったり、カウンセリングを受けたり、また園のカリキュラムにおいて肝心なイベントや遠足の準備に参加することにより、保護者は園で過ごす時間を持つようになる。小学校では一般

◆14　仮名。

的な保護者参加が、必ずしも日本の保育園で見られるものではないため、おのずとコミュニティ外の人々との認識の不一致が生じる。チェスナット保育園の園児の親に、職場の同僚が「何だ、また保育園に行くのかい？」と聞けば、父親は「君はなぜ保育園に子どもに会いに行かないの？」と聞き返し、母親は「だって保育園好きだもん！」と答える。

父親と育メンと「夏祭り」

「少子化により、変な意味で男女の役割が平等になってきています。『女だから…』とか『男は泣かない』と言ってそれぞれの役割を男女差別的に決めつけるのは間違っていますが、性別ごとの差異を認めるのは必ずしも悪いことではありません」

日本では最近、「草食系男子」や「育メン」のような「新種」の夫・父親が、メディアによって広く報道されている。家庭における伝統的な男女の役割にこだわらず、家族との時間を大切にする父親というように、多くの場合、穏やかで思いやりのある、肯定的なイメージが持たれている。このイデオロギーはメディアや政府主導のプロジェクト（育メンプロジェクトなど[◆15]）では一般的になっているものの、先に紹介した園長の言葉からもわかる通り、研究対象となった二つの保育園の保育士や保護者の関心は実際それほど高くない。それどころか、片方の幼稚園の主任保育士に育メンの定義を聞いたところ、意外にも彼女の答えは「経済的に成功していて決断力のある男性」というものだった。この定義はまさに従来の稼ぎ柱としての父親象に他ならない。日本では育メンの若い父親がもてはやされていると思っていたが、ほとんどがメディアによるステレオタイプであり、少なくとも今回の二つの保育園では広まっていないようだ。とはいえ、「育ち合い」という文脈の中では、父親の園「参加」が求められているのも事実である。保護者と職員によって夜間に開かれる「父親の会合」は高い参加率を誇っているし、4歳児と5歳児を対象とした1泊2日の遠足にも父親が付き添い、盛大な夏祭りもやはり主に園児や卒園児の父親によって企画・運営される。こういったイベントへの父親による支援を促し、さらに参加者の賞賛を得るという原田園長の積極的な導きにより、園では以前より多くの父親の参加を実現してきた。

日本では伝統的に神社仏閣の後援による村の祭りが行われてきたが、チェスナットでも毎年7月に、それにちなんだ納涼祭が開催される。園児の参加はもちろんだが、大部分は大人によって運営され、特に年長園児の父親や、卒園して久しい子ども（OBと呼ばれる）の父親たち主導で企画される。「ベテラン」の父親が、若い「見習い」の父親を「指導」する様子は、まさに実践コミュニティ（Lave & Wenger, 1991）や実践的学習といった雰囲気だ。保育園の誇り高き「労働階級」というイメージ通り、大工の父親とDIY好きの父親が、協力しながら共にステージや大道具を組み立てていく。イベント前の何週間もの間、父親は仕事を早く切り上げ、太鼓のパフォーマンスやダンス、コスプレによる寸劇の練習に遅い時間まで励む。

祭り当日の土曜夕方、まずは園児が手作りの小型お神輿を担ぎながら近所のチェスナット神社に向かい、次に宮司による簡単な儀式と日没後のロケット花火によって、祭りは盛り上がりを見せる。家族や地域住民など参加者は300人を超え、園庭は人でひしめき合う。小学生、卒園児の保護者、そして保育士が開いた屋台では、さまざまな食べ物、ソフトドリンク、アルコール、そしてチェスナットのオリジナルTシャツ（プロのアーティストである卒園児の親によってデザインされたロゴ付き）が販売される。そして閉会式が終わったとたん、父親、母親、そして保育士は園庭をものすごい勢いで片付け、食事とお酒を飲みながらの「反省会」で祭りの成功を祝い、砕けた雰囲気で率直なフィードバックを得るべく、バスで打ち上げ会場に向かう。母親が家に戻り子どもの世話をする中、卒園児の父親を含む多くの父親と保育士は深夜まで盛り上がり、主要な参加者たちによる、イベントの感想や来年への課題を含

◆15　これは、男性のより積極的な育児参加を促すために、政府によって打ち立てられた構想だ。

めた挨拶で締めくくられる。このイベントで映し出された男女の役割というのは大方従来と変わらないものだが、一方で父親の参加が目立っていたのも事実であり、これはむしろ「非伝統的」だと言える。

園舎お別れ会

チェスナット保育園の地域での人気に伴う園児の増加に対応するため、園長の原田先生は最近、園の一部を解体してより大きな園舎を建てる決断をした。この決断は容易なものではなく、保育士、保護者、卒園児の保護者、そして園児を含むチェスナットのコミュニティ全体による、たくさんの議論や話し合いの末に導き出された。現在の園舎はうまく設計された建物で、何代にもわたって子どもたちを受け入れることにより、長年地域コミュニティに役立ってきたが、これといって老朽化しているわけではない。それどころか、その温かく親しみのある雰囲気は、園の魅力の一つでもある。園長を含む多くの人たちが、目前に迫った取り壊しという事実をとても残念に思っていた。そしてその「喪失」の辛さを和らげるアイディア、妥協案が徐々に組み立てられていった。それがチェスナット保育園で、園舎の「お別れ会」の最後を飾るべく、祭りを企画・実施するというものだ。

保育士、保護者、卒園児の保護者がそれぞれチームごとに協力しながら、参加人数と規模で納涼祭を凌ぐイベントの準備が、何か月もかけて行われた。そして2015年秋のある土曜日、チェスナットの「コミュニティ」がお別れ会のために集まった。800人以上が参加したこのイベントは、チェスナット保育園で過去に開催されたどのイベントよりも大規模なものとなった。園児と保護者はもちろんのこと、卒園児やその親たちも集まり、園舎や原田園長先生に対する敬意と感謝を表すため、なかには何時間もかけて園への「巡礼」に訪れる参加者もいた。

結　論

近年、日本における少子化と家族の変質にまつわる文化的議論は、働く母親や主夫などに見られる平等というイデオロギー、また保育園と幼稚園との差異をぼかすといった点に特徴づけられてきた。政府による異なる機関における保育実施の合理化により、日本の働く女性たちの出産を促し、家族の規模を拡大させることが期待されている。同時に、政府支援によるメディアやＮＧＯのキャンペーンでは、育メンという言葉により父親のイメージの塗り替えを狙うが、それは父親に対して保育者と稼ぎ柱という両方の責任付加をも意味する。しかしながら、「安全で便利」な保育や「革新的」教育、訓練、そして読み書き能力の育成プログラム、という新自由主義的かつ商業化された観点にもかかわらず、「持てる者」（子どもを幼稚園に通わせる単一収入の家族）と「持たざる者」（子どもを保育園に通わせる共働きの家族）との間に格差があるのが地方の現実だ。保育園による「保育」と「教育」の実施も、さらに地方では曖昧になっているようだ。チェスナットとワンダー両保育園における幼児教育の解釈は、地域コミュニティを形成する教育的活動を通じた家族による支援に重きを置いているのではないかと感じる。

これらの活動は保護者参加という多大な投資が必要となり、特にチェスナットにおいては、父親がその中心的役割を担う。家庭での男女の役割は変容しつつあるが、そこで見られる父親像は依然としてごく伝統的なものだ。保育士や保護者が、育メンと呼ばれる父親に実際遭遇することは少ない。育児によって日々生じる責任は、働く父親よりも仕事を持つ母親に重くのしかかる傾向にある。それでも、この二つの保育園の活動における父親の参加度合いは、やはり相当なものだと言える。園長たちは、目的を持って継続的に保育園に関わってもらうように、働く父親を見事に取り込んでいる。その目的は、共稼ぎの若い家族に対する実践的学習、そして地域コミュニティ形成のために「完全保育と教育」を提供することだ。その結果、政府によって意図された「家族拡大のための保育園」ではなく、「地域コミュニティのための保育園」とも言える保育施設のモデルだ。このモデルは、日本における幼児機関を代表する「標準」（もしそのようなものが存在するとすれば）とは言えない、特別な例かもしれないが、普遍主義と国家管理に対する抵抗、そして現地慣行の多様性を意味することは間違いない。

第7章

家庭における「権力」——夫婦間の家事分担における公平感の規定要因[1]

中村真由美、秋吉美都

はじめに

職場での仕事量がたとえ夫とほぼ同等であっても、家事の大半を妻が担っている共働き家庭は多い（Hochschild, 2003）。不公平な家事分担は、保守的な性役割観が強い日本のような国だけでなく、平等意識が比較的高い北米や北欧などでも見られる（Batalova & Cohen, 2002; Geist, 2005; Fuwa & Cohen, 2006; 不破・筒井 2010）。だが、これらの地域の女性の多くが分担を「公平」だとみなしていることも知られている（不破・筒井 2010; Wunderink & Niehoff, 1997; Gager, 1998）。このような認識と現実とのギャップはなぜ生じるのであろうか。またこのような認識は、

◆1　本章は PLOS ONE に掲載した論文（Nakamura & Akiyoshi, 2015）を和訳したものである。

女性の満足感にどのような影響をもたらすのであろうか。本章は、これらの疑問に答えることを目的としている。

家事分担に関しては、日本は最も不公平な国の一つである。幼児を持つ共働き家庭の時間配分を10か国（日本、米国、ベルギー、ドイツ、フランス、ハンガリー、フィンランド、スウェーデン、英国、ノルウェー）で比較した調査の結果によると、10か国すべてにおいて妻は夫より長い時間を家事に費やしている（総務省統計局 2011）。なかでも日本の夫の家事時間は1時間15分で、他の国の夫たちが2～3時間を費やしているのと比べて圧倒的に短い。

仕事を続けようとする日本の既婚女性は、性差による賃金格差が他の先進国より大きいために、女性が働かないことによる損失が小さくなり、働く意欲が低下するという問題に直面する。長時間労働により、女性は育児期間中に正社員の職にとどまることが困難になっており、働く女性の60％が第一子出産後に退職している（OECD, 2012）。さらに日本の税制は、扶養配偶者、すなわち年収が１０３万円未満の配偶者を所得税、国民健康保険、年金保険料などの面で非常に優遇している（OECD, 2012; Yu, 2009）。そのため、被扶養者であり続けるために、既婚女性が意図的に労働時間を制限することもある。なぜなら、一定額以上の所得があって被扶養者から外れると、結果的に税引き後の手取り額が減少する可能性があるからだ（OECD, 2012）。このような制度上の仕組みから、女性は主な家事の従事者であり補助的な稼ぎ手であるという立場に追い込まれる。労働時間を制限するという選択は、「追い込まれたのか、飛び込んだのか」（Gambetta, 2009）の典型的な例である。

しかしながら、女性が賃金労働に費やす時間が少ないことは、男女間の家事分担の不均衡を十分に説明するものではない。こういう調査結果もある。妻が家の外で働いていない場合、家事に費やす時間は妻が1日平均8・5時間で夫が50分である。一方、妻が週に35時間以上働いている場合でも、妻の家事時間は1日平均4・5時間で夫は55分なのである（総務省統計局 2011）。日本の家庭におけるこの根強い家事分担の不公平さは広く見られるが、そのメカニズム、すなわちなぜそのようなギャップが生じるかという本章が提起する問題については、ほとんど理解されていない。男女間の関係について、特に北米やヨーロッパと比較して論じたものはさらに少ないため、今回のような研究は、今後の比較研究のベンチマークとなる究極のケースを提供するものとなろう。

脱工業化が進む先進国では女性が家事の大部分を担当し，大半の女性がそれを公平だと考えていることは知られている（不破・筒井 2010; Wnderink & Niehoff, 1997; Gager, 1998）。日本などの国で，客観的には不公平だと思われる状況にありながら，なぜ女性は公平感を抱いているのだろうか。その疑問に答えるために，いくつかの理論が提唱されている。しかし日本については，最も妥当だと思われる説明を得るにはまだ至っていない。そこで本章では，まず関連の先行研究を概観した後，認識（公平感）と現実（不公平な家事分担）とのギャップについてより深く理解するために，既存の理論を検証する。

回帰法を用いて新たに入手したデータ（セット）を分析した結果，社会的比較こそが，日本の妻がなぜ夫に比べて多くの家事を引き受け続けているのかを解く鍵となるメカニズムであることが見出された。

先行研究

表7・1に，前述の10か国調査における，幼児を持つ共働き家庭の時間配分を示した。10か国すべてで女性が家事の大部分を担当しており，この傾向は特に日本で顕著である（表7・1）。

家事分担に関する従来の研究は，その多くが妻の公平感に焦点を当てている（Smith et al., 1998; Blair & Johnson, 1992; Coltrane, 2000; Greenstein, 1996a, 1996b; Greenstein, 2009; Lennon & Rosenfeld, 1994; Thompson, 1991; Suitor, 1991）。共働き家庭において，妻が家事の多くを分担することで利益を得るのは夫であるため，夫たちが不公平感を抱いているとは考えにくい（Smith et al., 1998）。一方で，仕事を持つ妻たちの考えは一様ではなく，より詳細な検証が必要である。外での仕事と家での仕事の両方を担っているにもかかわらず，彼女たちの大半は家事分担が公平だ

表 7.1　6 歳未満の幼児（日本と米国は 5 歳未満）を持つ共働き夫婦の 1 週間における種類別行動の平均的な時間配分（時間、分）

		日本	アメリカ	ベルギー	ドイツ	フランス	ハンガリー	フィンランド	スウェーデン	イギリス	ノルウェー
夫	個人的ケア	10. 27	9. 58	10. 29	10. 14	11. 17	10. 32	10. 03	9. 56	9. 54	9. 40
	睡眠	7. 38	8. 11	7. 59	7. 50	8. 26	8. 05	8. 12	7. 48	8. 09	7. 47
	身の回りの用事と食事	2. 49	1. 47	2. 30	2. 23	2. 51	2. 27	1. 51	2. 08	1. 45	1. 53
	仕事と仕事中の移動	7. 30	6. 37	5. 04	4. 58	5. 29	5. 23	5. 48	5. 11	5. 56	4. 57
	家事と家族のケア	1. 18	2. 59	2. 54	2. 51	2. 22	2. 55	2. 42	3. 19	2. 36	3. 10
	自由時間	2. 58	4. 12	3. 49	4. 26	3. 37	3. 58	4. 04	3. 58	3. 48	4. 43
	移動	1. 42		1. 41	1. 23	1. 11	1. 08	1. 12	1. 24	1. 34	1. 20
	うち通勤	0. 50			0. 35	0. 39	0. 39	0. 25	0. 26	0. 42	0. 34
	その他	0. 03	0. 07		0. 05	0. 03	0. 00	0. 07	0. 07	0. 09	0. 03
妻	個人的ケア	10. 54	10. 25	10. 48	10. 34	11. 30	10. 37	10. 20	10. 27	10. 10	9. 59
	睡眠	7. 37	8. 32	8. 23	8. 06	8. 40	8. 23	8. 21	8. 08	8. 17	8. 02
	身の回りの用事と食事	3. 17	1. 52	2. 24	2. 28	2. 50	2. 14	1. 58	2. 19	1. 53	1. 58
	仕事と仕事中の移動	4. 14	4. 42	3. 32	2. 18	3. 47	3. 38	3. 38	2. 42	3. 17	2. 37
	家事と家族のケア	4. 57	5. 02	4. 53	5. 14	4. 48	5. 35	5. 08	5. 21	5. 20	5. 21
	自由時間	2. 22	3. 33	3. 17	4. 15	2. 46	3. 05	3. 22	3. 53	3. 22	4. 44
	移動	1. 27		1. 30	1. 27	1. 04	0. 58	1. 15	1. 23	1. 37	1. 10
	うち通勤	0. 24			0. 17	0. 23	0. 22	0. 20	0. 16	0. 21	0. 17
	その他	0. 05	0. 10		0. 06	0. 04	0. 00	0. 09	0. 05	0. 10	0. 04

と感じているのだ。この問題はさらなる説明を必要とするため，本章でも女性の認識に焦点を当てることとする。

家事分担の不公平さと公平感の共存を説明するものとして，いくつかの理論が提唱されている。たとえば①経済的資源理論，②時間的制約理論，③性役割観理論，④相対的剥奪理論などがある（不破・筒井 2010）。経済的資源理論は，家事の分担とそれに関連する公平感は，配偶者の経済的資源とのバランスに左右されると仮定している（不破・筒井 2010）。経済的資源（所得）が少ない配偶者はより多くの家事を負担し，それを公平であると感じる（Blood & Wolfe, 1960; Zuo & Bian, 2001）。レノンとローゼンフェルド（Lennon & Rosenfeld, 1994）は，仕事を持つ妻が夫の2倍の家事を負担しているのになぜ不公平な家事分担を「公平」だと感じているかについての研究の中で，人生の選択肢が少ないことが理由だと主張している。「結婚に代わる選択肢が少なく，経済的資源も限られている女性は，家事分担量は公平であると考える傾向にあるが，選択肢が多い女性はたとえ選択肢の少ない女性と家事分担量が同じであったとしても，不公平だと感じる」のである（Lennon & Rosenfeld, 1994, p.506）。さらに，自分の状況が「不公平」だとみなしている女性のほうが，満足感が小さい傾向が強い。

二番目の時間的制約理論によると，家事分担に影響するのは配偶者の利用可能時間である。つまり，時間に余裕がある配偶者が家事をより多く負担し，それを公平であると考えるのである（Greenstein, 1996a）。三番目の性役割観理論は，男女の役割に関して伝統的な性役割観を持つ妻は，より多くの家事を引き受け，それを公平だと考えると主張する（Greenstein, 1996a; Zuo & Bian, 2001; Braun et al., 2008）。そして相対的剥奪理論は，家事分担は妻の比較準拠となるものによるとしている（不破・筒井 2010; Greenstein, 1996a）。

不破と筒井は，女性の平均家事分担の割合が高い国では，客観的に見れば不公平な分担比率であってもそれを女性が不公平だとみなしていない点を指摘した。これは，より公平に家事分担が行われているものの，家事時間の男女間の差がたとえわずかであっても女性が不公平感を抱く国とは，対照的である。不破と筒井は，国内平均だと認識されている値が比較準拠であると結論付けている。だが，国の平均値が個々の女性の公平感へと変換されるメカニズムは明らかではない（Greenstein, 2009）。夫婦間の家事分担と結婚の満足感との関係性に注目した研究は数例あるものの、それらも比較準拠については言及していない（Suitor, 1991; Benin & Agostinelli, 1988; Frisco & Williams, 2003）。

公平感に関する研究はさらに、心の奥底にある感情的側面も無視している。広くて強い公平感が何によって説明されるかだけでなく、その公平感にどのような感情が関わっているかも解明されていない。家事の分担を公平であるとみなす妻は、自分がすべき以上の仕事をしていると感じる妻より幸福なのであろうか。社会学は長年にわたって感情的側面に無関心であり続けたが、これは取り組むべき問題である（Veenhoven, 2008）。確かに、結婚と全体的な幸福感との間に正の相関が見られることは、多くの研究によって確認されている（Waite & Gallgher, 2000）。しかしながら、結婚と幸福の関係に関する文献は、主として結婚の有無に関するもので、結婚の質には払われるべき関心が向けられていない。いずれかの配偶者が著しく大きな比率の家事を負担している結婚と、もっと均等に家事を分担している結婚とでは、幸福の達成度において違いが出る可能性もある（Suitor, 1991）。結婚が幸福に及ぼす微妙な肯定的影響を理解するには、公平感がもたらす感情を探ることが不可欠である。したがって本章は、配偶者間の家事分担の認識面のみならず感情面も検討することを提案し、この目的を達成するため、幸福に関する文献も参照することとする。

メジャー（Major, 1987）は心理学実験を行い、女性は賃金の権利に関して同性かつ同職の人物と自分とを比較する傾向にあること、すなわち女性は自分自身を夫とではなく同性の人間と比較する傾向にあることを明らかにした。トンプソン（Thompson, 1991）はこれまでの研究を再検討する中で、公正な賃金分配に関するレノンとローゼンフェルド（Lennon & Rosenfeld, 1994）の主張を発展させ、これが家事分担にも当てはまるとしている。トンプソン（Thompson, 1991）は、女性は家事の分担と賃金労働を夫ではなく他の女性と比較する傾向にあり、夫と半々に家事を分担していない場合でも女性が「公平」だと考える理由は、それによって説明できるのではないかと述べている。他の国でも同様の動態が示唆されている国際的な比較調査もある。ブラウンら（Braun et al., 2008）は、ある国の性差による不均衡事分担に影響を及ぼす（Batalova & Cohen, 2002）。女性の労働力参加と性役割観（全国の平均）は家

（性別による賃金率）の平均値が、その国の女性の家事分担に関する公平感に影響を及ぼすことを示した。

これらはすべて、公平感を生じさせる重要なメカニズムが社会的比較であることを示しているが、比較のプロセスとはどのようなものか、あるいは比較によってどのような感情がもたらされるかはわかっていない。最初に述べたように、公平感や幸福などの観察結果は社会的比較理論によってより明確に説明されるというのが、本章の主張である。幸福に関するある文献には、あるモノを所有することから発生する効用は、他者が何を所有しているかによって異なるという注目に値する考え方が示されている（Veenhoven, 2008; Easterlin, 2003）。相対的な満足度や相対的な剥奪は、社会的比較と関わっているのである（Easterlin, 2003; Guimond & Dambrun, 2002; Harth et al., 2008; Osborne & Sibley, 2013; Vanyperen & Buunk, 1991）。その結果として、同僚より自分のほうが裕福だと考える人は、労働分担が自分にとって不公平で不利であっても、家事の分担は「公平」だと感じるのかもしれない。準拠集団という概念は、関係に対する満足度がパートナーや準拠集団との公平さの比較に関わっていることを示唆している（Tomeh, 1984）。家事分担に関する従来の文献は、比較のメカニズムについては未だに曖昧である。一部の文献は、女性はおそらく無意識のうちに国内平均を基準にして公平さを感じると仮定している。これに対し本研究は相対的剥奪理論、相対的満足、および準拠集団に着目し、準拠集団は極めて重要な比較対象となり得ると主張するものである。

準拠集団の仮説は、女性の社会化および日常経験の研究でも支持されている（Tomeh, 1984）。たとえば身近な人の態度は、女性の性役割観に影響することが認められている。特に母親は、娘の性役割観の発達において重要な役割を果たす。母性および女性の役割に関する母親の態度は、母親の教育レベルと雇用が娘の性役割観に及ぼす影響を媒介する（Ex & Janssens, 1998）。すなわち、「伝統的な性役割観を内在化した女性は、家事分担の取り決めが既存の規範に則っている限り、分担が不公平であってもそれを公平かつ適正であるとみなす傾向にある」という仮定が可能となる。

本章では、日本人女性に関するミクロ・レベルのデータを使用して前述の四つの理論（経済資源理論、時間的制約理論、性役割観理論、相対的剥奪理論）を検証した。そして就業時間、教育および女性自身の性役割観を変数としてコントロールして分析したところ、相対的剥奪は女性の家事分担の公平感に影響を与えうるとの結論に達した。最初に確認したのは、公平感を決定するのは客観的な状況（すなわち、所得や労働時間などの関連条件と比較した場合の妻の家事分担）のみではないことである。続いて、公平感が幸福感にどのように寄与するかを検証したところ、家事分担に不公平さをあまり感じない人ほど全体的な幸福感が高いことがわかった。幸福感の主要因は、実際に家事をどの程度分担しているかではなく公平感なのである。

方法、データおよび変数

分析に使用したデータは、電通マクロミルインサイトが実施したインターネットによるアンケート調査を通じて収集された。調査は、登録したモニターに対して２０１４年3月に行われた[2]（以後、この調査を「女性の仕事と生活調査」と呼ぶ）。

母集団は、高卒以上の学歴を持つ25歳から54歳までの女性で、コンピュータの使用能力と、インターネットによるアンケートに回答する能力を持つ。日本の義務教育は9年間のため、回答者は国民一般よりわずかに教育レベルが高い。アンケートはインターネットを利用して実施されたため、回答者全員がオンラインでアンケートに回答できる基本的なコンピュータ操作能力を有していた。回収された回答総数は２３４４件であった。オリジナルのデータには既婚、未婚双方の女性が含まれていたが、夫婦間の家事分担に関する仮説を検証するために、今回の分析では既婚女性のみの１４９６件を使用した。

二種類の従属変数を用いて二つの分析を実施した。第一の分析は、家事分担における女性の公平感を決定する主要因を明らかにしようというものである。従属変数はしたがって、5段階で評価された家事分担の公平感である。従属変数に使用された質問は「家庭での家事分担は夫婦間で公平だと思いますか」であった。回答者に、①自分にとって非常に不公平である、②自分にとってどちらかというと不公平である、③夫と自分の両方にとって公平である、④夫にとってどちらかというと不公平である、⑤夫にとって非常に不公平である、の5段階で評価してもらった。「夫にとって非常に不公平である」と「夫にとってどちらかというと不公平である」の二つのカテゴリーの回答数は比較的少なかった（それぞれ6・1％と0・7％）ため、回帰分析では一つにまとめられた。「自分にとって非常に不公平である」を1、「自分にとってどちらかというと不公平である」を2、「両方にとって公平である」を3、「夫にとって非常に／どちらかというと不公平である」を4にコード化した。

どの変数が公平感に影響するかを決定するために、通常の最小二乗回帰を用いた。従属変数は四つのカテゴリーを持つ通常変数である。この種の従属変数に関しては、筆者らの中には、カテゴリー変数向けに開発された方法の使用を推奨する者も、通常の最小二乗解析の有用性を主張する者もいた（Treiman, 2008; Agresti, 2012）。そこでこれら二つの方法の分析を実施し、得られた結果が互いに矛盾しないことを確認したのちに、通常最小二乗解析の結果を報告した。

第一の分析の結果に基づき、第二の分析を実施し、ここでは全般的な幸福感を従属変数として用いた。質問の文は「全体として、あなたは幸福だと言えますか」である。回答は1（非常に不幸）から10（非常に幸福）までの10段階から

◆2　調査は最高水準の倫理規範を維持しつつ実施された。データ収集には人間の被験者への調査が含まれるため、被験者を保護するための予防措置がとられた。被験者は調査結果が本研究に使用されることを認識しており、調査目的を説明した書面による同意書の提供を受けた。一方、アンケート調査の実施主体である電通マクロミルインサイトはデータの匿名化を行い、筆者らは本調査の参加者に関する情報を特定する手段を持たなかった。電通マクロミルインサイトは、適切な倫理基準を満たしていることを証明する認定書「プライバシーマーク」を一般財団法人日本情報経済社会推進協会から取得している（プライバシーマーク番号：12390012 (07)）。本章の筆者らが所属する研究施設には、ＩＲＢ（施設内倫理委員会）が設置されていないため、ＩＲＢからの正式な承認または免責は得られていない。

選んでもらった。全般的な幸福感を測定するこの方法は、総合社会動向調査（ＧＳＳ）のものを採用した（Smith et al., 2013)。第二の分析では、公平感のレベルが全般的な幸福感に転換されるかどうかを、幸福感に影響する可能性のある他の要因をコントロールして検証している。従属変数は10個あるため、通常最小二乗回帰を使用した。カテゴリーデータ用の方法は、理論上は可能であっても、現実にはあまりに多くの空白セルを作り出すため、結果として生じるモデルは不安定となる（Agresti, 2012)。

分析に使用した従属変数は以下である。

・「母親の家事」（以後ＨＨＣと略す）は、回答者が12歳当時の回答者の母親の家事分担を示す
・「妻のＨＨＣ」は回答者自身の家事分担を示す
・「他者のＨＨＣ」は、回答者と似た家庭環境（仕事の状況や子どもの数）にある一般の夫婦における妻の家事分担を回答者がどう感じているかを示す
・教育年数（教育レベル測定のため）
・性役割観
・夫と妻の収入（記録された所得階級の中間値）
・回答者の年齢とその年齢の二乗値
・１週間あたりの「労働時間」

母親のＨＨＣは「あなたが12歳の時、両親はどのように家事を分担していましたか」という質問で測定した。回答者には父親と母親の家事分担を割合（％）で回答してもらい、母親が分担する割合の数値を分析に使用した。妻のＨＨＣは「あなたは夫とどのように家事を分担していますか」という質問で測定し、自分と夫との家事分担の割合を

回答してもらった。分析には、回答者が分担する割合を使用した。日本では家事の外注が一般的ではないため、妻と夫の分担の合計は１００％になると想定される（有料の家事援助は労働力全体の０・１％であり、日本では外国人ヘルパー（家事労働者）の雇用が認められていない（Twaronite, 2013)。他のＨＨＣは「(働き方、子どもの数などが）あなたと似たような一般の夫婦は、妻と夫の間でどのように家事を分担していると思いますか。おおよその割合を答えてください」という質問で測定した。夫婦間での家事分担の割合を回答してもらい、分析では妻の分担の割合を使用した。

性役割観は「夫は外で働き、妻は家族の世話をするほうがよい」という質問で測定し、回答者に1＝「そう思う」から5＝「そう思わない」までの5段階で評価してもらった。性役割観のコード付けでは数字を逆にして、平等主義的な価値観を示す数値が小さくなるようにした。

さらに、二番目の分析では、公平感のレベルによって全般的な幸福感に違いが生じるかどうかを調べるため、最初の分析では従属変数とした公平感を独立変数に含めた。

第一の分析結果は「女性が家事分担を『公平である』と感じる要素は何か」の項で報告する。第二の分析結果は「公平感は幸福感を増大させるか」の項で詳述する。

結　果

■女性が家事分担を「公平である」と感じる要素は何か

表７・２は変数間の相関関係をまとめたものである。母親のＨＨＣ、妻のＨＨＣおよび他者のＨＨＣは、それらの

表 7.2　相関マトリックス

	1.	2.	3.	4.	5.	6.	7.	8.	9.	10.	11.	12.	13.
	公平感	幸福度	母親の	妻自身の	他の妻の	年齢	子どもの数	妻自身の	夫の	妻自身の	夫の	ジェンダー	妻自身
			家事分担	家事分担	家事分担			年収	年収	学歴	学歴	意識	労働時間
1.	1												
2.	0.270***	1											
3.	0.033	-.009	1										
4.	-0.355***	-.358	0.126***	1									
5.	0.285***	.141***	0.120***	0.163***	1								
6.	-0.116***	-.025	-0.007	0.044 †	-0.059*	1							
7.	-0.116***	.106***	-0.009	-0.071*	-0.063*	0.222***	1						
8.	-0.086***	-.071**	-0.004	-0.163***	-0.163***	0.071**	-0.032	1					
9.	-0.040	.083**	0.022	0.099***	0.128***	0.214***	0.039	0.164***	1				
10.	0.060*	.055**	0.036	-0.012	0.089***	-0.095***	-0.106***	0.047 †	0.149***	1			
11.	0.066**	.102***	0.049**	0.006	0.109***	-0.011	-0.076*	-0.036	0.205***	0.406***	1		
12.	-0.088***	-.058**	-0.016	-0.184*	-0.120***	0.043 †	0.001	0.165***	-0.069**	0.048*	0.008	1	
13.	-0.024	-.104***	-0.048	-0.138***	-0.108**	-0.040	-0.100*	0.464***	-0.053	0.059 †	0.028	0.183***	1
Mean	2.51	7.07	91.99	82.05	76.34	40.5	2.41	2.5	7.46	3.15	3.71	2.98	2.31
S.D.	0.79	2.05	14.573	14.95	13.22	7.84	1	2.3	3.27	1.21	1.61	1.12	1.22

影響の大きさおよび統計上の有意性は回帰分析による評価が必要であるものの、公平さの変数と相関することが認められた。表7・3は、回答者の46％が家事の分担が自分にとって不公平である、47％が夫と自分の両方にとって公平である、そして約7％が夫にとって不公平であると感じていることを示している。

記述統計からは、妻の所得に関する顕著なパターンがいくつか得られた。表7・3によると、回答者の39％が無収入、31％が100万円（8400米ドル）未満である。妻の所得が所得分布の低いほうに集中しているのは、性別による賃金格差と、「はじめに」で述べた日本の税制の延長線上にあるものだ。女性の財政状況は、公平感に影響を与える要因の一つである。表7・2は、公平感は妻の所得と負の相関にあることを示している（-.086, p ＜. 001）。表7・3と合わせて表7・2を見ると、日本の妻は一般に家庭の所得に夫ほど大きく貢献していないが、所得が増えるにつれて公平感が減少することが示唆される。前項で述べたように、四つの理論は公平感に関する所得の影響について、それぞれに異なる説を提示している。したがって本章では、夫の所得だけでなく妻の所得も統計モデルに組み入れ、これらの理論の妥当性を探る。

検証する仮説は、①経済資源理論、②時間的制約理論、③性役割観理論、④相対的剥奪理論である。表7・4は家事分担に関する既婚女性の「公平感」を決定する要因を最小二乗回帰分析した結果を示している。

モデル1で、①経済資源理論、③性役割観理論、④相対的剥奪理論を検証した。結果は経済資源理論を部分的に支持しているものの、妻の収入は統計上有意であるが、夫の収入は有意ではないという、一つの重要な面で制約がある。妻の収入が夫より多いと、妻は家事の分担が自分にとって不公平であると感じる。経済資源はたしかに重要であるが、妻の認識に影響を与えるのは妻自身の経済資源なのである。つまり結果は、公平さの評価が、世帯収入に対する夫婦それぞれの貢献の割合ではなく、妻自身の世帯収入への貢献度に基づいていることを示唆している。

モデル1は性役割観理論と相対的剥奪理論も支持している。妻の性役割観が平等主義的であればあるほど、家事の分担を不公平だと考える傾向が強まる。回答者自身の家事分担量と他者の分担量は統計上有意である。回答者自身の

表 7.3　カテゴリー変数の頻度分布（%）

家事分担の公平感	私（妻）にとって非常に不公平	10.7
	私にとってやや不公平	35.3
	両方に公平	47.2
	夫にとってやや不公平	6.1
	夫にとって非常に不公平	0.7

妻の年収	収入なし	38.8
	1-100 万円	30.8
	101-200 万円	12.7
	301-400 万円	4.4
	401-500 万円	2.4
	501-600 万円	1.1
	601-700 万円	0.5
	701-800 万円	0.4
	801-900 万円	0.3
	901-1000 万円	0.1
	1001-1200 万円	0.2
	1201 万円以上	0.1
	わからない	1.9

夫の年収	収入なし	1.3
	1-100 万円	1.0
	101-200 万円	3.0
	201-300 万円	9.0
	301-400 万円	16.2
	401-500 万円	16.5
	501-600 万円	13.3
	601-700 万円	9.4
	701-800 万円	9.0
	801-900 万円	6.3
	901-1000 万円	3.0
	1001-1200 万円	2.0
	1201-1500 万円	1.0
	1501 万円以上	0.6
	わからない	8.5

妻の教育	高校卒業以下	45.7
	専門学校	13.3
	短大	21.8
	大学または大学院	19.3

夫の教育	高校卒業以下	36.5
	専門学校	11.4
	短大	5.1
	大学または大学院	46.4

性役割観：		
夫は外で働き、妻は家庭を守ったほうが良い	そう思う	9.2
	ややそう思う	25.7
	どちらともいえない	33.5
	あまりそう思わない	21.1
	そう思わない	10.6

妻の労働時間（週）	1-20 時間	14.9
	21-30 時間	12.9
	31-40 時間	13.9
	41-50 時間	4.1
	51-60 時間	1.1
	61 時間以上	0.2
	その他（不定期勤務など）	0.7
	非該当	52.2

子どもの数	0 人	22.6
	1 人	26.8
	2 人	38.8
	3 人	10.4
	4 人以上	1.4

分担量と他者の分担量の係数が対立しているのは、回答者が比較を行っていることを示している。回答者の家事分担が増加するにしたがって公平感が低下するのに対して、他者の分担量は公平感と正の相関を示している。

　モデル2では、②の時間的制約理論を含めた四つの仮説すべてを検証した。モデル2では、回答者の労働時間をコントロールして時間的制約理論をテストすると、妻の収入の影響は減少することが示された。性役割観の影響も減少し、有意度が低下する（モデル2 $p < .05$ vs. モデル1 $p < .001$）。妻の労働時間の影響は有意であり、働く時間が長くなるほど妻は家事分担を不公平だと感じるようになることを示唆している。子どもの数は、回答者の労働時間をコントロールした場合も、依然として有意だった。これら二つの変数は共に、時間的制約理論の妥当性を説明している。相対的剥奪理論については、母親のＨＨＣはモデル2では有意ではないが、妻のＨＨＣおよび他者のＨＨＣは有意であった。

　以上を要約すると、通常の最小二乗回帰分析は、時

表 7.4　家事分担の「公平感」の決定要因

	モデル 1		モデル 2	
	係数	標準誤差	係数	標準誤差
定数	2.861 ***	.498	3.056 ***	.505
母親の家事分担	.002 *	.001	.002	.001
妻自身の家事分担	-.023 ***	.001	-.023 ***	.001
他の妻の家事分担	.017 ***	.001	.016 ***	.001
年齢	-.018	.022	-.015	.022
年齢二乗	.000	.000	.000	.000
子どもの数	-.044 **	.017	-.052 **	.018
妻の学歴	.022 †	.012	.023	.012
夫の学歴	.005	.009	.006	.009
妻の年収	-.021 **	.003	-.008 *	.003
夫の年収	.013	.009	.005	.010
性役割観	.071 ***	.015	.053 **	.016
妻の労働時間			-.009 ***	.002
修正済 R^2	.319		.334	

*** $p<.001$; ** $p<.01$; * $p<.05$; † $p<.10$

間的制約理論と相対的剥奪理論がデータにより支持されることを示している。経済資源理論と性役割観理論については，支持を示すある程度の証拠が得られた。異なるデータを使用して異なる分析を行えば，経済資源理論と性役割観理論が注目される可能性もある。だがここに提示した分析において最も注目すべき結果は，他者との比較の影響である。他者のＨＨＣが影響していることは，相対的な満足感，より正確に言えば相対的な安堵感が得られていることを示している。図７・１は，回答者の考えによる他者の家事分担量が増えると，回答者自身の分担量が一定であれば，回答者の公平感は増大することを示している。言い換えれば，他の妻が多くの家事分担を引き受けていると回答者が考える限りにおいて，回答者の公平感は保たれるのである。したがって相対的剥奪理論は，原理上は有効であるものの，より一般的な「社会的比較」と分類するほうが，より適切であるかもしれない。

■公平感は幸福感を増大させるか

前項の分析により，家事分担の公平感は，女性が他者の状況をどう認識しているかによることが示された。「自分に似た誰か」が負担する家事の割合は，どちらも統計的に有意であった。もちろん，他者が具体的にどの程度の家事を分担しているかはわから

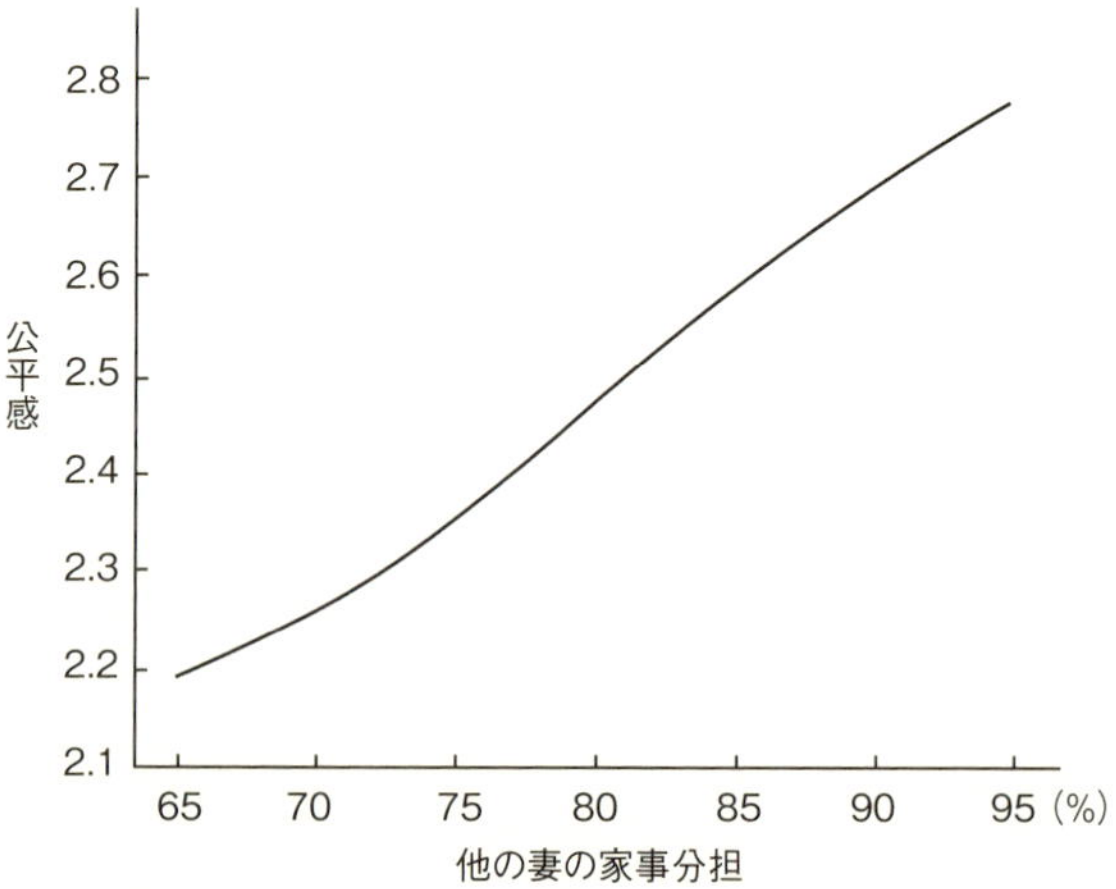

図 7.1　他の妻がどの程度 HHC を分担しているかについての認識が女性の公平感に及ぼす影響

ない場合もあるだろう。女性は、自分が育った家庭で母親が家事をどの程度行っていたかを詳しく覚えていたり、友人たちとの会話で家事の量が話題になり、他の夫婦がどのように家事を分担しているかを知っていたりするかもしれないが、そうした記憶や間接的な情報も現実の説明としては正確ではないこともある。だが、他者の状況がなかなかわかりにくいものだとしても、社会的比較が重要ではないわけではない。本章の分析は、回答者が他者の分担量について最も妥当であろうと推測する数値をもとにしている。たとえ正確なデータが入手できなくとも女性は推測を行い、経験に基づいた推測は公平感のレベルに影響を与えることを示している。

したがって筆者らの次の疑問は、公平感が既婚女性の幸福感にどのように

表 7.5　幸福感の決定要因

	モデル 3		モデル 4	
	係数	標準誤差	係数	標準誤差
定数	7.753 ***	1.468	8.086 ***	1.433
母親の家事分担	.003	.003	.002	.003
妻自身の家事分担	-.014 ***	.003	-.001	.004
他の妻の家事分担	.015 ***	.004	.006	.004
年齢	-.084	.065	-.075	.064
年齢二乗	.001	.001	.001	.001
子どもの数	-.016	.051	.018	.050
妻の学歴	-.034	.034	-.047	.034
夫の学歴	.101 ***	.025	.093 ***	.025
妻の年収	-.004	.010	.000	.010
夫の年収	.026	.029	.013	.028
性役割観	.060	.045	.013	.045
妻の労働時間	-.004	.005	.000	.004
私（妻）にとって非常に不公平			-1.616 ***	.184
私にとってやや不公平			-.617 ***	.115
夫・パートナーにとってやや不公平 / 非常に不公平			-.149	.202
どちらにも公平			0.000[a]	
修正済 R^2	0.054		0.105	

*** $p<.001$; ** $p<.01$; * $p<.05$; † $p<.10$

影響を及ぼすかである。先行研究は、家事分担を不公平だと感じる女性は満足感が小さいと主張している（Lennon & Rosenfield, 1994）。筆者らの研究のサンプルで公平感を感じる女性は、労働時間や所得、教育などの変数をコントロールした場合に、幸福感が高いという傾向を示すだろうか。図7・1の簡単なペアワイズ相関は、公平感と幸福感の間に相関があることを示しているが、相関性はその定義上、他の変数の影響を考慮しない。公平感と幸福感の相関は0・270で、0・001レベルで有意である。したがって相関性の方向は、公平感が高いと幸福感も高くなるという筆者らの推測と一致する。そこで公平感が幸福感に及ぼす影響への理解を深めようと、前項で検証した独立変数と公平感の変数を用いたモデル2によって、自己申告の幸福レベルについての説明を試みた。

表7・5は、既婚女性の幸福度を通常最小二乗推定により回帰分析した結果を示している。モデル3はモデル2で用いたすべての従属変数を使用している。モデル3の結果は、公平感がコントロールされていない場合は、妻の家事分担と他者の分担が統計上有意であることを示している。留意すべきは、他者の家事分担が正の影響を及ぼすのに対し、妻の家事分担は負の影響を及ぼす点である。モデル1およびモデル2について論じたように、相関の

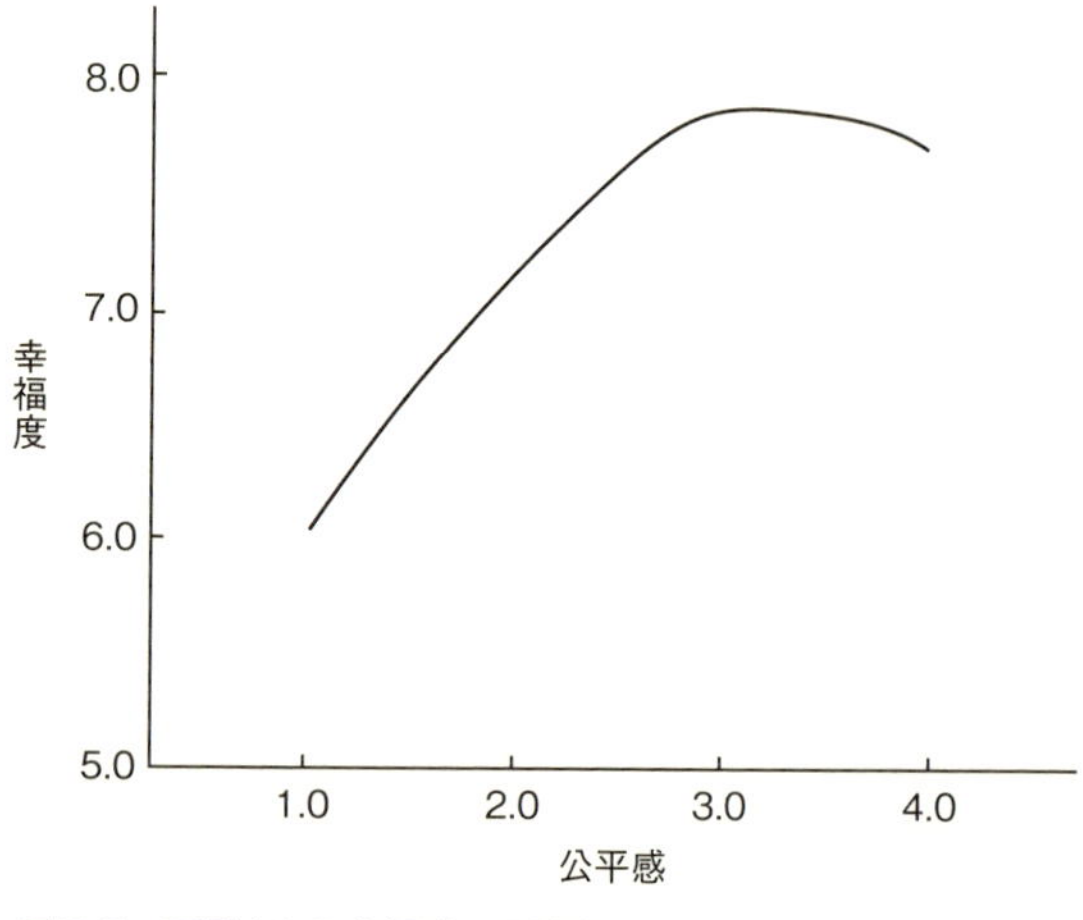

図7.2　予測される幸福感の調整済み平均値および女性の公平感

方向は相対的剥奪理論と両立し得る。自分が負担する家事の量が多くなるにつれて妻の幸福感は減少し、似た境遇にある他者の家事分担の量が増えるにつれて妻の幸福感は増大する。

相対的剥奪理論が幸福に及ぼす影響は公平感によって媒介される。モデル４は各レベルの公平感をダミーとして加えており、「両方にとって公平である」を基準カテゴリーとして扱っている。モデル４は「私にとって非常に不公平である」のレベルと「私にとってどちらかというと不公平である」が統計上有意であることを示している。少数派カテゴリーである「夫にとって非常に／どちらかというと不公平である」は基準カテゴリーと有意な差がない。家事分担が「非常に不公平である」あるいは「どちらかというと不公平である」と感じる時、既婚女性の幸福感は低くなる。

図７・２は、認識上の公平感のレベルに対する予測幸福レベルを書き込んだものである。グラフからは、家事分担の取り決めが「両方にとって公平である」と考える人が最も幸福であることがわかる。

考　察

本章は、なぜ日本の既婚女性は、夫より過度に多くの家事を負担している場合でも家事分担を公平と感じることが多いのかを検討するために、①経済資源理論、②時間的制約理論、③性役割観理論、④相対的剥奪理論の四つの主要な説明的枠組みの再検証を行った。これらの理論の検証には、２０１４年に収集した調査データを使用した。回帰分析の結果、妻の所得と性役割観には限定的な影響があることが明らかとなった。一方で、妻の労働時間と他者の家事分担に関する認識は、公平感に有意な影響を及ぼすことが見出された。つまり妻は、「配偶者」より多くの家事をしていても、必ずしも自分にとって不公平だとは感じないが、むしろ自分が似た境遇にある他者に比べてより多くの家事をしていると思う時に不公平を感じるのである。さらに、公平感は全般的な幸福感を増大させる。最も興味深かったのは、準拠集団の影響力が確認されたことである。性役割観をコントロールした場合、準拠集団の家事分担は回答者の公平感に影響を与える。これは、既婚女性が伝統主義的な性役割観を内在化させていない場合であっても、似た境遇にある周囲の人間が自分より不公平な家庭事情にあると考えれば、女性は不均衡な家事分担を公平だとみなすことを意味している。このように、相対的剥奪理論は十分な説明能力を持つ。この理論は、幸福感の決定において社会的比較が中心的な役割を果たすことを支持している。さらに注目に値するのは、イースターリン（Easterlin, 2003）においては社会的比較の影響は弱いと考えた一方で、筆者らの研究結果は、家庭生活は私的なものだが、人々が自分と他者の状況を比較して判断する妨げとはならないことを示唆している。家事の分担は家庭生活のドメイン（領域）におけるひとつのサブドメインであり、そこでは社会的比較が頻繁に行われる一方で、結婚や離婚などの人生のイベントは社会的比較の影響を比較的受けにくいかもしれない。一つのドメインの中でも、構成要素によって社会的比較の程度がさまざまに変動することは知られている（Easterlin, 2003）。女性は、自分に似た誰かが行っている家事分担の割合と比較して自分の家事分担を評価する。さらに、家事分担における公平感は、既婚女性の全般的な幸福感に実際に影響を与えるのである。

研究は、「似た境遇にある他の既婚女性が著しく多くの家事を分担していると感じる女性は、自分自身の不公平な家事分担を公平であると考え、それがその女性の全般的な幸福に寄与する」という少し皮肉な結果となった。公平感と幸福感が関連しているということの発見は、他の国で行われた先行研究での発見を裏付けている（Lennon & Rosenfield, 1994; Suitor, 1991）。女性がどの程度労働力に参入しているかは国や社会によって差があるが、公平かどうかを判断する際には、どこであっても社会的比較が行われている。自分たちよりバランスが取れた家事分担を行っている夫婦の存在を知らない女性は、たとえ家事分担が不均衡であっても、幸福であり続けることができる。

本研究では、公平感と他者の家事分担との間の強い結びつきが示されたが、女性が自分の家事分担を判断する際の比較のプロセスについては、さらなる研究が求められる。女性はどのように他の女性の家事分担についての認識を形成するのだろうか？　妻たちは既婚の友人たちと情報を交換し合うのか？　その評価はどれくらい正確か？　これらの疑問は今後の研究に値するものだ。

本章において筆者らは、不公平である事実がそのまま不公平感へと結びつくわけではないと主張した。女性は、自分と似た境遇にある他者が自分自身よりうまくやっていると思う時に限って不公平感を覚える。同様に、女性の幸福感を決定するのは家事の量自体ではなく公平感である。それが幻想であってもなくても、他の妻たちが自分と同じように不公平な家事分担を行っている、あるいは自分より悪い状況にあると感じることで、女性は夫より多くの家事を行い、それでも幸福であると感じるのである。

Section 3

職場における権力

第8章

権力とジェンダーのトライアングル

小笠原祐子

はじめに

世界経済フォーラムによると、男女間格差を測るジェンダー・ギャップ指数の2016年の日本の順位は、144か国中111位である。日本は世界的に男女間格差が大きい国として知られている。しかし、日常生活において男性が権力を行使し、女性の意に逆らってその意志を押し通すことは、ジェンダー・ギャップ指数の大きさから予想されるほど多くはないようだ。これはどうしてなのか。本章では、日本のジェンダー関係を分析する上で重要なのは、男女の二者関係ではなく、企業を含めた三者関係であるとの視点に立つ。なぜなら、現代日本社会における性別役割分業は、企業によって強力に推し進められた経緯があり、その結果、性による役割分業は、個々の男性と女性が望むよりもはるかに硬直的なものになっているからである。

社会における男性の立場が女性よりも有利であることは疑い得ない。一般的に男性の公的領域における活動は女性の私的領域における活動よりも価値を高く評価され、その有利な立場を悪用すれば、職場におけるセクシュアル・ハラスメントや家庭におけるドメスティック・バイオレンス等に至ることもある。しかし本章では、実際の職場および家庭の事例分析を通して、硬直的な性別役割分業のもとでは、逆説的に、男性の女性に対する依存度が高まることもあることを確認する。今日につながる強固な性別役割分業は、高度成長期に、男性、女性、および企業から構成されるジェンダーのトライアングルの「幸せな結託」（天野 2006）によって生まれた産物である。しかし、社会経済状況が変化した現代において、それはもはや個々の男女にとって歓迎できるものではなくなり、女性にとってのみならず、より有利な立場にある男性にとっても抑圧的なものになっている。

ＮＨＫの生活時間調査によれば、２０１５年の30歳代と40歳代の有職男性の平日の平均仕事時間は9時間を超え、睡眠や食事時間を含む在宅時間は12時間を切ることが判明した。[◆1] 働き盛りの男性が自宅で過ごす時間は短く、給料を持ち帰るという以外に夫や父親として重要な役割を果たすのは難しい。その結果、妻や子どもと緊密な関係を築く機会を逸し、のちのちその喪失に苦しむ男性も少なくない。社会構造によって行動を強く規定されているのは、男性も女性も同様なのである。

しかし、性別役割分業の弾力化は遅々として進まない。今日の抑圧的な状況に直面した人々は、集団的な対応策を模索するよりも個人的な「離脱」（Hirschman, 1970）の戦略を取ることによって、個別に対応を試みるケースが増えている。女性の母親役割からの離脱は統計に顕著に表れている。厚生労働省の平成22年度「出生に関する統計」によれば、子を産んでいない40歳の女性の割合は、１９５３年生まれでは10％であったが、１９６９年生まれでは27％に増加した。[◆2] 合計特殊出生率は２００５年に１・26まで下がったのち幾分上昇し２０１６年は１・44であったが、人口減少を止めるにははるかに及ばない。

他方、男性の夫および父親役割からの離脱は、未婚率の急上昇となって表出した。生涯未婚率の指標として用いられる50歳時点での未婚率は、１９８０年から35年の間に約9倍増加し、２０１５年には23・４％に達した。しかし、男性の未婚化は、社会的不適応者の個人的な問題として片付けられる傾向があり、いまだ根本的な社会関係の再構築に着手するには至っていない。

硬直的な性別役割分業が女性に不利益をもたらすのは明らかであるので、本章では男性に与える影響についての考察を行う。まず、男性の職場と家庭での役割を検討し、性による役割分業が硬直的であるがために、有利な立場の男性がかえって大きなディレンマを抱えることになる状況を分析し、このような地位の反転がなぜ起こるのかを考える。次に、厳格な性別役割分業が高度成長期の男性、女性、および企業間の「幸せな結託」によっていかに促進されたかを振り返り、さらに幸せだったはずの結託が不幸せなものに変わりつつある現状を考察する。最後に、男性による「離脱」の戦略とそれへの社会の反応を、結婚しない若者に付与される呼称の検討を通して明らかにする。

権力の反転

■家　庭

家庭における夫と妻の地位の反転を学術的に研究した初期の例は、日本をフィールドとした欧米の文化人類学者によるフィールドワークに見出すことができる。主として都市部に住む中産階級の専業主婦を考察対象としたこれらの

◆1　在宅時間は無職者を含む。https://www.nhk.or.jp/bunken/research/yoron/pdf/2016217_1.pdf

◆2　http://www.mhlw.go.jp/toukei/saikin/hw/jinkou/tokusyu/syussyo06/index.html

研究は、産業化の進展にもかかわらず、専業主婦が女性のキャリアとして高い評価を得ていることを欧米とは異なる日本の特殊事情として紹介している（Imamura, 1987; Lebra, 1984; Vogel, 1978）。たとえばヴォーゲル（Vogel, 1978）は、所得をもたらさないにもかかわらず男性の有償労働に比肩しうるキャリアを持つ主婦を「professional housewife」という形容矛盾した表現によって捉えようとした。

主婦の日常生活についてのエスノグラフィーは、日本の妻が夫に一方的に依存する存在であるという欧米で一般的な見方を否定し、逆に、身のまわりの世話を妻に頼っているのは夫のほうであることを報告している。さらにリブラ（Lebra, 1984）によれば、家庭における男性の無能力は、妻の献身を不可欠なものとするがゆえに、妻に力の行使の余地を与えていると指摘している。夫が身のまわりの世話を妻に依存すること自体はまさしく家父長制の産物であるが、同時に、そのような夫の妻に対する依存は、家庭内という限定された場における権力関係の反転を呼び込む。この観点からは、身のまわりのことを何でも自分でやってしまう自立した夫のほうが、かえって妻には御しがたい存在だということになる。

このような欧米の文化人類学者による一連の研究は、家庭に君臨する妻という日本女性の新しいステレオタイプを提示したと言うことができるが、同種の主張は、日本の研究者の中にも見出せる。たとえば、岩男は、概して日本の女性は政界や経済界などの公的領域における主要な地位から排除されているが、それゆえに、男性よりも大きな自由を享受していると指摘する（Iwao, 1993）。その証拠に、男性が職場で過酷な長時間労働に追われている間、女性は趣味的活動を楽しむことができるというのである。日本では美術館や映画館は女性の来場者が多く、男性の姿は少ない（最近は、退職した高齢の男性は多く見かけるようになった）。さらに岩男は、儒教の教えに女性が必ず守るべきとされた三従の教えがあるが、現代では、むしろ男性が守るべき三従の教えとして書き換えたほうがよいのではないかと提案している。すなわち、「幼いうちは母に、成人してからは会社に、老いては妻に従え」というわけである。特に定年を迎えた男性が妻に対して権力を喪失するという点に関しては、アリスン（Allison, 1994）も指摘している。

もちろん日本の女性を利害の一致した一枚岩の集団とみなすことはできない。ヴォーゲルや岩男らが描写した自由で快適な暮らしは、生活を支えるために有償労働に従事する必要のない中産階級の比較的恵まれた主婦の特権であったと言えよう。より恵まれない女性たちには、趣味を楽しんだり、生きがいのために仕事をしたりする余裕がない場合が多い（Roberts, 1994; Rosenberger, 2001）。また、グローバルな競争と長引く経済の低迷によって男性の賃金が低下している昨今、生計維持のために有償労働に従事することを余儀なくされる女性が増加している。

他方で、実際に女性が家庭内で大きな裁量権を持っていることは、調査によってある程度裏付けされている。たとえば、２０１３年全国家庭動向調査によれば、育児や子どもの教育について53％の家庭で妻に裁量権がある一方、夫にあるのは３％のみで、残りの44％の家庭では夫と妻が一緒に意思決定すると答えている。[3] 同様に、家計の分配や管理・運営については63％の家庭で妻に裁量権があるのに対し、夫にあるのは16％である。親や親族とのつきあいについては過半数の54％の家庭で夫と妻が一緒に意思決定をするが、35％の家庭では妻が意思決定すると答えた。４項目の中で夫の割合が高いのは、車や耐久消費財など高価なものの購入であり、40％の家庭で夫が裁量権を持つとしている。[4]

少なからぬ家庭で財布のひもを妻が握っていることは、しばしば女性が家庭内で持つ裁量権の象徴として見なされてきた。もちろん、少ない所得をなんとかやりくりする責任を押し付けられて負担に思っている妻がいないとは言えないので、妻が家計の管理を行っていることを妻の裁量権として過大に評価するのは危険である。しかし、次のインフォーマントの言葉からは、夫が稼ぐ所得に対する妻の権利意識の強さを窺うことができる。[5] このインフォーマント

◆3　www.ipss.go.jp/syoushika/bunken/data/pdf/chosakenkyu33.pdf

◆4　高価なものの購入は、家計管理にとって最重要事項であるはずなので、多くの家庭で家計管理は妻に、高価なものの購入は夫に裁量権があるというのは、矛盾した回答のように思える。調査からはなぜこのような矛盾した回答が得られたのかを推量する手掛かりは与えられていないが、以下のような解釈が考えられる。第一に、夫はブランドなど具体的な商品の選択権を持つが、およその予算は妻によって決められている。第二に、日々の買い物とは異なり、高価なものの購入に際しては妻はあらかじめ夫の意見を聞き了解を取る。第三に、強固に内面化された性役割意識によって、実際の購入決定者は妻であるものの、回答では夫とされた。

は、3人の子育てをする専業主婦で、夫は生命保険会社に勤務している。女性は、夫から給料の全額を受け取っており、そのうち毎月一定の金額を夫に小遣いとして渡している。女性によれば、家族が一緒に映画を観たり外食をしたりする時、夫が自身のお小遣いの中から代金を払うのを渋るので、家族の娯楽のために「私のお金」から支払いをしなければならないと言う。そして夫が自分のお金を使わないのは、男らしくないと感じるそうだ。女性が「私のお金」と称しているお金も、もともとは夫が稼いだお金であるが、この女性の口ぶりから、渡されたお金を自分のものと断じることに少しも躊躇を感じていないことがわかる。

山田（2012）は、男性のお小遣いを国際比較し、世帯収入に占める男性のお小遣いの割合が5か国中一番小さかったのは日本であることを報告している。アメリカ12％、イギリス19％、イタリア14％、中国35％であったのに対し、日本は8％であった。日本の男性のお小遣いが他国より少額であるのは、欧米や中国では通常、夫が生活費のみを妻に渡すパターンが一般的であるのに対し、日本では妻が夫婦の収入を全額管理している家庭が多いことに起因すると論じている。

このように日本の家庭においてしばしば男女間の権力の反転現象が見受けられる。しかし、これらの知見が、ジェンダーと権力に関する議論に大きな影響を与えたとは言えない。これには二つの理由が考えられる。第一に、公的領域における日本女性の全般的な劣位を示す多くのデータの存在がある。政界や経済界での男性より低い女性の地位は数量的に明確に示される一方で（第1章参照）、家庭における女性の裁量権に関する議論には、質的曖昧さが残りがちである。第二に、公的領域に比べて、私的領域である家庭はその価値を軽視されがちである。家庭は職場よりも軽んじられる傾向があり、女性が家庭で持つ裁量権も同様に軽んじられる傾向があると言えよう。

■職　場

一般的に地位の低い者は、地位の高い者に気を遣い、機嫌を損なわないよう、また、よい印象を与えるよう細かく注意を払う。感情社会学を研究するホックシールド（Hochschild, 1983）も、地位の高い者がどのように感じ、どのように思うかは、まわりから絶えず注視され大事に扱われるが、地位の低い者の心証についてはあまり重視されないと指摘している。概して組織の中で従属的地位に就くことが多い女性は、男性よりはるかに多く、相手の気分を害さないよう自分自身の感情をコントロールすることを余議なくされるという。女性はしばしば意識的に「感じがよい」ように振る舞い、相手の服装をさりげなく褒めたりする。そのような女性の言行は、対人関係を良好に運ぶための潤滑油として機能していると言うのである。同様に「弱者の武器」を研究したスコット（Scott, 1985）も、下位者は上位者の不興を買わないよう自分の言動に絶えず気をつけ、時として積極的に上位者の機嫌取りまでする、と述べている。

しかし、１９９０年代前半に日本の大企業で行ったフィールドワークでは、男女の間にこのような定式化された上位者と下位者の権力関係は見出せなかった。ホックシールドやスコットの主張とは異なり、職階の上で下位の補助事務職女性が上位の基幹職男性の気持ちを気遣うケースよりも、上位の男性が下位の女性の気持ちを気遣うケースのほうが多いようであった。さらに、不快感や嫌悪感などの感情を奔放に表していたのは、むしろ下位の女性のほうであったし、話題を提供したり冗談を言ったりして良好な関係の構築に腐心していたのは男性のほうであった。ホックシールドやスコットの研究によれば、相手の顔色をうかがわなければならないのは女性のほうであるはずなのに、なぜ、日本の職場では関係が逆転していたのであろうか。

重要なのは、当時の女性社員が比較的単純な事務作業に従事しながら結婚もしくは出産退職を念頭に勤務しており、管理職への登用に大きな制限があったということである。たとえ上役に快く思ってもらえたとしても昇進の見込みは

◆５　本研究のインタビュー対象者は、首都圏に住む23組の夫婦である。生計維持分担意識を調査するために２００３年から２００４年にかけて初めて聞き取り調査を行った時、夫婦は共働きで小学生以下の子どもがいた。２０１４年にこのうち９組の夫婦に改めて聞き取り調査を行った。この時点で、ここで引用する女性を含めて、数人は専業主婦となっていた。調査データの詳細に関しては、小笠原（2009）を参照されたい。

薄く、反対に、悪く思われたとしても男性社員のように昇給や昇格に響くとか、左遷されるなどの恐れはほとんどない。上司の心証を良くするインセンティブをそもそも与えられていない女性社員には、その権力が男性の部下に対してのようには通用しないのである。

さらに、仮に女性社員の勤務態度に多少の問題があったとしても、上司である男性社員の管理能力不足が問われ、当の女性社員は不問に付される場合も多かった。部下のやる気を引き出すのも上司に求められる重要な資質と考えられていたからである。このような職場では、相手の男性の好き嫌いによって態度を変える女性社員が少なくなかった。好きな男性社員のためには多少の無理を聞き入れたりミスをさりげなくカバーしたりしたが、嫌いな相手の依頼は後回しにしたり、無視したり、場合によっては断ったりしていた。

しかし、このような権力の反転を可能にする職場は、徐々に少なくなっている。単純事務作業は、派遣社員などの非正規雇用に代替されつつある。非正規雇用者は雇用が不安定で、上役の不興を買った派遣社員は契約の打ち切りという憂き目に遭いやすい。よって反抗的な態度は禁物である。また正規雇用の女性社員も以前より長期雇用が想定され、上司による評価を無視するとリスクが大きくなった。この意味では、組織の中の女性は、以前に比べて立場が弱くなったとも言える。女性に差別的な雇用慣行は完全には払拭されていないのに、弱者に許されていた武器の使用は難しくなっているからである。

以上見てきたように、差別と支配の関係は単純ではない。差別されるほうが常に被支配者とは限らず、権力の反転現象が生じ得る。差別的な労働慣行を受け性別役割分業が徹底していた1990年代前半の職場では、時として男性上司の事務職女性への権力行使が制限されるケースがあった。同様にリブラ（Lebra, 1984）によれば、夫と妻の性別役割分業が徹底している夫婦のほうが、妻に対する夫の立場を弱いものにしていた。自分の靴下がどこに収納されているのか知らない夫や自分ではお茶の一杯も入れられない夫のほうが、自立した夫よりも妻のサービスを必要とし、そのために妻に依存せざるを得ないからである。

二宮（2006）は、支配関係と差別関係は明確に区別しなければならないと主張している。前者は支配者と被支配者の二者間の関係であるのに対し、後者は三者間の関係であるからだ。すなわち、差別関係は、第三者が一方を他方よりも有利に扱う場合に現出する。たとえば、企業や行政が男性を上において優遇し、女性を下において冷遇する場合などが当てはまる。さらに二宮は、現代日本社会が直面する主要なジェンダーの課題は、性支配ではなく性差別に由来すると指摘している。就職や雇用の差別、賃金や昇給の差別、税制や社会保障の差別、さまざまな社会的処遇の差別、そして文化的差別などはすべて性差別に関わる問題である。

本章でも、女性よりも男性を優遇する第三者として企業および政府の役割に着目し、ジェンダーの権力関係を三極構造の中で捉える。労働市場において男性は有利な立場を与えられているが、この差別関係は、個々の男性が個々の女性に対して支配関係を樹立することに必ずしも結びつかないことを見てきた。もちろん、差別関係が支配関係に至るケースも多くある。たとえば、セクシュアル・ハラスメントでは、職階が上位の男性が下位の女性に言い寄り、権力を笠に着て従わせようとする。ドメスティック・バイオレンスも男性の女性に対して優位な稼得能力が根底にある場合が多い。しかし、すべての男性がセクシュアル・ハラスメントやドメスティック・バイオレンスの加害者であるわけではなく、家庭や職場の事例を考察すると、個々の男女の対面関係においては、しばしば権力が反転する現象が生起していたのである。[◆6] 次節では、このようなジェンダーのトライアングルがどのように形成され、それが現在どのように変わりつつあるのかを考察する。

◆6　二宮（2006）も同様に、支配関係は必然的に差別関係を呼び起こすが、差別関係は必ず支配関係を呼び起こすとは限らないと述べている。ただし、二宮の議論が、家父長制のもとで男性が女性を支配するいわば集団的な関係性のレベルに終始しているのに対し、本章では、性差別が個々の男性と女性の対面関係に与える影響を考察し、そこにおいて見られる権力の反転現象に着目した。

差別のトライアングル

■トライアングルの形成

硬直的な性別役割分業は高度成長期に確立した（落合 1997; Takeda, 2005）。当時の日本は第二次世界大戦直後の疲弊を克服する過程にあり、豊かな生活を送るためには、会社、ひいては国家のために一生懸命働かなければならないと一般に了解されていた。企業、とりわけ大企業は、長期にわたる従業員の献身的な働きに対して、家族手当や社宅の支給などを通して社員とその家族の生活を支えることによって報いようとした。日本企業の三種の神器と言われた終身雇用、年功序列、企業別組合が大企業を中心に根付き、社員は会社に忠誠を尽くして長時間働く代わりに、一定の雇用の安定が保障された。

日本企業の輸出攻勢に押され気味であった一時期の欧米で、これは公正な競争ではないとの議論が持ち上がったことがある。その理由は、日本のサラリーマンは「企業戦士」であるが、欧米の会社員は市民であるからというものである。市民である以上、会社だけでなく、家族や地域社会に対しても果たさなければならない義務を有する。しかし、戦士は戦場外の義務を免除されている。そのような戦士と争って一般市民に勝ち目があるはずないではないか、という主張であった。

日本の「企業戦士」が家庭や地域社会での役割を免除されていたのは、彼らには「専業主婦のプロ（professional housewife）」がいて、その役割を一手に引き受けてくれていたからである。当時の多くの専業主婦は、夫と同様、物質的豊かさを求めていた。夫の家庭での不在を問題視するのではなく、むしろ夫が仕事に邁進することを積極的に支持し、そのことによって物質的に豊かな暮らしが実現することを希望した。結果としてこれが権力の反転を呼び込んだことは見たとおりである。またこのことは、家族ぐるみで企業に依存することを意味した。鹿野（2004）は、日本の高度成長は、サラリーマンの夫と専業主婦の妻による強固な結びつきによって可能となった面があるとして、この制度を「社員・主婦システム」と呼んでいる。天野（2006）もまた同様に、高度成長期の男性は、会社に献身的に尽くすことによって家族への責任を果たしたと述べている。「企業戦士」としての生き方は、妻や社会に是認され、また、男らしいものとして男性としてのアイデンティティの確立と維持に資した。男性の仕事中心の生活は、当の男性と女性および企業による「幸せな結託」の産物であった。

サラリーマンと専業主婦は、いわばセットとなっていわゆる「標準家族」を形成した。標準家族とは、1960年代から整備が始まった各種社会保障制度において算定の基準となったサラリーマンの夫と専業主婦の妻と2人の子どもからなる世帯を指す。サラリーマンの夫と専業主婦の妻からなる世帯は、最も多かった1970年代でも4割に満たず、多数派を占めていたわけではないにもかかわらず、あるべき家族のモデルと見なされ続けてきた。このようにして、本来は特定の職業的地位にある男性を指す用語であったはずのサラリーマンが、日本人男性の標準モデルとなり、サラリーマンといえば日本人であれば誰もがその典型的なライフスタイルを思い浮かべることができるほど、イメージが広く共有されることとなった。

トライアングルの結託を強固なものにするため、企業はしばしば従業員だけでなく、その家族の生活領域にまで踏み込んで、企業利害とのすり合わせを試みている。そのよい例が、1950年代に大企業の音頭によって始まった新生活運動である。これは、日常生活をより民主的、合理的、文化的にすることを目指し、主として従業員の主婦を組織して産児調節などの近代的な家政全般の指導を行うというものであった。健康で幸せな家庭と地域社会の建設は、従業員の生活の安定に寄与し、ひいては会社への貢献に結びつくと考えられていた（本書第4章参照）。

企業が支給する各種家族手当もトライアングルの結託をより強固にするものであったと言えよう。諸外国に比べ、日本政府による住宅や子どもの教育への公的支援は乏しく、企業が代わってその役割を果たしてきた歴史的経緯がある。独立行政法人労働政策研究・研修機構の企業の諸手当等の人事処遇制度に関する調査によると、2013年においても、47%の企業が扶養手当や育児支援手当など、何らかの扶養家族の人数に応じた手当を支給していた。[◆7]日本企業は1990年代後半から徐々に給与の基準を、年次や家族構成などの属人的要素から職務や資格などに変更してきており、家族手当を支給する企業も減少している。1990年代半ばには約8割の企業が家族手当を支給していた。しかし、現在でも5割近くの企業が家族手当を支給している上、新しく育児や介護と仕事の両立支援のための費用を補助する企業が出てきており、家族にかかる費用の一部を企業が負担し続けていることは注目されよう。

男性と女性と企業による「幸せな結託」は、経済力増強の国家目標に合致するものとして政府によっても支持された。たとえば、前記の新生活運動は、当初より政府の強力なバックアップがあった。また専業主婦ないし一定額以下の収入を稼ぐパートタイム主婦に有利な税および社会保障制度は、女性の労働参加を制限しているとの批判を受けてからも長期にわたって改革されなかった。このように、強固な性別役割分業に基づく社会経済制度は、トライアングルを形成する三者のみならず政府によっても歓迎されたのである。

トライアングルのきしみ

しかし、幸せであったはずの結託は、個々の男性と女性にとっては徐々に不幸せなものに変わっていった。高度成長期が終わると、グローバルな企業間競争が熾烈になり、大企業でさえ倒産のリスクにさらされ、実際に倒産する大企業も出てきた。このことを世間に知らしめたのは、1997年の山一證券や北海道拓殖銀行の経営破綻である。倒産にまで至らなくとも、人件費圧縮の必要に迫られた企業が社員のリストラに踏み切るのは、当たり前の手段となっていった。サラリーマンにとって解雇のリスクが常につきまとうこととなったのである。このようにしてサラリーマンモデルの根幹を支える極めて重要な想定――長時間労働と引き換えに長期安定雇用が見込めるという想定――が無効化されていった。また非正規雇用が増大して学卒後に正規社員として雇用されるチャンスが縮小し、これが喧伝されるフリーターの増加につながった。フリーターになれば、定年退職まで雇用が保障されることも賃金が安定的に上昇することも期待できない。

このような労働環境によって、安穏とサラリーマン生活を続けることはリスクの高い行為に変わってしまった。そして会社への忠誠の見返りとしての長期雇用が保障されなくなれば、個々人にとって硬直的な性別役割分業は、魅力の少ないものとなっていった。男性が私生活を犠牲にしてまで滅私奉公することや女性が自身のキャリアを断念してまで夫のキャリアを支えることのメリットが大きく減じてしまったからである。サラリーマンモデルのヘゲモニーへのゆらぎを象徴するのが、「企業戦士」に代わって用いられるようになった「会社人間」という言葉であろう。「企業戦士」とは異なり「会社人間」には、会社に滅私奉公する男性に対する批判的な意味合いが込められている。

社会調査によっても、極端にバランスを欠いた男女間の役割分業は、人々の希望と合致していないことが明らかになっている。２０１２年の内閣府による仕事と生活の調和に関する調査によれば、男性と女性が希望する両領域のバランスは驚くほど似通っている。未就学児と暮らす男性と女性の回答はともに、「生活優先」と「仕事と生活をともに優先」がそれぞれほぼ半分を占めていたのである。[8] しかし、現実は希望と大きくかけ離れており、しかも男女の現実は正反対の方向に希望と異なっていた。すなわち、52％の男性が「仕事と生活をともに優先」、41％が「生活を優先」することを希望しており、わずか４％の男性しか「仕事を優先」することを希望していなかった。しかし現実には、47％の男性が「仕事を優先」していた。対照的に女性は、49％と45％がそれぞれ「生活を優先」「仕事と生活をともに優先」することを希望していたが、現実にはほぼ４人に３人が「生活を優先」していた（図８・１参照）。

◆７　http://www.jil.go.jp/institute/research/2014/documents/0127.pdf
◆８　内閣府「仕事と生活の調和（ワーク・ライフ・バランス）の実現に影響を与える生活環境に関する意識調査」平成24年３月
http://wwwa.cao.go.jp/wlb/research/pdf/wlb-net-svy-no4.pdf

また時事通信社によって全国20歳以上の男女2000人を対象に行われている「父親の育児参加に関する世論調査」によると、「父親も育児を分担し積極的に参加すべき」と考える男女が増加している。[◆9]「父親は許す範囲内で育児に参加すればよい」というより穏健な意見が2011年時点で多数派の54％を占めたものの、39％という少なからぬ回答者が積極参加を支持した。これは1999年の30％からほぼ1割の増加である。さらに20歳代に限れば、過半数の55％が積極参加を支持した。育児における父親の役割の認知と支持は明らかに増加傾向にあると言えよう。

現代のサラリーマン生活を研究する多賀（2011）は、一家の大黒柱として稼得役割に専念し、子育ては妻に委ねるという生き方はすでに正当性を失っていると指摘する。子育てに関わることは、男らしさの価値を減少させるものではなくなり、その構成要素にすらなりつつあると言う。他方、妻が部分的に家計に貢献する共働きが増えたとはいえ、稼得責任は相変わらず夫が担う夫婦関係も多い。多賀が「男性の二重負担」モデルと呼ぶこのタイプは、いわば、ホックシールド（Hochschild, 1989）が指摘したセカンド・シフトの男性バージョンである。このように、以前は女性の問題として見なされていた仕事と子育ての

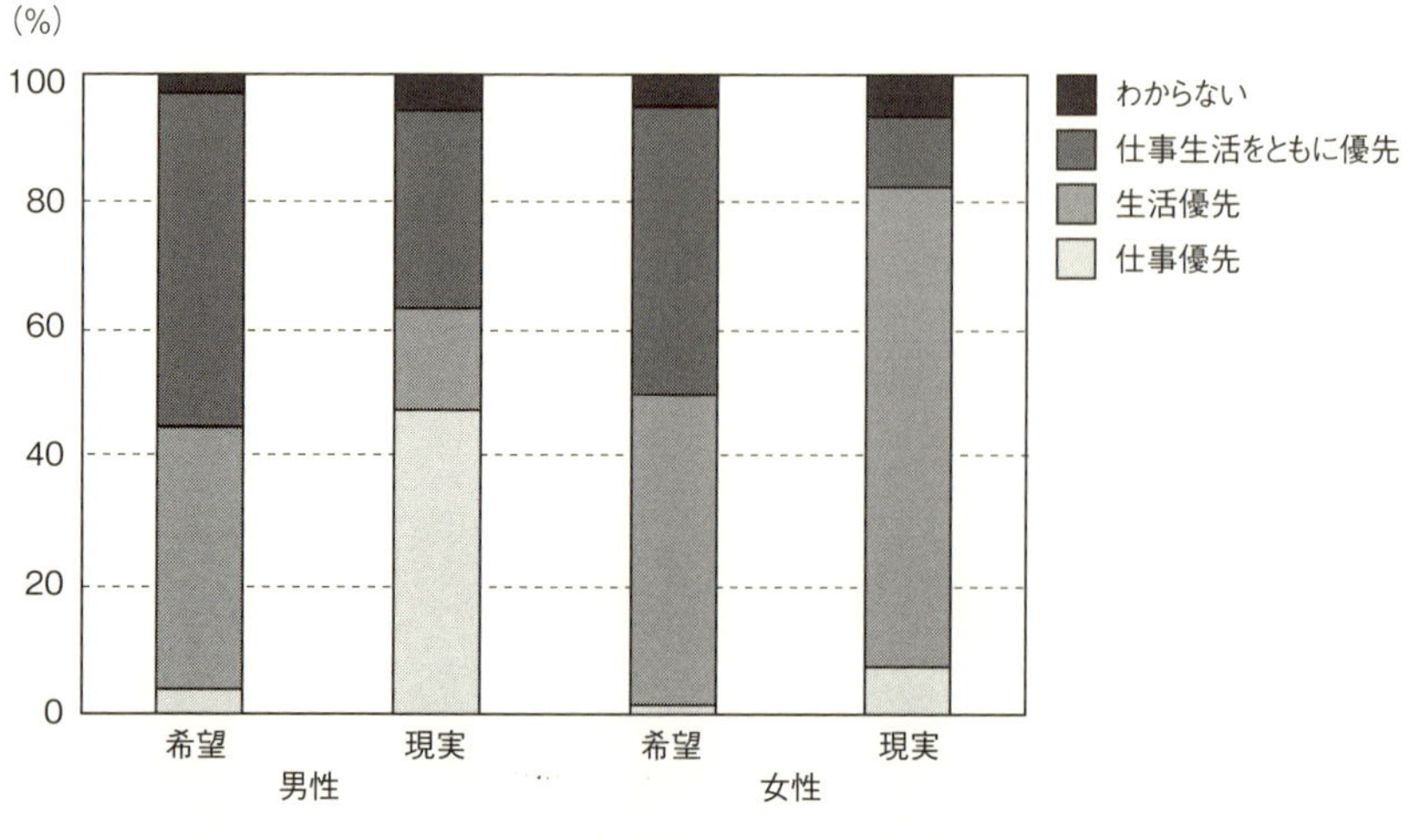

図 8.1　未就学児と同居する男性と女性の仕事と生活の調和の希望と現実
出典：内閣府（http://wwwa.cao.go.jp/wlb/research/pdf/wlb-net-svy-no4.pdf）

両立に悩んだり、仕事と子育ての二重負担に苦しんだりする男性が増えてきた。

企業勤務のインファーマントからも同趣旨の話が聞かれた。[10] たとえば、深夜に及ぶ勤務が続き、幼い娘が寝る前に帰宅することが難しいあるサラリーマンは、娘にどこか別の家に住んでいるものと誤解され「また来てね」と言われた時の寂しさを語った。別の銀行マンは、妻と娘に仲間はずれにされないよう努力しているが、在宅時間が限られている現状ではおのずと限界があるという。そして職場は、家族から締め出された孤独な男が群れているところに過ぎないと付け加えた。

ＯＥＣＤのデータによれば、日本人男性の労働は諸外国と比較して際立って長時間に及ぶ。欧州諸国では、州49時間以上働く男性雇用者の割合がもともと小さく、近年さらにその割合が減っている。たとえば、２０００年から２０１４年にかけて、フランスでは19％から15％へ、ドイツでは20％から15％へ、イギリスでは22％から18％へ減少している。またアメリカでは、週49時間以上働く男性雇用者の割合は２０１２年に22％であった。しかし日本は、同様の男性雇用者の割合が２０００年の時点で38％と抜きん出て高かった上、２０１４年に至っても30％に下がっただけである。[11] 総務省の「労働力調査」によれば、２０１３年の時点での子育て期にある30代の男性の５人に１人弱が週60時間以上働いていた。

トライアングルからの離脱

長時間労働からも稼得責任からも解放されない中で、子どもや家族を持つことは、男性にとって負担になりつつある。多賀（2011）と山田（2001）はともに、家族を持つこと自体が現代の男性にとってコストとなりリスクとなって

◆9　http://www.crs.or.jp/backno/No646/6462.htm
◆10　二つの引用は２００３年から２００４年にかけて行われた調査による。
◆11　http://www/jil.go.jp/kokunai/satistics/databook/2016/06/p206_t6-3.pdf

いると指摘している。事実，夫および父親役割を果たさない未婚男性が急増している。国立社会保障・人口問題研究所は，男性の生涯未婚率は２０１５年の５人に１人以上からさらに上昇し，２０３５年には，ほぼ３人に１人に達すると予測する。離婚率も上昇傾向にあるので，１９９０年生まれのコーホートのうち50歳時点で未婚または離婚による独身者は半数近くに上る可能性があるという。

しかし，現代の日本社会において，男性未婚者の増加は，ハーシュマン（Hirschman, 1970）が「離脱」に関する考察において示唆したように，抑圧的な社会に対する不満の表明としては必ずしも解釈されていないようだ。むしろそれは，問題ある若者の現象として捉えられる傾向がある。これは，「パラサイト・シングル」「草食系男子」「フリーター」「ニート」など，主として若い未婚の男（女）を指す言葉の用いられ方にも表れている。

たとえば，「草食系男子」は当初，伝統的な性規範にとらわれない新しい男性像として好意的に受け止められたものの，今日では女性に対して奥手であるだけではなく，人生全般において覇気のない男性を示す時に使用されることが多くなった。また「フリーター」も，当初は，組織に隷属せず己の信条を大切にして夢を追求する新しい若者のライフスタイルとして注目されたが，今では，学卒後も学生のように自由気ままな生活を送って真面目に仕事に取り組まず，大人になりきれない無責任な若者として非難されることのほうが多くなった。「ニート」に至っては，当初から問題ある若者として扱われた。本田ら（2006）によれば，大多数のいわゆる「ニート」は，さまざまな理由で一時的に無職なだけのごく健康的な若者であるにもかかわらず，当人だけでなくその家族にも大いに問題があり，社会のお荷物となる存在として警戒されたという。

男性の既婚率と収入は相関する。内閣府の「平成22年度結婚・家族形成に関する調査報告書」によれば，年収３００万円が境界線のようである。年収が３００万円未満の20歳代と30歳代の男性の既婚率は９％に過ぎなかったが，３００万円以上では25％から40％に達していた。また，正規雇用者では28％が既婚者であったのに対し，非正規雇用者では５％のみであった。[◆12] しかし，若者の就職難はこれまで，グローバルな経済状況や労働需要側の問題と結び付けて論じられるよりは、若者自身の問題ある価値観やライフスタイルがもたらすものと解釈される傾向があったのである。

おわりに

ジェンダー論は、一般的には男女の二者関係に注目し、男性による女性の支配構造を問題にする。しかし、本章では、男性、女性および企業が形成するトライアングルに注目し、企業が男性に対して女性を差別する構造を考察した。この差別構造の中で性別役割分業が徹底され、男性は女性よりも有利な役割を獲得したものの、分業は個々の男性と女性が希望するよりもはるかに硬直的であり、かつ、性別役割分業が徹底されるほどに、権力の反転現象が生じることも判明した。さらに、当初は男女双方にとってメリットのあった性別役割分業であったが、社会経済状況が変化するとともにメリットよりもデメリットが上回るようになってしまった。このような状況にあっても性別役割分業の弾力化は遅々として進まず、個々の男女は個人的な「離脱」の戦略を取らざるを得ないでいる。すなわち、女性は母親役割から、男性は夫および父親役割から降り始めている。しかし、男性の未婚化は、社会的不適応者の個人的な問題として片付けられる傾向があった。

ガーソン（Gerson, 1993）が、家族責任から逃避する男性が増加しているとアメリカ社会に警鐘を鳴らしてから20年以上が経過した。一家の大黒柱の役割を務める男性の減少を分析した論考の中で、ガーソンは、アメリカ人男性の中に二つの新しい潮流があると報告した。一つは家族参加型の男性の増加であり、もう一つはコミットメントより孤

◆12　http://www8.cao.go.jp/shoushi/shoushika/research/cyousa22/marriage_family/pdf/zentai/s2_1_1.pdf

立を選ぶ男性の増加である。ガーソンはとりわけ後者の潮流、すなわち離婚や別離を経て育児への経済的および非経済的責任を手放す男性が増加していることを問題視した。そして男性の父親役割の放棄を、従来保持していた権力を否定された男性が、女性および子どもと新しい人間関係を構築することに失敗して及ぶ行為と見なした。本章では、結婚せず子どもを持たない日本の男性の中に、ガーソンによって報告されたアメリカ人男性と同様の家族責任の回避を見出した。アメリカ人男性との相違は、日本の場合、父親を失って苦しむ子どもがそもそも存在しないという点にある。日本社会は極めて危機的な状況にあるにもかかわらず、いまだ根本的な社会関係の再構築に着手するに至っていない。

第9章 労働組合と労働者

今井　順

労使関係における権力関係と権威関係

私たちの日々の労働の世界は、社会生活のその他の領域と同じように、さまざまな法律や制度、慣習によって形づくられている。法律や就業規則のように明文化されたものもあれば、だいたい「常識的」と考えられているさまざまな慣習や暗黙の了解として存在しているものもある。採用や解雇に関わる社会的なルールは法律に明記されているし、企業の中に目を向けても、仕事の割り振りの仕方や給料体系、働く時間のアレンジメント、新しく導入される機材の選定、ローテーションや転勤、出向についての規則、昇進・昇格の基準など、多くの決まりごとと慣習が存在している。現在の日本社会では、働く人たちのほとんどが雇われて働く人々、すなわち被雇用労働者であることから、これらの規範や慣習に生活やキャリアが影響される人の割合は多くなっている。

労働の世界におけるこうした規範や慣習は、それぞれの社会の労使関係のダイナミズムから生まれてくるのが普通である。経営者は市場での成功と利益の確保を目指し、労働者は生活の安定や自己実現を目指しているため、両者は時に激しくぶつかり合いながらルールを作り上げてきた。資本主義の世界では、雇う側のほうが労働者よりも原理的に強い立場にあるので、労働者は自らの連帯を力の源泉とし、職場の意思決定のみならず、使用者や政府と交渉し、雇用労働の問題や社会政策についても影響力を持つようになっていった。しかしこうした影響力は、労働組合の組織形態、交渉戦略のレパートリー、イデオロギー的な特色などの側面で、国により大きく異なっている。法律や政策、または個別企業内のさまざまなルールの決定に、労働者が労働組合や労働者代表制度を通じてどのような役割を果たしているのか明らかにすることが、それぞれの社会の民主主義の程度と特色について議論する際、重要になっている。

本章の目的は、日本における労働の世界を権力と権威の側面から評価することである。権力については、日本の労働者が（労働組合を通じて）どの程度経営に対して対抗的な力を持ち、また行使できているのか、権威については、労使のどちらにどの程度職場の意思決定を行う能力があるのか、明らかにすることになるだろう。そのために、本章ではまず、日本の職場における労使関係がどのように発展してきたのかその歴史的文脈を簡単に紹介し、日本の労働者が使用者とどのような関係を作り上げてきたのか、その特徴を概観する。その上で、まず、労働者の組織力と自らの要求を貫徹するために争議を行う実行力、そして次に、職場のルールに関わる幅広い問題について、どの程度労働者の意見を意思決定に反映させることができているのかという二点に着目し、主に政府統計を用いて明らかにしていく。

日本的労使関係の特徴

戦後労使関係の発展

労働者が経営者に対抗する力の源泉は、連帯し、自らを組織化する能力にある。しかし、第二次世界大戦が終わるまで、日本の労働者は労働組合を作ることを禁止されていた。そこで占領軍は、日本社会を民主化するという大きな目標を達成するための重要な手立ての一つとして、労働組合を合法化し、その組織化と活動をサポートしている。民主化の方針自体は、労働組合のみならず、農村における封建的な関係性を解消するための農地改革や女性の解放をも含む包括的なものであった。都市の労働者や地方の小作農に権利を付与することが日本の戦後体制の背骨をなすとの考えに基づいており、労働組合の合法化は、憲法の発布（１９４７年）にも先立つ１９４５年に行われている。こうしたサポートを背景に、戦後の労働組合運動は事業所・企業を単位とし、順調に拡大した。

この当時の労働組合運動の拡大は、現在にも大きな影響を残す成果を挙げている。戦後といえば、生産のためのインフラは破壊され、仕事はなく、食べ物も不足する中でのインフレが、人々を苦しめるような状況であった。こうした中で、労働組合運動は空前絶後の高揚を見せ、１９４９年には組織率が55・８％にも達している。労働組合は「経営民主化」の名の下に戦闘的で、賃金増や雇用の安定のみならず、経営機構の改革、職工差別の撤廃、職場における人員管理、配置、仕事のペースに至る、あらゆる問題に関して発言の場を求めたし、事実ほとんどの経営決定について経営協議会で労働組合と合意しなければならない状況も作り上げていた（兵藤 1997, p.45; 久米 1998, p.74; ゴードン 2002, pp.366-370）。終身雇用、年功賃金、企業福祉といった、のちに日本の雇用慣行に特有とされた諸制度は、こうした環境の中でその基礎が制度化されていった。これらの制度的基盤が，１９６０年代から１９８０年代にかけて花開く，分厚い中間階層の形成とその消費文化を支えることになったと言ってよい。

しかし，朝鮮情勢の緊迫化は日本を反共産主義の最前線に押し出すこととなり，戦闘的に職場参加を目指す組合に対しては一転厳しい対応がとられるようになっていった。１９４７年の二・一ゼネストに対するＧＨＱの中止命令を嚆矢とするこの動きは「逆コース」と呼ばれているが，日本の民主化もさることながら，資本主義国としての自立がより優先度の高い問題となったことを示している。経営側にいかに力をつけさせるかが喫緊の課題となったわけだ。こうした環境の変化は，経営権を打ち立てようとする経営側と，これまでの力を背景に職場の民主化を推進しようとする労働者の間に暴力的な闘争も生み出した。しかし同時に，職場参加を求めるよりは，成長し始めた経済拡大の果実を確実に労働者にもたらすことに関心が移り始めた時期でもある。高度成長期を経て，労使の関係は「民主的」な企業・職場運営を争うものではなく，「経済的」利益の分配をめぐるものへと，その性質を変えていった。

そうした方針転換を示す柱の一つが春闘の成立である。春闘は１９５０年代半ばに成立したが，その後高度成長が確実になりだした時期，賃金の団体交渉で毎年大きな成果を上げることになる。当時は春闘の目的として労働者の生活水準の上昇が掲げられ，所得倍増計画といった政策の後押しもあり，経済成長率を超える賃上げも実現されていた。当時経営側は戦闘的な労働組合を駆逐するための方策として，各企業内に経営に協力的な第二組合を設立し，彼らを窓口として経済成長の恩恵を労働者に分配する方針をとっており，協調と分配の交換が成立するようになっていった。すなわち，有利な処遇を協力的労働者に対して優先的に分配することがインセンティブとなり，労働組合，そして労働者は徐々に戦闘性を失い，経営側に対して協力的な態度を養うようになっていったということになる。この労使の妥協は，個別企業の生産性を重視する観点で成立した協調であったため，時に「生産性連合」（久米 1998）と呼ばれている。

労使関係のこうした変化は，石油危機が日本経済を脅かした１９７０年代以降，労働組合・労働者により明らかな特徴を与えていった。石油危機という困難の中、日本の経営者たちは雇用調整の必要を訴えたが、これに対して労働組合は雇用の確保と生活水準の安定を譲らない一線とした。しかし、企業別組合という組合の形態は、設立の母体としている企業組織の浮沈がかかる状況において、根本的な交渉力の弱さを抱えていると言わざるを得ない。ここでも、企業の生き残りがかかっているという論理に対して、有効な対抗手段を見出すことができず、日本の労働者が経営に対して従順で、場合によっては自ら協力していく態度を深める大きな転機となった。すなわち、企業が雇用を守る代わりに、企業がその生産性の向上を確保するために必要とする施策に協力する姿勢を鮮明にするのである。これ以降「会社人間」「エコノミック・アニマル」といった言葉が生まれたのも、特に驚くことではないように思われる。日本の労働者は広範な問題について経営側の意思決定を受け入れており、かつてのように戦闘的な運動をする労働組合は、自社の競争力を削ぐものと理解されるようになっていた。１９７０年代から１９８０年代にかけて、「生産性連合」というあり方は正当性を確保し、労使紛争による労働者側の意思の貫徹といった態度・行動は、当の労働者からも信頼を失っていった。

■政策レベルにおける労働組合の影響力

こうした歴史的な発展を理解した上で、労働組合がどのような力を持つようになったのか、特に本章では扱うことのできない政策レベルについて、コーポラティズムの議論を引きながら確認しておこう。１９８０年代に行われたコーポラティズムについての比較研究は、労働組合の「強さ」に極めて強い関心を寄せていた。西欧諸国における労働者の影響力が測定される中、日本の労働組合の「強さ」は測り難い側面があると考えられた。日本の労働組合は企業別組合の存在感が大きく分権的な傾向はあるが、政策決定にも影響力が認められるコーポラティズムの一種であると指摘する研究がある一方、労働組合の活動レベルの低さを指摘し、コーポラティズム的な制度編成は存在するが、実質的には「労働なきコーポラティズム」であるとの指摘もあった（稲上ら 1997）。春闘における要求実現の実績が評価のポイントにはなってきたものの、石油危機以降は特に協調的な労働組合を中心に要求する賃上げ率が顕著に下がっており、強いと考えられてきた領域でも影響力の低下がみられる。

しかし、雇用・労働・社会政策をめぐる政策決定過程においては、通常政労使（公労使）の三者構成をとる審議会にその足場を確保することで、一定の影響力は確保してきた。彼らの政策への考え方は協調的な労使関係を反映するものではあったが、少なくとも正規労働者が確保してきた特権的な地位を守るだけの働きはしてきたと言ってよいだろう。労働組合が政策決定過程においても明確に周辺化されてきたのは、規制緩和への動きが強くなった1990年代中盤以降のことである。この間、経営側と政権との主要な政策目標は、労働市場といえども聖域なく規制緩和することであり、この間大きな役割を果たしてきた「規制緩和委員会」に労働側はほとんど出席していない。この間の改革はまさに「労働なき改革」（Imai, 2011）と言うべき状況を呈していたことは、確認しておくべきだろう。

それではコーポラティズムにおける議論で「分権的」と評された日本の労働組合は、その主戦場であるそれぞれの組織レベルで、どのように活動しているのだろうか。日本を代表するような大企業では、組織レベルでの意思決定が雇用関係に関わるほぼすべての問題を取り扱っており、産業レベルの意思決定が組織レベルに影響を及ぼす例といえば、わずかに春闘による賃金決定が挙げられるばかりではないだろうか。本章では以下、組織レベルの労働者の「力」を確認していく。しかし示すことになるのは労働組合の退潮であり、労働者の影響力の低下である。個別企業の業績への考慮を最優先する協調的労働組合の伝統の中で、労働組合の力の源泉は枯れようとしており、労働者は職場の意思決定に深く関与することができなくなっている。そうした状況を具体的に見ていくこととしよう。

権力の源泉とその行使

■労働組合の組織

労働組合の「力」を問題にする時、最も単純でわかりやすい指標は、労働者に占める労働組合員の割合（労働組合組織率）である。より多くの労働者が連帯し、自らを組織化する時、経営側と対峙できる力を生むことができる。図9・1は、戦後直後から最も最近に至る、労働組合の組織率の変化である。

戦後、労働組合運動が最も高揚した時に56％にも達しようとしていた組織率は、その後概ね一貫して下がっており、2000年代に入ってからは20％を割り込んでいる。その上、この数字でさえ、労働組合の力の現状を正確に表しているかといえば疑問が残る。日本における労働組合のメンバーシップは、大企業を中心に広くユニオン・ショップ制に基づいており、採用された労働者に労働組合への加入を義務づけている。こうした背景を考えれば、現在の組織率も、積極的な加入意思に基づくものはごくわずかで、現実には相当にかさ上げされた部分の

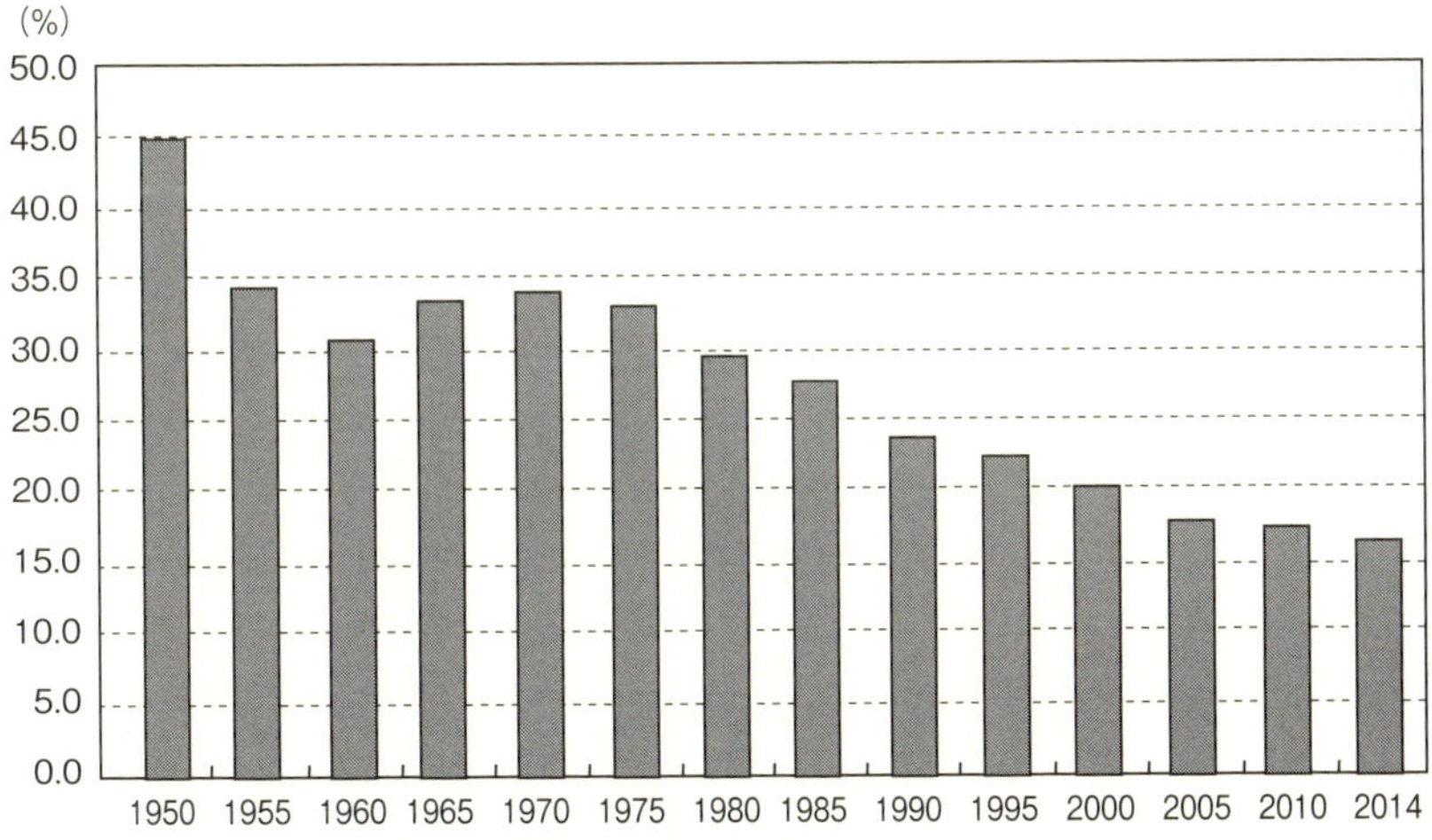

図9.1　労働組合組織率（1950～2014年）
出典：厚生労働省「労働組合基礎調査」

ある数字だと見る必要があるだろう。

産業構造が変化し、新しい産業領域が広がっていることは、労働組合の組織率にどのような影響を与えているだろうか。端的に言ってしまえば、組織率の低下に資することはあっても、少なくとも短期的に組織率を改善するような要因にはなっていない。組織率が高いのは、いまだに製造業である。すべての企業規模の平均で28・6％、大企業では70％に達している。しかし、新しく拡大している知識・情報産業では15・8％の組織率にとどまっており、小売業でも13％にすぎない。この傾向がすぐに大きく変化する要素は見当たらない。ただし、労働組合が何の努力もしていないわけではない。ここ10年、急増した非正規雇用労働者を組織化しようとする努力は存在している。しかし、労働組合のそもそもの利害が正規雇用労働者の雇用の安定と生活水準の維持にある限り、非正規雇用労働者の利害とは必ずしも一致しない。非正規雇用労働者の組織化は、最善を尽くしたとしてもゆっくりとしか進まないとの見立てが一般的だろう（Keizer, 2011）。

■労働争議

さて、労働者が連帯し労働組合を作ったとして、それをどのように利用することが労働者の「力」となるのだろうか。労働争議、特にサボタージュやストライキといった行為は、職場の日々の営みと機能を中断させることによって労働者が発揮することのできる「構造的権力」（Schwartz, 1976, p.133）であり、使用者に対して要求を行う労働者にとっては、最も有効な手段となってきた。しかし、日本においては、労使協調の正当性が高まるのに歩調を合わせるようにして、あらゆる種類の労働争議が会社の業績に悪影響を与える「身勝手」な所業とみなされるようになり、消え去ろうとさえしている。図9・2にはそうした趨勢が反映されている。

この図を読み解く際にまず気をつけなければならないことは、労使のどちらかが（特に労働組合が）強い場合には、特にこうした実力行使が必要ないということである。すなわち、この図は、そもそも労働組合の影響力が強かった

１９５０年代を経て、１９７０年代に労使の力関係が拮抗し、その後労働組合の力が衰えていく様を捉えたものとも言えるわけだ。

労働争議を介した労使の闘争が最も激しかったのは石油危機の頃で、毎年８千から１万件もの争議が起こっていた。１９８０年代にもう一山あるが、１９８０年代半ば以降は急減している。１９８５年のプラザ合意等を背景に日本企業が激化する国際競争に巻き込まれ、協調的な労使関係の正当性がますます強められていった時期に相当している。２０００年代に入り、社会的な不平等、「格差社会」といった言葉が社会的な議論で取り上げられるようになった後も、労働組合は実力行使ということについて一向に積極的になっている様子がうかがえない。実際、２０００年代に入ってからはそれまでにも増して争議件数が減っており、労働組合が何かをしたとしても、ほとんどが争議行為を伴わない、第三者介入による解決に依っているということがわかる。

労働組合のみならず、労働者もまた企業に対して協力的になっているのは確かである。自分の生活を

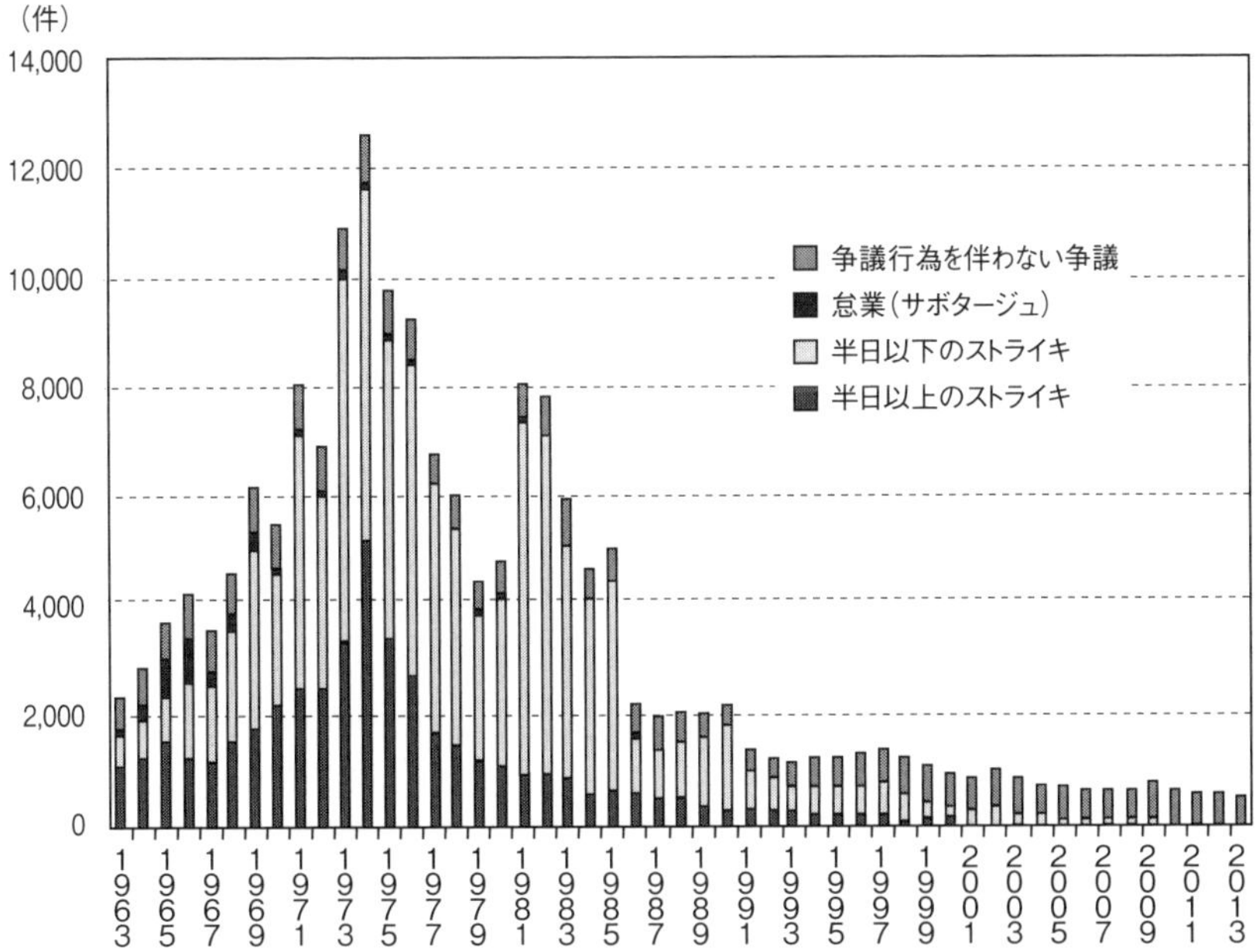

図 9.2　日本における労働争議件数の趨勢（1963〜2013年）
出典：厚生労働省「労働争議統計調査」時系列表

守るためには企業の業績・生産性の向上に対して協力的であるべきという考えは疑うべきところのない、当然のものとして受け入れられるようになっており、労働組合を介した争議といったものものしい要求行為は労働者の信頼を失っていったと言ってよい。図9・3は、図9・2にあるようなさまざまな労働争議に参加した労働者の割合の趨勢を示している。

日本の労働者が最も争議に参加したのは第一次石油危機の直後、1974年ごろであり、20％近い――実数にして1千万人に迫る――労働者が争議に参加していたことになる。それ以降、1980年代後半にかけて争議参加者は急減し、2009年には6万人程度、割合にして0・1％となっている。この図が示しているのは、経営側への協力が企業の浮沈を我が事と捉えるレベルにまで昇華し、労働者が労働組合を介した要求の有効性や正当性の感覚を失っていったということではないか。

こうした労働組合組織率の低下、労働争議件数

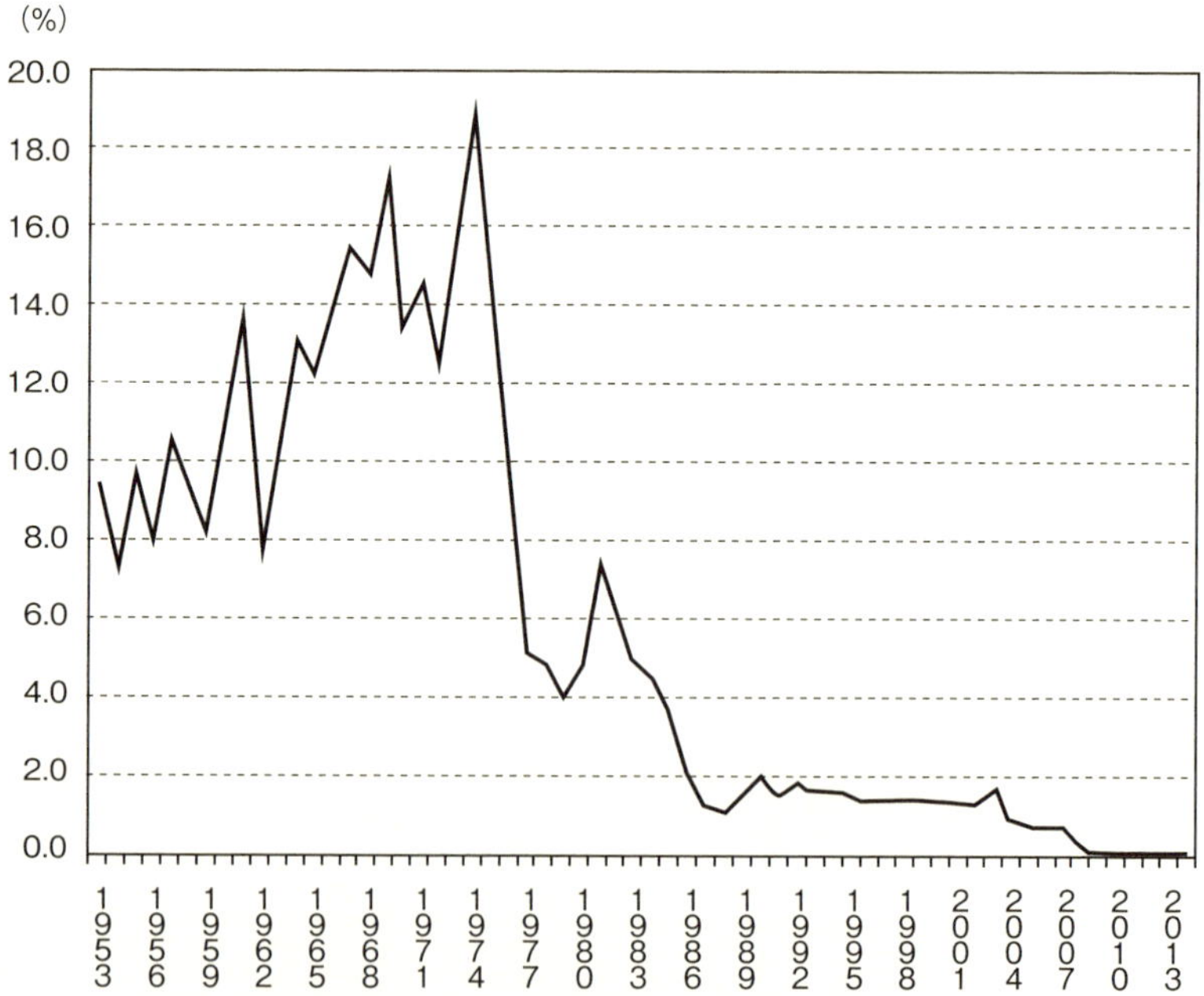

図9.3　労働争議に参加した労働者の数と全労働者に対する割合（%）
出典：厚生労働省『労働争議統計調査』時系列表

の減少、労働争議に参加した労働者の減少といった趨勢は、労使による生産性連合の形成、すなわち協調的労使関係の制度化が、労働組合を通じた政治的行動や、労働者の権利要求という考え方そのものを効果的に弱体化していったことを示している。一口で言えば、労働組合の力は衰えており、使用者はうまく労働組合の力を削ぎつつ、労働者を企業の業績や生産性の向上へと動員することに成功している。

労働組合の意思決定参加

■労使協議会

職場の内部における労働組合・労働者の影響力については、その意思決定への参加に着目して見ていこう。民主化された産業社会においては、労務管理諸制度の運用などさまざまな職場の問題について労働者が意思決定に参加する仕組みが整えられている。その代表が労使協議会であり、国によっては設置が法的に義務づけられている場合もある（池添 2004）。日本では労使協議会（もしくは労使協議制）は必ずしも法的な義務ではない（荒木 2013, p.561）。協議会はそれぞれの企業における労使関係に基づき、任意に設置されることになっている。そういう意味で日本の労使協議会は独特の特徴を持っており、通常は労使のコミュニケーションを円滑化し、協調的な関係を強化する目的で設置されてきた。

こうした制約を持つ労使協議会ではあるが、それでも、労働組合・労働者の意思決定参加という側面を評価するためには注目に値する。ここでは厚生労働省によって行われている労使コミュニケーション調査の結果に基づき、さまざまな職場の意思決定について、労働組合・労働者の影響力がどのように変化してきているのかを分析する。この調査はまずそれぞれの企業に労使のコミュニケーションを促進する仕組み（労使協議会や職場懇談会）があるのかどうか確認し、その上で、そうした仕組みにおける労働組合・労働者の参加の程度・影響力を、労使間の問題別に明らかにしようとしている。まず、労使協議会等で取り上げられる問題についてまとめておこう。

表9・1に示されている左側の「事項」は2009（平成21）年度の同調査から主なものを抜粋しており、右側ではそれらを「Ⅰ 企業の経営戦略」「Ⅱ 移動[◆1]に関わる諸問題」「Ⅲ 契約に関わる諸問題」の三つの事項グループに整理している。このグループ化については、いくつかの点に説明が必要だろう。現代日本の状況に鑑みると、「Ⅰ 企業の経営戦略」への労働者の参加という問題設定自体、奇異に映るかもしれない。しかし、先にも述べたとおり、日本の労働組合はその戦後の一時期に生産の自主管理を目指そうとする動きがあったし、ドイツの労使協議会などではこうした事項に対して労働者が比較的大きな影響力を持っている。日本の労働組合・労働者が現在に至る過程で、この問題にどのように影響力を持ってきたのか（持ってこなかったのか）改めて確認すること

表 9.1　労使コミュニケーション調査で取り上げられている労使間の諸問題とそのグループ
出典：厚生労働省「平成 21 年労使コミュニケーション調査」より作成

<table>
<tr><th>事項</th><th colspan="2">事項グループ</th></tr>
<tr><td>1. 経営の基本方針</td><td colspan="2" rowspan="4">I. 企業の経営戦略</td></tr>
<tr><td>2. 生産、販売等の基本計画</td></tr>
<tr><td>3. 会社組織機構の新設改廃</td></tr>
<tr><td>4. 新技術応用機器の導入等生産事務の合理化</td></tr>
<tr><td>5. 採用・配置基準</td><td colspan="2" rowspan="4">II. 移動に関わる諸問題</td></tr>
<tr><td>6. 昇進・昇格基準</td></tr>
<tr><td>7. 配置転換、出向</td></tr>
<tr><td>8. 教育訓練計画</td></tr>
<tr><td>9. 一時帰休・人員整理・解雇</td><td rowspan="6">III. 契約（と努力）に関わる諸問題</td><td rowspan="3">IIIa. 雇用の安定性に関わる諸問題</td></tr>
<tr><td>10. 定年制・勤務延長・再雇用</td></tr>
<tr><td>11. 勤務態様の変更（職務内容の変更等）</td></tr>
<tr><td>12. 労働時間・休日・休暇</td><td rowspan="3">IIIb. 労働時間と賃金に関わる諸問題</td></tr>
<tr><td>13. 賃金・一時金</td></tr>
<tr><td>14. 時間外労働の賃金割増率</td></tr>
</table>

には一定の意義がある。「移動に関わる諸問題」では、昇進・降格といった上昇・下降移動、配転などの水平移動といった社会移動が、組織レベルの労使関係によっていかに組織され、決定されているのか確認することができる。ここでは、ⅠとⅡの側面の関わりについて一点注意しておこう。組織の新設改廃・技術導入による合理化といった項目は、ひとまずⅠに入れてある。しかし、労働社会学の知見は、こうした問題群がⅡの移動と大きく関わっていることを明らかにしている。たとえば、新しい技術の導入による生産過程の合理化は、すぐさま必要人員の調整につながり、結果的に配転や転勤につながる可能性がある。また、ＱＣ（品質管理）運動なども職場の草の根運動的に繰り広げられてきたが、その結果が人員削減につながるようなケースも珍しくはなかったことが指摘されている（熊沢1993）。「契約に関わる諸問題」は、文字どおり労働者の契約に関わる諸問題で、雇用の安定に関わる問題群と労働時間や賃金に関わる問題群に分けることができる。これらに対する労働者側の影響力の大きさも、労使関係にとっては大きな問題である。以下の議論では、事項グループごとに調査の結果とその意味するところを分析していく。

さて、労働者の影響力の強さはどのように測ることができるだろうか。この調査では、それぞれの問題がそもそも労使協議会の付議事項なのか、またそこで労働組合・労働者がどの程度意思決定に関わっているのか、表9・2の左側の選択肢で確認している。本章ではこれらの選択肢を、労働組合・労働者の参加の程度・影響力の視点から「高い」「低い」と二分し、分析を行っている。

これまで見てきたとおり、高度成長期を通じて日本の労働組合が協調的になってきた。そういう文脈において考えるならば、また日本の労使協議会がそもそも労使協調のために設置されてきた経緯に鑑みれば、いかに「労使協議機関で同意が必要」だとは言っても、所詮労働組合・労働者の影響力は限られているという見方もできるだろう。しか

◆1　企業における職務や職位の変化は通常「異動」と表記されるが、本章ではこれらが社会学における社会移動のヴァリエーションであることを明確にするため、「移動」という言葉を使うこととする。

し、やはり原理的に言えば、協議への出席主体が交渉相手の同意が必要だと認識して臨むケースでは、場合によっては労働者サイドの意見が尊重されることもあり得るわけで、影響力が行使できる可能性は高いと考えておく必要があるだろう。一方、「意見聴取」「説明報告」の必要しか認識されていない状況では、影響力の行使は難しいだろう。以下では主に2009年のデータに着目し、必要な場合にのみ1972年、1985年の調査結果と比較を行う。

■日本の職場では誰が何を決定しているのか

まず表9・3から、すべての領域について労働者参加の実態を概観しておこう。多くの重要な問題が、労働者からの意見を汲むことなく決められている。経営戦略や移動に関わる問題領域では、ほとんど労働者側の影響力を認めることができない。特に経営戦略の領域では、「経営の基本方針」「生産、販売等の基本計画」「会社組織機構の新設改廃」「新技術応用機器の導入等生産事務の合理化」のすべての論点で、8割以上の企業が労働者の影響力がそれほどでないと答えている。大企業において、「経営方針」や「会社組織機構の新設改廃」で30％前後とやや数字が高くなっているが、労働者側の影響力の弱さはほとんど企業規模に関わらないと見てよいだろう。経営戦略に労働者が口を挟まないのは当然ではないかと思うかもしれないが、日本やアメリカではそれが常識でも、たとえば、ドイツにおける共同決定制度――取締役会等に労働者代表が参加する制度――などに目を向ければ、それが唯一のあり方ではないことがわかるだろう。また興味深いことに、

表9.2　労働組合・労働者の職場参加の程度
出典：厚生労働省「平成21年労使コミュニケーション調査」より作成

		労働組合・労働者の参加の程度・影響力
当該事項は労使協議機関への付議事項		高い
	労使協議機関での同意が必要	
	労使協議機関で協議することが必要	
	労使協議機関で意見聴取することが必要	低い
	労使協議機関で説明報告することが必要	
当該事項は労使協議機関への付議事項ではない		

表9.3　参加の程度・影響力が「高い」企業の割合：2009年（企業規模別、労働組合の有無別）（%）

出典：厚生労働省「平成21年労使コミュニケーション調査」

	企業の経営戦略				移動に関わる諸問題				契約に関わる諸問題					
	経営の基本方針	生産、販売等の基本計画	会社組織機構の新設改廃	新技術応用機器の導入等生産事務の合理化	採用・配置基準	昇進、昇格基準	配置転換、出向	教育訓練計画	一時帰休・人員整理・解雇	定年制・勤務延長・再雇用	勤務態様の変更	労働時間・休日・休暇	賃金・一時金	時間外労働の賃金割増率
計	16.0	19.8	17.9	19.3	21.9	22.6	29.7	24.3	49.9	58.0	51.8	66.9	56.6	51.6
製造業	12.0	21.2	14.9	18.7	23.0	24.6	31.1	19.9	61.7	59.9	51.3	64.0	56.9	50.2
5000人以上	30.5	24.8	29.7	23.5	24.6	27.6	30.5	23.3	51.8	61.7	59.3	78.5	69.7	65.5
1000 - 4999人	11.1	15.3	17.1	14.7	16.6	17.1	35.9	22.3	59.7	64.7	50.2	76.3	66.4	63.1
300 - 999人	11.0	16.8	13.6	14.9	23.5	24.2	24.0	20.0	52.0	58.3	55.0	73.0	61.4	53.3
100 - 299人	8.9	18.3	9.6	15.1	23.9	17.2	21.4	27.8	34.4	50.4	42.8	63.8	45.1	37.9
50 - 99人	17.2	22.1	22.8	23.6	26.4	27.3	40.4	20.8	48.5	53.3	53.1	44.0	35.3	38.8
30 - 49人	10.8	20.2	9.6	22.6	34.6	22.7	26.1	29.8	52.0	56.4	49.1	56.6	52.2	41.5
労組あり（a）	18.0	19.6	21.0	18.0	19.4	23.3	31.1	22.4	55.6	65.3	56.1	78.6	71.2	64.4
労組なし（b）	10.8	20.7	11.9	22.0	26.6	21.4	27.0	27.7	38.6	43.2	43.3	43.5	27.3	25.9
違い（a-b）	7.2	-1.1	9.1	-4.0	-7.2	1.9	4.1	-5.3	17.0	22.1	12.8	35.1	43.9	37.8

労働組合の存在は労働者の影響力の強さにほとんど影響を及ぼしていない。あってもなくても変わらないということになる。

移動に関わる問題についても、労働者の影響力が強いと回答しているのは、20～30%程度の企業でしかない。「採用・配置基準」「昇進、昇格基準」「配置転換、出向」「教育訓練計画」のいずれの領域においても、経営が決定権を握っているという事態が常識化していると言ってよい。ここでも労働組合の存在は、ほとんど違いをもたらしていない。むしろ、「採用・配置基準」「教育訓練計画」については、労働組合の存在する企業のほうが、労働者の影響力が低い傾向にあることがわかる。大きな数字ではないが、労働組合が非常に協力的である可能性を抜きに、こうした状況を理解することは難しいだろう。

契約に関わる問題群だけが異なる傾向を見せている。個々の問題ごとに違いはあるが、その他の問題に比べれば、労働者の影響力は大きい。ほとんどの問題について、半数以上の企業で労働者の意思決定参加を認めることができる。また、この問題群では労働組合の有無が（それゆえ企業規模も）、大きな違いをもたらしている。特に賃金、ボーナスや時間外労働の割増率の決定に関しては、50～60%の企業で労働者に影響力があると判断できる。

これまでの労使関係の発展を前提とすれば、こうした現況は必ずしも驚くべきものではない。賃金や雇用の安定に関わる問題は、労働組合が経営側に対して圧倒的に協力的になった後でも、企業業績を損なわない範囲で重視するよう企業に求めてきたものだ。逆に、今の労働者が経営戦略に関わるほとんどの問題に影響力を持っていないという実態ももっとものであろう。その如何によっては人の移動が必要になるわけだが、これについても労働者はほとんど影響力を持っていない。戦後の労使関係は、基本的に労働者が経営戦略・移動に関わる問題の意思決定から身を引き、その代わりにある程度の賃金と雇用の安定を求めるというバランスの上に乗ってきたと言えるだろう。以下の節では、こうした経年変化について、１９７２年、１９８５年に公表されている同調査と２００９年の実態を比較することで（表9・4参照）、より詳細に検討しよう。

表 9.4　参加の程度・影響力が「高い」企業の割合：1972 年～ 2009 年（%）

出典：厚生労働省「労使コミュニケーション調査」；労働省 1978, 1985

	企業の経営戦略				移動に関わる諸問題				契約に関わる諸問題					
昭和 47 年（1972）	設備投資新製品開発の現状計画	経理の現状	企業の合併分割等組織の改廃	作業方法の改善等の合理化案	人事雇用計画	教育訓練計画			主要な労働条件					
	20.1	10.9	19.5	57.1	24.4	22.1			64.8					
昭和 60 年（1985）	経営の基本方針	生産、販売の基本計画	会社組織機構の新設改廃	新技術応用機器の導入等生産事務の合理化	採用・配置基準	教育訓練計画	配置転換、出向		一時帰休・人員整理・解雇	定年制	勤務態様の変更	労働時間・休日・休暇	賃金・一時金	
	11.8	16.6	18.5	25.3	19.2	26.6	37.2		63.3	63.8	69.2	77.4	65.8	
平成 21 年（2009）	経営の基本方針	生産、販売等の基本計画	会社組織機構の新設改廃	新技術応用機器の導入等生産事務の合理化	採用・配置基準	教育訓練計画	配置転換、出向	昇進、昇格基準	一時帰休・人員整理・解雇	定年制・勤務延長・再雇用	勤務態様の変更	労働時間・休日・休暇	賃金・一時金	時間外労働の賃金割増率
	16.0	19.8	17.9	19.3	21.9	24.3	29.7	22.6	49.9	58.0	51.8	66.9	56.6	51.6
変化														
1972-2009	-4.1	-8.9	-1.6	-37.8	-2.5	2.2	…	…	…	…	…	…	…	…
1985-2009	4.2	3.2	-0.6	-6.0	2.7	-2.3	-7.5	…	-13.4	-5.8	-17.4	-10.5	-9.2	…

注：調査ごとに項目のワーディングが異なっている。概ね近いと考えられるものを比較対象としている。

経営戦略

この分野に現在非常に強い経営権が成立していることは，すでに紹介した通りである。労働組合の存在も，ほとんど労働者の影響力を高める役に立ってはいない。企業の大小を問わず，日本の企業では，経営戦略はほぼ経営側によって決められていると言ってよい。

しかし，この領域も個別の問題を見ていけば，１９７２年から現在までの間に，興味深い変化があったことがわかる。「経営の基本方針」「生産，販売等の基本計画」については，当時も今も経営側の影響力の下で意思決定がなされているが，残りの二つ――「会社組織機構の新設改廃」「新技術応用機器の導入等生産事務の合理化」――については様子が異なっている。特に「合理化」については，かつて60％以上の企業で労働者が意思決定に参加していた状況がうかがえる。しかしこの数字は２００９年までに20％以下に落ち込んでいる。これは大きな変化だろう。40年の間に，労働者がこの問題について意思決定を行う権威を経営者に譲り渡してきたということである。そして問題なのは，この後扱うように，合理化の問題は労働者の移動に深く関わっているということである。この問題については，契約に関わる問題を概観した後，移動に関わる問題のところで改めて扱うことになる。

契約に関わる問題

この領域の問題群では，労働者が比較的高い割合で意思決定に参加していると言える。労働時間に関わる問題で最も高い関わりを示しているが，これはおそらく労働法が労働時間に関わるさまざまな問題について労使での話し合いを求めていることが関係しているだろう。たとえば，労働基準法は個々の企業における労使が時間外労働の上限について個別に協定を結ぶことを認めているし，裁量労働制などを使う企業には適用範囲について企業内で経営側と労働者代表が話し合うことを求めている。前者はいわゆる36協定と呼ばれるもので，この規定が逆に労使合意の下長時間労働を許す労働法上の最大の抜け穴になってしまっているのは皮肉なことだが、何はともあれ法は労使の話し合いを求めており、統計上の数字を押し上げる役割を果たしているだろう。

労働者は賃金関連の問題についても、比較的強い影響力を示している。これらの問題では特に、労働組合の有無がモノを言っている。たとえば「賃金・一時金」については、労働組合のある企業では70％を越える企業で労働者が十分に意思決定に関わっていると言えるが、労働組合のない企業で関われている企業は30％に満たない。労働組合がこうした問題については相変わらずある程度の影響力を保持し、経営側との話し合いに臨んでいることが読み取れる。

しかし、ここでも過去25年間の変化に注意する必要があるだろう。賃金に関わる問題は労働組合が影響力を保持する最後の領域と言ってよいが、ここでもその力は弱まっていっている。これはおそらくは経営側が賃金システムに対する影響力を強める努力をした結果であろう。経営側が職務給の導入をあきらめた１９６９年以降（日経連 1969）、年功賃金に能力の要素を導入・拡大することが経営側の一大目標となっていた。その取り組みは、たとえば１９８０年代や２０００年代に大きなうねりとなり、それぞれ「能力主義」「成果主義」と呼称は異なっていたものの、いずれも賃金の市場化を推し進めるものであった（熊沢 1997; Imai, 2011）。こうした取り組みは、否応なく経営側の行う人事評価の役割を大きくするものであり、結果賃金決定に対する経営側の影響力を大きくするものでもあった。

■移動に関わる問題

これらの問題については２００９年の時点で、労働組合の有無にかかわらず70％から80％程度の企業で、労働者が意思決定に参加していると言える状況ではなかった。意思決定する能力は経営側にあり、労働者はその決定に対して受け身であることが示されていると言ってよい。すなわち、日本の労働者は職務に変更があればそれを受け入れるし、引越しを伴うような転勤を命じられたとしても、（細かな配慮はあるにしても）少なくとも労働組合がそれを事前にチェックしたり、承認したりという手続きを経ているわけではない。基本的には経営側の計画どおりに、労働者が移動していることがわかる。

１９７２年からのデータをひもとくと、この問題に関しても興味深い事実がわかる。「採用・配置基準」や「教育訓練計画」については、１９７２年時点ですでに75～80％と非常に多くの職場で労働者側の影響力が限られたものとなっており、現在に至るまでそれほど大きな変化は起きていない。１９７２年以前についてはデータがなく直接の比較はできないが、さまざまなケース・スタディが、石油危機以前における移動に関わる事案に対する労働者の関わりについて教えてくれる。たとえば久本（1998）は、１９５０年代に起きたとある企業での工場閉鎖をめぐる一連のいきさつにおいて、労働組合がそれなりの影響力を持って従業員の移動に関わる意思決定に参加していることを示している。こうした事例を考慮に入れるなら、移動に関わる領域における権威関係の変化は、石油危機を挟む時期に起きたのではないかとの推測が成り立つだろう。

経営戦略に関わる問題として取り上げた「新技術応用機器の導入等生産事務の合理化」についての大きな変化は、移動の領域の問題にも大きな影響を与えている。むしろ機械の導入といった事態は、それが直接人員の解雇などにつながることから、歴史的にも労働者の抵抗が激しかった問題である。戦後の日本の労使関係を考えれば合理化がそのまま解雇につながるわけではないが、さまざまな労働過程における合理化努力は余剰となる人員を他部署へ移動することと必然的に結びついており、すなわち直接に「配置転換、出向」問題の意思決定に関わる。「配置転換、出向」において、１９８５年から２００９年の間に7・5％程度数字が減少している理由の一つは、「合理化」に対して労働側が影響力を持てなくなったことが反映されていると考えるべきだろう。

ここには今一つ、「出向」問題も含まれている。出向という日本の雇用に特有の慣行は、石油危機以前から存在している。しかし、それが人員調整の方策として用いられ出したのは概ね石油危機以降のことだという（稲上 2003）。石油危機以前は、子会社の設立に伴う管理職やエンジニア不足に対応するための措置であったが、石油危機後、徐々に余剰人員の整理のための方策として利用されるようになっていった。労働者に対して不利な変化にもかかわらず、この意思決定に対する労働者の影響力が低下しているという事実は、経営側がより少ない労力で、その意図するままに人員調整を行えるようになってきていることを意味しているだろう。

結　論

本章では、日本企業における権力と権威の問題を、労働組合の組織率、労使間の紛争や意思決定に対する参加・影響力の問題として捉え、考察してきた。全体として、労働組合の力は長期にわたって弱まってきたことが確認できた。権力の源泉としての組織率は下がり続け、正当な権力の行使であるストライキはほとんど実行されなくなっており、また職場における多くの問題で、労働者は意思決定に参加できなくなっている。労働組合にとっても労働者にとっても、企業の生産性・競争力への配慮が考慮すべき第一の問題となり、それらを損なうかもしれない労働組合の活動は正当性を失い、忌避され、経営側への決定に対する従順な態度が養われてきたということだろう。近年では、労働組合が職場の問題を解決する能力が衰えたことから、問題を抱えた労働者が公的機関に問題を持ち込むようになっている。こうしたことから見えることは、労働組合運動の最も根源的な資源であるアソシエーショニズムが、日本の職場から消え去りつつあるということだろう（Imai, 2016）。

こうした状況は、職場における労働者の意思決定への参加・影響力の問題にも現れている。日本の労働組合と労働者は、職場のさまざまな問題についての意思決定から徐々に撤退し、現在ではほとんど大きな影響力を持たなくなっている。本章では、経営戦略や労働者の移動に関わる問題について、ほとんど完全な経営権が確立されていることを確認できた。こうした状況は石油危機以降明瞭になりつつ、現在に至るまでほとんど変わっていない。これらの問題領域では、職場に労働組合が存在したとしても、意思決定への参加状況はほとんど変わらないことも確認できた。一つだけ大きな変化が確認できたのは、「合理化」の意思決定について、１９７２年にはかなりの参加能力を持っていた労働者側が、２００９年には見事に影響力を失っていたことである。これは先にも確認した移動についての労働者側の受け身の姿勢が、１９７２年以降に深まったことを明確に示している。

労働者が唯一まだ影響力を残しているのが、賃金や労働時間といった契約に関わる問題領域である。この領域では、特に労働組合の有無が、労働者の意思決定参加に大きな違いをもたらしていた。労働組合活動の最後の砦とでもいうべき領域である。しかし、ここでも過去25年の間に、労働者は影響力を失ってきていることが確認できた。「賃金・一時金」は日本の労働組合が伝統的に比較的強い影響力を行使してきた問題であるが、協調的労使関係の制度化と賃上げの抑制は軌を一にしており、影響力の後退は明白であろう。それに加え、能力主義・成果主義賃金の導入攻勢も、徐々に労働者の影響力を削ぐ効果を持っているように思われる。固定費的な要素の強かった年功賃金を改革し、能力主義・成果主義により市場的要素を高めて流動費化することは、賃金決定において経営側が行う人事評価の役割を高めることであり、近年では経営側が人件費に対するコントロールをしっかりと握ることに成功しつつあるということになるだろう。

第10章

在日外国人の経済的位置づけと経済活動

■グラシア・ファーラー

いわゆる「ニューカマー外国人」が日本に移り住むようになって30年以上が経過した。バブル景気に沸いた1980年代前半からバブルが崩壊した80年代後半まで、そして日本経済が停滞期に入った90年代、さらには2008年の世界金融危機を経て2011年3月11日の東日本大震災に至るまで、新たに日本に移り住んだ外国人はどのように暮らしてきたのだろうか。外国人移住者の経済活動を研究したこれまでの文献は、主に国籍によって労働市場を区分しており、たとえばフィリピン人については、興行ビザで来日した女性の搾取や主婦の疎外が研究対象となることが多い（Piquero-Ballescas, 1992; Tyner, 1996; Suzuki, 2008; David, 2009 などを参照）。また日系ブラジル人については、デカセギ（出稼ぎ労働者）としての労働や生活環境に焦点が置かれている（Roth, 2002; 大久保 2005; 小内 2009）。他方、中国人についての研究は、日本企業で働く専門職を対象としたものが多い（Takenoshita, 2006; Liu-Farrer, 2011b）。これらはどの程度、在日外国人の現実を描き出しているのだろうか。在日中国人の経済活動を10年以上にわたって研究してきた筆者が、特に疑問を抱くのは次の点である。在日中国人の中には、日本の企業や多国籍企業で働くホワイトカラーが多くいるのに対し、ここ10年ブラジル経済が好調で、また比較的高学歴の日系ブラジル人が多いにもかかわらず、日本企業あるいはブラジル・日本間のビジネスを展開するブラジルの多国籍企業で働くホワイトカラーのブラジル人社員が少ないのはなぜだろうか。そして在日外国人のコミュニティごとに経済戦略が異なる理由は、どのように説明できるのだろうか。

本章は、これまでの研究と２０１１年と２０１４年に実施したフィールドワークで得たデータを元に、在日外国人の四つの国籍集団（中国人、韓国人、フィリピン人、ブラジル人）の経済的位置づけや経済活動の概要を紹介することを目的としている。さらに、フリグスタインとマクアダム（Fligstein & McAdam, 2012）の *A Theory of Fields* の概念ツールを用いて、なぜ集団ごとに経済活動が異なるのかの理由を精査する。本章は、日本の入国管理制度と社会ネットワークのメカニズムのもとで、中国人、韓国人、フィリピン人、日系ブラジル人が、それぞれのフィールド（行動の場）でどのように戦略的に行動しているかを論じる。これらのフィールドを形成する際には、在日外国人に関わる政府、雇用者、派遣業者や請負業者などのブローカー、そして在日外国人個人、家族、団体の意思の総体によって、日本に住む目的や意味が定義づけられる。したがってフィールドは、彼らがいかに社会的資源を利用して戦略的に行動できるかに影響するのである。

移民の経済参画の手段をめぐるいくつかの考え方

移民の経済参画については、労働市場のセグメント化についての研究からエスニック起業家やトランスナショナル企業（ethnic and transnational entrepreneurship）の研究に至るまで、グローバルまたはトランスナショナル（越境的な）経済空間あるいは受け入れ社会において移民がどのような経済的ポジションを築いてきたかが、過去数十年の研究対象となってきた。移民の編入方式（modes of incorporation）の諸概念は、日本とは制度も社会状況も異なる北米で生まれた。したがってこれらをそのまま、日本にあてはめることはできないが、日本で観察され、記述された移民の経済活動の概念図を描き出すための枠組みとはなる。

これまでの調査によると、移民の多くが参入するのは受け入れ国の二次的労働市場である。二次的労働市場とは、経済学者マイケル・ピオレ（Piore, 1979）が労働市場分断理論において提唱した概念である。ピオレは、不平等で競争的な労働市場に焦点を当て、資本主義下の労働市場は一次部門と二次部門に分断するという内的傾向を有しているとする。一次部門では雇用の安定性や柔軟性あるいは社会保障が約束されるが、二次部門の仕事は不安定で仕事も固定的である。分断された市場は、機能するために移民労働者を必要としており、またこの市場自体、絶え間ない移民労働供給の産物である。移民が不安定で不快な労働条件、低賃金、低い雇用流動性などを特徴とする市場の二次部門から脱出できないと、人種や民族ごとの経済的分断はさらに継続する（Piore, 1979）。労働市場分断理論の考え方によると、移民は通常、定住を希望しない臨時の労働者で、蓄財のためにはどのような仕事も厭わない。受け入れ国での仕事は、移住を決心した際に立てた目標を達成するための単なる手段なのである。

移民は受け入れ国の労働市場において、民族差別あるいは学歴等の文化資本の欠如を原因として不利な立場に置かれている。これを回避して労働市場の一次部門に参入する戦略の一つが、民族起業（ethnic entrepreneurship）である（Min, 1984）。民族起業家とは通常、エスニック・マイノリティ（少数民族）が自ら事業を立ち上げ営むものであると理解されている。起業の際は、安価な同族労働力（co-ethnic labor）などの民族資源を利用することが多い。韓国人が経営するニューヨークの食品雑貨店（Min, 1988）、在日中国人がオーナーである池袋の中華料理店、ブラジル人が経営する群馬県大泉町のスーパーマーケットなどがエスニック・ビジネスの典型例である。

ここ数十年、経済、消費、技術開発のグローバル化に伴い、移民の経済活動は国境を越えてますます広がっている。アメリカの移民が営む越境ビジネスの一つに、同胞移民のニーズに応えて母国とアメリカとの間で物資の輸送や送金を行う各種のサービスや、主に移民社会を（時には受け入れ国の市場も）対象に、エスニック・グッズや文物を取引・

販売するサービス、あるいは母国のビジネスに投資して、受け入れ社会から生産財やハイテク商品を供給するケースなどがある（Landolt et al., 1999; Kyle, 1999）。ハイテク分野では、シリコンバレーで起業したベンチャーの3分の1以上は、移民が創業の中心メンバーになっているとサクセニアン（Saxenian, 2006）は指摘している。これらの移民起業家は、台湾、イスラエル、インド、中国などの出身国とシリコンバレーとの間で、国境を越えた生産活動を行うことで利益を得ている。

本章では、これらの経済活動分野の紹介や比較を行いつつ、日本における移民の経済活動のパターンを描き出すとともに、日本と北米の経済活動パターンは、どこが同じでどこが違うのかについて検討する。

分析ツールとしてのフィールド理論

本章において筆者は、フリグスタインとマクアダム（Fligstein & McAdam, 2012）の *A Theory of Fields* の分析ツールを用いて、移民のさまざまな経済戦略とその結果との因果関係を分析する。フリグスタインとマクアダムは、異なる社会の活動領域において、アクター（行為主体）が社会的変化と社会的安定をどのように達成するかを説明する統合的な社会学アプローチ、すなわち「戦略行動フィールド」を提案している（Fligstein & McAdam, 2012, p.4）。その概念は以下の通りである。

戦略行動フィールドとは、構築された中間レベル（mesolevel）の社会秩序である。その場においてアクター（個人であれ集団であれ）は、互いに共有する（必ずしも合意されたとは限らないにせよ）フィールドの目的、フィールドにいる他者との関係（誰が、なぜ権力を持っているかを含め）、フィールドにおける適切な行動を律する規則の理解

に基づいて、互いに同調し、相互に関わり合う。（Fligstein & McAdam, 2012, p.9）

フリグスタインとマクアダムは、フィールドが入れ子状または連結状になっているとみなす。この理論はつまり、組み込まれた社会的アクターが、与えられたフィールドで秩序をいかに作り出して維持していくかを説明するものである（Fligstein & McAdam, 2012, p.4）。

移民研究においては、移民のさまざまな経済活動とその結果の説明を通じて、彼らの戦略を支える特定のメカニズムを探ろうとする、数多くの文献が存在する。たとえばアルドリッチとウォルディンガー（Aldrich & Waldinger, 1990）は、エスニック集団のビジネス戦略は、①エスニック・ビジネスが運営される機会構造（市場状況や事業主になることが可能かどうか等）、②その集団に特有の特徴（集団の構成員、願望、モビリティの阻害要因等）、③動員可能な資源（エスニック集団のネットワークや政府の政策等）を反映していると論じている（Aldrich & Waldinger, 1990）。加えて、移民がある職種に進出できるかどうかは、ある歴史的時点における労働需要あるいは雇用主の意向（雇用柔軟性が高い低賃金の労働者を選ぶかどうか）が反映されることが多い（Waldinger, 1994; Waldinger & Lichter, 2003）。他方、移民がこれらの仕事を独占できるのであれば、そこにはエスニック・ネットワークのメカニズムが働いているといえる。一旦、労働市場のニッチな領域に参入した移民は、自らのエスニック・ネットワークに所属する人のみを雇うようになる（Sassen, 1995; Sanders, Nee & Seuneu, 2002）。

確かにこれらのモデルや提案理論は、なぜある民族集団がエスニック・ビジネスで成功したり、あるニッチな職種を独占したりできるのかを説明する上で説得力を持つ。だがこれらは、特定の経済活動や結果の社会学的メカニズムを明らかにしようとするものが多かった。一方、フリグスタインとマクアダムのフィールド理論は、個人のアクターを構造条件と結びつけるためのより一般的な社会学的モデルを提示している。またこの理論のもとでは、移民の行動がその移民が置かれた社会構造からどのような影響を受けるかを理解するためのより総合的なアプローチを取ることが可能となる。さらに、移民の経済活動に関する理論の大部分は、移民が経済的利益を追求するのは当然だとみなしており、自らの経済活動にどのような実存的意味を見出すのかについてはあまり注目していないが、それに対してフィールド理論では、移民が用いる戦略は実存的意味と不可分に結びついているとされる。本章において筆者は、移民のエージェンシーが、経済目的達成のために利用する戦略に反映されているだけではなく、移住という行為への意味づけにも反映されていることを見ていきたい。

データ

本章では、現代日本における移民の経済活動を概観するとともに、その多様性の原因について検討する。移民の経済的位置づけを調べるために、日本における移民の経済状況に関する既存のケーススタディと、法務省の出入国管理統計年報を利用した。移民がこれらの異なる位置にどのように到達したかを分析するためのデータの大部分は、筆者が２０１１年に開始した日本学術振興会（ＪＳＰＳ）科研費による比較研究（日本における「新」移民）のデータに基づいている。これは質的研究を中心としたプロジェクトで、深層インタビュー、フォーカス・グループ・ディスカッション、移民による各種の組織的なイベントや集会への参加者の観察、オンラインでのやりとり等から構成されている。

筆者は研究アシスタントの協力を得て、中国、韓国、フィリピン、ブラジル、北米、欧州の一世、一・五世、二世の新移民２００人以上へのインタビューを実施した。インタビュー対象者（サンプル）は、インターネット上の広告と筆者個人の社会ネットワークを通じて募った。サンプルは完全にランダムに選んだのではなく、さまざまな側面からの観察が可能となるよう、多様性にも配慮した。

またフォーカス・グループを設定して（在日中国人については一世の2グループと一・五世の1グループの合計3

グループ、在日韓国人一世は2グループ、ブラジル人一世も2グループ）ディスカッションを行った。同時に、筆者はブラジル人研究アシスタント1名と共に、在日外国人の各種の集会やイベント（たとえば、中国人向けの週末の中国語授業やブラジル人向けの教育相談会）への参与観察を行った。これらの公的な場において、在日外国人たちはさまざまな課題について話し合い、情報や知り合いの消息などを交換しており、ディスカッションの内容は、彼らがどのような戦略行動フィールドに、どのような立ち位置でいるかを理解する上で役立った。さらにオンラインでのやりとりからも、在日外国人が抱えるさまざまな問題や彼らが住む世界をうかがい知ることができた。

在留外国人の異なる経済的立場

外国人は、日本の社会においてさまざまな手段により経済参画しており、また労働市場でさまざまなニッチな位置を占めている。フィリピン人は大部分が女性で、エンターテイナーや介護労働者が多い（たとえば、Piquero-Ballescas, 1992; Tyner, 1996; Suzuki, 2008; David, 2009; Ogawa, 2009; Lopez, 2012）。日系ブラジル人は主に出稼ぎ労働者である（Tsuda, 2003; Roth, 2002; Higuchi & Tanno, 2003; 大久保 2005; 小内 2009; Sasaki, 2013）。起業家としての日系ブラジル人を論じた研究は数例しかない（イシ 2009）。一方、在日中国人はもっと多様だ。研究によると、中国人は労働市場において、日本企業の専門職（Takenoshita, 2006; Liu-Farrer, 2011b）、トランスナショナル（越境的）な起業家（Liu-Farrer, 2007, 2011b）、あるいは日本の工場、農場、海で重労働に従事する研修生（技能実習生）などとして働いている（たとえば、駒井 1993; 三木 2005; 馮 2011）。他方、韓国人は、これらのニューカマーとは対照的に、制度的な差別と長年闘い、今は経済的に日本社会に同化しているオールドカマーとみなされることが多い。16万人以上いるニューカマーの韓国人をめぐる議論は、言語教育とアイデンティティが中心で（たとえば、金・安本 2008）、エスニック・ビジネスや起業家の経済活動を対象としたものはあまりない（たとえば、林 2004）。

本章の研究内容は、筆者ら自身の観察や理論的興味を反映しており、研究対象とすべき移民の経済活動はこれ以外にもあるだろう。実際、フィリピン人や日系ブラジル人の中にも、起業したり企業に就職したりする人はいる。また、語学学校で英語を教えたり、日本の学校で先生のアシスタントを務めたりするフィリピン人も明らかに増えている。しかし、経済参画に異なるパターンが存在することは疑いようがない。移民は出身国により、労働市場において異なる位置を占めている。特に日本に長期滞在する外国人については、すでにいくつか例を見てきたように、国籍による労働市場のセグメンテーションがみられる。[1] そのマイナス面の一つが、若い移住者や日系ブラジル人二世の子どもの社会階層が固定化してしまうことである（田巻 2013）。受け入れ社会において、移民の子どもが教育問題に直面するケースはよくある。だが学校を中退したり不登校になったりするという子どもは、中でも日系ブラジル人に多い。その原因は、学力の問題だけでなく、工場労働以外の仕事の可能性を子どもたちが見出せないでいることにもあるだろう。

図10・1に、経済参画の概念を用いて、在日外国人がどのような経済的位置づけにあるのかを示した。

二次的労働市場で雇用されるのは、常勤労働者である技能実習生（旧 研修生）と日系ブラジル人と、通常は非常勤で働く学生である。[2] 梶田（1994）によると、日本の労働市場の構造上、在日外国人が就労可能な仕事は二極化しており、高度に専門化した技術部門か、底辺の製造業やサービス部門となっており、いずれの部門も労働力を必要としている。だが日本政府は、これまで非熟練労働者や半熟練労働者の正式な受け入れには消極的で、日系人労働者の受け入れや研修生制度を設けて、バックドア（裏口）やサイドドア（勝手口）から移民労働者を受け入れてきた。これらを経由して入国した移民は、二次的労働市場で仕事するケースが多く、旧研修生は安い労働力として使われてきたが、２０１０年以降、新たに外国人技能実習制度が設けられた。これらの「実習生」は、短期間の実習を終えた後に正式に賃金労働者として認められる事実上のゲストワーカー（出稼ぎ労働者）を指している。日系ブラジル人の契約労働者も、二次的労働市場において非熟練・半熟練労働に従事する労働者の集団を形成する。彼らは人材斡旋業者や派遣会社を通じて雇われ、製造部門の需要に応じてジャスト・イン・タイムで調整される労働力である（Higuchi & Tanno, 2003; Sasaki, 2013）。

在日外国人はまた、日本のグローバル・トランスナショナルなビジネス分野にも進出している。典型例は、日本で高等教育を受けた人たち、あるいは技術分野の高度熟練労働者で、転勤によって日本に来たり、技術ビザを取得したりした人々である。中国人の学生や専門職の日本企業における職業経験について調査した先行研究によると、日本企業においては在日中国人のニッチな職種が出現しつつあり（Liu-Farrer, 2011b）、彼らは中国ビジネスを専門とする企業部門で働いている。日本企業は、日本で学んだ中国人のトランスナショナルな文化的・社会的資本に期待しつつ、彼らを優先的に雇用している。筆者らの今回の研究でも、このパターンはまだ顕著に見られ、サンプルの中には、日本企業や韓国企業、あるいは多国籍企業に就職してトランスナショナルなビジネスに従事する在日韓国人もいた。

グローバル・トランスナショナルなビジネスは、階層化された分野だ。韓国や中国のエリート大学の卒業生は、大企業のトランスナショ

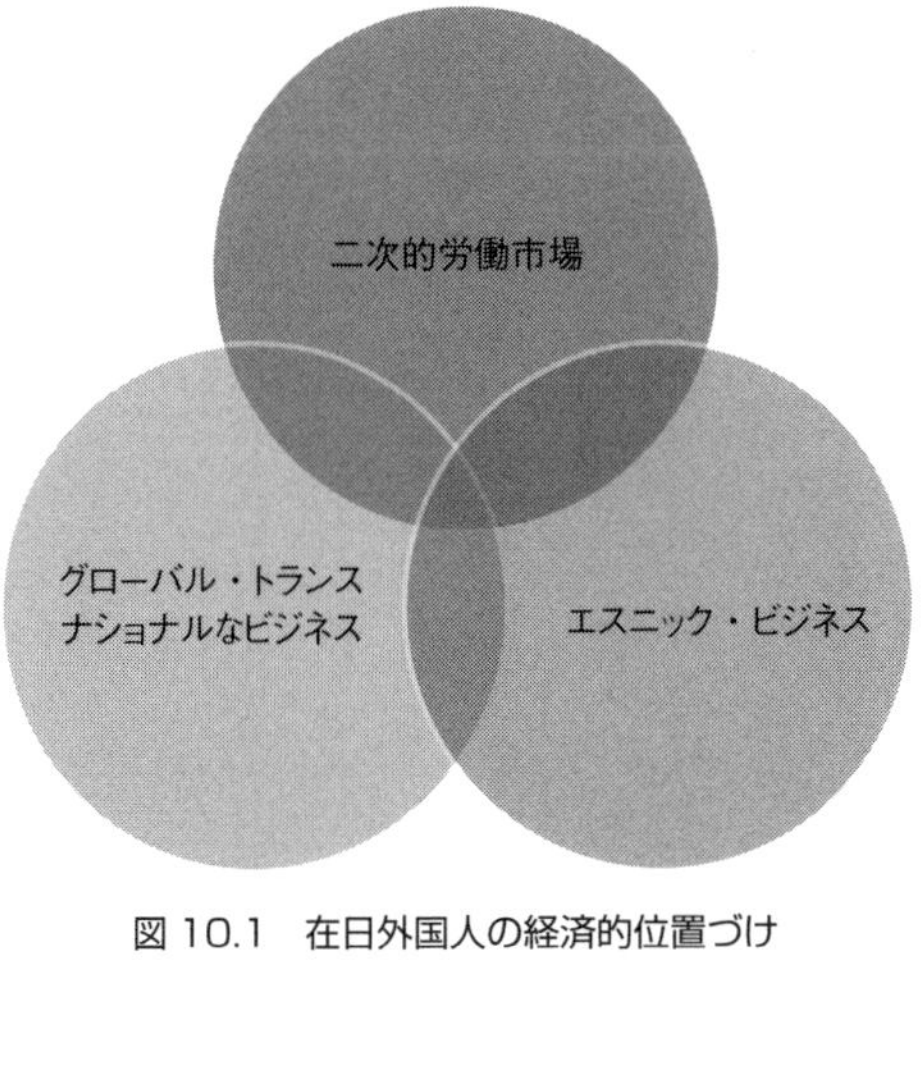

図10.1　在日外国人の経済的位置づけ

◆1　ここでは長期居住者（定住者）と短期の出稼ぎ労働者（ゲストワーカー）とを区別したい。技能実習生は最長3年しか日本で働くことはできず、雇用契約が終了した後も日本に滞在し続けるのはほとんど不可能となっている。

◆2　留学ビザや専門職ビザを持つ人の配偶者や扶養者家族も非常勤労働に従事することができる。

ナルな事業部門で仕事をすることが多い。だが、サンプルの中国人学生や韓国人学生の大部分は中小企業で働いており、このカテゴリーはエスニック・ビジネスとも重複する。専門職の中には、同胞人が設立したトランスナショナル・ビジネスに雇用される人もいるが、これについては後ほど説明する。

また、必ずしもグローバルまたはトランスナショナルなビジネスとは関わりのない専門職に就く人もいる。これはたとえばＩＴなどの技術分野で働く専門職に多い。だが日本企業で長く働いていると、たとえ技術専門職であっても、各国間の架け橋となるような仕事が視野に入ってくるためか、いずれはトランスナショナルなビジネスに関わりたいと思うようになる。この傾向は、中国人の専門職（Liu-Farrer, 2011b）にも、日本企業で働く韓国人社員にも見られる。

日本で見られる典型的なエスニック・ビジネスは、アメリカで報告されているものと同様、エスニック・レストラン、スーパーマーケット、美容院、外国人向けの語学学校その他の学校などである。これらのビジネスの起業者の背景はさまざまだ。元学生も、それまで勤めていた会社を辞めて起業する人もいるし、また移民の配偶者や扶養者が、家計の足しにしようとスモール・ビジネスを始める場合もある。たとえばある中国人女性は、夫が日本の大企業の社員として十分な収入を得ているにもかかわらず、子どもの私立学校の学費を稼ぐために、小さな中華レストランを開いた。技能ビザを持つコックは、他人の店で数年働いた後、自分の店を開いてオーナーとなる場合が多い。

トランスナショナルなエスニック・ビジネスも存在する。これまでの調査によると、トランスナショナルな分野で働く在日中国人起業家は、元々日本企業の社員として似たような業務に従事していた人が多い（Liu-Farrer, 2007）。彼らは、個人の野心と日本企業のモビリティの低さへの不満から、日本企業で培ったビジネスのノウハウや人的ネットワーク、あるいは多文化対応力を利用して、トランスナショナルな取引、製造、ＩＴ生産に乗り出す。これらがなぜエスニック・ビジネスなのかというと、同胞人の社会資源や労働力に依存する場合が多いためである。日本語学校を卒業した韓国人学生が、彼より前に来日した韓国人が設立した小さな貿易会社で働くようなケースがこれに相当する。中国系のＩＴ会社（彼らは「ソフトハウス」と称する）も、中国人のソフトウェアエンジニアを契約社員として雇用することが多い。また、フィリピン人女性が車の輸出販売会社に雇用された例もあった。この会社はオークションで入札した日本の中古車をフィリピンで販売している。

このように四つの国籍集団の人々は、さまざまな仕事に就いているが、いずれも二次的労働市場で働く人の割合が高い。またどの集団も、エスニック・レストラン、雑貨店、美容院その他の移民向けのビジネスを盛んに展開している。多くの人々が移り住む過程でこれらの仕事すべてを経験し、やがてはトランスナショナルあるいはグローバルなビジネスを始めたいという夢も共通している。

だが、社会経済的モビリティには集団によって大きな差が見られる。中国人や韓国人は概して、フィリピン人や日系ブラジル人よりトランスナショナルな企業の社員になる可能性が高い。またフィリピン人移民は、ニッチなグローバルビジネスやエスニック・ビジネス、たとえば英語講師業などに積極的に関わる傾向にあることも調査によって明らかとなった。一方、日系ブラジル人でトランスナショナルな企業を立ち上げたり、企業に勤めたりする人は非常に少ない。また、ブラジル人は自営業者の割合も低いという調査研究もある（樋口・高橋 1998; 梶田 1994）。人的資源のリターンは在日中国人のほうが日系ブラジル人よりはるかに高い（Takenoshita, 2006）。集団間のこのような差は、どう説明できるのだろうか。

制約下のモビリティ——入国管理政策と各種の戦略行動フィールド

四つの国籍集団間で顕著な違いが見られるのは、どのようなチャンネルをたどって入国したかである。それによって法的地位（在留資格）が決まり、日本でどのような活動に従事できるか、あるいはできないかが決まる。表10・1に示すとおり、いずれの集団でも多いのは永住者と日本人の配偶者等で、これは外国人が日本に根を下ろして生活しているとを示している。だがその他の在留資格については、集団によって大きく異なる。

四つの国籍集団の中で在留資格の内訳ごとの人数に一番偏りが少ないのは、中国人である。在日中国人の場合、技能実習生以外の学生、熟練技術者、あるいは高度な技術者も多数いる。ただし技能実習生の場合は、ビザを変更して日本での滞在を延長することはほとんど認められないため、彼らが長期滞在者の増加に貢献することはない。

在日韓国人の特徴は、オールドカマー（在日韓国・朝鮮人）が多いことで、最近来日したニューカマーは全人口の30％程度である。技能実習生を除くと、在留資格ごとの内訳も中国人と似ており、学生や高度な技術を持つ人も多い。

フィリピン人では、結婚を契機に来日して「日本人の配偶者等」という在留資格を持つ人が多い。「定住者」という在留資格を持つ人も多いが、その大部分は、日本人と結婚して子どもが生まれたものの、その後離婚して子どもを養育しているか、結婚せずに日本人との間に生まれた子どもを養育しているケースである。[3] 職種では、以前は「興行ビザ」で来日する人が主だったが、その数は２０１０年の１４１４９人から２０１４年の４３６人へと激減した（法務省入国管理局統計より）。高度な知識を要する「技術・人文知識・国際業務」という在留資格を持つ人や、企業内転勤者も明らかに増えている。また「特定活動」という在留資格もあり、フィリピン人家政婦（家事使用人）の多くはこの資格を有している。

他の三集団と比べると、ブラジル人の在留資格はそれほど多様ではない。在日ブラジル人の大部分は、定住者ビザを取得して来日する。少数の学生を除くと、在日ブラジル人はほぼ全員が日系社会に関わっており、自分自身が日系人か、家族や親族が日系人である人たちである。

では在留資格が異なると、それは在日外国人の経済参画パターンにどう影響するのであろうか。在日外国人の中では、就労に制限のない在留資格を有する日系ブラジル人が一見すると最も有利である。ではなぜサラリーマンやトランスナショナルな起業家が、在日ブラジル人コミュニティからそれほど多く誕生しないのであろうか。筆者は、在留資格の法的枠組みや論理の違いが、在日外国人の戦略に大きな影響を及ぼしていると考える。彼らはこれらの制約を受けながら、戦略フィールドを構築し、自分の利益を推進し、自分の行動の意味づけをするために資源を動員する。以下、在留資格の制約によりモビリティがどのように変化するのかを、典型的な中国人や韓国人の留学生と、日系ブラジル人の長期滞在者との比較から検討する。

留学ビザは活動が制限される法律上の資格である。1日4時間以内のアルバイトが資格外活動許可として特別に認められているものの、学生は原則として学業に専念することが求められる。日本に住み続けるためには、中国人・韓国人学生は学業を続けねばならない。これらの学生の大部分は自費で留

◆3　厚生労働省によると、フィリピン人と日本人が結婚した場合、その半数は離婚に終わっている。

表10.1　日本へのニューカマー（中国人、韓国人、フィリピン人、ブラジル人）の在留資格
出典：法務省統計　2011年

合計	投資／経営	技術＋企業内転勤	人文知識・国際業務	興行	技能	技能実習	留学
中国 672,282 (99.6)	3,974 (0.6%)	28,004 (4.2%)	34,446 (5.1%)	389 (0.1%)	17,657 (2.6%)	107,601 (16.0%)	127,435 (19.0%)
韓国 160,169 (29.4)	2,872 (1.8%)	7,701 (4.8%)	9,166 (5.7%)	313 (0.2%)	1,421 (0.9%)	22 (0.0%)	21,678 (13.5%)
フィリピン 209,332 (99.98)	41 (0.0%)	2,870 (1.4%)	920 (0.4%)	4,188 (2.0%)	302 (0.1%)	8,233 (3.9%)	677 (0.3%)
ブラジル 210,011 (99.99)	28 (0.0%)	116 (0.0%)	73 (0.0%)	140 (0.0%)	52 (0.0%)	78 (0.0%)	322 (0.1%)
	家族滞在	特定活動	永住者	日本人の配偶者等	永住者の配偶者等	定住者	その他
中国 672,282 (99.6)	61,481 (9.1%)	5,374 (0.8%)	184,216 (27.4%)	51,18 (7.6%)	8,078 (1.2%)	30,498 (4.5%)	11,945 (1.8%)
韓国 160,169 (29.4)	16,750 (10.5%)	4,444 (2.8%)	60,262 (37.6%)	18,780 (11.7%)	2,523 (1.6%)	8,288 (5.2%)	5,949 (3.7%)
フィリピン 209,332 (99.98)	2,226 (1.1%)	2,372 (1.1%)	99,604 (47.6%)	38,249 (18.3%)	3,347 (1.6%)	39,331 (18.8%)	6,972 (3.3%)
ブラジル 210,011 (99.99)	358 (0.2%)	114 (0.0%)	119,748 (57.0%)	23,721 (11.3%)	2,043 (1.0%)	62,077 (29.6%)	1）141 (0.5%)

学している（Liu-Farrer, 2009, 2011a）。留学生である彼らは教育費や生活費を稼ぐためにアルバイトやパートで働き、仕事と学校での経験を通じて、日本語を学び、学歴を得て、文化を学んでいく。日本の中小企業が人手不足に悩み、また東アジアではトランスナショナルな経済が急激に拡大していることから、彼らには日本企業に就職するチャンスもある。

中国人・韓国人留学生は、日本と出身国間のトランスナショナル・ビジネスの仕事を積極的に求める。日本の労働市場が十分に開放されていないため、「日本の典型的な仕事」をめぐって日本人と対等に勝負できないことを、彼らは知っている。多言語・多文化という自分のバックグラウンドや能力が日本人より有利となるのは、トランスナショナルなビジネス分野である。新たに見出された職業的ニッチの前には、多くの制度的・文化的制約が立ちはだかっているものの、この戦略行動フィールドは発展途上で参入者が形づくっているところである。

一方、日系ブラジル人は、就労に制限のない在留資格を有しており、日本人の子孫ということで、日本にいわば「帰還」したとみなされている。「外国人」労働者の受け入れに消極的な、単一民族国家である日本では、依然として日本民族の一員として望ましい労働力だとみなされた。日系ブラジル人のデカセギは、当初から斡旋業者によって組織的に行われてきた。ブラジルと日本の斡旋業者は、ブラジルの数倍賃金を払う単純労働の職場へと労働者を送り込む（Sasaki, 2013）。

だが彼らが置かれた戦略行動フィールド（職場）で支配力を持つのは、日本の雇用者と斡旋業者である。日系労働者は、単に日本人労働者の補完・代替労働者にすぎず、外部環境の影響も受けやすい。２００８年に世界が金融危機に襲われた際、多くの日系ブラジル人が失業し、結局2万人近くが日本政府から帰国支援金を受け取ってブラジルに帰国した。[◆4] その後、技能実習制度が導入されたため、二次的労働市場における日系ブラジル人は、彼らの半分の賃金で働く中国人技能実習生に取って代わられつつある（田嶋 2010）。

就労に制限のない在留資格を持っている日系ブラジル人の多くが、中国人・韓国人留学生のように語学学校や大学に通おうとしないのはなぜなのか。これもまた、日系ブラジル人がどのようなチャンネルを経由して来日したかの影響を受けている。第一に、日系コミュニティの孤立が挙げられる。ブラジルから来日した日系ブラジル人は、彼らを送り込んだ就労斡旋のシステムによって、行動範囲も職場も制限されているのである。

来日した日系ブラジル人は、多くの同胞および少数の日本人と共に工場で働くようになり、外の日本社会について知ることはほとんどない。インタビューの際に筆者が、なぜ日本語学校に通わなかったのか、大学などへの進学は考えなかったのかと質問したところ、筆者を見てほぼ全員がこう言った。「うちにはそんなお金はありません。学費を出してもらうなんて、とても無理です」。中国、ネパール、ベトナムなどの外国人学生が、仕事をいくつも掛け持ちして自分の教育費を稼いでいることは、誰ひとりとして知らなかった。社会からの孤立、特に社会的モビリティの可能性や、教育を通じて成功した人のロールモデルなどの情報の欠如は、日系ブラジル人の子どもたちが希望を持てない理由の一つだ。なかには、まだ高校在学中から工場で働き始める日系ブラジル人の子どももいる。彼らにとって日本の大学教育は、お金がかかりすぎて手の届かないものなのだ。

在留管理制度はまた、なぜ移住したかについての理解を条件づけることにより、在日外国人の経済戦略やモビリティに影響を及ぼす。日系ブラジル人の場合は、自分たちの戦略行動フィールドが製造業の労働市場だと理解していた。大久保が2000年に長野県上田市で実施した調査によると（大久保 2005）、契約労働者として働いていた多くの日系ブラジル人は、ブラジルにいる時はホワイトカラーか学生だった。大部分は高校を卒業しており、大学まで進んだ人も多かった。来日の主な理由は、生活費を得ることや、ブラジルで不動産を購入することで（大久保 2005, p.202）、なるべく長い時間働いて、稼ぎを増やすのが関心事だった。その多くは、残業が多く稼ぎも多いより安定した仕事を

◆4　2008年金融危機の後、日本政府は1人あたり30万円もの帰国支援金を支払うという計画を実施した。離日後少なくとも3年間は再来日しないというのが条件だったが、この計画を利用して2万人近くの南米国籍者が帰国した（Tsuda, 2010, p.630; Sasaki ,2013a, p.43）。

求めて転職したり、別の都市に引っ越したりしていた。日本での月収は実に魅力的だった。19歳で来日した若い日系ブラジル人のロベルトはこう語る。

ブラジルで高校を卒業した後、大学に進学できなかったので、コンピュータ販売店で部品の取り付け作業をしていました。給料は約250米ドルでした。両親は小さな雑貨店を営んでいましたが、経営は苦しく、借金もあったので、母親とともに日系人の求人募集に応募して来日しました。私はキャノンの工場の組立ラインで働きました。月収は30万円近くありました。ブラジル時代の10倍です。「これはすごい！」と思いました……

つまり、日系ブラジル人にとっては、より雇用条件の良い製造分野で働くことが戦略行動の目標なのである。他方、中国人移住者は、在留資格や職業階層が多様であるために、移住の意味もそれぞれによって異なる。1980年代後半から1990年代前半にかけて就学ビザで来日した中国人留学生の大部分は、学ぶために来日したのではなかった。その多くは二次的労働市場で働き、ビザの有効期限が切れた後も日本に留まり、不法在留（オーバーステイ）の状態となった。日本語学校に通っていた多くの人々は、ビザの期限が切れると中国に帰国した。オーバーステイの人々も、2003年に法務省が不法滞在者の一斉摘発を始めると、その多くが帰国した。しかし、手っ取り早く稼ぐことが大きな魅力だった時代でさえ、日本に来た本当の目的はいつも別のところにあった。お金のことばかり考えている人は見下された。本当の留学生は「留まる（stay）」するために来日したのである。1989年に来日したあるインタビュー対象者は、当時は魅力的なアルバイトがいくつもあったと振り返る。でも彼女がアルバイトに勤しんでいた時、彼女の姉には「日本に留まりたいならば、大学に行きなさい。アルバイトのことばかり考えて自分の時間を浪費してはだめ。でも、ただお金を稼いで中国に帰りたいのなら、好きなだけ働きなさい」と注意されたという。

重要なのは、成功した中国人留学生がパイオニアとして、日本で学ぶ中国人はどうあるべきかの道筋を示したことだろう。たとえアルバイトで学費や生活費を稼いでいるとしても、成功の本当の尺度は教育のモビリティだ。典型的な留学生は5年から7年かけて、語学学校や大学などのいくつかの教育機関で学ぶ。中国である程度の高等教育を受けていたとしても、多くは日本の四年制大学に進学する。一方、留学生にとってアルバイトやパートの仕事は生活の一部となっている。生活のために働く必要のない場合でも、日本語を上達させたり、日本社会をより理解したりするために、彼らは働くのである。

以上を要約するとこうなる。在日日系ブラジル人は、自由に就労できる法的地位を享受しているはずであるが、職業や社会での移動が大きく制約されている。一方、中国人・韓国人留学生は活動が制限されるビザを有しているが、教育のモビリティを通じて成功する方法を模索し、結果として上昇移動を可能としている。つまり、個人の資質というよりは、どのようなチャンネル経由で来日したかによって、自らの戦略行動フィールドをどう認識し、日本に移り住んだ目的をどう理解し、どのような戦略を取るかが規定されるのである。

結　論

本章では、日本の社会や経済への参画方法が、在日外国人の国籍集団ごとに異なることを検討した。まず、日本の在留管理制度のもと、入国するためにはさまざまなチャンネルがあるが、経済的モビリティのために自分の資源をどう動員できるかは、多くの制度的・社会文化的状況に左右されることを論じた。フリグスタインとマクアダム（Fligstein & McAdam, 2012）が論じるように、制度的戦略は、個人がその行動に与える存在的意味と不可分である。本章は、在日外国人が日本における経済状況を向上させるためにどのような戦略を取るか、そしてそれをどう意味づけるかについての検討を通じて、彼らが日本でどのように異なる経済的位置を占めるに至るかを理解しようと試みた。

筆者は、在日外国人は戦略行動フィールドについて自分なりの認識を持ち、移住の目的についても自分なりに理解していると論じた。移住という行為自体、そしてどこに住み働くかは、戦略行動の結果であることが多い。一方で筆者は、在留管理制度が、在日外国人の戦略行動フィールドにも影響を及ぼす点も強調したい。本章では、日本企業に就職する中国人・韓国人留学生と、不安定な二次的労働市場から抜け出せない日系ブラジル人とを対比させたが、なぜそうなのかの理由は、単に人的資本や意欲の問題によって説明できるものではない。それよりも、それぞれの入国チャンネルの違いが、行動フィールドの違いにつながるのである。留学生のほうが法律上の制約は大きい。だがその制約が、狭いながらも上昇移動のチャンネルを提供している。彼らは、企業社会のトランスナショナルな分野で仕事ができるよう、文化資本や学歴を獲得せざるを得ない。一方、日系ブラジル人が比較的簡単にスムーズなチャンネル経由で入国し、高賃金の職場で働くことができるという事実は、そのコミュニティが実際には外の世界と隔絶されているという実態を隠蔽している。彼らの雇用柔軟性は高いかもしれないが、上昇移動する機会は奪われている。また孤立によって、資源は奪われ、将来展望は広がらず、外部からの影響に弱い立場へと追いやられてしまうのである。

第11章 東アジアにおける階層的なソーシャルネットワークがもたらす勢力の検討

■池田謙一、竹本圭佑

はじめに

社会的な関係性において、勢力（power）の差異は不平等ないし階層的な地位差を生み出し、「下位者」が「上位者」に従ったり同意するような圧力の源泉となる。東アジアの文化的伝統の下では、勢力の差異が社会関係、ひいては社会全体を規定すると考えてきた。つまり社会関係における勢力の不均衡は日々のソーシャルネットワークに内在化されたメカニズムとなって機能しており、親子間、兄弟姉妹間、組織内の上下間、支配する側と支配される側といった階層性を持つ全ての社会的な関係性の文脈を通じて上位者の優位性が文化的に正統化されてきた。「忠」や「孝」を主体とする儒学思想はそうした正統化を示す代表的な価値概念である。

かたや21世紀の初頭には、東アジアにおいてもグローバル化の影響が進展し、本書のいくつかの章で見てきたようにさまざまな障害を孕みながらも、この文化的慣行が変容してきている。第二次世界大戦後に日本は民主化を経験して既に70年を経過し、韓国や台湾でも四半世紀が経過している。21世紀初頭の東アジアの民主主義の実践の中で勢力の差異の持つ意味が東アジアと西欧諸国との間で異ならなくなっているのか、この点を実証的に見ていきたい。

アジアン・バロメータによる東・東南アジア各国の全国サンプルを用いた近年の政治文化研究では、東アジア的な文化的価値としてパターナリズムと調和志向の二つの共通する価値を見出している（後述する）(Ikeda, Kobayashi & Nathan, 2011)。本章の基本的な仮定は、これらの価値が意味を持ち実際に作動するのは、これら地域の市民のソーシャルネットワークを通じた日常的な相互作用の中においてである、という点にある。つまり、これら地域のソーシャルネットワークは、階層的に構造化されやすく（上下関係が明確で）、同質化の度合いも高くなりがちで、そうしたネットワークのあり方が市民の行動を規定するのだと考えられる。この仮定に基づいて検討を進める。

さて、儒教の影響が及んできた東アジアにおいて、こうした文化的価値と民主主義との関わりをいかに捉えるか。近年になって「民本（Minben）」概念に着目する研究はその一つの方向性を見せている[1]（Shi & Lu, 2010; Spina, Shin & Cha, 2011; Murthy, 2000）。ここでは、人民が国の政治の礎である（the people as the root of the state）という字義を具現化する中で、民主主義の制度設計の根幹である選挙やチェック・アンド・バランスといった手続き的仕組み以上に、徳を積んだリーダーが人々を護り、その福利増進を図ることをとりわけ強調する。人々の自律的な意思表明や法の支配を超えうる、こうしたリーダーの役割に着目することには、政治的リーダーと市民との間の非対称性の存在を基本的に肯定する可能性を持つ。そしてパターナリズム的だが徳に優れて慈悲に満ちたリーダーを重視することで、この階層的な権力（勢力）の正統化や固定化と民主主義とを両立させる、つまり民本を実現させる可能性を探る。さらに、リーダーが調和的な政治的秩序を求めることによって、市民がどれだけ国の礎であったとしても異論を抑圧しうることが暗黙のうちに想定される一方、抗議や諫言の伝統は儒教の中にも存在してきたと主張される。

こうした考え方は、西欧発の社会関係資本論のあり方とは両立しない（Putnam, 2000）。社会関係資本論では、上下関係を当然の社会関係だとは前提としない水平的なネットワークの中で、異論のやりとりこそが本質的であって例外ではないことを根幹としており、それが根付くことこそが豊かな社会関係資本とリベラルな民主主義をもたらすと想定しているからである。

では、「民本」を反映するようなソーシャルネットワークが現代の東アジアの中で、リベラルな民主主義と相反するような効果をもたらしているだろうか。本章では、倫理的寛容性および対人的／制度的信頼に焦点を当ててこのことを検討する。寛容性も信頼もリベラルな民主主義における社会関係資本の重要な要因であるからである。

ソーシャルネットワークと文化的価値

池田とリッチー（Ikeda & Richey, 2011）は著書の中で、東アジアの文化的背景を持った日本人の政治行動の研究は、日本を越えた東アジアの民主主義の行く末に関する重要な洞察をもたらすと議論した。日本は非西欧諸国の中では最長の民主主義の歴史を有し、しかも伝統的な儒教的東アジア文化を大なり小なり引き継いできているからである[2]。日本の儒教のあり方は何世紀もの間、他の東アジアの儒教のあり方とは異なってきたが（Eisenstadt, 1996; 渡辺 1997, 2010; 黄 2010）、それでもなお一般市民の思考の様式として、日本と他の東アジア諸国に共通する権力・勢力に対する文化的志向性が析出される。近年のアジアン・バロメータ調査による東・東南アジア13国比較研究の成果によれば、社会的上下関係の重視と集団内調和志向の強さという点で近縁なのである（http://www.asianbarometer.org/ :

◆1　吉野作造の民本主義を意識して議論されているわけではない。

◆2　ここでは「儒教」単独の影響を検討しているとは考えない。東アジアの政治文化に共通の伝統は、哲学的な影響のみならず、政治システムや文化的社会的不平等性の正統化のロジックとして儒教的思考の中に典型的に現れていると考える。

Ikeda, Kobayashi & Nathan, 2011）。本章では東アジア社会調査（EASS2012）のデータを用いることで、こうした勢力・権力への志向性が社会関係の中でいかに機能しているか、日本のみならず、韓国・台湾・中国に共通する一般的な効果を検討する。

ソーシャルネットワークが人々の政治行動を制約することは、アメリカの初期の選挙行動研究でも、近年のソーシャルネットワーク研究でも知られてきた（Lazarsfeld et al., 1944; Huckfeldt & Sprague, 1995）。またそれは日本人の行動にも当てはまるものであった（Ikeda & Huckfeldt, 2001）。本章ではさらにソーシャルネットワークが文化的価値の関数であると主張する。たとえばパターナリズム的価値と調和志向はソーシャルネットワークの特徴として具体的に立ち現れ、そのネットワークが階層的な上下関係として機能し、同調圧力を及ぼすことで、リベラルな民主主義の機能にマイナスの効果をもたらす可能性があると考える。

換言すれば、我々はソーシャルネットワークと価値が相互に依存的なものだと考える。つまり、パターナリズムを強調する文化ではそうでない文化の下にいるより、人々は上下に階層のあるソーシャルネットワークの一部に位置していて、上方からの圧力に対して受容的であり、また下方に対しては自らの優位的位置を意識するだろう。そして、同質的なネットワークでは調和志向的な社会的行為が誘発されやすく、不同意や対決的な姿勢は重要視されない傾向があるだろう。逆に、パターナリズム的価値を支持する人々は、水平的に組織され平等志向的なソーシャルネットワークよりも、明瞭に上下関係に沿って組織された階層的な社会的関係のほうが居心地よく感じるだろう。同様に調和志向の強い人々は同質的な社会環境を異質さを含む社会環境より好むだろう。前者のほうが調和を乱したり不同意を引き起こす可能性がより低いと思われるからである。こうした推論には、経験的データによる裏づけもなされるようになった（池田・竹本 2018）。

以上を踏まえて、一般的仮定として次のように考える。パターナリズム的価値や調和志向的価値の持ち主は、その価値と一貫したソーシャルネットワークの中に住みやすい傾向があり、また逆にソーシャルネットワークはそれと一貫するような信念と行動を強化し促進する。

ソーシャルネットワークに対して文化的価値がもたらすインパクトについての先行研究

池田とリッチー（Ikeda & Richey, 2011）は日本の2000年代初頭の選挙のパネル調査データを分析することで、政治参加に対するソーシャルネットワークの効果を明らかにしようとした。上下に階層的なネットワークや同質的なネットワークの中に住まう人々が、他者に対して自らの政治的志向性に一致するような方向性に政治参加を強要するようなことがないかどうかを検討したのである。結果はそうしたネガティブな効果を示さなかった。その点でパットナム的な社会関係資本が豊かな水平的ネットワークを欠いたソーシャルネットワークの中でも、アジア的価値がマイナスに寄与することはなかった。

その一方で、上下関係が投票方向と一定の関連性を持つことも見出された。つまり、調査回答者とこの回答者の目上の重要他者との間には投票選好の類似性があった。選好の類似性は上下関係の圧力によるものではないと推測される分析結果も析出されたが、他方で目上の他者の政治知識の度合いを統制しても類似性は成り立っていた。儒教的な文化の伝統の下では、目上の者は知恵あるもの（sage）として振る舞わなければならない。つまり上位者は下位者に対して自分の立場を単に強制するというのではなく、下位者に対して自己陶冶された知的なモデルでなければならないということを意味する。上記の池田らの知見はこうした期待とはうまく整合しない。投票の類似性は上位者の知識の多寡がもたらしたものではなかったのである。類似性は下位者が何らかの形で上位者から投票の手がかりを得たことを示唆しているのみであった。

本章では投票行動に代表されるような政治参加ではなく、説明されるべき従属変数として寛容性と対人的・制度的信頼を取り上げる。その理由は、これらの変数が国ごとの違いといった制度的な条件に左右される政治参加よりも人々の有する価値に対して敏感であること、寛容性はリベラルな民主主義のコアな価値の一つであり立場の異なる市民間のオープンの討議を可能にするものであること（Mutz, 2006）、また社会の中で監視なくして社会が機能するための役割を信頼が果たしていること（池田 2010; Yamagishi & Yamagishi, 1994）、による。

アジア的価値、寛容性、信頼

■ 政治的寛容性と倫理的寛容性

政治の文脈での寛容性とは、「自らが反対したり拒否したりすることがらに『がまんする』こと」であり、「自らが反対する観念や関心を表明することを許容しようとすること」（Sullivan, Piereson & Marcus, 1981, p.2）であると定義される。この定義では、政治的に不人気な集団や政党、あるいは個人が彼らの考えを広く流布させようとしたり公職に立候補することが、寛容性が試される機会だとする。

こうした状況には、実は二種類の寛容性が含まれている（Ikeda & Richey, 2009）。第一は、当該の問題の行為を行う集団を市民が（それがいかに極端なものでも）合法的な枠内であれば、法も含めた制度的な規制が彼らに悪意ある行動をさせないでおくことができる、として許容可能と判断する場合、である。これは安全性が（制度によって）確保されていると認識するケースで、ここではこれを「政治的寛容性」と呼ぶ。第二は、人がどんな価値観を持っていようと政治に参加する平等な権利を有すると考え、また極端な考えの持ち主でさえも他者の権利を疎外することがない（あるいは害ある行動をしない）限りにおいて極端な考えを表明したり行動することを許容することである。これを「倫理的寛容性」と呼ぶ。これらの区分は，山岸ら（Yamagishi & Yamagishi, 1994）による安心と信頼の概念的区別に対応している。

この区分に基づくと，政治的寛容性は，強制力をも含めた制度やルールの仕組みが制度的な監視，罰や他の統制手段で不人気な集団が看過できない行動に走らないように妨げられる限り，確保される。倫理的寛容性は，制度的な支えの如何よりも人々が自らの意見を表明できる自発性に対する態度であり，不人気な考え方に対しても自らの自発的意思で発言する限り許容すればよいと考える。本章では，倫理的寛容性に焦点を当てる。政治的寛容性は定義上，国の制度などによって大きく変化しうるもので，東アジアではそうした制度的文脈の差異が政治行動については大きいからである。

では倫理的寛容性とアジア的価値を反映するソーシャルネットワークとの関連性はどう捉えられるだろうか。アジア的価値が情け深いパターナリズムを標榜するものだとしても，ネットワークの持つ階層的性質は倫理的寛容性と両立しにくいものだと考えられるのではないだろうか。上位者が下位者に対して上位の指示に従わせようとする基本的な図式に優位性があるからである。したがって，検討すべき仮説1として「階層的なネットワークに属している人々は（上下関係に慣らされている人々は），そうでない人々より倫理的寛容性が低いだろう」。階層性の中にあっては，下位者は上位者に対して不同意を示すことにためらいを示し，しばしば考えもせずに上位者が正しいと仮定し，他方で下位者からの不同意を上位者は抑圧する傾向を持ち，結果として異なる意見を受容しにくくなることで，倫理的寛容性が下がると考えられる。

同様の線上で仮説2を立てよう。「ソーシャルネットワークが同質性を強調するところでは，異質な意見を回避する傾向が生じ，結果として異質な他者を含むネットワークでは倫理的寛容性が低いだろう」。

■信頼の概念

信頼は複合的な概念であるので、まず定義的な区別をしておきたい。第一に、他者に対する信頼と制度に対する信頼は性質が異なる。第二に、他者に対する信頼には二つの様態が含まれる（Yamagishi & Yamagishi, 1994）。その一つは、他者が自らに対して悪意を持たないと期待できる場合の信頼（狭義の意味での信頼）、いま一つは他者が自らに対して適切に振る舞わざるを得ない誘因の構造下に行動を制約されていて、悪い行動をすれば罰を受け、よい行動をすれば報酬を受けるような場合（＝安心）である。狭義の信頼は、一般化された尺度（一般的信頼）「一般的に言って、たいていの人は信頼できますか」と、特定的な他者を念頭に置いた尺度（対人的信頼）「あなたは○○の人を信頼できますか」（親類、近所の人、などが「○○」に入る）、として測定しうる。

第三に「制度に対する信頼」（制度的信頼）はより複合的である。ルールや物理的なシステムといった制度的仕組みを通して制度が信頼できるという側面と、制度の作動に責務のある人に対する信頼（制度の責任者のみならず、制度を現場で運用する人々。例として、パイロットや行政の窓口などへの信頼）という側面がある。また制度の運用者は制度のプロフェッショナルであるが、彼らは制度のルールに従うはずだという期待が持てるという側面（安心的側面）とプロとしての職業的信念として真摯に行動するという期待の側面とがある。本章では、さまざまな制度の中のプロに対する信頼に焦点を絞って制度的信頼を測定する。

■アジア的価値と制度的信頼

東アジアの価値観のもとでは制度的信頼はどう捉えられるだろうか。この価値観のもとでは階層的なネットワークが肯定的に捉えられ、組織や団体の中でもタテ型の構造が望ましいとされやすく、支配的立場となる上位者は組織の階層性に正統性があるとして、下位者にもそれを受容させようとするだろう。そしてこの正統性によって組織は制度として信頼されるべきものであり、組織に対する異議はあっても許容されず抑圧すべきものとする傾向を持つだろう。それは同時に、上位者と下位者の論理の同質性を重視することにつながるだろう。さらに「組織や団体」は政治的な制度である国会や政府といったより広範な社会的事象に対しても当てはめられ、国会や政府に対する制度的信頼においても、パターナリズム的または調和志向的な価値が強調されるだろう。

しかし、ポーランドの経験に基づくと、パターナリズム的価値はそのような論理を持たない、とストンプカ（Sztompka, 1999）は主張する。彼は、パターナリズム的価値は市民社会における信頼の代替的機能を果たすものであり、正統性に基づく制度的信頼ではなく、パターナリズム的な支配は支配者に対する不信と支配者からの監視を招くものだと論じる。この論理が儒教的なパターナリズム的価値の論理に替わって成り立つことも考えられるかもしれない。東アジアの価値は特に儒教では、支配する側の情け深さ（benevolence）を仮定するが、そうしたものを仮定しないポーランドからの視点は、グローバル化された東アジアにおいても実証的な検討に値するだろう。

池田（Ikeda, 2013）は東・東南アジア13か国の国際比較データであるアジアン・バロメータ調査データを用いて、この問題を検討した。ここではパターナリズム的価値と調和志向的価値への志向を国ごとのアグリゲートな水準（サーベイデータの平均値を国ごとの文化の志向の水準と見なす）とした階層的モデリング（ＨＬＭ）での分析を行った。結果は、①パターナリズム的価値の高い文化では政府への信頼が高い傾向があり、このためストンプカ的なロジックは成立していない、②また、調和志向的価値が高いほど逆に政府への信頼は低下する傾向があり、東アジア的な価値からの予測を支持しない、という混合した結果だった。

本章では、この構造的な効果をソーシャルネットワークの属性として検討する。

第一に、儒教的な価値は階層的なネットワークの正統性を強調するため、監視や強制力などの誘因構造を用いなくてもリーダー層は下位階層の人々を支配可能だと考える。しかし一般的にソーシャルネットワーク自体に階層性があったとしてもそこに自動的に規範的に上位者が下位者に対する優越性を仮定できるとは限らない。そこで、フォーマルな組織の中の上下関係では、ここでの階層性が階層の正統性が規範的なものだと受け止められる限りにおいてパターナリズム的な効果が発生すると考える。したがって仮説3として、「階層的なネットワークは制度一般への信頼と正の相関を持つが、それは階層的なネットワーク自体が正統性を有する程度に依存している。したがってよりフォーマル性の弱い階層的なネットワークではこの相関は弱化する」と考えられる。

ネットワークの同質性・異質性の効果についてはどうだろうか。同質性は調和志向的価値と密接に関係しているため、制度の正統性に対する不同意を受け入れない傾向を持つだろう。したがって仮説4は「同質性の高いソーシャルネットワークに属していることと制度的信頼との間には正の相関があるだろう」となる。池田（Ikeda, 2013）の結果とは一致しないが、論理的な予測としてこのように仮説を立てることとする。

■アジア的価値と社会的信頼との関係

伝統的なアジア的価値は、社会的関係を制約する方向に左右すると考えられる。そして現存の限られた社会的相互作用の中で、関係性の内側の個人に対する信頼を強調するだろう。

第一に、パターナリズム的価値は縦型に構造化された社会関係を統制する志向性を持つため、オープンで新しい社会関係を文化的には歓迎しないのではないだろうか。このため、高い一般的信頼はサバイバルしにくい。仮説5「階層的なネットワークの中の個人は一般的信頼を低く持つ傾向がある」。また、一般的信頼の高さは異質でオープンなソーシャルネットワークと親和性を持つことから、仮説6「調和志向的価値の選好は（より固定的でクローズな社会関係を志向することを通じて）一般的信頼とは負の相関を持つだろう」。

第二に、対人的信頼（特定の人や集団に対する信頼）を（縦型や同質性などの）ソーシャルネットワークの特性から予測するのはより困難であろう。特定他者・集団への信頼は関係性の実態に依存するためである。したがって仮説7は「ソーシャルネットワークと対人的信頼との間の関連性は、一般的信頼と比べてより不明瞭であろう」となる。

データ

東アジア社会調査（East Asian Social Survey: EASS）を用い、こうしたソーシャルネットワークの性質を検証することとした。参加国・地域は日本、韓国、台湾、中国であり、そのすべてで代表性のあるサンプルに対し訪問面接調査が実施された。２０１２年の第４回調査ではこの４か国・地域間でソーシャルネットワークと社会関係資本を比較している。◆3

測　度

従属変数

倫理的寛容性

倫理的寛容性は、①立場や地位が自分とほぼ同じ知り合いの人、②立場や地位が自分より高い知り合いの人、③立場や地位が自分より低い知り合いの人、に対し、意見が違っていた場合の話のしにくさを測定し、数値が大きい

◆3　謝辞：East Asian Social survey (EASS) is based on Chinese General Social Survey (CGSS) , Japanese General Social Surveys (JGSS), Korean General Socil Survey (KGSS), and Taiwan Social Change Survey (TSCS), and distributed by the EASSDA.

ほど寛容性が高いことを示すよう処理した。図11・1からは、一般的に言って、回答者は立場や地位が対等の人々に対しては意見が違っていても話をするのは苦にしていないが、立場や地位が高い人と意見が違っている場合には若干の話し辛さを感じていることが読み取れる。国家間の回答傾向にそこまで大きな差はないが、韓国人で立場や地位にやや敏感である（設問の詳細は本章末のアペンディックス参照）。

一般的信頼

一般的信頼は日本語では「一般的に、人は信用できると思いますか。それとも、人と付き合う時には、できるだけ用心したほうがよいと思いますか」と尋ねた。この設問は世界的によく知られたもので、今回は4件法のものを、数値が大きいほど信頼しているよう反転処理した。中国とそれ以外の国で一般的信頼の水準が異なっている（図11・2）。最も信頼の水準が高いのは中国で、次いで日本が続いている。

対人的信頼

「次にあげる人について、あなたはどれくらい信頼していますか」という設問（4件法）から、親類、友人、近所の人、

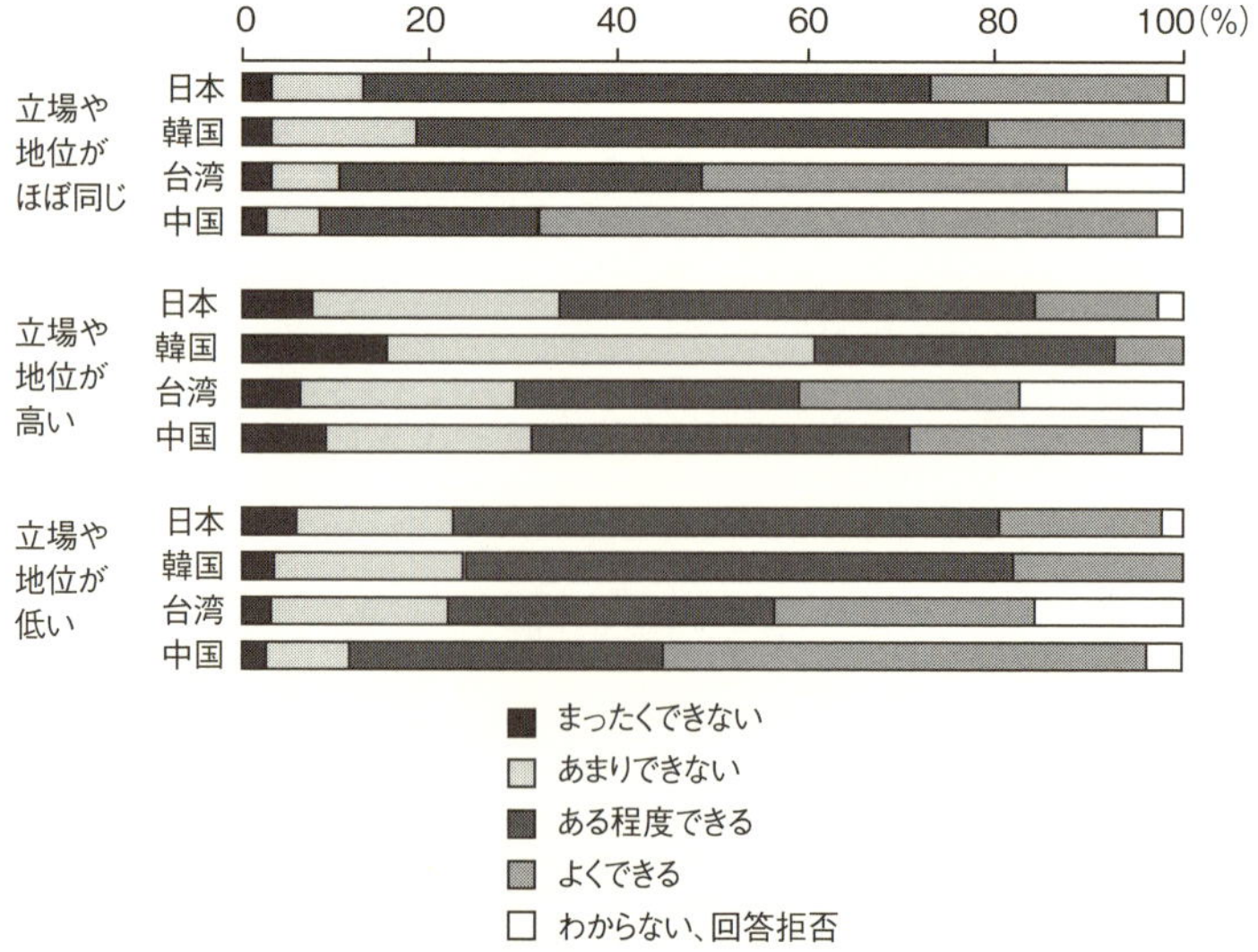

図 11.1　社会的地位や立場がそれぞれ異なる他者への倫理的寛容性

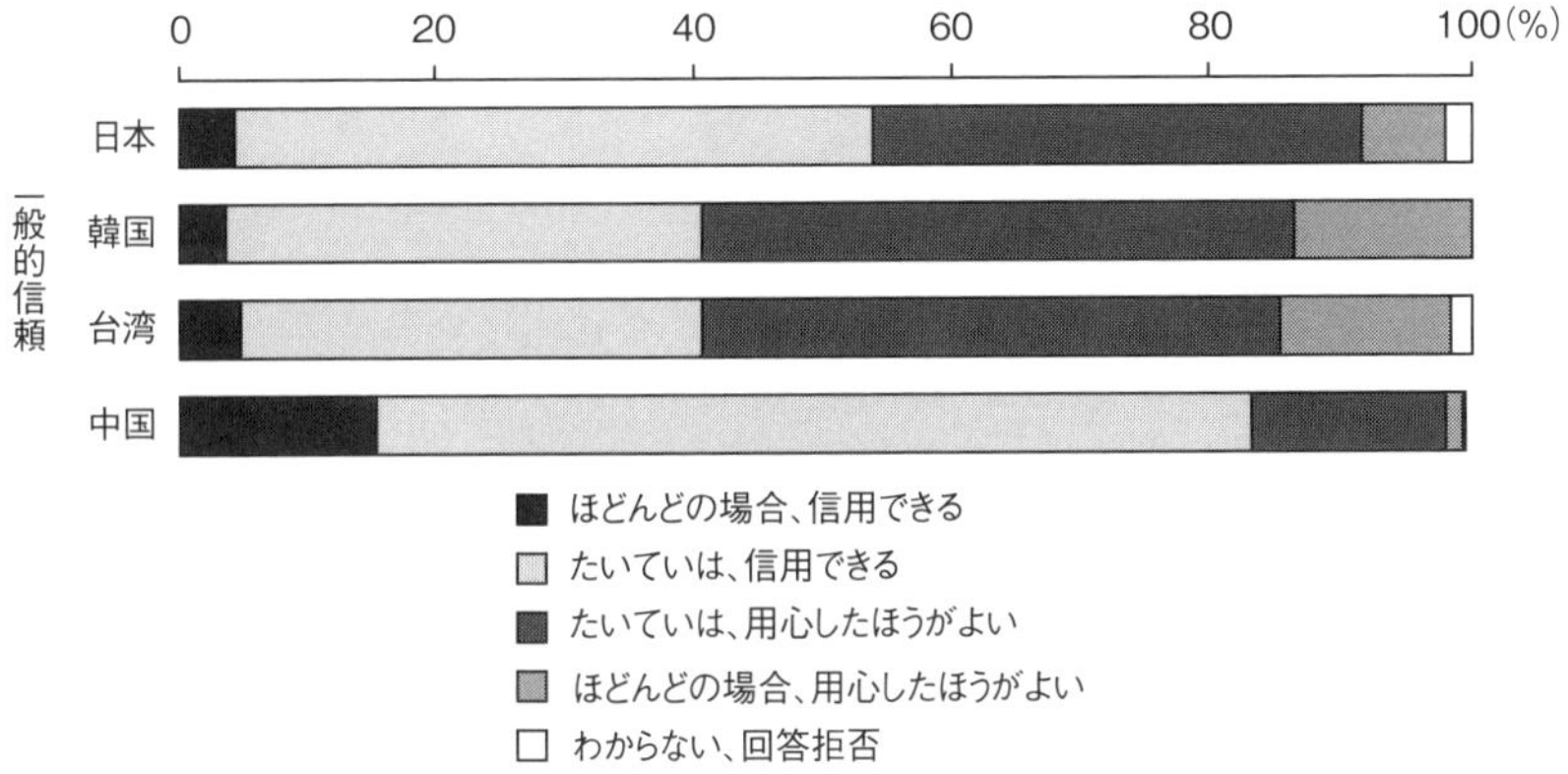

図 11.2　一般的信頼

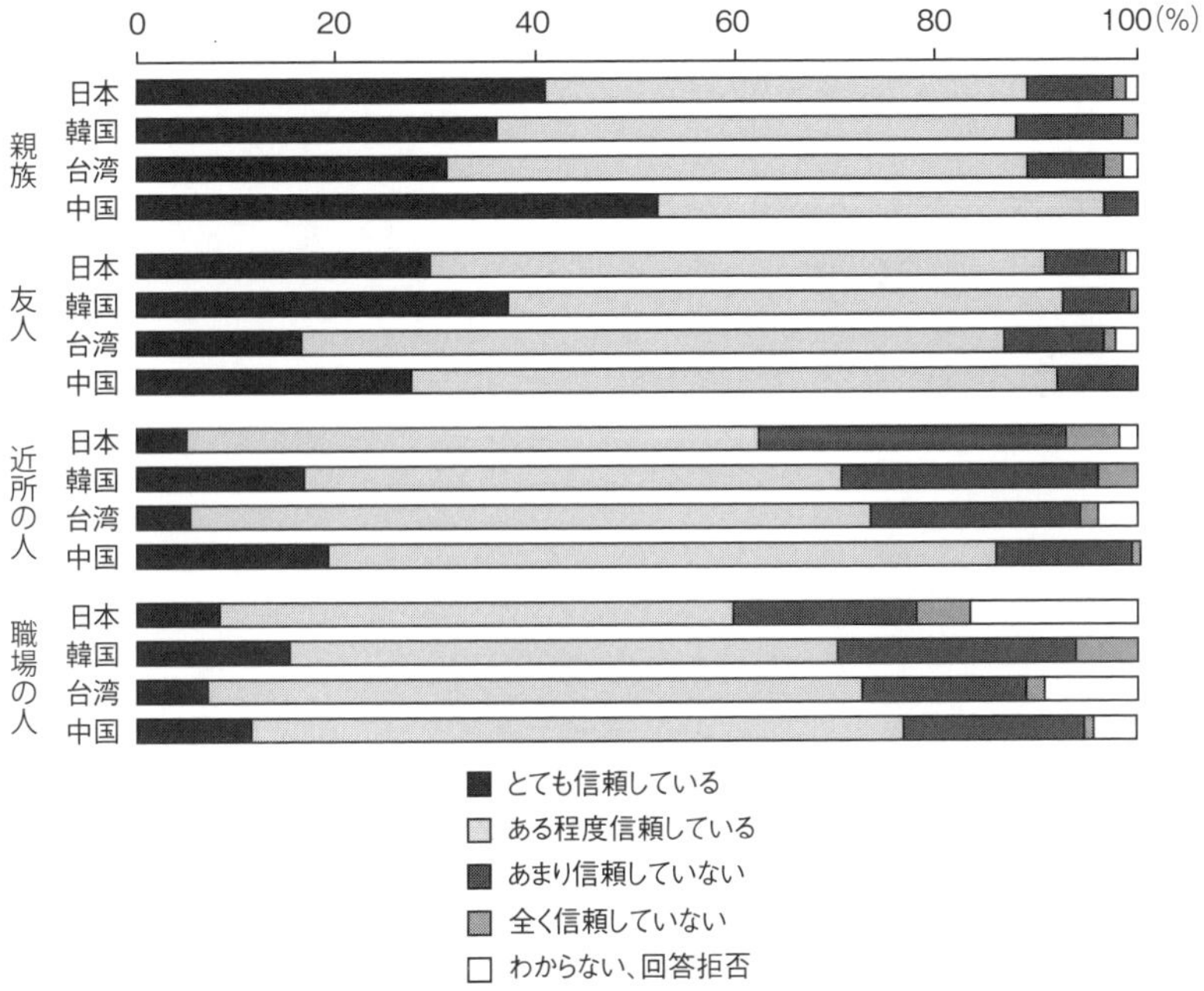

図 11.3　さまざまな関係性の相手への信頼

職場の人それぞれに対する信頼を尋ねた。回答を0（全く信頼していない）から3（とても信頼している）に処理した上で平均をとって対人的信頼の尺度とした。図11・3によれば、中国では親類、韓国では友人への信頼が高い一方で、日本と台湾では近所の人への信頼が比較的低いことなど、国家間である程度の差異が存在する。

制度的信頼

制度的信頼は、官民問わずさまざまな組織で働く制度的な職業人に対する信頼で測定した。これも4件法であり、回答を0（全く信頼していない）から3（とても信頼している）に処理した上で平均をとった。中国データで最も信頼が高い（中国1・85、日本1・55、韓国1・62、台湾1・56）ことは、制度的信頼の先行研究に一致している。

■独立変数

参加団体の階層性・異質性

ボランタリーな組織・団体の種類を示すリストから、ここ最近で最も積極的に参加した団体を選択するよう求め、その団体における階層的関係性と同質性を測定した。リスト内の団体に入っていないと回答した対象者が多かった（日本39・2％、韓国24・6％、台湾69・0％、中国77・2％）ため、分析ではサンプルは全体の半分以下となった。中国データで団体内の階層性が高く、韓国ではより水平的な関係性ではあるものの、全体的な傾向としてはよく似ていることが図11・4から読み取れる。変数としては値が大きいほど関係が水平的であることを示す。団体の同質性では、韓国と台湾で同質性が高いと認知されていた（図11・5）。変数としては、値が大きいほどメンバーの考えや行動が異なっていることを示す。

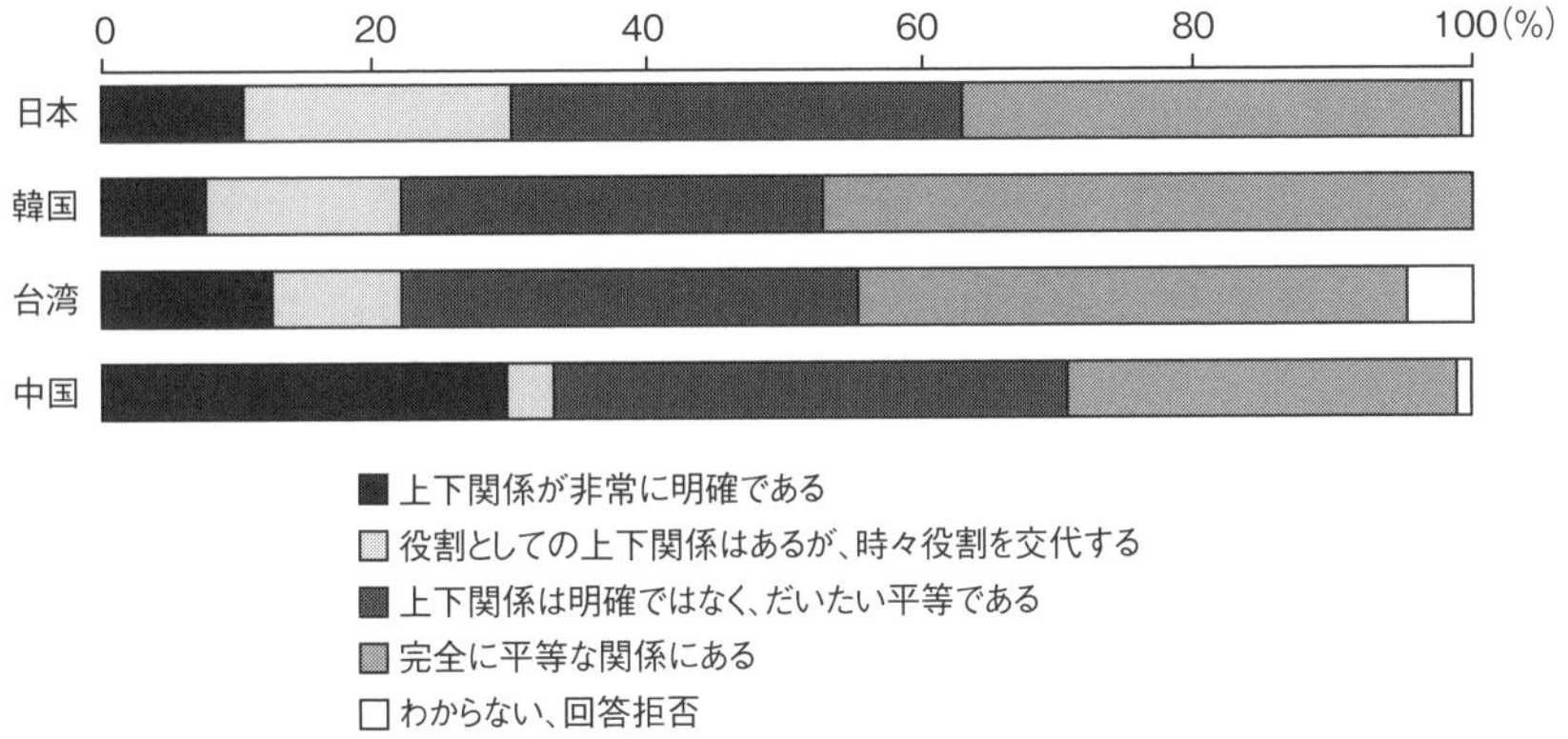

図 11.4　ボランタリーな団体・組織における階層的関係性の認知

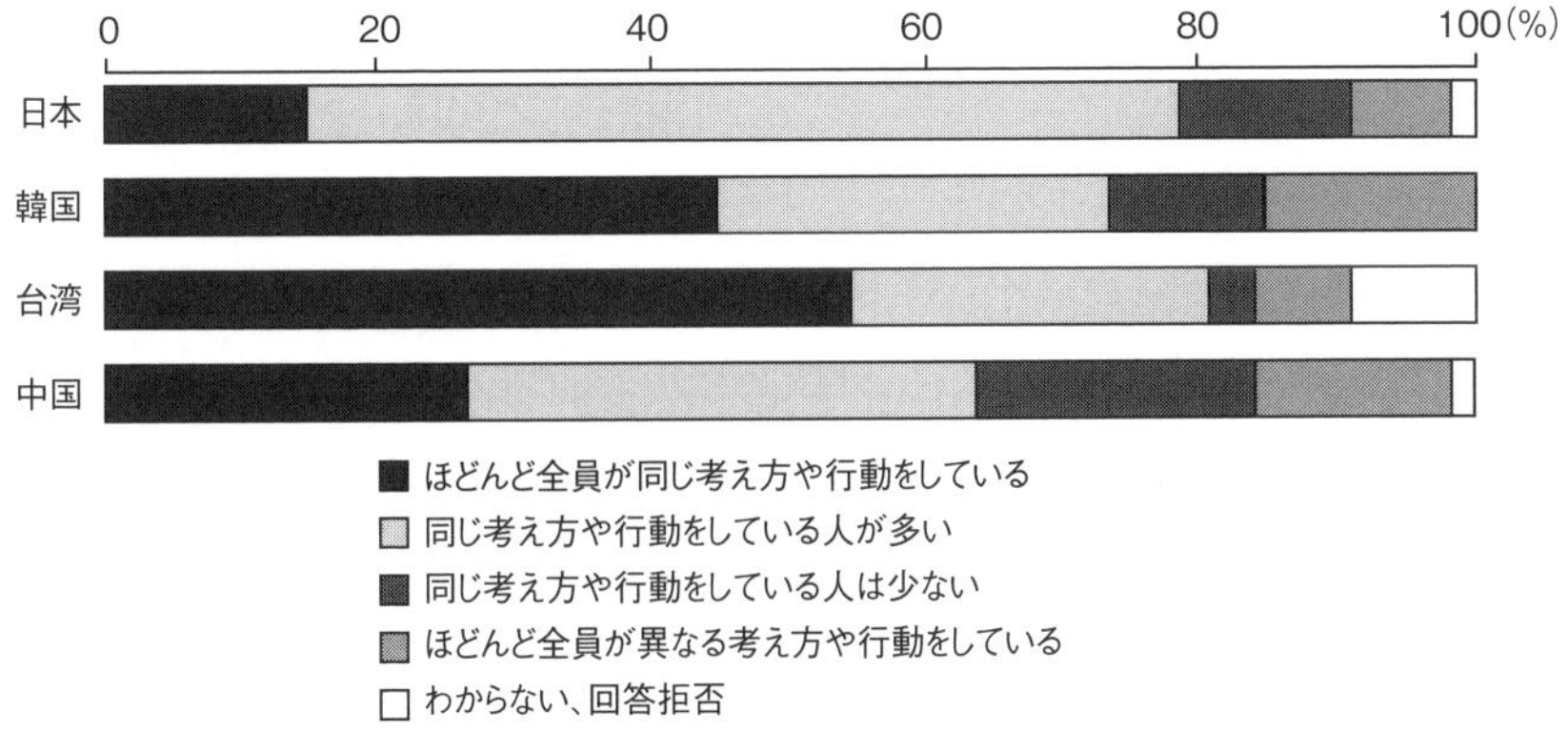

図 11.5　ボランタリーな団体・組織における同質性／異質性の認知

親族以外の個人的なネットワークの階層性・異質性

8点尺度によって，親族（同居していない家族・親類）との接触，親族以外との接触を別個に測定した（アペンディックス参照）。国ごとで，家族・親類ネットワークの大きさには若干の差異が，親族以外との接触では大きな差異が見られた（図は省略）。

ソーシャルネットワークの同質性・異質性に関して，異質性の測度は，親族ネットワークの大きさに対する親族以外との接触の多様性として，親族以外との接触の変数を親族との接触の変数で割った商を使用した。ソーシャルネットワークの異質性を計算すると日本と台湾で高かった（日本2・29，台湾2・45，韓国1・51，中国1・47）。

個人的なソーシャルネットワークの階層性にせまるべく，親族以外で接触する人の社会的地位を尋ね，二つのダミー変数を作成した。それぞれ自分より社会的に地位が高い人との接触と低い人との接触を示す。図11・6にあるように，地位がほぼ同じ他者との接触がかなりの部分を占めるが，接触の約10％が自分より社会的に地位が高い他者とのものであった。

■ 統制変数

政治的有効性感覚は二つの標準的な設問の合算により，政治関心は標準的な設問1問で測定された。得点が高いほど有効性感覚・関心が高く

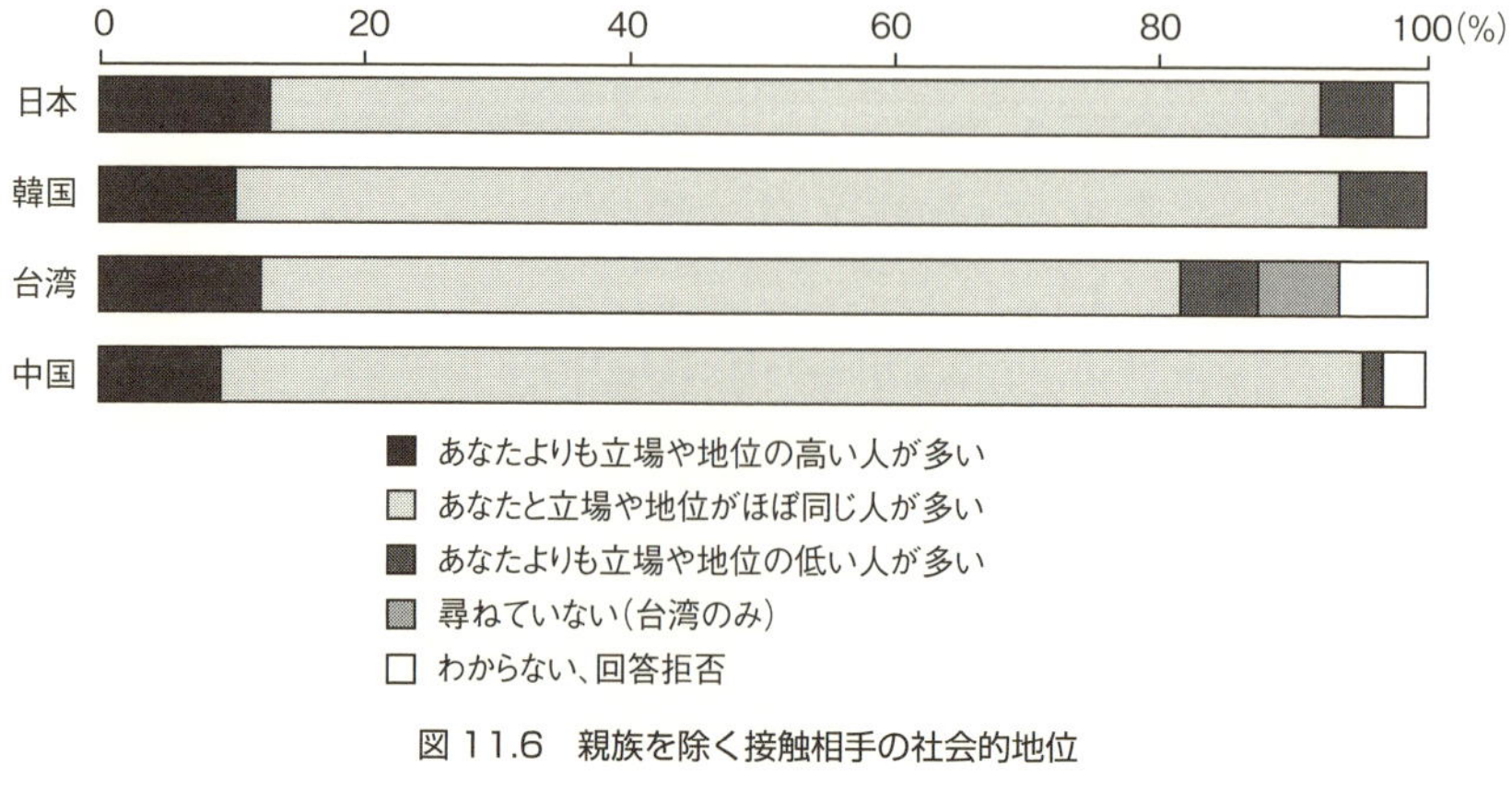

図 11.6　親族を除く接触相手の社会的地位

なるよう反転処理した。他の統制変数としては，親族以外の接触のネットワークの大きさに加え，性別，年齢，学歴，有職，相対的な世帯収入，都市度であった。

分　析

倫理的寛容性の分析

表11・1は六つの順序ロジスティック回帰による倫理的寛容性の分析である。自分より社会的地位が高い人，同程度の人，低い人それぞれへの倫理的寛容性に対し，①個人的なソーシャルネットワーク，②個人的なソーシャルネットワークに加えフォーマルなソーシャルネットワークでの回帰を試みたものである。

結果を見れば，親族を除く自分より社会的に低い他者と接触がある人ほど，地位が自分と同程度の人に対して倫理的に非寛容となる傾向があり，仮説1は支持される傾向がある（モデル3）。しかし逆に，親族を除く自分より社会的に高い他者との接触が多い人の場合，自分より社会的地位が高い人（モデル1）への寛容性が高くなる（仮説1の支持は一貫しない）。対照的に，親族との接触に対する親族以外との接触の多さなど，個人的ネットワークの異質性については，倫理的寛容性とははっきりとした関連が見られない（仮説2は不支持，係数はすべて有意でない）。

加えて，ネットワークの大きさ（ネットワークサイズ）は多くの場合で相手の地位によらず寛容性を高めている。ネットワークの大きさの効果は池田ら（Ikeda & Richey, 2011）など他の研究でも示されており，より一般性が高い。

モデル2，4，6の参加団体のソーシャルネットワークの性質の効果に目を向けると，階層的な構造は全モデルで寛容性を低減させており（係数は全て正），仮説1に合致する。さらに，参加団体でより同質的な環境に置かれている

表 11.1　（親族を除く）異なる社会的地位の他者に対する倫理的寛容性への影響

	モデル 1		モデル 2		モデル 3		モデル 4		モデル 5		モデル 6	
従属変数	立場や地位が高い人への倫理的寛容性				立場や地位がほぼ同じ人への倫理的寛容性				立場や地位が低い人への倫理的寛容性			
独立変数	係数	z 値	係数	z 値	係数	z 値	係数	z 値	係数	z 値	係数	z 値
親族以外のネットワークの大きさ	0.09	4.97***	0.09	2.95**	0.02	1.28	0.01	0.34	0.03	1.72 †	0.00	0.05
親族を除く社会的に地位の高い人との接触	0.16	2.09*	0.30	2.60**	-0.07	-0.89	-0.01	-0.05	0.10	1.30	0.21	1.86 †
親族を除く社会的に地位の低い人との接触	-0.04	-0.33	0.00	0.01	-0.20	-1.86 †	-0.10	-0.67	0.02	0.22	-0.21	-1.28
個人的なネットワークの異質性	-0.01	-0.54	-0.01	-0.31	0.02	0.83	0.03	1.01	0.02	0.90	0.05	1.41
参加団体が水平的＞階層的			0.12	3.48***			0.06	1.82 †			0.07	1.87 †
参加団体が異質＞同質			-0.10	-2.71**			-0.08	-2.08*			-0.11	-2.82**
（統制変数と国ダミー変数は省略）												
対数擬似尤度	-9738.06		-9273.99		-7825.55		-7330.51		-8797.42		-8410.13	
χ^2	753.88***		463.62***		1175.02***		467.19***		955.14***		364.32***	
擬似決定係数	0.044		0.059		0.064		0.075		0.041		0.049	
N	10267		4011		10442		4069		10306		4029	

† $p < .10$, $^{*}p < .05$, $^{**}p < .01$, $^{***}p < .001$

人ほど、高い寛容性を示した（モデル2、4、6：係数はすべて負）。同質性の高い環境下では、地位や立場が異なる他者に対する葛藤を招くきっかけのような、不快に感じうる広い範囲の意見に触れる機会がなく、結果として高い主観的な寛容性に至った可能性がある。これは仮説2に合致し、東アジアの文化的文脈では倫理的寛容性が人間環境の異質性に付随しないことを示す。

▩信頼の分析

表11・2は3種類の信頼の分析である。

一般的信頼についての順序ロジスティック回帰の結果はモデル1、2である。

モデル1、2によれば、親族でない自分より社会的な地位が高い他者との接触の機会の多さは一般的信頼の高さとは負の関係にあり、仮説5で東アジアの文脈において予測された通りである。個人的ネットワークの異質性もまた予測通りに不信を引き起こす（モデル1）。他方、ネットワークの大きさの正の効果は、東アジアの文脈においてさえ、またソーシャルネットワークの異質性をコントロールした後でさえも、大きなソーシャルネットワークが一般的信頼にもたらす効果の普遍性を示している。この普遍的な効果と東アジアに特有の効果が共存していることは注目に値する。文化差が存在するのは、東アジアの文化的文脈に特有のネットワークの性質に限られるようである。

その上、参加団体の階層性の効果ははっきりしないものの、異質性の高い環境であるほど信頼が下がっており、予測に一致する（モデル2：仮説6）。

表11・2のモデル3、4は対人的信頼についての重回帰分析である。仮説7のとおり、親族でない自分より社会的な地位が高い他者との接触の機会の多さは信頼を低下させる弱い傾向があった（モデル3、4）。ネットワークの階層性が抑圧や監視を認知させるために、他者への不信につながった可能性がある。加えて、異質な対人環境が対人的信頼を低下させており（モデル3、4）、一般的信頼についての分析の結果によく合う（仮説7の想定よりもはっきりし

表 11.2　各信頼の説明

	モデル 1		モデル 2		モデル 3		モデル 4		モデル 5		モデル 6	
従属変数	一般的信頼				対人的信頼				制度的信頼			
独立変数	係数	z 値	係数	z 値	係数	t 値	係数	t 値	係数	t 値	係数	t 値
親族以外のネットワークの大きさ	0.07	4.00***	0.02	0.81	0.03	6.72***	0.02	3.96***	0.01	3.37***	0.01	1.22
親族を除く社会的に地位の高い人との接触	-0.25	-3.37***	-0.41	-3.64***	-0.03	-1.73 †	-0.03	-1.33	-0.05	-2.59**	-0.04	-1.39
親族を除く社会的に地位の低い人との接触	0.02	0.21	0.15	0.95	-0.05	-1.73 †	-0.01	-0.24	-0.05	-1.80 †	-0.01	-0.42
個人的なネットワークの異質性	-0.06	-2.73**	-0.02	-0.51	-0.02	-3.96***	-0.01	1.70 †	-0.01	-1.77 †	-0.01	-0.82
参加団体が水平的＞階層的			0.00	0.11			0.00	-0.27			-0.01	-1.15
参加団体が異質＞同質			-0.16	-3.93***			-0.05	-5.57***			-0.04	-4.06***
(統制変数と国ダミー変数は省略)												
対数擬似尤度	-8238.96		-7898.29									
χ^2	1479.98***		559.50***									
擬似決定係数	0.074		0.079		0.040***		0.038***		0.109***		0.092***	
N	10689		4116		10710		4125		10703		4123	

† $p < .10$, $^{**}p < .01$, $^{***}p < .001$

た効果である）。他の発見としては、一般的信頼の場合と同様に、親族以外のソーシャルネットワークが大きいほど対人的信頼が高まった。

参加団体の階層性と対人的信頼には関連が見られなかった。しかし、異質性は対人的信頼の低さと結びついており、仮説7の予測に一致する。そのため、個人・組織の文脈を問わず、ネットワークの異質性は対人的信頼に負の影響を与えているといえよう。

表11・2のモデル5、6は重回帰分析による制度的信頼の分析である。まず、仮説3の予測とは逆に、親族以外の自分より社会的な地位が高い他者との接触も低い他者との接触も（後者は有意傾向）、その両方が制度的信頼を減少させている（モデル5）。ポーランドの事例と同じく、パターナリスティックな規範を経験することで規範の制定者たる制度への不信に至るように解釈できる。

第二に、参加団体の場合と同様に個人的ネットワークの異質性の高さも低い制度的信頼と関連する傾向を見せている（モデル5）。同質性が制度的信頼を増進するという仮説4のとおりである。しかし、参加団体の階層性は制度的信頼との関連が認められず、個人的ネットワークでの知見と一致しない（モデル6、仮説3）。ただし、参加団体の異質性は制度信頼を下げている（モデル6、仮説4を支持）。

議　論

本章では、正統な社会構造としての階層的な社会関係の強調と、意見が相違することのない調和を志向する価値観という二つの東アジア社会における中核的価値観が、東アジアにおけるソーシャルネットワークの性質に反映されており、それが制度や人々への倫理的寛容性・信頼といった、リベラルな民主主義の基礎をなす思考様式への影響につながっていくとの想定を置いた。

東アジアの伝統的な政治文化の文脈に基づいた予測を検証した結果は表11・3に要約した。予測は、勢力の差異が肯定されることで上位−下位の階層性が正統化され、同質性が求められる社会関係の基盤としての権力差の強調が、倫理的寛容性や対人的信頼を低める一方で制度的信頼を高めるのではないか、というものであった。

倫理的寛容性への効果に関しては、個人的ネットワークにおける階層性・異質性双方が仮説を支持していなかった。しかしながら、制度的階層性・同質性の効果は予測どおりであり、階層的あるいは同質的なボランタリーな団体の成員は、相手の社会的地位によらず倫理的に不寛容になりがちで、パットナム的な社会関係資本論の視点から見れば良いニュースではない。

一般的信頼や対人的信頼に関連する個人的ネットワークの効果の多くは東アジア的価値観に基づいた言説に合致している。階層性と調和性は一般的信頼も対人的信頼も涵養することはなく、ここでも社会関係資本の理論と対照的である。

制度的なネットワークの効果に関しては、仮説についてのエビデンスが明確ではなく、特に階層性の対人的・制度的信頼に対する影響に関してはっきりしない。制度的ネットワークの階

表 11.3　知見のまとめ

				結果は予測通りか？	
従属変数	独立変数	アジア的価値の予測	仮説 No.	個人的ネットワーク	制度的ネットワーク
倫理的寛容性	階層性	−寛容性が低下	1	×	○
	調和	−寛容性が低下	2	×	○
一般的信頼	階層性	−信頼が低下	5	○	×
	調和	−異質性が不信を導く	6	○	○
対人的信頼	階層性	−対人的信頼が低下	7	○	×
	調和	−異質性が不信を導く		○	○
制度的信頼	階層性	＋制度的信頼が上昇	3	×（逆）	×
	調和	＋調和の是認によって制度的信頼が上昇	4	○	○

層性の効果に関する予測はいずれも不支持である。最も積極的に参加しているボランタリーな団体において認知された階層性の差はいずれのタイプの信頼とも関連しておらず，個人的ネットワークの影響のエビデンスとは好対照である。他方，調和性の影響はよりわかりやすい。親族以外の多様性のなさという意味での個人的ネットワークの同質性は，一般的，対人，制度の各信頼の低さと一貫して関連がある。

池田ら（Ikeda & Richey, 2011）が示した日本のソーシャルネットワークの負の影響は限定的であったが，本研究で得られた結果はよりネガティブなものであった。これにはさまざまな理由が考えられる。①分析を4か国・地域に拡大したこと，②階層性や調和志向の測度が異なったものであること，③政治参加ではなく寛容性や信頼に焦点を当てたこと，などである。しかしながら，民主主義的実践における勢力・権力メカニズムへの考察を深化させるには，このトピックのよりシステマティックな研究が必要となることは少なくとも示唆しうる。すなわち，どのようなタイプのネットワークの性質が，特定の文化的文脈に制約されており，リベラルな民主主義に必須の思考様式に影響を及ぼすのか，というものである。東アジア市民の間の広範な政治的態度や行動の文脈において，ソーシャルネットワークの顕著な性質と勢力・権力に関する価値観との間の関係性への緻密な検討もまた必要とされよう。

- 政治関係の団体や会
- ボランティア・NPO
- 宗教の団体や会
- 趣味の会やスポーツクラブ
- 専門職協会・学術団体・業界団体・同業者団体
- 地縁組織（自治会・町内会）
- 市民の会･消費者生活協同組合（生協）
- 同窓会
- 労働組合
- いずれの会や組織にも入っていない

【階層性の認知】

参加団体の会や組織の中の人間関係は、以下の１～４のうちどれに最も近いですか。
1）上下関係が非常に明確である、2）役割としての上下関係はあるが、時々役割を交代する、3）上下関係は明確ではなく、だいたい平等である、4）完全に平等な関係にある

【参加団体の異質性・同質性の認知】

その会や組織の人たちの考え方や行動は、お互いに異なりますか。
1）ほとんど全員が同じ考え方や行動をしている、2）同じ考え方や行動をしている人が多い、3）同じ考え方や行動をしている人は少ない、4）ほとんど全員が異なる考え方や行動をしている

【親族との接触のソーシャルネットワークの大きさ】

あなたがふだん１日に接する家族や親類は、同居している人を除いて何人くらいですか（電話、手紙、メール、直接会うことなど、すべて含めます）。
1）０人、2）１～２人、3）３～４人、4）５～９人、5）10～19人、6）20～49人、7）50～99人、8）100人以上

【親族以外との接触のソーシャルネットワークの大きさ】

家族や親類以外で、あなたがふだん１日に接する人は、何人くらいですか（電話、手紙、メール、直接会うことなど、すべて含めます）。
1）０人、2）１～２人、3）３～４人、4）５～９人、5）10～19人、6）20～49人、7）50～99人、8）100人以上

【親族以外の接触相手の社会的地位】

家族や親類以外で、あなたがふだんよくお付き合いする方は、以下の１～３のうち、どれに最も近いですか。
1）あなたよりも立場や地位の高い人が多い、2）あなたと立場や地位がほぼ同じ人が多い、3）あなたよりも立場や地位の低い人が多い

【政治的有効性感覚と関心】

あなたは以下の意見についてどう思いますか。
- 自分のような普通の市民には、政府のすることに対して、それを左右する力はない（有効性感覚）
- 政治や政府は複雑なので、自分には何をやっているのかよく理解できない（有効性感覚）
- 私は、政治に対して関心がある（関心）

1）強く賛成、2）賛成、3）どちらかといえば賛成、4）どちらともいえない、5）どちらかといえば反対、6）反対、7）強く反対

アペンディックス：質問項目の詳細

【倫理的寛容性】

あなたは、社会問題や出来事について意見が違っていても、以下の人たちと話ができますか。

- あなたと立場や地位がほぼ同じ知り合いの人
- あなたより立場や地位が高い知り合いの人
- あなたより立場や地位が低い知り合いの人

1）よくできる、2）ある程度できる、3）あまりできない、4）全くできない

【一般的信頼】

一般的に、人は信用できると思いますか。それとも、人と付き合う時には、できるだけ用心したほうがよいと思いますか。

1）ほとんどの場合、信用できる、2）たいていは、信用できる、3）たいていは、用心したほうがよい、4）ほとんどの場合、用心したほうがよい

【対人的信頼】

次にあげる人について、あなたはどれくらい信頼していますか。

- 親類
- 友人
- 近所の人
- 職場の人

1）とても信頼している、2）ある程度信頼している、3）あまり信頼していない、4）全く信頼していない

【制度的信頼】

次にあげる人について、あなたはどれくらい信頼していますか。

- 医者
- 銀行員
- 企業経営者・役員
- 報道関係者
- 非政府組織や非営利団体のリーダー
- 教員
- 地方公務員
- 国家公務員
- 警察官
- 自衛隊員
- 裁判官

1）とても信頼している、2）ある程度信頼している、3）あまり信頼していない、4）全く信頼していない

【組織・団体への所属】

あなたは、次にあげる会や組織に入っていますか（インターネットなどでの活動も含む）。入っている場合は、どの程度積極的に参加していますか。

- 政治関係の団体や会
- 地縁組織（自治会・町内会）
- ボランティア・NPO
- 市民の会・消費者生活協同組合（生協）
- 宗教の団体や会
- 同窓会
- 趣味の会やスポーツクラブ
- 労働組合
- 専門職協会・学術団体・業界団体・同業者団体

1）積極的に参加している、2）入っているが、積極的には参加していない、3）入っていない

【最も積極的に参加している組織・団体】

過去1年間に、あなたが最も積極的に参加した会や組織はどれですか。

Section 4

政治的権力

第12章

責任者はいったい誰なのか

——戦後日本の政策形成における政治的権力と官僚への委任をめぐる言説の展開

■グレゴリー・W・ノーブル

戦後日本の政治的権力をめぐる議論においては、政治家からエリート官僚への委任のありようが、過度ともいえる注目を集めてきた。官僚への委任は、「はたして有権者は選挙を通じて影響力を行使でき、有権者の価値観と利益を反映した政策形成がなされるのか」という、政治責任や代議制に関わる根本的な疑問を生じさせる。日本での委任をめぐる議論は、これまで三つの段階を経てきた。まず1950年代~1960年代の高度成長期には、少数のパワーエリートが支配的な立場にあり、東京大学・京都大学の出身者を中心とする中央省庁のキャリア官僚が、有力な政治家や財界人と出身校のつながりや姻戚関係を持ちながら、大部分の政策を立案し実現させているとして、主に左派からの批判がなされた。その後1980年代までには、日本の政策形成システムはより民主的・多元的で応答的になったとして、研究者の間で肯定的な評価が広がった。ところが1990年のバブル崩壊後に経済成長が著しく落ち込むと、今度は、あまりにも多くの拒否権プレイヤーが政治的リーダーシップを阻害し、政策形成における変化・連携・合理化を妨げているという新たな批判が、左派のみならず右派からも生じるようになった。

このように次々と移り変わった評価は、次の二つの重要な要因を反映している。一つは経済状況の変化であり、もう一つは海外（特にアメリカとイギリス）のモデルの栄枯盛衰である。もちろん現実の変化が評価を変化させた面もあり、実際に日本の政策決定システムは、より幅広い意見を反映し、平均的な有権者または「中位投票者」にもそれなりに関心を払うものへと変化してきた。一部の独立行政法人は省庁からの自律性を確保し、情報公開法や行政手続法によって政策過程の透明性は高まり、首相および内閣の権限は法改正を通じてある程度強化された。

それにもかかわらず、むしろ目を引くのは政治構造の継続性である。縦割り行政につながりやすい官僚の非集権的な人事システムにも、二院制と複雑な委員会システムを特徴とする国会の制度にも、ほとんど変化は生じなかった。衆議院については選挙制度改革が行われたが、参議院や地方議会がそれに続くことはなかった。首相と内閣は権限が強化され、より注目されるようになったものの、政策形成システム全体はさほど集権的なものへと変化したわけではなかった。１９５５年の結党以来、政権党として多大な責任を官僚に委ねてきた自民党は、時に勢力を後退させた（１９８９年に参議院で過半数を失い、１９９３年～１９９４年と２００９年～２０１２年には衆議院で過半数を確保できずに政権から滑り落ちた）にもかかわらず、地方政治においては圧倒的な優位性を保ち、２０１５年現在、国政でもひときわ優位にある。自民党と、それに次ぐ規模の政党（１９５０年代～１９８０年代までは社会党、１９９８年以降は民主党）との議席差はかつてなく広がっている。自民党が政権を外れていた２００９年～２０１２年の「失政」は、政権交代によって日本政治の病巣が取り除かれるという考え方に対する幻滅をもたらした。以下では、上述の三つの期間を通じて、政治的権力に関する議論がどのように展開したかを、特に第二・第三の期間に重点を置きながら論じる。

高度成長期～石油ショック――三頭政治と自民党の興隆

連合国の占領が終わった1952年から1970年代初頭まで、日本の政策形成についての一般的なイメージは、財界・自民党・中央省庁から成るパワーエリートが日本を動かしているというものであった。この三者によるエリート支配モデル（Yanaga, 1968; Pempel, 1977）においては、官僚が、法案を起草して重要な条文を作成し、さらに民間企業などに対して非公式ながら効果的な「行政指導」を行うとされた。

明治時代や1930年代～1940年代の長期的な戦時動員によって、官僚と軍は大きな力を持つようになった。戦後の占領期には、アメリカは官僚機構を用いて統治を行う一方、軍やその他の権力を弱体化させた。よく知られているチャルマーズ・ジョンソン（Chalmers Johnson）の定式化によれば、政治家は君臨し、官僚は統治した（Johnson, 1982）。経団連などを頂点とする経済団体（多数の元官僚が所属）から成る財界は、毎週のように首相と会合を持ち、おびただしい数の審議会に代表を送り込んで官僚と連携しながら政策形成に関わった。自民党は農家・農村部住民の票に依存していたが、彼らの最上位のリーダーの多くは元官僚であった。

長期にわたるめざましい経済成長期を通じて、この三者が支配的地位を占める状態は継続したが、それは非民主主義的・非協調的かつ保護主義的で、経済成長のために人々の健康や自然環境を犠牲にすることを厭わず、社会保障の充実を求める声の高まりを無視しているとの批判を浴びることもあった。官僚は国民に奉仕するよりも、自分たちの利益のために縄張り争いを繰り広げ、退職後の天下り先の確保に熱心であると非難された。とはいえ、この状態は基本的には効率的なものと受け止められていた。経済成長と技術発展といった目標に向けて、官僚と自民党・財界の間にはおおよその合意があり、それらの目標を達成しえたからである。

１９７０年代～１９９０年代初頭——日本政治における応答性と多元的民主主義

１９６０年代に入ると多党化が進み、自民党と社会党の寡占的な地位は揺らぐことになった。得票率の低下とともに、自民党は国民の要望への応答性を高めていき、それは「庶民宰相」であり政界の黒幕ともなった田中角栄が台頭する中で頂点に達した。田中は首相在任中の１９７２年～１９７４年には、日本列島全体を開発する計画を推進して激しいインフレを引き起こし、汚職事件によって首相の座を追われたのちにも、約10年にわたり自民党に隠然たる影響力を及ぼし続けた。日本の経済成長率は、１９７３年～１９７４年の石油ショック後に鈍化したが、同時に経済パフォーマンスを悪化させた他の先進諸国よりは高い水準を維持した。他方で日本政府は１９７０年代初頭から、遅ればせながら精力的に公害規制と医療・年金など社会保障の拡充に取り組んだ。かくして日本は、なお堅調な経済成長と、国民の要望への応答性を両立しえたかのようであった。再び経済成長率が鈍化した１９８０年代半ばには、日本銀行が金利を引き下げ、金融バブルが発生した。税収は急増し、石油ショック以来膨らんでいた財政収支赤字は一時的に消えた。日本の自動車・電子機器・半導体メーカーの海外での認知度が高まったことと相まって、１９８０年代後半の日本は世界的な成功例とみなされるようになった。

そこで日本の政策形成についての評価が、以前よりもはるかに肯定的なものとなったことは、驚くにあたらない。日本はもはや少数のエリートに支配されておらず、多元的民主主義のもと、田中角栄やその後継者たちのような自民党政治家が、社会的ニーズの変化に対応して政策の幅を広げてきたとみなされた。官僚の役割は以前よりも限定的に捉えられ、政治家の方針に沿った政策立案において中心的な役割を果たすとされた。財界への注目度は下がり、財界の重要性は低下したという認識が一般化した。社会科学者やジャーナリストは、政策形成のさまざまな面で多元主義の特徴が見られることを指摘した。１９８０年代に入ってからの一群の研究のうち、村松（1981）は政治家と官僚への面接調査に基づき、政治家と官僚はいずれも、政策に最も影響を与えるのは政治家と官僚であるとしながらも、より重要なのは政治家であり、官僚は自民党が設定した枠内で活動するとの認識を持つことを示した。村松とクラウス（Muramatsu & Krauss, 1984）は、自民党の固い支持基盤を成す中小事業主をはじめ多様なアクターの影響力に着目し、政治家は官僚とともに活動していると結論づけた。キャンベル（Campbell, 1984）は、集合体としての政治家と官僚が相争うことはほとんどないことを強調し、むしろ農業や医療といった特定分野において、互いに似通った利益を追求する政治家・官僚・利益集団が下位政府を形成すると論じた。アバーバックら（Aberbach, Putnam & Rockman, 1981）は、アメリカやドイツに見られる政治家と官僚の相互作用に着目したハイブリッド・モデルを提示し、他の研究に大きな影響を及ぼしたが、佐藤・松崎（1986）は、日本の政策形成もこのモデルに極めて近いとみなし、自民党の膨大な内部資料を用いながら、自民党において人事・政策形成の制度化が着実に進展していること、それゆえ自民党は政策の指揮をとりやすくなったことを論じた。

それまで想定されていた官僚の支配的地位についても、限界が指摘されるようになった。ヘイリー（Haley, 1991）は、省庁の法的な権限が重要な部分で不足していることを見出し、アッパム（Upham, 1987）は、官僚による政策形成を、法に頼ることで効果的に代替しうることを示した。よく知られたサミュエルズ（Samuels, 1987）のエネルギー産業の研究によれば、日本では至る所で政府による民間部門への介入が見られるものの、政府・民間部門とも一方的に政策形成を進められるわけではなく、両者は永続的な「相互の了承」のパターンによって結びついており、それはむしろ民間部門に有利に働いたという。同様のロジックを地方自治に適用した村松（1988）は、中央の官僚が地方を支配するという伝統的な見方のもとでは、中央集権国家であるはずの日本でさえ中央と地方の権限が大いに重なり合っている実態が見過ごされているとした。

１９９０年代初頭には、政治家から官僚への委任に焦点を当てた本人と代理人（プリンシパル–エージェント）理論による分析が導入された。ラムザイヤーとローゼンブルース（Ramseyer & Rosenbluth, 1993）は、自民党が、官僚も裁判所もコントロールしていると論じた。マカビンズとノーブル（McCubbins & Noble, 1995）は予算配分について、官僚支配の議論が示唆するように省庁間で常に均等に配分されたわけではなく、むしろ政治状況に応じて変化し、自民党の議席が増えると特定の利益集団の要望を満たす支出が拡大したことを示した。

研究者の多くは、国民の要望に応答的な政治家による多元的支配には、不健全な面があることを認識していた。佐藤・松崎（1986）でさえ、政財官のエリート支配モデルを分散化させた「鉄の三角同盟」（個別の政策分野において、利益集団・議員・官僚がそれぞれの利益のために結びついたもの）が形成される傾向が強いことを認めていた。猪口・岩井（1987）は、「族議員」が出現し、地元に利益を持ち帰るために貪欲に活動する様子を描き出し、野口（Noguchi, 1987）らは、族議員が予算改革を妨げるように機能したことを指摘した。以上のように、研究者やジャーナリストの間では、政治家の影響力が拡大するとともに、官僚だけによる政策形成が後退したとの見方が大勢となった。政治家の影響力拡大は、しばしば個別的な利益誘導や汚職を生んだが、多くの場合は、戦中期・高度成長期の政策形成における官僚支配を脱し、より正常で好ましい方向に進んでいるものとして、肯定的に受け止められた。

1990年代初頭～2000年代 ――「誰が統治するか」ではなく「誰かが統治できるのか」という問い

バブルが崩壊し、政治家・官僚のスキャンダルと失政が次々に発覚すると、政策形成をめぐる議論は変質した。「日本を統治するのは誰か、官僚を中心とする少数のパワーエリートか、それとも政治家を中心とする多元的な集団か」という問いに代わり、「低成長に苦しみ、巨額の財政赤字や不良債権・ゾンビ企業の急増をはじめとする金融面での困難を抱えた日本で、誰かが効果的な政策を打ち出すことははたして可能なのか」が問われるようになった（たとえば、Amyx, 2004）。日本政府は、ある強大な権力に支配されているというよりも、多数の拒否権プレイヤーと官僚のセクショナリズムによって、がんじがらめにされているかのようであった。それは上述のとおり、まったく新しい視点というわけではなかったが、失政と停滞が続く中で、統治者が不在であるとの批判が高まることになった。

この批判の一つの背景として指摘できるのは、弱いリーダーシップの問題である。1993年～1994年には自民党を除く多数の政党による連立政権が成立し、自民党は政権に復帰するために社会党と新党さきがけと組まざるをえず、1994年～1996年にはこの奇妙な自社さ連立政権が継続した。橋本龍太郎首相のもとで2年にわたって進められた改革の方向性ははっきりせず、その後政府は、幾度もの金融危機に対処すべく、国債に依存しながら支出を膨張させることになった。小泉純一郎首相（在任2001年～2006年）が日本経済の重石となっていた膨大な不良債権を減らすことに成功し、2005年の衆院選で地滑り的勝利をおさめたことで、弱いリーダーシップへの懸念は一時的に後退したが、小泉に続いた6人の首相が、いずれも1年を大きく超えて首相の座にとどまることさえできず、成果を上げられなかったことで、リーダーシップへの懸念がさらに高まった。自民党が安倍晋三総裁のもと2012年12月の衆院選に大勝する一方、最大のライバルである民主党が壊滅的ともいえる打撃を受けたことで、首相が弱いことではなく強すぎることが問題視されるようになったが、それは数十年ぶりのことである。

1990年のバブル崩壊以降、政治の弱さが認識されるとともに経済問題が山積する中で、日本でも、ニュージーランド・オーストラリア・イギリスが先陣を切って進めたニュー・パブリック・マネジメントやアメリカの行政革命のような改革が必要であるとの声が高まった（Kettl, 2000）。日本における改革は、一部の政府機関や政府系金融機関などを民営化し、官僚による規制を減らすことで、より自由な市場経済を創出するだけでなく、首相および内閣の権限を強化し、政策を軸とする二大政党制（あるいは二大ブロック制）を目指すものとなった。1994年に衆議院の選挙制度は、中選挙区で3～5名を選出する単記非移譲式投票制（政党の一体性を損ない、派閥と恩顧主義を強化する傾向があるとして問題視されていた）から、小選挙区制と比例代表制を組み合わせた制度へと変更され、利益誘導よりも、政党が掲げる政策への関心が高まることとなった。２００１年には大規模な中央省庁再編が行われ、首相の権限と官邸スタッフの増強が図られた。金融・産業規制は、従来の事前規制から事後規制へと移行し、企業は省庁にあらかじめ伺いを立てることなく、より自由に新製品を販売し価格を変更できるようになった。自民党は、情報公開と行政の透明化のため新法を制定し、また安易な天下りを規制するよう迫られた。さらに調停者として官僚に代わる存在が求められ、法整備によってＮＰＯの設立は容易になり、法科大学院と弁護士は増加した。

これらの改革とともに重要な改革として、官僚政治・党派政治からの直接の介入を防止し専門性を高めるべく、独立性を持つ機関が次々と設けられたことが挙げられる。これによって政治家は、長期的な政策へのコミットメントを示すことが可能になった（Gilardi, 2008 を参照）。始まりは日本銀行であった。日銀が金融バブルを芽のうちに摘み取れなかったのは、大蔵省の悪影響によるものとの見方が広がり、１９９７年に、日銀は正式に大蔵省からの独立性を手に入れた。ただしその後も与党政治家からの圧力は続いた（Dwyer, 2012）。２００１年には中央省庁再編により、金融庁が誕生した。強大ではあるが傷を負った大蔵省から金融庁を切り離すという決定は、大蔵省のスキャンダルと金融監督行政の失敗に対する罰であるとの受け止め方が一般的であった。続いて２００４年には国立大学が法人化され、文部科学省からの独立性を高めた。とはいえ完全な独立には程遠く、予算と研究費は引き続き文部科学省の管理下に置かれた。このケースと同様に、厚生労働省所管の年金積立金管理運用独立行政法人（ＧＰＩＦ）は、長年にわたり厚生省に従ってきたが、２００１年に財投債を引き受ける義務から解放され、２００６年に法人化された。安倍政権のもとでは運用専門職員の採用を増やしたが、他方で、国内株式への投資を増やすよう圧力がかかることになった。消費者庁は２００９年、福田康夫首相の肝いりで設立された。首相直属の内閣府のもとで、産業振興を担当する経済産業省や農林水産省などから権限を移管されると同時に、新たな権限を付与された（Kimura, 2010, p.13）。これと同様に、２０１１年の東日本大震災後に福島第一原発のメルトダウンが起きると、安全を守るための機関は産業振興とは切り離したほうがよいという意見が生じた。経済産業省の原子力安全・保安院は、２０１２年に環境省（２００１

年に環境庁から昇格）のもとで，より厳格な原子力規制委員会として生まれ変わった。以上のような独立性を持つ機関の設立によって，財務省や経済産業省などの中央省庁の権限の及ぶ範囲は制限されたが，同時に，自律的な専門性と，政治的な応答性や責任とのバランスをとることの難しさが浮き彫りになった。

日本で政治的リーダーシップと本人・代理人理論による分析が主流となった頃，アメリカでは，委任をめぐる理論を問い直す動きが活発化していた。研究者たちは，政治家から官僚への委任は不完全かつコストを伴うものであることを指摘し，ある条件下では，政治家は自ら政策を形成しがちであるのに対し（たとえば，利益誘導を行う場合や，政治家の政策立案能力が高い場合），政策課題の専門性が高かったりリスクを伴ったりする場合や，政治家の政策立案能力が低い場合には，政治家は官僚への委任を好むことを示した（Epstein & O'Halloran, 1999; Huber & Shipan, 2002）。官僚機構は，政策に関連する利益集団や有権者（すなわち民主制のもとでの究極的なプリンシパル）との緊密な関係を築くことなどを通じて，自らの権限と正統性の基盤を作り上げることもあると指摘された（Carpenter, 2001）。政治家は集合的に活動するとは限らず，しばしば「多数のプリンシパル」に分かれて，官僚への指揮権をめぐって競い合うとされた。要するに委任の連鎖は，当初考えられていたように有権者から政治家そして官僚へという単純なものではなく，より複雑なものとみなされるようになったのである。

２０００年代半ばまでには，少数の研究者がこの新たな潮流を踏まえて日本政治の分析を行う一方（洗練された分析例として，曽我 2005），政治的リーダーシップについて探る研究者の多くは，日本の議院内閣制のもとで改めて内閣に注目した。従来，日本の内閣はイギリスと比較してはるかに弱いと考えられてきたが，理論上は１９９０年代後半の橋本政権期の改革を通じ，大幅に権限が強化されていた（Woodall, 2014）。しかしイギリスにおいてさえ，首相・内閣・政党幹部が官僚に対してどれほどの力を持っているかをめぐって，白熱した議論が交わされた。たとえば，トニー・ブレア（Tony Blair）は，長期安定政権を保ち精力的に活動したかもしれないが，実際に大きな成果を上げることができたかは不明瞭であった（Seldon, 2007）。信田（Shinoda, 2005）らの論考は，政策形成において，日本では首相も内閣さえも支配的な地位にはなく、むしろ政治リーダーと公務員の上層部が「コア・エグゼクティブ」を形成し、そこでは有力な省庁出身者を多く抱える内閣官房が統合的な役割を担うという、イギリスで主流となった考え方を取り入れた。日本政治史の研究を通じて牧原（2003）は、内閣官房のみならず大蔵省など最有力官庁の大臣官房も統合的な役割を担うという、同様の結論に至った。イギリス以外のウェストミンスター型の制度を持つニュージーランドやオーストラリア、特にカナダにおいては、首相は弱すぎるというよりも強すぎることが難じられていたが、日本の研究者がこれらの国々に関心を寄せることは少なかった。

政治家から官僚への委任を問題視し、イギリスを手本と位置づけていたのは、研究者だけではなかった。民主党は、2009年の衆院選で大勝した際のマニフェストにおいて、自民党が官僚による統治に依存してきたと非難し、民主党はイギリス流の応答的で責任ある政治を実現すると約束した。調査団によるイギリス視察を踏まえて民主党は、政策過程を見直し、内閣と閣僚の地位を強化することによって官僚と陣笠議員の影響力を弱めようとした。しかし民主党は、イギリスを理想としながら、必要な法改正をしなかったこともあり、ふさわしい体制を作り上げることができなかった。3年にわたる民主党政権のもとで、政策過程は徐々に、内閣と閣僚ではなく政党組織が大きな裁量を持つ自民党政権期のような姿へと逆戻りした。日本は、いまだに官僚を中心とした内閣と与党との二元体制にとどまっているかのようであった（飯尾 2007 を参照）。民主党は、自民党の時代よりも党内での合意形成にこだわった結果、「多数のプリンシパル」が生み出された。2012年には執行部に反対する数十名の議員が党を離れ、年末の衆院選で自民党に大敗することとなった。

日本政治は前に進んでいるのか

この一連の出来事は落胆を生み、「政権交代を伴う責任ある二大政党制に向け、日本は着実に歩みを進めている」との見方に対して疑念が持たれるようになった。支持率の急落に耐えた自民党は、その組織・能力・評価を概ね維持したまま再起を果たしたかのようであり、その理由の一端は、地方政治において自民党が圧倒的な優位を保ち続け、民主党はそれに対抗しえなかったことにあるとみられた。有権者は民主党を信頼せず、立候補予定者は民主党からの出馬を避けるようになった。

自民党は2012年末に政権に復帰し、かねて政治的リーダーシップの発揮を妨げてきた構造の大部分はそのまま残されたようであった。1990年代の選挙制度改革と行政改革を経ても、日本の選挙と国会の仕組みは、イギリスのウェストミンスター・モデルとは大いに異なっていた（待鳥2012を参照）。イギリスさえもウェストミンスター・モデルから逸脱しつつあった点についてはWhitehead, 2013を参照）。イギリスでは、はるか昔に上院のほぼすべての権限が下院に移譲されたのに対し、日本は、議院内閣制をとる国のうち最も堅固な二院制を持ち、通常は認められている金銭法案に関する下院の優越さえ定めていなかった（ただし、憲法第60条により、衆議院は最終的には予算を通す権限を与えられている）。このためイギリス議会では本会議が極めて重要であり続けたが、日本の国会では、権力分散をもたらす委員会システムが発達をみた。大政党に有利なイギリスの単純小選挙区制のもとで、議員は明確な形で選ばれ、4年あるいは5年もの間その座にとどまるが、日本は複雑な選挙制度を採用し、衆議院についても二つの制度を併用している。イギリス・カナダ・オーストラリアの首相が一般に長期安定政権を維持するのに対し、日本の首相は、衆院選・参院選・統一地方選・総裁選など、毎年のように選挙による審判に直面する（川人2015）。日本の有権者の政党帰属意識はイギリスや他のウェストミンスター型の国よりもはるかに弱いため、日本の首相は一時的な人気に頼ることはできても、やがてスキャンダルや景気の悪化、単なる時間の経過などによって支持を失ってしまう（Nyblade, 2011）。

日本ではいまだに各省庁が、職員の採用から退職後の再就職に至るまでの人事をコントロールし、関連するさまざまな組織を率いながら他の省庁との連携を拒むため、縦割り行政の特徴が維持されてきたことは、特に重要である。イギリスの伝統とされた公務員の中立性は、日本に根づくことはなかった。かつて日本の公務員の約半数は自民党支持を公言しており、２０００年代にその比率が急激に下がっても、野党を支持する者はほぼ皆無であった（村松 2010）。官僚が「政策形成は官僚に牛耳られている」との非難を繰り返した民主党に対して、政権を担った経験がなくおそらくは長続きしないとみなし、積極的に協力しなかったことは驚くに当たらない。

利益集団が自民党を支持し、具体的な政策を官僚と詰めるという基本的なパターンは、抜本的に変化することはなかった。利益集団はいまなお、政治家よりも官僚と頻繁に接触している（Broadbent & Ishio, 1998; 村松 2010）。農業政策は、安倍首相がいくつかの改革を提案したとはいえ（Yamashita, 2015）、農業団体とりわけ全国組織の全国農業協同組合中央会（ＪＡ全中）と農林水産省が協調しながら取り仕切っている。農業団体は肥料や種子、コメの販売、さらには銀行・保険業務について地域の市場で支配的な地位を占めることによって、自民党が選挙での優位性を保つカギとなる農村部において、強い影響力を保ち続けている。経団連の影響力は徐々に低下し、医師・歯科医師の団体は以前ほど自民党と親密ではないものの、野党と強い絆で結ばれた利益集団は（労働組合を含めても）ほとんどない。日本的経営と終身雇用制度は変革を迫られながらも、大きく変化してはいない。ＮＰＯは増加してきたとはいえ、まだ少なく、財政的な支援も専門スタッフも足りず、政策に目立った影響を与えるには至っていない。

政治の主導性を高めることを目指した多くの改革も、想定外の対立や矛盾を引き起こした。透明性・専門性の高い政策形成システムを作り上げようとする試みは、首相の権限をあらゆることに広げようとする方針としばしば衝突した。そして官僚機構をコントロールするには、有力な官僚個人（内閣に出向している官僚と、省庁の責任ある地位に就いている官僚の双方）を使いこなす必要があることを、事実上すべての首相が認識するところとなった（ノーブル 2011）。

安倍晋三首相は、少なくとも現時点では「いまなお弱い首相と強い官僚による統治」の例外といえよう。2012年12月の衆院選大勝後、安倍首相は堂々と振る舞い、財務省や日銀との対決においても屈することはなかった。50％前後の（日本の標準からすれば高い）内閣支持率を背景に、安倍首相は自民党内の規律を維持することができ、官僚としては「多数のプリンシパル」を互いに張り合わせることが困難になった。しかしながら安倍首相の強さは、政策形成システムの抜本的な変化の表れというよりも、野党に対する有権者の深い失望と、（少なくとも最初の2年間の）景気刺激策の成功を反映したものといえる。安倍首相は政策過程の改革には慎重で、公務員制度の抜本的な改革は後回しにした。

結　論

日本の政治的権力をめぐる議論は、官僚支配や、長期政権を維持する自民党と官僚との関係に注目し続け、その暗い魅力にひきつけられてきた。明治維新から戦中・占領期に至るまでの日本の歴史の中で、民主主義の発展が、国家に導かれた断続的なものにすぎなかった点を考慮すると、それは当然かもしれない。戦後数十年間は主に左派から、官僚・自民党政治家・財界の三者によるエリート支配がなされているという、マクロ社会学的な観点からの批判が生じた。1980年代には一時的に、特に研究者の間では、より肯定的な評価が広がった。日本の官僚は、アメリカ・ドイツと同様、経済成長と技術発展を果たすために有力な政治家や財界人と協働しており、日本の政治システムは応答的で多元的でさえある、とみなされた。1980年代末の政治スキャンダルと1990年代のバブル崩壊後、評価は一転して厳しいものとなった。選挙制度・二院制・政権党の構造・公務員の組織など、ミクロレベルの制度が注目を浴び、日本の政治システムは、改革を妨げたり財政再建ばかりにこだわったりする数々の拒否権プレイヤーに縛られているとして、左派のみならず右派からも攻め立てられることになった。

その後、状況はかなり変化した。いまやエリート支配や官僚支配の言説は、ほとんど聞かれない。少なくとも研究者の間では、政治家が政策の大枠を決めて中央省庁の官僚に（完全にではないが）委任する一方、官僚は、ただ政策を実施するにとどまらず大きな役割を果たすとはいえ、独自に政策を決められるわけではない、という見方が広く受け入れられている。官僚機構については数々の民営化・再編が実現し、原子力規制委員会のような独立性を持つ規制組織も誕生した。内閣は、より積極的に政策の指揮・取りまとめにあたるようになった。農家などの「組織票」は大幅に弱体化し、社会は少しずつ多様化している。日本の政治的権力について、もはや「誰が統治するのか」ではなく、「誰か責任者はいるのか」が根本的に問われているのである。

とはいえ、変わらないものも多く、自民党は常に優位にあるし、野党はとりわけ地方レベルで極めて脆弱である。首相および内閣は、制度上の権限は強化されたかもしれないが、その権力は脆さを抱えており、イギリスやアメリカのように安定した党派的支持ではなく、次々と実施される選挙の中で揺れ動く世論に依存していることも多い。省庁や民間企業で全般的に（少なくとも高学歴の男性について）終身雇用が維持されていることは、官僚の多くが、各々の省庁に忠誠を誓い、内閣が進める省庁間の連携に消極的となることを意味する。裁判所は、行政に恭順（きょうじゅん）の姿勢をとり続けている。行政機関の情報公開は、以前よりも拡大したものの、なお限定的であるうえ、安倍政権のもとで成立した特定秘密保護法によって制限される可能性がある。NPOなどの民間組織は増加したが、アメリカ・イギリスよりもはるかに弱く、社会保障の提供など、政府が設定した目標にしたがって活動することも多い。

日本では、官僚はしばしば逆風にさらされながらも、今日まで重要な役割を果たしてきた。その役割は、政治家の政策立案能力が極めて高く行政の助けを必要としないアメリカをはじめ、他の多くの先進諸国よりも重要と考えられる。景気の低迷・巨額の財政赤字・国際的地位の低下のもとで、はっきりしてきたのは、日本では官僚の権力が問題というよりも、むしろ政治の領域において、首相および内閣が二つの強大な議院それぞれを相手にしなければならず、選挙制度が複雑で、常に選挙が繰り返され、有権者が気まぐれであるといった問題を抱えているということである。

日本における政治的リーダーシップと委任が直面する問題が新しいものではないとすれば、それをめぐる解釈や論調がこれほどまでに変化してきたのはなぜであろうか。一般の人々や研究者による評価は、目に見える成果や海外モデルによって左右されてきたようである。1950年代から1980年代までは、政府が時に傲慢で無責任に見えることがあっても、日本の経済パフォーマンスが高い評価をもたらした。その後、経済成長率が低下し財政赤字が膨らみ続ける中で、官僚の能力に対する疑念が生じ、はたして誰かが政策形成を司っているのかが問われたのは、無理もないことであった。また研究者たちは、海外特にイギリスとアメリカにおける政治的・学術的なトレンドからも、大きな影響を受けてきた。長きにわたり不安視されていたイギリスとアメリカの経済は、少なくとも日本との比較の上では、回復を遂げたとみなされた。マーガレット・サッチャーやトニー・ブレアの約10年に及ぶ長期政権は羨望の的となり、日本の研究者・専門家たちは、ウェストミンスター型の国々におけるニュー・パブリック・マネジメントやアメリカの行政革命の中に、手がかりを探し求めた。

日本における政治的権力の問題と官僚の責任の曖昧さは、官僚の問題というよりも、政治制度の問題であるとの認識が、今、広がりを見せている。すなわち官僚は強大で手に負えないとみなされやすいが、それは複雑な政治制度・選挙制度ゆえに、指導的立場にある政治家が、団結し長期的な視野に立って日本が直面する問題を乗り越えるべく官僚を導くことが困難になっているという。20年に及ぶ改革は全くの無駄というわけではなかったが、低成長と人口減少に加え、政府が巨額の財政赤字と金融危機の懸念に苛まれる中では、政策過程の参加者を増やし一部の官僚機構の独立性と専門性を高めても、有権者の納得を得ることはできないようである。

第13章

権力への執着——政治家と再選

浅野正彦、デニス・パターソン

政治家は再選するためであればできることは何でもやり、選挙制度に応じてさまざまな選挙戦略を練ることはよく知られている。この事実に加え、本章では、中選挙区制度と小選挙区比例代表並立制という二つの選挙制度において、政治家の当選を左右する要因が異なることを示している。ここでは、大臣の経験が当選確率に与える影響を、1967年から2012年までの衆議院選挙データを使って分析している。その結果、中選挙区制下では衆議院議員が大臣を経験することは、直近の衆議院選挙での当選確率に強い正の関係があるものの、1994年に導入された小選挙区比例代表並立制の下において、両者間の関係は著しく逓減していることがわかった。

はじめに

「末は博士か大臣か」という諺がある。公言する政治家は少ないものの「国会議員の当面の目的は大臣になることであり、最終的に総理大臣になることだ」と言っても決して過言ではない。実際、ヒラの国会議員と比較して、政策形成ばかりでなく人事権においても、大臣には大きな権限が与えられている事実はよく知られている（菅 1998）。

国会議員総数７１７名（衆議院議員４７５名、参議院議員２４２名）に対して[1]、総理大臣を含めた大臣ポストは多くても20程度しか用意されていないという事実は、大臣ポストの希少性を示している。大臣ポストの希少性は、選挙の時にもその効果を発揮する。国会議員として順風満帆のキャリアを重ねた政治家は、大臣ポストを経験することで国政選挙でのさらなる連続当選が可能となり、連続当選が次の大臣ポストの獲得を保証するという好循環が起こり得る。

表13・1は１９６０年の池田内閣から２０１２年の安倍内閣に至る26の内閣一覧である。表では総理大臣名、就任年月、内閣の永続期間（月単位）、政権の主要与党名、そして総理大臣が総理就任前に衆議院選挙で当選した回数（当選総数と連続当選総数）を示している。歴代総理は、総理大臣に就任するまでに、平均すると約９回衆議院選挙で当選している。このデータが示唆しているのは、代議士が総理大臣になるためには総選挙で安定した当選が必要だということである。実際、１９７０年代から２０００年代にかけて、総理大臣に就任した政治家の約半数が、総理就任前に10回以上連続して衆議院選挙での当選経験がある[2]。

そもそも総選挙に当選しなければ、衆議院議員の地位を失うことになるので、選挙で安定して当選する必要があるということは極めて自明なことである。しかし、大臣を経験した代議士が、その後の衆議院選挙で当選する上で有利なのか、ということは明らかではない。また、中選挙区制と小選挙区制という二つの選挙制度の下で、大臣ポストを経験することが衆議院選挙の当落に与える影響も明らかではない。

大臣ポストと選挙結果との関係という問題に取り組むことには、二つの意義がある。第一に、中選挙区制と小選挙区制という二つの選挙制度の下で、大臣ポストの経験が選挙結果に与える因果関係を探る手がかりを得ることができる。第二に、大臣を経験すること以外に、衆議院選挙の結果に影響を与えると思われる他のさまざまな要因を、二つ

表13.1　総理大臣・内閣永続期間・主要与党・当選回数の一覧（1960-2012年）
出典：朝日年鑑（複数年度版）朝日新聞社 1997年

総理大臣	就任年月	内閣永続期間（月）	主要与党	当選回数	
				総数	連続当選
池田	1960. 7	51	自民党	5	5
佐藤	1964. 11	92	自民党	7	7
田中	1972. 7	29	自民党	10	10
三木	1974. 12	24	自民党	14	11
福田	1976. 12	23	自民党	10	9
大平	1978. 12	19	自民党	10	10
鈴木	1980. 7	29	自民党	14	13
中曽根	1982. 11	59	自民党	14	14
竹下	1987. 11	19	自民党	11	11
宇野	1989. 6	2	自民党	10	10
海部	1989. 8	27	自民党	10	10
宮沢	1991. 11	21	自民党	9	9
細川	1993. 8	8	日本新党	1（参6）	−
羽田	1994. 4	2	会派「改新」	9	9
村山	1994. 6	30	自民党	7	4
橋本	1996. 1	30	自民党	11	11
小渕	1998. 7	21	自民党	12	12
森	2000. 4	13	自民党	10	10
小泉	2001. 4	64	自民党	10	10
安倍	2006. 9	12	自民党	5	5
福田	2007. 9	12	自民党	6	6
麻生	2008. 9	12	自民党	9	7
鳩山	2009. 9	9	民主党	8	7
菅	2010. 6	16	民主党	10	10
野田	2011. 9	16	自民党	5	4
安倍	2012. 12	…	自民党	7	7

◆1　2016年1月8日現在における国会議員定員。

◆2　日本新党代表であった細川護熙総理のケースは例外である。細川は総理就任前に衆議院選挙で1回しか当選していないが、参議院選挙で3回、熊本県知事選挙2回の当選経験がある。

の異なる選挙制度下で実証することができる。以上の二点に関しては，これまで十分な検証が行われてきたとはいえない。

ゲームのルールを変えることで，勝者と敗者の立場は変わり得る。したがって，候補者にとってのゲームのルールである選挙制度が変われば，選挙を戦う候補者のインセンティブが変わり，新たなルールの下では，候補者が直面する新たな状況で最適な選挙戦略をとるはずである。たとえば，中選挙区制下では比較的狭い範囲の有権者層から票を得ることで当選できた。しかし，小選挙区制下で当選するためには，候補者はより広い層の有権者に訴えて票を得る必要がある。日本は１９９４年に中選挙区制度から小選挙区比例代表並立制に衆議院の選挙制度を変更した。ローゼンブルースとティースは，この制度変更により，小選挙区制下の候補者は従来よりも広範囲の有権者に対してアピールするようになり，政党内での公認候補者選定における政党の存在がより重要になったと主張する。政党の役割がより重要になった理由の一つとして，小選挙区と比例区との重複立候補が可能になったため，立候補者は比例名簿の上位に位置づけられたいというインセンティブが働くことも考えられる（Rosenbluth & Thies, 2010）。

先述のような選挙制度の変更が候補者や政党の行動に影響を与えるのであれば，選挙制度の変更は選挙結果を左右する要因に対しても影響を与えるはずである。本章で我々が特に着目しているのは，二つの異なる選挙制度下において，選挙結果に影響を与える要因のインパクトに違いがあるのかという点である。本章では，選挙結果に影響を与えると思われるさまざまな要因を検討するが，その中でもとりわけ，候補者の大臣経験の有無に焦点を当てる。中選挙区制下と同様，小選挙区制下においても，候補者の大臣経験は選挙における当選確率を上げるのであろうか。本章の目的は，候補者が大臣の役職を経験することが，その候補者の選挙結果に影響を与えるのかどうかを検証することである。

先述の目的を達成するため，我々は両選挙制度下の選挙において生み出されるインセンティブを明示するだけでなく，候補者が安定して当選回数を重ねる要因と思われる候補者の個別要因や選挙区要因を，計量分析の過程でコントロールしている。これらのコントロール変数を考慮した統計分析を行った結果、中選挙区制下では候補者が大臣を経験することは衆議院選挙で当選する確率を高めるが、小選挙区制下ではそうではないという結果が得られた。さらに、選挙において候補者が使う「選挙費用」やそれまでの「当選回数」という要因が選挙結果に与えるインパクトも、二つの異なる選挙制度下において違いが見られた。

次節では、中選挙区制度と選挙結果に関する研究、とりわけ日本の衆議院選挙において自民党がどのようにして当選し長期政権を実現したかということに関する先行研究を鳥瞰する。次に、1994年に衆議院選挙制度が中選挙区制から小選挙区比例代表並立制に変更されたことと、その制度変更によって候補者が大臣を経験することが選挙結果にどのような影響を与えるかということに焦点を当て、本章の理論的枠組みを提示する。

大臣ポストと衆議院選挙における当選

候補者が国政選挙で連続して当選し続けることを促進する要因は多様であり、これまでも多くの研究者たちが研究を積み重ねてきた。しかし、候補者が大臣を経験することと国政選挙で連勝することの関係は、少数の例外を除いて、[3]

◆3　網代（2007）と高橋（2015）は、大臣を経験すると選挙での得票が伸びることを示している。網代は1958年から2009年までの衆議院選挙結果を使い、衆議院議員が大臣を経験すると次の選挙で当選する確率が上昇することを示している。高橋は1958年から2012年までの衆議院選挙結果を使い、次の三つの研究成果を示している。①大臣と副大臣を経験した衆議院議員は次の選挙で当選する確率が上がる、②大臣だけでなく、政党幹部（三役）を経験した議員も次の選挙で当選する確率が上がる、③以上の傾向は2009年と2012年に当選した民主党議員に顕著である。網代と高橋の研究成果同様、我々も大臣経験が当選確率を上げるという結果が得られたが、我々の研究では、選挙制度の違いがこのインパクトにどのような影響を与えるかという観点が含まれていることが、彼らの研究との大きな違いである。

ほとんど研究されてこなかった。

選挙での当落に関する研究では，選挙においては現職が有利であるということに焦点を当てた分析が行われてきた。日本の衆議院における選挙結果では，総じて現職が有利であり[4]，1963年から1990年までの選挙では現職の81%が再選を果たしている。他の先進民主主義国家同様，新人と比較すると，日本の総選挙における現職議員は氏名の認知度が高く，効果的な選挙運動の経験があるなど，議席を確保する上で有利な条件が揃っている[5]。自民党，公明党，そして日本共産党における現職議員の80%（もしくはそれ以上）が再選され，日本社会党は79%，社民党は73%の現職議員が再選されており，与党・野党を問わず，選挙では現職議員が有利だといえる[6]。他方，1996年以降の日本の衆議院議員総選挙を分析した結果，現職優位はほとんど認められないという研究成果も報告されている（Ariga et al, 2016）。

自民党の長期政権を可能にした一つの要因は，自民党を脅かすに足る野党の不在，つまり，自民党候補者を蹴落として当選するほど強い野党候補者がいなかったことであると指摘できる。シャイナー（Scheiner, 2006）は戦後日本の政治状況を「野党の失敗」と形容し，自民党と比べると，野党は実際に当選できそうな候補者を選挙区に擁立できなかったと指摘している。

シャイナーは，候補者の当選回数や当選確率を高めると思われる候補者個人のさまざまな要因を使って，候補者の「資質」を測定している。総じて，野党よりも自民党のほうが，より高い資質の候補者を出馬させていることが野党候補者が当選できなかった理由だとしている。また，シャイナー（Scheiner, 2006）は，候補者個人の重要な資質として，どれだけ多く選挙資金を集めることができるかということを挙げており，高い資質の候補者ほど，選挙資金を集める能力があり，多くの選挙資金を費やしていることを指摘している。とりわけ，自分の選挙区を先代から「受け継いでいる」世襲候補者は，そうでない候補者と比較すると，潤沢な選挙資金を集めて選挙に費やしていることを指摘している。

選挙制度という観点から候補者の当落に焦点を当てた研究は、選挙制度が政党と候補者の選挙戦略に影響を及ぼし、それが選挙結果を左右することに注目している。◆7 初期の研究は、日本の衆議院で採用されていた中選挙区制下で、より大きな政党が選挙で直面する候補者擁立に関する戦略的問題に焦点を当てる。中選挙区制下では、有権者は一票を投じ、単純多数決で複数が当選する。そこで政権与党を目指す政党は、一つの選挙区内で複数の候補者を擁立することを余儀なくされる。◆8 つまり、同一の政党から公認された候補者がお互いに戦うだけでなく、政党は一つの選挙区で何人公認するかということを慎重に見極めなければならない。政党公認数が多過ぎれば共倒れで全員落選し、少な過ぎれば、獲得できたであろう議席を逃すことになる。◆9

これらの研究では、政党公認においてどの政党がより効率的にこの「公認エラー」を免れることができるかという点を分析しているが、その結果に関しては統一見解は得られていない。◆10 コックスら（Cox & Niou, 1994; Cox, 1997）は、より効率的に政党公認を行い、公認エラーを避けた政党は自民党であると主張している。他方、クリステンセ

◆4 Hickman（1992）は、初めて選挙に出馬した新人が議席を獲得する選挙区での空き議席（open seat）が持つインパクトを分析している。

◆5 Hayama（1992）によれば、日本で現職の衆議院議員が選挙で当選する割合は、アメリカの下院議員と比較すると少ない。その理由は、アメリカ議会は選挙運動に関して、日本より制限が少なく、無料郵送特権や雇えるスタッフ人数などにおいてアメリカの現職議員が大きな利益を享受できるためである。

◆6 Hickman（1992）を参照。日本の国政選挙における現職議員の当落と他の要因に関してはReed（1994）、増山（2013）を参照のこと。

◆7 この現象に関する初期の研究に関してはDuverger（1964）; Rae（1972）、最近の研究に関してはTaagepera & Shugart（1989）; Cox（1997）を参照。

◆8 一つの選挙区で複数の候補者を公認しなければならないというのは、中選挙区制下において衆議院で過半数を獲得しようとする政党に共通して直面する問題である。

◆9 政党が過大にあるいは過小に候補者を公認する問題に関してはReed（1990）; Cox & Niou（1994）; Cox（1997）; Browne & Patterson（1999）を参照。

◆10 野党が公認におけるエラーを犯した時、政権与党の議席率が増えるという研究に関してはPatterson（2009）; Patterson & Stockton（2010）; Patterson & Robbins（2012）を参照。

ン（Christensen, 2000）は日本の野党のほうが効率的に公認を行っており，公認エラーを避けていると主張している。日本の政権与党と野党のどちらがより効率的な政党公認を行っていたかというこの論争は，政党と候補者の選挙戦略に影響を与えている選挙制度に注目しているという点において，本章と関連している。

選挙制度変更，大臣ポスト，候補者の当落

日本は１９９４年に小選挙区制度を衆議院の選挙制度の一部として導入した。新しい選挙制度は２９５の小選挙区[11]と11ブロックの比例代表区（１８０人）から構成されている。新たな選挙制度は，政党と候補者に対して選挙戦略の変更を強いるため，新たな選挙制度下では従来とは異なる選挙結果が得られるだろうと期待された。とりわけ，新たな選挙制度下では，同じ政党に所属する候補者が同一選挙区内で戦う「同士討ち」をする必要がなくなるので，選挙過程における政党の役割が従来よりも強まると期待された。小選挙区での政党公認権と，比例ブロックの候補者名簿の順位を決める権限は政党が握っているからである。

本章では，選挙制度の変更によって強化された政党の権限と，小選挙区での「同士討ち」がなくなったことが，候補者の当落を左右する要因の一つである「候補者の大臣ポスト経験が選挙の当落に与えるインパクト」にも影響すると想定している。衆議院選挙の選挙制度が中選挙区制から小選挙区制に変更されることにより，選挙当落における大臣ポスト経験の価値が減じるというのが本章の仮説である。中選挙区制下では，後援会と呼ばれる特定の候補者を支持する地域ネットワークによって動員された特定集団が投票を呼びかけることで，候補者は当選できた。中選挙区制は候補者に政党ラベル[12]を提示して集票するのではなく，後援会を使って「個人票」を開拓することで集票したといえる。さらに候補者が獲得した票は，同じ小選挙区から出馬している同一政党の候補者に移譲できないため，同一政党

からの公認候補者であるにもかかわらず、候補者間での区別化が行われ、候補者たちは特定の地域や専門セクターを独占するインセンティブを持つ。[13] このような状況で、大臣ポストを経験することは、選挙で安定した当選を続けるために必要な候補者個人の要因として大いに役立ったと思われる。

中選挙区制下で当選しようとする候補者は、多種多様な有権者の中でさまざまな利益団体を糾合して過半数を得るより、むしろ「特定領域に特化した」より狭い範囲の有権者に狙いを定めることが合理的だったといえる。[14] したがって、中選挙区制下で議席を目指す候補者は、選挙区内で特定の小規模の利益団体の要求を満たすスペシャリストになることを要求された。特定の専門領域に精通したエキスパートである政治家は「族議員」と呼ばれ、選挙での当選回数を重ねながら大臣経験を積んだ自民党議員に顕著に見られた。一旦、衆議院議員が大臣に任命されれば、選挙区内の特定の利益団体の支持者の要求を満たすことができるゆえ、安定して当選を重ねることが可能だった。

新たに導入された小選挙区比例代表並立制下では、大臣ポストを経験することがもたらすこの効果は期待できない。とりわけ、当選するために必要とされる得票率が高く、より多様で広範囲な有権者からの支持を必要とする小選挙区において、大臣ポストを経験したことが選挙に与える影響力は逓減するはずである。したがって、小選挙区から出馬する候補者は、特定の分野に通じたスペシャリストとして特定の有権者にターゲットを絞った集票戦略で選挙を戦うことは賢明ではない。そのような選挙戦略では小選挙区制下で当選することはできないからである。実際、中選挙区制下では、平均して約18・9％（7万8039票）の得票率で議席を得ることができたが、小選挙区制下で議席を得るためには約50・4％（10万2167票）もの得票率が必要である。[15]

◆11 「一票の格差」を是正するため、2014年の衆議院選挙から議員定数は、当初の定数であった300人から295人に変更された。
◆12 このことに関しては Cox & Thies（1998）; Ramsayer & Rosenbluth（1993）を参照。
◆13 地域的・地理的な区別化に関しては Hirano（2006）; McCubbins & Rosenbluth（1995）; 建林（2004）を参照。
◆14 この点に関しては Naoi & Krauss（2009, p.877）を参照。

選挙制度の変更によってもたらされた候補者の新たなインセンティブに対して，政党は柔軟に適応している。[16] たとえば，自由民主党は，中選挙区制下において議員が政務調査会での委員会に所属できる数を二つに制限していたが，小選挙区制下においてはこの数の制限を取り去っている。[17] 小選挙区制下で議席を得るためには，政策スペシャリストではなく政策ジェネラリストのほうが有利であることを自民党が認識し，それに対して迅速に対応した結果だと思われる。

選挙制度と大臣の役職 ―― 実証分析

中選挙区制と小選挙区制それぞれが候補者に与える異なるインセンティブと，その結果として予想される異なる選挙結果を踏まえ，ここでは大臣ポストを経験することが選挙結果に与える影響を分析する。中選挙区制下では大臣ポストを経験することが当選する上で重要な要因であったが，小選挙区制下ではその影響力が低下していることを確認するのが目的である。本章における従属変数と主要な独立変数は次のとおりである。

従属変数：「候補者の小選挙区における当落（当選なら1，落選なら0）」

主要な独立変数：「次期衆議院選挙までの間に大臣として就任した日数」

主要な独立変数は「候補者の大臣ポスト経験」である。この変数を作業化する上でいくつかの方法が考えられるが，本章では大臣経験者が「選挙での当選を意識して自らの選挙区に何らかの利益を還元する」という観点からこのように定義した。[18] 本章の目的は，候補者が大臣ポストを経験することがその後の衆議院選挙結果に与える影響を確かめることなので、単に「候補者の大臣ポスト経験の有無」と定義するよりも、大臣として任命された日から次期衆議院選挙までに大臣として過ごした日数を独立変数と定義することで、大臣ポストの経験をより詳細に作業化することができる。このように独立変数を定義することにより、衆議院選挙の直前に大臣に任命された候補者と、長期間にわたって大臣を経験し自らが出馬する選挙区に何らかの利益を還元した候補者との違いを考慮した分析が可能となる。

本章では、中選挙区制下では大臣ポストを経験することが衆議院選挙結果に正の影響を与え、小選挙区制下ではその影響力が逓減すると予想する。この変化を分析するため、本章では、二つの統計モデルを使って推定する。一つのモデルでは１９６７年から１９９４年に中選挙区制下で実施された10回の衆議院選挙を推定し、もう一つのモデルでは１９９６年から２０１２年に小選挙区比例代表並立制下で実施された6回の衆議院選挙を推定する。

表13・2と表13・3は本章で使うデータの記述統計である。主要な独立変数である大臣就任日数の平均は20日（中選挙区制下）と12日（小選挙区制下）で、標準偏差は１００日（中選挙区制下）と73日（小選挙区制下）である。衆議院選挙に立候補する候補者の過半数は大臣経験がないため、この独立変数の最小値は0日で最大値は１４９７日（中選挙区制下）と１１７５日（小選挙区制下）である。

◆15　これらの値は中選挙区制下（１９５５〜１９９３年）と小選挙区制下（１９９６〜２０１４年）までの衆議院選挙結果データを使って計算している。中選挙区制下で当選するために必要な19％の得票率は約7万８０００票に相当し、小選挙区制下で当選するために必要な50％の得票率は約10万２０００票に相当する。小選挙区制下において、議席を得るために必要な平均得票率は、復活当選者を含めると46・４％（９万４４８４票）に減少する。

◆16　新たなインセンティブに対して政党がどのように適応したかに関してはPekkanen, Nyblade & Krauss（2006）を参照。

◆17　Krauss & Pekkanen（2004, p.19）とKrauss & Pekkanen（2010）を参照。この件に関して自民党政務調査会に問い合わせたところ、政務調査会に関する正式文書は自民党党則第四十七条のみであり、中選挙区制下でも小選挙区比例代表並立制下でも、自民党の国会議員が所属できる政務調査会の部会、調査会、委員会の制限数に関しては正式な文書は存在しない。Krauss & Pekkanen（2004, p.19）がいうところの「数の制限を取り去っている」というのは、党則で定められているのではなく、自民党内の慣例として定着しているといえる（２０１６年2月2日、自民党本部政務調査会、田村重信氏との電話インタビューより）。

◆18　自民党本部政務調査会、田村重信氏との電話インタビューより。

表 13.2　中選挙区制下における選挙結果の記述統計（1967-1993 年）

変数名	観測数	平均値	標準偏差	最小値	最大値
当落	8975	0.562	0.496	0	1
大臣就任日数	8975	20.095	99.948	0	1497
現職	8975	0.507	0.500	0	1
当選回数	8975	3.096	3.451	0	19
地盤世襲	8975	0.0887	0.284	0	1
非地盤世襲	8975	0.004	0.063	0	1
選挙費用（円）	8624	11.207	9.397	0.002	108.588
自民党	8975	0.361	0.480	0	1
社会党・民主党	8975	0.178	0.382	0	1
共産党	8975	0.142	0.349	0	1
無所属	8975	0.507	0.500	0	1
与党	8975	0.363	0.481	0	1

表 13.3　小選挙区制下における選挙結果の記述統計（1996-2012 年）

変数名	観測数	平均値	標準偏差	最小値	最大値
当落	6908	0.261	0.439	0	1
大臣就任日数	6908	12.188	73.247	0	1175
現職	6908	0.335	0.472	0	1
当選回数	6908	1.681	2.620	0	20
地盤世襲	6908	0.090	0.286	0	1
非地盤世襲	6908	0.011	0.105	0	1
選挙費用（円）	6760	23.038	18.050	0.002	108.588
自民党	6908	0.247	0.431	0	1
社会党・民主党	6908	0.214	0.410	0	1
共産党	6908	0.235	0.424	0	1
無所属	6908	0.335	0.472	0	1
与党	6908	0.259	0.438	0	1

　本章では、選挙結果に影響を与えると思われる候補者個人の四つの特徴を「候補者効果」変数としてモデルに加えている。第一の変数は「現職」変数である。[◆19] 第二の変数は衆議院選挙での「当選回数」で、通算平均は約2・5回当選、最大で20回当選している。第三と第四の変数は世襲候補者に関するもので、候補者が「地盤世襲」なのか、「非地盤世襲」なのかというダミー変数である。[◆20]

　選挙結果に影響を与えていると思われる六つの変数を「選挙区効果」変数としてモデルに加えている。第一の変数は「選挙費用」で、候補者が有権者一人あたりに費やした選挙費用（単位：円）を使っている。これに加えて五つの政党ダミー（「自民党」「日本社会党・民主党」[◆21]「日本共産党」「無所属」「与党」）を含んでいる。

　本章で推定するモデルと変数は表13・4のとおりである。

◆19　本章で使用するデータでは候補者の43％が現職、57％が元職と新人である。

◆20　前任者から選挙区地盤を引き継いだ世襲候補者は全体の8・8％、地盤を引き継がない非地盤世襲は全体のわずか0・73％である。

◆21　「日本社会党」ダミーは1993年までの衆議院選挙に含み、それ以降の選挙では「民主党」ダミーを含んでいる。

表13.4　本章で推定するモデルと変数

$$当落 = \alpha_0 + \alpha_1 大臣就任日数 + \alpha_2 現職 + \alpha_3 当選回数 + \alpha_4 地盤世襲 + \alpha_5 非地盤世襲 + \alpha_6 選挙費用 + \alpha_7 自民党 + \alpha_8 社会党・民主党 + \alpha_9 共産党 + \alpha_{10} 無所属 + \alpha_{11} 与党 + \varepsilon \qquad i = 15{,}381$$

〈従属変数〉

・当落：選挙区での当落、当選＝1、落選＝0

〈独立変数〉

・大臣就任日数：次期衆議院選挙までの間に大臣として就任した日数
・現職：現職の衆議院議員＝1、そうでない場合＝0
・当選回数：これまでの衆議院選挙での当選回数（当該年選挙は含まない）
・地盤世襲：前任者から地盤を引き継いだ世襲議員の場合＝1、それ以外＝0
・非地盤世襲：前任者から地盤を引き継がない世襲議員の場合＝1、それ以外＝0
・選挙費用：候補者が選挙区の有権者一人あたりに費やした選挙費用（円）
・自民党：候補者が自民党公認の場合＝1、それ以外＝0
・社会党・民主党：候補者が民主党（あるいは民主党）公認の場合＝1、それ以外＝0
・共産党：候補者が共産党公認の場合＝1、それ以外＝0
・無所属：候補者が無所属の場合＝1、それ以外＝0
・与党：衆議院解散の時点で、候補者の所属政党が政権与党の場合＝1、それ以外＝0

分析結果

表13・5は、候補者の当落を表す0、1のダミー変数を従属変数、上記11の変数を独立変数としてプロビット分析で推定したマージナル効果を示している。二つの選挙制度下において、11の独立変数のマージナル効果に大きな違いがあることに気づく。これは、二つの選挙制度下で候補者、政党、有権者といったアクターが、異なるインセンティブで選挙を戦っていることを示唆している。この結果は、日本政治分野における選挙制度と選挙の当落に関する先行研究とも一致するが、より注目すべきは、候補者が当選するために重要である候補者効果変数と選挙区効果変数が、二つの選挙制度の間で顕著に異なるということである。この結果は次の二点に集約できる。

第一に、中選挙区制下と比較すると、小選挙区制下で「選挙費用」、「当選回数」、「現職」が当選に与える影響力は減少している。とりわけ中選挙区制下で現職候補者であれば12・7ポイント当選率を上げていたが、小選挙区制下ではわずか2・1ポイントの影響力しかない。前任者から地盤を引き継いだ世襲議員は、中選挙区制下では24・3ポイントも当選率を上げていたのに、小選挙区制下での影響力はわずか5・4ポイントしかない。前任者から地盤を引き継がない世襲議員は、中選挙区制下では約30ポイントも当選率を上げていたのに、小選挙区制下での影響力は半分以下の約14ポイントまで落ち込んでいる。

第二に、小選挙区制下では自民党と民主党の「政党公認」の重要性が増大していることである。中選挙区制下で自民党から公認されることで4ポイント当選率を上げていたが、小選挙区制下では自民党公認の影響力が約25ポイントまで強まっている。小選挙区制下で政党公認が選挙の当選に与える影響力が大きくなった理由として、２００９年と２０１２年における民主党と自民党による政権交代における地滑り的な勝利が影響していると思われる。

表13.5　大臣ポスト経験が衆議院選挙の当選確率に与えるマージナル効果

独立変数	中選挙区制 1967-1993	小選挙区制 1996-2012
大臣就任日数	.00028** (.001)	-.00014*** (.00005)
候補者効果変数		
現職	.12670*** (.016)	.02146** (.011)
当選回数	.06232*** (.003)	.03625*** (.004)
地盤世襲	.24265*** (.018)	.05440*** (.017)
非地盤世襲	.29987*** (.047)	.14109*** (.055)
選挙区効果変数		
選挙費用	.00339*** (.001)	.00189*** (.0003)
自民党	.04057 (.027)	.24746*** (.0554)
社会党・民主党	.03519* (.018)	.13088*** (.0184)
共産党	-.29721*** (.021)	-.20866*** (.001)
無所属	-.31231*** (.023)	.03289 (.023)
与党	.03622 (.024)	-.01758 (.033)
N	8624	6757
LR Chi Sq.	3887.61	2985.45
Pr > ｜chi sq｜	.0000	0.0000
Pseudo R Squared	.3317	.3828

数字は従属変数に対するそれぞれの独立変数のマージナル効果の値。

(　　) 内は標準誤差。*** $p < 0.01$, ** $p < 0.05$, * $p < 0.10$ (two-sided)

本章の主要な独立変数である「大臣就任日数」に関しては、予想通り、中選挙区制下における「大臣就任日数」のマージナル効果係数が0.00028であったのに、小選挙区制下でその値が-0.00014と大きく減少していることから、選挙における大臣のステータスは小選挙区制下よりも中選挙区制下において、より重要だったことがわかる。小選挙区制下において「大臣就任日数」の係数はマイナスであり、かつ統計的に有意であることは、大臣ポストを経験することが選挙においてその影響力が低下していることを示唆している。たとえば、中選挙区制下においてある候補者が大臣ポストを100日間経験して総選挙に出馬すると2・8ポイントも当選確率を上げていたのに、小選挙区制下では、大臣ポストを100日間経験すると当選確率が1・4ポイントも下がることになる。[22]

以上の結果から、衆議院議員の「大臣就任日数」は中選挙区制下では候補者の当選確率を上げていたものの、小選挙区制下ではそうではないことが確認できる。「大臣就任日数」が当選確率に及ぼす影響は数値自体としては大きくはないが、これは既に想定していたことである。表13・1に示されているように、そもそも大臣を経験するような候補者は総じて選挙に強く、既に何度も当選を重ねているのである。

図13・1から図13・4までは候補者の当選回数をコントロールして、「大臣就任日数」が当選確率に与える影響を選挙制度別にプロットしたものである。図13・1は1967年から1993年までに実施された中選挙区制下における衆議院選挙で「大臣就任日数」が当選確率に与える影響を候補者の当選回数別に示している。当選回数は分布全体の三地点（25％、50％、75％）を選び、それぞれの当選回数ごとに制御して分析している。18回当選した大臣経験者は別として、大臣経験回数が全体の50％の中央値（2・48回）である候補者を見ると「大臣就任日数」が増えるにつれて、当選確率が比例的に増加していることがわかる。

図13・2は、1996年から2012年までに実施された小選挙区制下における衆議院選挙で「大臣就任日数」が当選確率に与える影響を候補者の当選回数別に示したものである。

図13・2とは異なり、大臣経験回数が全体の50％の中央値（2・48回）の候補者を見ると「大臣就任日数」が増え

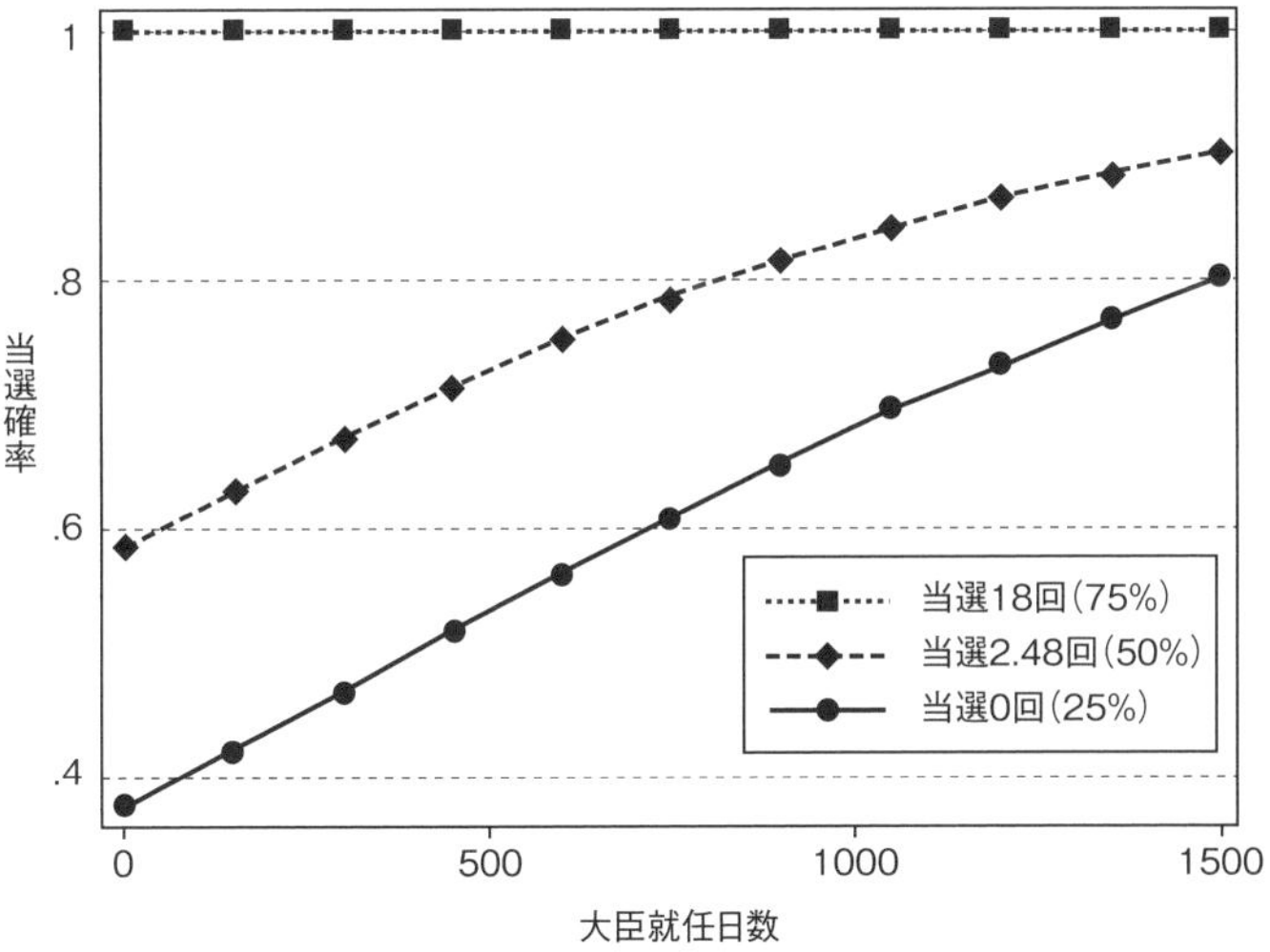

図 13.1　中選挙区制下における大臣経験が当選確率に与える影響
：当選回数で制御（1967-1993 年）

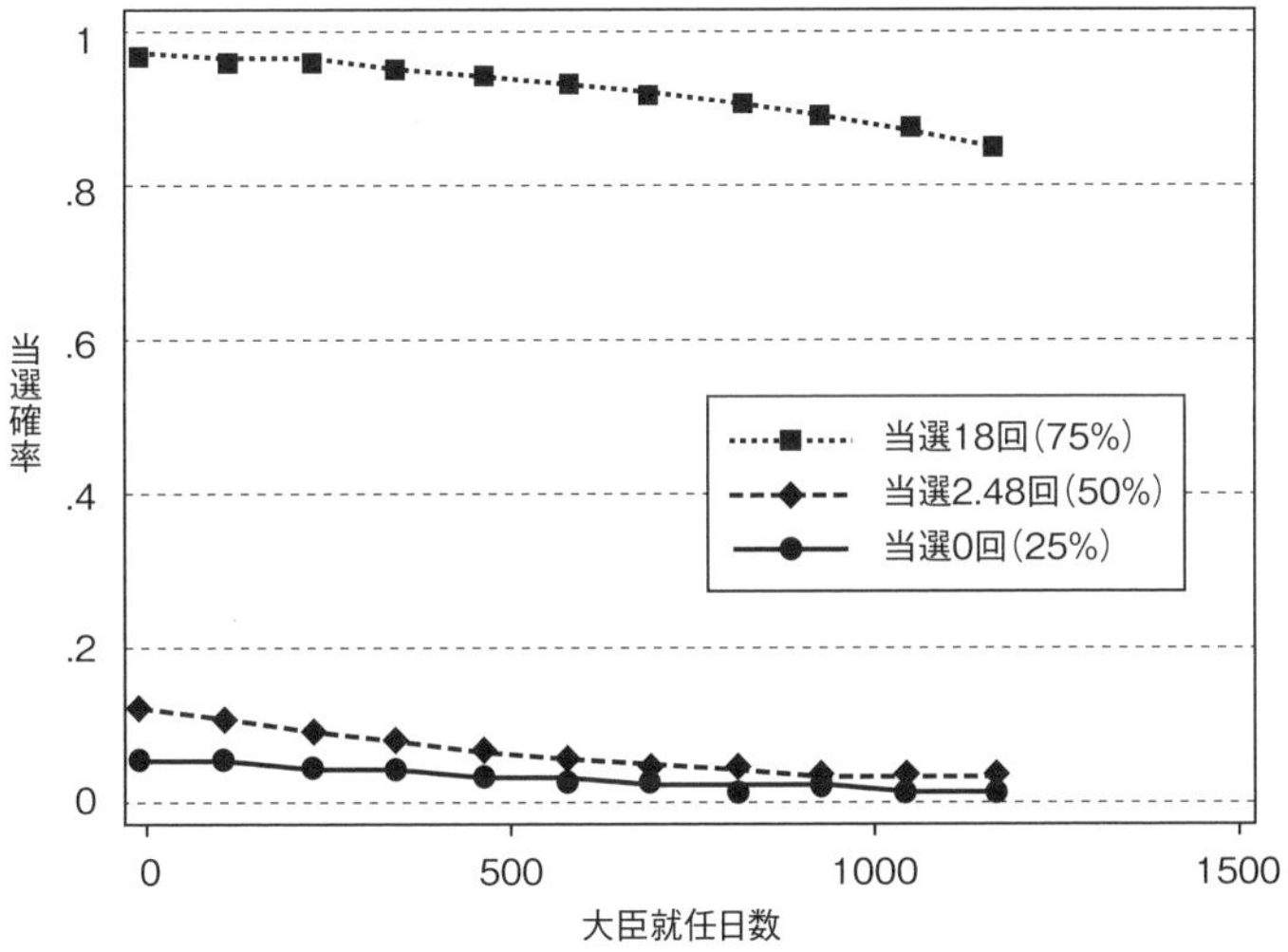

図 13.2　小選挙区制下における大臣経験が当選確率に与える影響
：当選回数で制御（1996-2012 年）

◆22　候補者の当落に与える要因として「大臣就任日数」が重要な変数であることを確認するため、パラメータ包括的なテスト（parameter encompassing test）を行い、すべての独立変数を含んだ推定モデルと「大臣就任日数」変数を除外した制限モデル間における log likelihoods を比較した。また、同様の推定テストを中選挙区モデルと小選挙区モデル間でも行った結果、「大臣就任日数」を加えることでモデルの説明力が強まることを確認している。

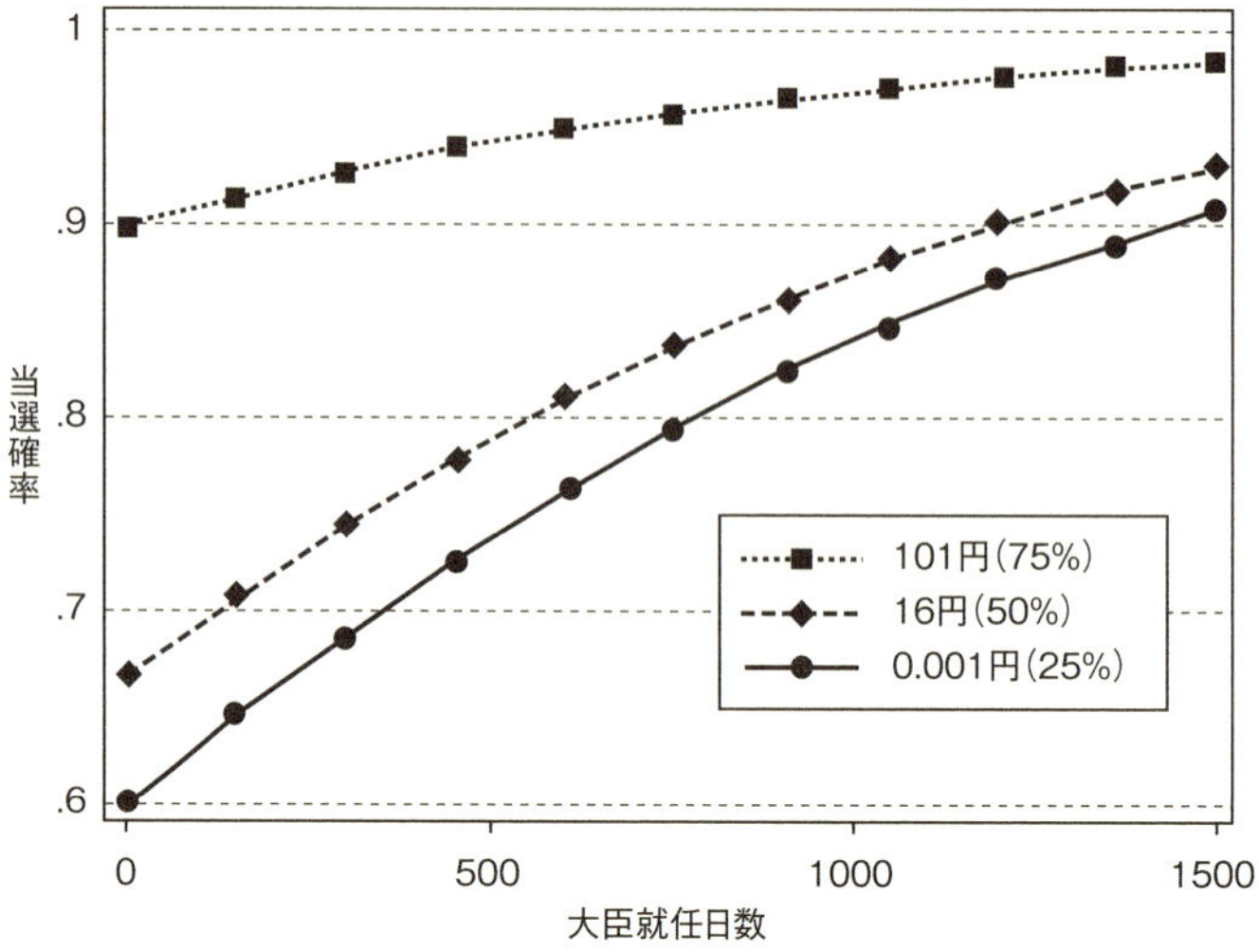

図 13.3　中選挙区制下における大臣経験が当選確率に与える影響
：選挙費用で制御（1967-1993 年）

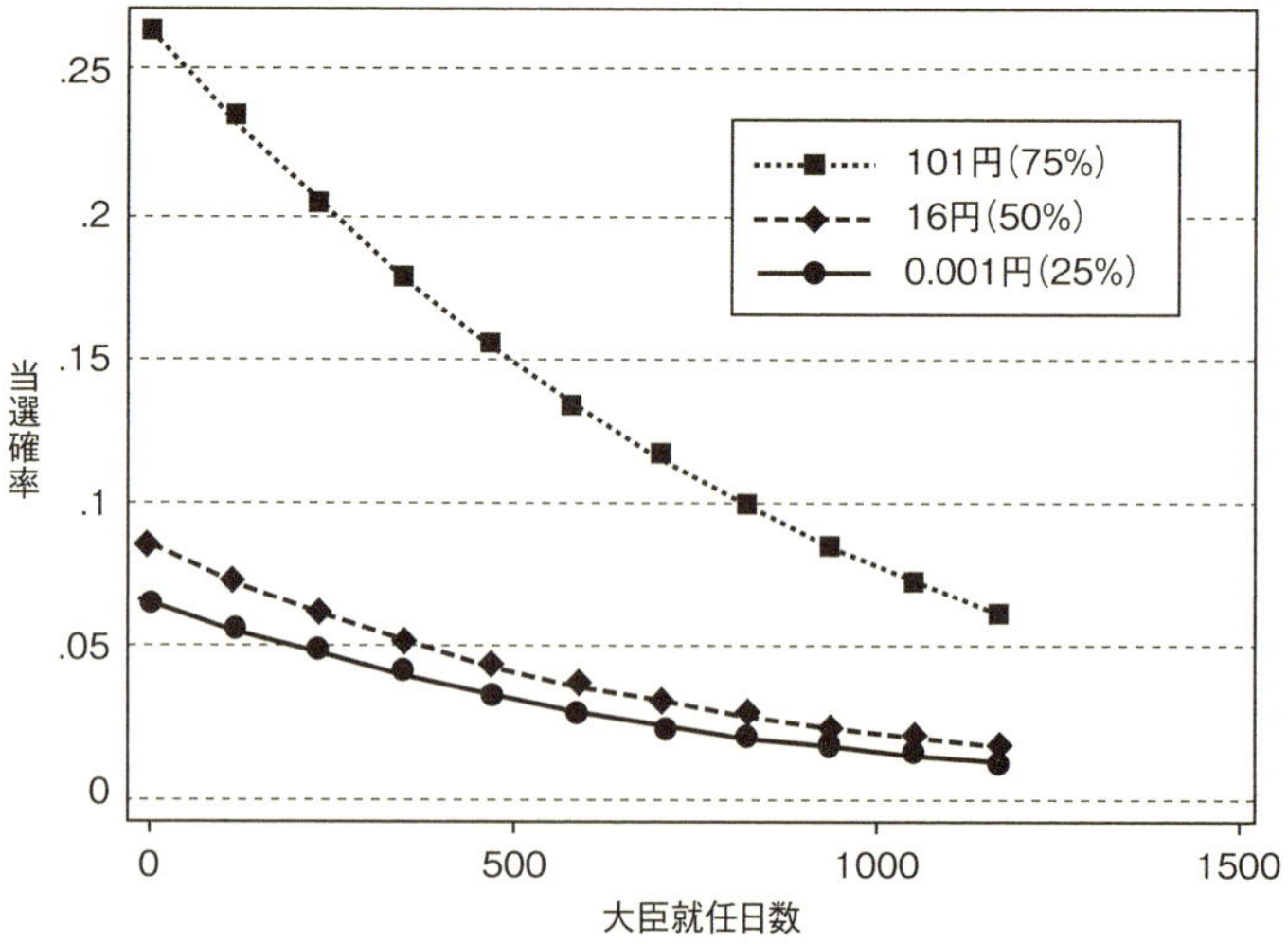

図 13.4　小選挙区制下における大臣経験が当選確率に与える影響
：選挙費用で制御（1996-2012 年）

るにつれて、当選確率が比例的に「減少」していることがわかる。

図13・3と図13・4は、1967年から1993年までに実施された中選挙区制下と1996年から2012年までに実施された小選挙区制下における衆議院選挙で「大臣就任日数」が当選確率に与える影響を、候補者が選挙区の有権者1人あたりに費やした選挙費用別、選挙制度別にそれぞれ示したものである。中選挙区制下では「大臣就任日数」が多い候補者ほど、選挙費用額が大きくなるにつれて当選確率が上がっているのに（図13・3）、小選挙区制下では「大臣就任日数」が多い候補者ほど、選挙費用額が大きくなるにつれて当選確率が下がっている（図13・4）ことは興味深い。

結　論

選挙が民主政治の基本的な過程の一部であることは言うまでもない。民主主義国において有権者はリーダーを選ぶための政治過程に参加し、そこで提示された複数の候補者から、自由意思に基づいて公正に候補者や政党を選ぶ。本章で得られた分析結果が示唆しているのは、選挙制度がこの民主主義の中枢である政治過程に影響を与える可能性があるということである。選挙制度が候補者の当落に与える影響は、候補者行動だけではなく、政党行動においても確認されたが、より重要なのは、どの要因が候補者の当落に影響を与えているのかということである。本章では、中選挙区制下で大臣ポストを経験することは候補者の当選確率を上げたが、小選挙区制下では当てはまらないという結果が得られた。

今後の課題としては、大臣ポストをさらに分類して、異なる二つの選挙制度という観点から、特定の省庁の大臣ポストが当選に与える影響力を分析することが挙げられる。両選挙制度下において当選に影響を与える省庁の大臣ポストや、中選挙区制下あるいは小選挙区制下のいずれかでのみ影響を与えた（あるは与えていない）大臣ポストが存在する可能性もある。また、小選挙区制下において、族議員が自らの専門領域を実際にどこまで広げているのか（あるいは広げていないのか）を調べてみることは、選挙制度が政治行動に与える影響力を検証するという意味において大きな意義があると思われる。

これら二つの課題はいずれも重要であり、本章で得られた研究成果が、これらの問題を探索する上での一助となることを願うものである。

第14章

地方が「主役」にさせられる——分権改革に関する言説の変遷[1]

ヒジノ・ケン・ビクター レオナード

はじめに——自治と影響力

民主国家における地方レベルの政府（地方公共団体・自治体）は二通りの政治的な意思決定に対する力を持つと言える。一つ目には、地方レベルの事項に対して裁量・権限を有し、それをもとに意思決定を行う力、すなわち「自治の権限」である。二つ目として、国政レベルで行われる重要な意思決定に対して、地方政府自らの選好が反映されるよう、さまざまな形で国の政権や中央省庁に対して働きかける力——すなわち「国政への影響力」である。したがって、地方政府がその地域の住民の政策意向を実現するには、政策領域を自律的に決定する権限を行使して実現するか、

[1] 本章は筆者の論文（Hijino, 2016）を大幅に編集・加筆したものである。

中央レベルに働きかけ、国への影響力を行使して、地域が求める政策を国の政策や予算の中で実現させる、二つの方法がある。

戦後日本では概ね、前者の自治の権限は制限されてきたが、地方政府、そしてそこで選出される首長と地方議員は中央の意思決定への影響力が強かったと理解されている。中央政府は、機関委任事務制度を通して自治体の事務・事業の実施を義務付け、法令や通達により自治体の条例制定や法解釈を制約し、さらには地方財政における歳入と歳出の厳しい規制などにより、地方政府の権限と財源を強く統制してきた。リード（Reed, 1986）と伊藤（2002）が指摘しているが、自主財源の歳出を伴わない政策領域（公害対策や情報公開）、また財政的余裕のある状態での福祉行政などで、地方政府は独自の施策を導入して、自律性を示している。しかし、これは「革新自治体の時代」（１９６０年代後半~１９７０年代前半）などで起こった例外的な現象であった。全体としては地方に与えられている法律上の裁量は限定的であったといえる。とは言え、この集権体制を改善すべく、戦後を通じて、中央の地方への介入と統制を緩和する分権改革が多くのアクターにより提唱されてきた。

重要なのは、戦後の集権体制における自治の制約により、地方政府が自らの利益や政策意向を反映できなかったわけではない、という点だ。自治の制約はあくまでも地方レベルの事務や事業に対する裁量の制限を意味するもので、実際には、地方は政治的なルートを通じて中央の政策に影響力を行使して、地域の要望を実現してきた。これらは、村松（1988, 2010）が示した水平的政治競争モデルや地方と中央両レベルの政治家と官僚の相互依存関係（「政官スクラム」）によって、地方政府がお互いに競い合い、中央の意思決定に参加し、自らの利益を引き出してきたのである。結果として、戦後高度成長期には、日本の地域間格差はＯＥＣＤ諸国の中でも最低水準になり、経済構造は地方「志向型」または「偏重型（periphery-oriented/periphery biased）」なものとなった。（Calder, 1988, Chapter6）

しかし、１９９０年代以降の地方分権改革と政治制度改革の流れによって、地方政府が持つこの二つの「権力」のダイナミックスが逆転してきたと言えるであろう。まずは１９８０年代の第二次臨時行政調査会以降に始まり、

２０００年の地方分権一括法施行とその後の財政的分権改革（三位一体改革）を通して行われた改革により、中央政府による統制が緩和され、地方政府の権限面と財源面の自治が高まった。これは「未完の分権改革」と評され、いまだ自治体が独自の施策を追及するには、特に財源面で大きな困難が残っていると指摘されている。しかし、現実には、地方が自律的に行動できる領域（自治の権限）は広まっている（西尾 2007, 2013; 砂原 2011）。その反面、地方政府と地方の政治家（首長と地方議員）が国レベルの政策プロセスに参加し、中央に自らの政策選好を反映させ、中央から利益を地元へ誘導する力は弱まった。それは、村松（2010）の指摘する「政官スクラムの崩壊」であり、地方と中央の相互依存関係と政治的ルートの弱まりの結果である。その地方の中央に対する影響力の低下の理由として、いくつかの複合的な制度的、また社会経済的変革が指摘されている。主因としては、選挙制度改革による自民党組織の国政レベルの集権化、それに伴った中央と地方レベルの政治家の政策選好の乖離と相互依存の弱まり、市町村合併による地方議員の激減、また平成不況以降の税収減による地方への利益分配と誘導の資源の減少などが挙げられるだろう（村松 2010; 砂原 2011; Rosenbluth & Thies, 2010 などの議論を参照）。

２０００年以降、地方分権改革が急速に進められ、地方自治が拡充される中、中央政府は地方の住民と議員の強い反発を買うような重要政策を推し進めた。市町村合併、地方交付税の削減、道路公団や郵政の民営化、個別のダムや公共事業の削減、最近ではＴＰＰ交渉参加などの重要案件で、地方レベルのアクター（特に農村部の自治体や議員）が強く反発して、政党間の中央・地方レベルでの政策的衝突が生まれた（Hijino, 2017）。これらの衝突の多くでは、「地方の声」は届かず、政権党執行部が押し切り、改革が進められた。その結果、この期間、戦後日本の特徴である「地方偏重型」の政治経済構造は弱まり、地域格差も拡大して、「地方切り捨て」や都市・農村の対立軸を意識した議論が登場した。（Chiavacci, 2010）

１９８０年代から２０００年代後半までは、地方自治の拡充が国と地方の抱えているさまざまな問題の万能薬とされた。その後は、地方分権推進の議論が表面的には後退したが、地方の努力や自立・自主性の必要性が強調する言説は安倍第二次政権（２０１２年～）の下で続けられている。地方の自律性・自治強化の方針があるにもかかわらず、なぜ、中央への地方の声が排除され、地方政府の自らの利益を守る力が弱っていったのであろうか。本章ではこの解明を試みる。

戦後保守政権が長らく重心を置いたのは「均衡ある発展」、集権的体制でありながら、地方偏重型の政治経済の構造であった。１９９０年代以降、これらの基本方針の転換はどのように正当化されてきたのだろうか。本章ではこのプロセスの重要な一側面である、政治家がこれらの変革・改革を有権者に「売り込む」時に用いたさまざまな論点・議論・シンボル・スローガン・また感情的や理論的な訴えなど（いわゆる公的な言説：public discourse）を分析する。その作業を通して、地方分権と地方の自律性に関する理解が１９９０年代以降どのように変化したかを検討する。なかでも中心課題となるのは、特に１９９０年代以降、地方政府への権限（power）や財源（resource）等の配分を拡大するという目標を、政治的指導者がいかに公的な言説を通して進めてきたかである。

はたして地方分権は進んだとすればどの程度だったのか、あるいは分権には実際にどのような効果があったのか等については、本章の論じるところではない。本章ではその代わりに、地方分権改革を有権者に訴える言説に着目し、現代日本における権力に関する二つの問題を検討する。第一は、地方の権力がこの間、どのように理解され、また正当化されたかである。第二は、ある特定の政策アイディアの正統性や影響力、およびそのアイディアはどのようなプロセスを経て支持を集めるのか、あるいは支持を失うのかという、もっと幅広い問題である。本章では、これらの問題に対して、政党マニフェスト、国会審議、首相演説、メディア報道の分権改革に関する言説を中心として検討する。

日本における地方分権に関する言説の変遷

１９９０年代半ば以降、日本の政治的言説空間において地方分権はどの程度活発に議論され、推奨されてきたのだろうか。まず、この時期の政党のマニフェスト、首相演説、国会審議のデータを簡単に概説する。

別稿（Hijino, 2016）でも示している通り、１９９６年と２００９年の衆議院議員選挙の際に、自民党と民主党の選挙プログラムやマニフェスト（政権公約）の中で「地方分権」は頻繁に言及されている。この間、民主党では地方分権の優先度が徐々に低下し、自民党の主要政策案においては中程度の優先順位を保っている。だがどちらの党も、２０１２年と２０１４年の総選挙では主要政策を列挙したマニフェストに「地方分権」には言及していない。[2] 歴代総理大臣の国会開会時の所信表明演説をみても、１９９６年以降「地方分権」の登場回数は減少している。「地域」が２００５年から２００９年にかけて大幅に増えた一方で、「地域格差」は２００６年、２００７年、２００９年の演説のみにおいて言及されている。この期間の国会審議における登場回数にも、「地方分権」の登場回数は２０００年にピークに達し、２００６年以降急激に減少している。一方、「地域格差」は２００３年から増え始め、２００６〜２００７年にピークに達している。

上記のデータから三つのトレンドを読み取ることができる。第一に、国会において地方分権が盛んに議論されるようになったのは１９９１年頃であり、議論が下火になったのは２００６年頃である。第二に、地域格差の問題は２００５〜２００９年という短い期間に集中的に登場している。第三に、国会審議にみられるこの傾向と歩調を合わせるように、政党のマニフェストや総理大臣演説における地方分権の優先順位も過去20年間低下し続けている。では

◆2　ただしマニフェストの最後に自民党は「政策ＢＡＮＫ」、民主党は「マニフェスト政策各論」を加えて詳しく説明している。

この間の地方分権をめぐる政治的言説の「中身」は何だったのだろうか。政府作成のパンフレット、政党マニフェスト、あるいは支持者や反対者の意見の中で、地方分権推進のためにどのような言説や概念が用いられていたのだろうか。この問題を以下の三つの期間に分けて検討する。

1993～2000年——地方分権の推進

1990年代初めに地方分権を有権者に幅広く提唱した重要な政治家として名前が挙げられるのは、小沢一郎と細川護煕である。小沢（1993）は『日本改造計画』で、地方分権は日本の改革のために不可欠だと唱えた。彼によると、中央集権は、全国一律の公共サービスの提供と「金太郎飴的な街づくり」をもたらし、一極集中が爆発的に進行して歯止めがきかなくなったと批判した。都市の過密と地方の過疎を克服し、「東京からの自由」を実現するために抜本的な分権改革を訴えている（小沢 1993, p.83, p.188, p.195）。熊本県知事であり、第三次行政改革で分権改革を提唱してきた細川が出雲市長、岩國哲人と共著した一般書『鄙の理論』の議論（細川・岩國 1991）などを参照すると、同様に集権体制への批判と地方の可能性・能力を謳う言説が続く。全体を通して、中央政府と官庁（永田町と霞が関）の画一性、ダイナミズムのなさ、国民にとって不毛な省益争いなどを批判し、逆に地方からの発想やポテンシャルを称賛している。中央省庁が地方行政を過度に統制しているのは不合理（非効率）だと繰り返し指摘し、熊本県知事に在任中、「バス停の設置場所を数メートル移動させるだけでも運輸省の許可が必要だった」という例（細川・岩国 1991, pp.20-21）は、よく引用される逸話だ。「補助金は諸悪の根源」、「くたばれ中央」、「NOと言える地方であれ」、「国が変わらないなら、地方から変わって見せる」（細川・岩國 1991, p.26, p.15, p.34, p.7）など中央に対する敵対的なフレーズを並べ、地方の優れた能力を前提としながら、中央からの自立を訴えている。

その後、地方分権推進会議が誕生し、そこで地方分権への法制化の議論が行われ、2000年に地方分権一括法案が施行された。この法案の「内容や分権型社会において目指すべきものについて、その概要をわかりやすく整理し」、住民や地方議員・職員者向けに地方分権を説明するパンフレットが発行された。[◆3] この資料では、日本の中央集権的な行政制度では、日本が直面する四つの内外の変化に対応できないと主張している。四つの課題とは、①国の内政面での負担を減らして国際的な問題に専念させる必要性、②東京一極集中の是正と地域社会の再生、③地域社会の多様化の奨励、④少子高齢化社会への対応力の確保である。集権から分権への方向転換は、これらの問題への有効な対策だと考えられた。これら国のマクロ的な問題と地方のミクロ的な課題（地方の活力や多様性のなさ）が、分権改革により改善されると、主張されている。地方分権の理念として、国と地方の役割を明確にして、「地方公共団体の自主性及び自律性を高め、個性豊かで活力に満ちた地域社会」を実現することにある。分権によって地方の首長は中央の統制から「解放」され、住民に「対応」するようになり、「民主主義の徹底」が行われ、一方で地方議会も強化され、「自治」の精神のもとでの参加が奨励されるとも説明されている。

これらの論点は、1990年代後半以降、自民党と民主党のいずれのマニフェストでも強調されている。[◆4] 過度な中央集権は行政の非効率化、魅力に欠ける均一性、地域社会の弱体化の元凶であり〈自民党 1998〉、地方の自治と創意工夫を損ない〈民主党 2003〉、急激に変化する内外の環境にうまく適応できない〈自民党 1996; 民主党 2000〉。他方、地方分権は、民主主義を復活させ、多様性を奨励し、行政の効率化を図り、地域社会を活性化し、全体としての満足度を高める〈自民党 1998; 自民党 1999; 民主党 2004〉。初期の頃は、地域の伝統、文化あるいは歴史の「多様性」のために地方分権が奨励されたが、その後小泉政権の時代になると、新たなキーワードとして「独立」や「自立」とい

◆3　全国知事会地方分権推進本部発行『スタート！地方分権――うるおいと真の豊かさを実感できる地域づくりに向けて』2000（平成12）年3月。

◆4　本章で言及した選挙プログラム（マニフェスト）は、政党名と選挙年を〈　〉内に記した。例：〈自民党 2005〉。

う言葉が両党によって頻繁に用いられるようになる〈自民党 2003; 民主党 2003; 自民党 2005; 民主党 2005〉。

小沢や細川など分権のオピニオンリーダー、分権一括法のパンフレット、政党のマニフェストの地方分権に関する言説は、多少の差異はあるが、概ね三つの共通点が見られる。一つめは、中央集権の弊害を強調し、さらに日本全体が直面しているマクロな課題（国際社会の対応、東京一極集中、高齢化・少子化）に集権を結びつけていることである。二つめは、集権的な体制がこれらの問題の主要因であるという根拠も示されず、[◆5]分権改革の効果が万全[◆6]であるという前提で話が進んでいることが挙げられる。三つめは、地方分権を進めて生じるであろうデメリットや問題点がほとんど示されていない点である。地方政府に自主性を与え自立させた結果、地方自治体間の行政サービスの水準やインフラ整備などの、地域格差が生まれる可能性についての議論や対応策は見受けられない。一般的には、政策を有権者に訴える時には、その政策のリスクや問題点を多く解説しないかもしれないが、期待を大きくさせるだけに、その後問題が生じると有権者の反動が高まると思われる。事実、その後の分権議論はそのような経路を辿った。

２０００～２００７年 ―― 地方分権への疑念

２０００年から２００６年にかけて地方分権と市町村合併が進められる中で、その成果を疑問視する声が上がるようになった。全国知事会と全国市長会は、小泉政権下の地方財政改革を公然と批判した。[◆7]地方公共団体に対する国庫補助金と交付金の大幅削減が「地方の自由度を高め、住民に身近なところで政策を決定し、地域の実情と住民の意向をふまえたきめ細かい行政サービスを提供するための地方分権改革に真向から異を唱えるものであり、到底受け入れることはできない」また「国と地方の信頼関係を崩壊させるものであり、断じて容認できない」と厳しく訴えた。[◆8]また、国から地方公共団体への支出が削減され、国家財政を立て直すための改革が実施された結果、地方は「非常事態に陥った」と地方側は訴えた[◆9]。この時期から「地方切り捨て」という言葉が頻繁にメディアに登場するようになった。

そのため第一次安倍政権は地方政策のトーンを変更していった。2006年9月の国会の所信表明演説において、安倍首相は「都市と農村の格差」の問題に言及し、翌年3月の衆議院予算委員会において地域格差に関する集中審議が行われた。与野党の議員は政府に、地域格差は果たして存在するのか、存在するのであればそれは望ましいことか、格差が拡大しているのであればどのような是正策を取り得るかを、質問した。安倍首相をはじめとする閣僚は、地域格差は存在し、またそれは望ましいことではないと認めたものの、日本における格差は「固定化した解消不可能」なものではないと述べた。国会審議では、所得、人口、教育、医療、さらには在日米軍の基地受け入れに至るまでの地域格差について議論されたが、地方分権への言及は、審議に参加した野党議員も含めて、驚くほど少なかった。

自民党も民主党も、2007年の参議院議員選挙からは、マニフェストにおける地方の扱いが変わり、地域社会は社会・経済的な停滞、不安定化、衰退という危機に直面している等の表現が増えた。依然として地方分権の推進は謳われているものの、分権は地方を「再生」または「復活」させ、地方を「活性化」し、「不安定さ」を解消するための政策とひとくくりにされた〈民主党2007; 自民党2007; 自民党2009; 自民党2010; 民主党2010〉。

◆5　たとえば、同時期1980～1990年代の英国やフランスのように行政的に集権体制の国では、日本のような少子高齢化・国際社会への対応能力・首都への過度な一極集中という問題は生じていないように思われる。逆に分権的体制の国でもこのような課題を抱えている国はあるだろう。要は日本の分権推進議論には複合的要因のあるマクロの課題に対して、地方分権が特に有効であるという根拠が示されていない。

◆6　多くの研究機関や研究者は、分権推進者が唱える効果は必ずしも分権によって実現されるわけではなく、その結果は分権をどのように、またどのような状況で推進するかによると主張している。これをめぐる議論はTreisman（2007）を参照。

◆7　この間の地方分権改革についての地方団体の反応は地方六団体地方分権改革推進本部の以下のホームページを参照のこと。http://www.bunken.nga.gr.jp/trend/sanmi.html（Accessed 2015/2/22）

◆8　「三位一体の改革に関する緊急決議」2004年11月15日　全国都道府県議会議長会。

◆9　「三位一体改革の推進に関する緊急アピール」2006年4月14日　全国市長会。

２００７〜２０１４年――地方分権の再編成と後退

２００６年以降、「地方分権」という言葉はあまり使われなくなり、民主党はその代わりに「地方主権改革」を旗印とし、自民党は新たに「道州制」を打ち出した。一部の自民党議員や知事などの政治アクター、あるいは経団連や同友会などの経済界が「道州制」を推進するようになったのもこの頃である。そして２００７年、「道州制」はこれまでの改革に続く「地方分権改革の総仕上げ」であると言われるようになった[10]。ただし、言説内容の変化はないに等しかった。自民党が２００９年に発行した「道州制」のＰＲパンフレットには、１９９０年代初めの分権改革についての主張、すなわち「日本の存続と発展のためには、抜本的な再編が必要であり、国と地方の役割分担を明確にしなくてはならない」がほぼそのまま繰り返されている。「道州制」に期待できるのは、①応答責任を果たすことのできる地方政府、②国際問題に対応できる「身軽」で効率的な中央政府、③公共インフラやサービスの経済の確保、④地域間競争による多様性とダイナミズムの創出、⑤東京以外の都市（州都）の成長などである。一方、パンフレットがデメリットとして挙げているのは、①道州政府やそのサービスが住民から遠くなる、②道州内で一極集中が進み地域間格差が拡大する（ただし道州間格差については言及されていない）、③国家全体としての一体感が減退する、である。

２００９年以降登場した、いわゆる「第三極」政党であるみんなの党と日本維新の会[11]も「道州制」を積極的に進めるべきだと改革を党の計画の中心に据え、それぞれのマニフェストにおいて、日本の統治制度を改革するためには大胆な地方分権が必要だと述べている。「第三極」政党の中でも特に日本維新の会は、２０１２年の選挙で躍進した際、地方政府改革に力を入れるよう、自民党と民主党に圧力をかけた。だが２０１２年以降、自民党が衆参両院の選挙で勝利し、新党が内輪もめによって弱体化した結果、これまで目指してきたような抜本的な地方分権改革を速やかに進めるための影響力も低下した。

２０１２年の自民党のマニフェストには、もはや地方分権という言葉は見あたらない。２０１２年総選挙の選挙戦テーマは、日本から失われたものを「取り戻す（再生）」ことが焦点となり、地方分権を含む構造改革は争点として後退した。ここでは、中立的な言葉である「地方」ではなく、もっと情緒的で郷愁を誘う「ふるさと」という言葉が使われている。２０１２年版マニフェストでは、地方分権という言葉は特に用いられておらず、代わりに「地方の重視・地域の再生」が謳われている。また、これまでのように地方の自立や独立を唱えるのではなく、地域社会というメンバーから構成されるチーム「オールジャパン」という比喩が用いられている。また２００９年のマニフェストには自民党の公約として記載されていた「道州制」の導入期限も、２０１２年版には見あたらない。

自民党の２０１４年版マニフェストは、「アベノミクス」を推進すると日本全体にとってどのような経済的利益があるかに焦点を当てている。マニフェストの4ページ目には、主要4政策が「経済再生」、「地方創生」、「女性活躍」、「財政再建」の順に記載されている。地方創生は順位こそ二番目だが、分権のための具体的な政策は見あたらず、「個性豊かで魅力ある地域社会をつくる」という公約が掲げられているのみである。マニフェストに続く政策集「自民党政策BANK」では、最初のほうで「地方分権改革を進め」る、と述べているものの、それは「地方の財源の安定的な確保」とペアにされている。「個性豊かで魅力ある地域を」という題目の下にも各種の政策が列挙されているが、それらは概ね中央政府が人材・財政面で地方を支援するという内容になっている。２００９年版マニフェストと比較すると、２０１４年版では中央省庁から地方等に権限を移譲するための具体策は何一つ謳われていない。ただし、「地方創生を規制改革により実現し、新たな発展モデルを構築しようとするやる気のある、志の高い地方自治体」のため

◆10　２００７年第１６８回国会における福田内閣総理大臣の所信表明演説。
◆11　みんなの党は２０１４年11月に解党し、党員の多くは日本維新の会（後に「維新の党」に改称）に合流した。

に地方創生特区の設立を目指すとは書かれている。「道州制」は行政改革の一項目として、「自民党は国民的合意を得ながら進めて」いくと述べられているのみである。

同様に民主党の2012年と2014年のマニフェストを見ても、地方分権の優先順位は後退している。2012年のマニフェストの本文では、「民主党は改革を漸進させます」という項目で「国から地方へ…地域主権を確立」と地方分権についてわずか1行しか触れていない。マニフェスト後半の「政策各論」でも、2か所でしか言及されていない。2009年のマニフェストに掲げられていた、行き過ぎた中央集権の是正あるいは「地方自治体への大幅な権限移譲」も影をひそめた。さらに2014年になっても地方分権は3か所で言及されているのみである。民主党は「地域の声に耳を傾け、ふるさと再生」と謳っているものの、地方分権に関わる公約や中央集権を批判する公約は数項目しかない。

地方創生の議論

地方分権や道州制の議論が下火になり、2014年の総選挙前に政権党の地方政策の目玉商品として登場した「地方創生」における言説はどのようなものだろうか。[◆12] まず、内閣官房から示された、まち・ひと・しごと創生「長期ビジョン」「総合戦略」という地方創生の概要を解説する政府広報資料を紹介する。[◆13] この資料では、地方創生とは、地方から大都市圏への人口流出と低出生率による日本全体の人口減少に歯止めをかけるために、地方に安定的な雇用(仕事)をつくり、地方への人の流れを目指すとしている。地方の「自立性」、「将来性」、「地域性」、「直接性」、そして「結果重視」を原則として、「地方公共団体がみずから考え、責任を持って戦略を推進」する。それに対して、国は情報、財政、人の面で支援する。すべての都道府県及び市町村は総合戦略を策定して、「地域特性を把握した効果的な政策立案」を行う。これらの政策に対して明確な目標に新たなKPI（重要業績評価指標）を制定し、効果検証・改善を確立する。さらに国家戦略特区制度などと連携して、地方活性化のためにさまざまな分野で地方の要望に対応した、規制改革を促進するとしている。その後の議論で、新型交付金に関しては、自治体が自ら設定する数値目標を国が精査して、交付額や対象範囲に差をつけ、交付後の事業見直しや変更もできるようになった[14]。

地方の活性化は2014年の解散総選挙、また2015年の統一地方選挙の主要争点として掲げられ、「地方創生」は有権者に売り込まれた。首相演説や選挙向けの政策パンフレット、また政府広報活動として行われた「地方創生関連フォーラム」などの場面で、いくつかのキーワードが復唱された。それは、「地方が主役」であり、地方の「発意による」、「情熱」「創意工夫」と「努力」に対して、国が「支援」または「応援」（「国が応援団になる」こと）[15]。また、元気な地方をつくるには地域の「意欲的なチャレンジ」と「自主性と自立性を高めることで、個性豊かな地方が生まれます」と地域間の自主努力による差別化を目標としている[16]。また、地方創生の事例を紹介する政府広報番組[17]では、「身の丈に合った取組で楽しく町を甦らせる」、「行政に頼らない街づくり」、「自立こそが再生につながる」、「住民の全体参加」、「自ら積極的にコミュニティ形成に関わる新しい取組」など、自治体と住民の自己努力の重要性を全面に出している。さらには、国の認識として、「これまでにも地方を活性化するという取組がありましたが、今回の機会を逃

◆12　Hijino（2015）で地方創生の政治的背景を解説している。
◆13　まち・ひと・しごと創生「長期ビジョン」「総合戦略」　内閣官房　まち・ひと・しごと創生本部事務局。以下のホームページを参照。
http://www.kantei.go.jp/jp/topics/2015/panf20150213.pdf（Accessed 2015/ 2/13）
◆14　日本経済新聞（2015年5月6日）
◆15　2015（平成27）年2月12日第百八十九回国会における安倍内閣総理大臣施政方針演説。
◆16　2014（平成26）年9月29日第百八十七回国会における安倍内閣総理大臣所信表明演説。
◆17　「地方のススメ！——地方の元気最前線」。BSで放映された「地方創生の最前線を紹介する」全10回におけるミニ番組（2015年5月8日放送）。以下のウェブサイトを参照。
http://www.gov-online.go.jp/cam/chihou_sousei/event/BS/

したらもう後がないという強い危機感と国と地方の関係を全く変えようとしている」と石破茂担当大臣が述べている。[18] そして、担当大臣は自治体間の競争から生まれる格差が「当然」であり、努力した自治体としないところを一緒にすれば、「国全体が潰れる」というコメントもメディアに対して行っている。[19]

このように、地方創生を推進する言説に関しては、権限や財源の移譲（地方分権そのものの議論）は減っているが、小泉改革期以降に登場したテーマで地方の主体性、自助努力、そして結果責任を求める国の姿勢は色濃く残る。地方創生では分権改革と違い、地方に一律的に権限・財源を渡すのではなく、「努力する、意欲する自治体」に資源や規制緩和による裁量を与える、国の選択的な裁量の移譲となる。この自治体間の競争は新しい競争と見なせる。戦後高度成長期の地方開発政策の中で、地方が中央から補助金を獲得し、特定開発事業に選定される際に行われた、いわゆる自治体間の「水平的競争」（村松 1988）と重なる。ただし、地方創生の議論では自治体に自発的な計画や戦略を制定させ、国がそれを評価した上で補助金を渡す、地方発意の競争である。また、従来の水平的競争は全国の平均水準よりさらに上乗せを得るため、各地方自治体が中央へ陳情して、事業を確保するものだった。しかし、平成不況以降の平成の大合併や地方創生から生まれる競争は、自治体が「現状を維持するため」、人口規模や財源が「全国平均より下回らないため」の競争となっている、という指摘もある（山下・金井 2015, pp.177-182）。

地方分権の言説に関するメディアの報道と反応

では、地方分権や道州制、その後の地方創生を国民に「売り込む」上で、各党の努力はどの程度有効だったのか。メディアと有権者の関心度をめぐるデータからは、地方分権の支持には温度差があり、次第に関心も薄れていったことがわかる。選挙期間中の、地方分権や地方の争点に関する報道を追ってみたところ、メディアの関心度に変動が見られたことは、すでに別稿で指摘した（Hijino, 2015, table1）。２００９年の総選挙以降、衆議院選挙期間中の報道における「地方分権」、「地域格差」、「地域再生」あるいは「道州制」などの言葉の登場回数は減少しており、この傾向は、２０１２年と２０１４年の選挙における主要政党のマニフェスト等で、地方の優先順位が後退していることとほぼ一致する。

この間の主要紙の社説の見出しを調べると、依然として地方分権を推進すべきだというトーンのものが多い。２０００年から２０１５年にかけて、読売新聞は１５３本、朝日新聞は１９５本の社説で「地方分権」という言葉を使っているが、その多くは地方が、中央省庁からの抵抗に屈せずに地方分権を進めるべきだ、行財政権限をもっと地方に移譲すべきだ、地方分権を通じた地域社会の活性化のためにもっとリーダーシップを発揮すべきだ等を、示唆する内容の見出しとなっており、地方分権改革に反対する、あるいは改革に慎重なものは一つもなかった。

そのような報道傾向は、世論調査にも反映されている。主要全国紙の世論調査では、地方分権の推進は概ね支持されている（１９９５～２００５年の支持率は40～65％で、特に初期に高くなっている）。だがその同じ世論調査でも、政策の有効性やあるいは新たに得た権力・権限を、地方政府が効果的に行使できるかどうかについては、懐疑的な回答が多かった。その他の世論調査を見ても、地方への権力移譲は概ね支持されているのに対して、地方の政治家や自治体に対する不信感は高い[20]。そして後半（２００５～２０１５年）になると、より抜本的な地方分権への熱意は薄れ、過半数が道州制に反対するようになる[21]。地方分権は漠然と支持されているものの、地方分権が地域格差を拡大することを多くの人が懸念している[22]。

[18] 「地方創生フォーラム」関東ブロックでの石破茂内閣府特命担当大臣の発言（２０１５年２月28日）。以下のウェブサイトを参照。http://www.gov-online.go.jp/cam/chihou_sousei/forum/07utsunomiya/index.html

[19] ブルームバーグニュース（２０１５年１月26日）。以下のウェブサイトを参照。http://www.bloomberg.co.jp/news/123-NIKJY96JTSEB01.html

地方分権がこれほど叫ばれたにもかかわらず、大部分の有権者にとって優先事項とはならなかったのは、その他のデータからも明らかだ。図14・1は、小泉政権時代を通じて、地方分権への関心が薄れた後、関連政策への支持がある程度回復したことを示している。だが「地方活性化」関連政策（地方分権とは別の政策の選択肢で、地方経済への公共事業支出増と理解されているようだ）への関心は、地域格差への懸念の高まりもあってか、２００６年頃に急激に高まった。

この間、政府はもっと地方分権改革を進めるべきだと答えた人はわずかしかおらず（10～15％）、その比率は、年金・医療問題、経済成長、高齢化社会、労働改革などに政府はもっと積極的に取り組むべきだと答えた比率（平均で40～70％）よりはるかに低い。地方分権は、政府が取り組むべきだと有権者が考える政策分野の中位にあるものの、優先順位ははるかに下だ。

２０１４年総選挙の前に登場した地方創生に対する世論とメディアの反応も、当初は懐疑的であり鈍かった。複数の世論調査の結果では、多数が地方創生に期待できない、または人口減少に歯止めをかけることができないだろう、と回答している。◆23 全国紙の社説においても、国に対してはバラマキに繋がる懸念、また具体性に欠けるとの批判、また地方に対しては創意工夫の努力や長期ビジョンが必

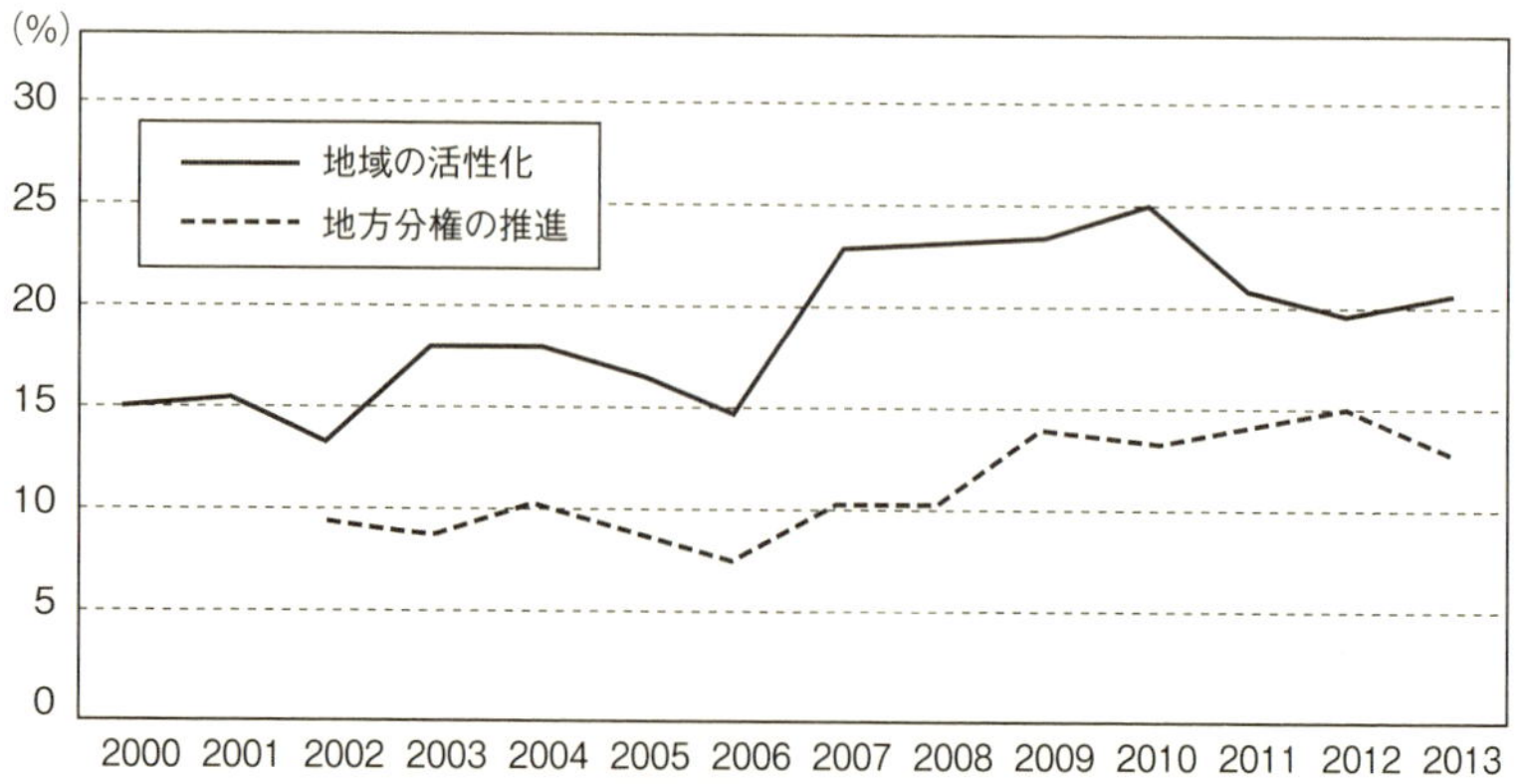

図 14.1　「政府に対する要望」として政策を選定した回答者率
出典：内閣府「国民生活に関する世論調査」（2013 年度版）を参考に作成

要だと、説教する内容のものが多かった。これらの反応に対して、政府は、地方創生は従来のバラマキ政策ではないし、「地方切り捨て」でもない、と広報しているが[24]、社説や世論の大方の反応は過去の地方政策の実績に照らして懐疑的であった。

国の地方政策へ対する世論の冷めた見解と並行して現れてきた重要な傾向がある。それは、ここ20年間、地方政治に対する国民の関心と信頼が失われていったことである。地方選挙の投票率は30年にわたって下がり続け、2015年の統一地方選挙では過去最低を記録した。世論調査をみても、地方議会議員に対する関心と信頼度は低く、大多数の有権者は地方議会の現状に不満を感じている[25]。改革派の知事や市長が音頭を取る一方で、「議会不要論」とともに、地方議会の議員数を減らし報酬を削減すべきだという声も高まっている。地方議員の公費をめぐるスキャンダルが相

◆20　たとえば、1997年8月2日に公表された読売新聞の全国調査によると、回答者の66％が地方分権は望ましいと答え、16％が地方分権には反対だと答えた。だが同じ調査において、41％は分権後も行政の効率化はあまり進まないだろうと回答している（35％は効率化が進む、8％は効率が下がると回答）。さらに63％は地方行政に住民の意向が反映されていないと感じている。朝日新聞が1999年2月21日に実施した調査でも同様の結果が得られた。

◆21　2006年3月に実施された読売新聞の全国調査によると、「道州制」には49％が反対、36％が賛成であった。同新聞が2009年4月3日に実施した調査でも、反対者の割合はあまり変わっていない。道州制への反対の比率がもっと高い調査結果もある（たとえば、日本世論調査会による2006年12月2日の調査では反対62％、賛成29％）。

◆22　たとえば、2002年10月21日に実施された読売新聞の全国調査によると、回答者の66％が地方分権は望ましいと答えていたが、それによって生じる格差は問題だと67％が答えていた。この傾向は、特に小泉政権直後に強かった。たとえば朝日新聞が2006年10月14～15日に実施した調査では、66％が分権を進めるべきだとする一方で、56％が地域格差は拡大したと感じると答えている。2015年5月13～14日に行われた日本世論調査会の全国調査では大都市と地方の経済格差が拡大していると答えた人が全体の77％となった。

◆23　日本経済新聞社とテレビ東京による2014年9月26～28日世論調査、および朝日新聞2014年10月7日付の世論調査結果。

◆24　「地方消滅：いま何をすべきか（2）対談　石破茂 地方創生担当大臣×増田寛也 日本創生会議座長 地方創生〈脱バラマキ〉宣言」『中央公論』2014年12月号129（12）pp.82-91　中央公論新社。

◆25　たとえば、日本世論調査会2006年12月に行われた全国世論調査では6割近い回答者が地方議会の現状にあまり、または全く満足していないと回答している。

次ぎ、地方議会が人気のある首長や関心の高い住民投票を度々妨害したと見られていることも、有権者の失望の裏にあるだろう。[◆26] そのような不信の中で、さらなる地方政府への権限や責任の移譲を、世論が積極的に期待するのは困難であろう。

結　論――中央の言説への影響力

1990年代後半から2000年代前半にかけて、地方分権は日本の現状を変える万能薬だと叫ばれたが、その熱意はその後の歴代政権には継承されず、議論は徐々にトーンダウンしていった。自民党と民主党の双方にとって転機となったのは、地域格差に関する国民の関心や報道が頂点に達した2006年頃である。また地方分権を含む構造改革は「地方切り捨て」だとする批判の嵐が起き、それに十分対応できなかったことも、2007年の参議院選挙で自民党が敗北した一因となった。地域格差が拡大し、地方分権改革の実施後も農村地域の停滞は続いたため、選挙区や利益団体から反対の声が上がり、地方分権のアイディアの神通力はなくなった。この期間、中央に集中した政治的権力を地方に分散すれば、日本における根本的な問題の多くは必然的に解決されるはずだ、という考え方は著しく後退していったのである。2012年、2014年の総選挙のマニフェストや2014年以降に地方活性化政策の中心になった地方創生の言説の中では、地方への権限の一律的委譲や財源の移譲の推進は後退して、国が地方を「応援」し、援助するという内容の言説が増えた。その傍ら、地方の努力と発意、地方間の競争によって日本全体を活性化するという考えは色濃く継承され、地方の自律と自主性が強調されている。ただし、1990年代分権改革当初の世論とメディアの熱意はもうなく、中央の新たな地方政策に対する反応は懐疑的なものだった。

同時代の他の重要政策（たとえば、郵政民営化や憲法改革）のトップダウンの言説を系統立てて比較することなしに、分権改革や近年の地方創生がどの程度の熱意と努力を持って国民に広められたかを判断するのは難しい。だが、分権改革がいかに誇張されていたかを考えると（日本を「再生」し、「根幹から変える」唯一の手段として）、言説は不思議なほど薄っぺらいとも思える。マニフェストや宣伝パンフレットでは強調されている政策だが、そこにはコミュニケーションのための言説の研究の数々で指摘されているような、有権者を動かすための持続的なシンボル、逸話、価値のアピールなどは見受けられない。さらに、分権を推進するための政府広報や政党マニフェストには、行政の効率化、経済の再生、民主主義的な説明責任と応答責任の向上を裏付ける実例や比較データも示されていない。また政策推進者は、地方分権その他の望ましい成果と引き換えにどのようなリスクがあるのか、という議論を避ける傾向にある。地方分権による地方政府の自律性拡大と地域格差が緊張関係にあるという議論は驚くほど少なかった。

それは、地方分権をめぐる二大政党の論調は次第に似通ったものになり、そのために十分な反論や議論が行われず政策が進んでしまったことに起因しているのではないだろうか。民主党は初期のマニフェスト（1996〜2000年）において、地方分権を通じて民主主義に基づく市民社会と市民参加を取り戻すと強調していた。一方、自民党は主として、行政の効率化と国政強化の観点から地方分権を唱えた。だが小泉政権時代になると、民主党も自民党も、地方分権は地域の「自主性」や「自立性」を高める手段であると強調するようになった。そしてポスト小泉時代には、いずれの政党も地域再生を最優先の目標に掲げた。主要政党が広い政策目標で合意しているのであれば、地方分権の正当性やリスクを相手に納得させるための反論、データ、逸話を提供する必要はほとんどない。また、皆があいまいながらも合意している中では、主張や意見の対立が生まれる可能性も低い。このように地方分権改革に対する二大政党の立場にほとんど違いがなくなったため、闘争的な言説や中身の濃い議論が行われず、分権のリスクが適確に指摘されず、選挙民も興味を失っていったことが考えられる。そして2000年後半以降に分権のリスクが顕在化して、

◆26　Hijino（2015, pp.3-7）を参照。

地方格差が悪化した中、分権改革というアイディアの正統性が急激に弱まり、国の地方政策全般に対する一般市民の不信感が広まった。その信頼の欠如を覆すような言説を各政党はいまだ提供できていない。これは地方創生のスタート時点から、世論の冷めた反応からうかがえる。

本章のはじめに示したように、地方の政治的な力というのは地方の自律的行動を実現する裁量（自治の権限）だけでなく、国政レベルを動かす、国の政策を形成する（国政への影響力）二つの源泉からなる。戦後高度成長期に関しては、前者が弱く・後者が強く、１９９０年代以降はその関係が逆転していった。結果として、１９９０年代以降の分権改革を通して、地方政府と議員が国政で行われた分権改革の内容（特に地方の広範な反発を招きながらも、進められた市町村合併や三位一体改革）に対して十分な影響力を行使できなかった。一連の改革により、事務や事業の裁量が増えたものの、大多数の地方政府では財源が減り、地方財政が逼迫・硬直化した。その状況において、国が先導する道州制や地域主権改革などによるさらなる地方自治の拡充に対して、反応が鈍かったのは当然であろう。

「地方こそ、成長の主役[27]」と言われ、「地方創生の実現に向かって、皆さん、共に挑戦しようではありませんか[28]」と言われても、多くの疲弊している地方の住民と政治家が主役になりたいのか、なりえるのか、地方側の意見はどうなのかが問われていない。１９９０年代の地方分権の流れで皮肉なことは、中央から移譲されてくる裁量と責任に対して、地方が権限や自律はいらない、ノーと言う選択肢・影響力が、同時進行で弱まったことではなかろうか。中央から発信される地方自治の政策アイディアが、国の施策と制度として法制化される前に地方が働きかけ、形成していく力が必要なのであろう。そのためには、地方の自律性と権限の理念への確固たる理解がいる。中央よりも地方レベルで野党が弱く、連携ができていない中、また自民党組織の垂直的統合がさらに弱まる中、中央への影響力を地方が今後どのように回復できるのか、中央の政策議論や内容に対してどのように「地方の声」を強めるのか、不透明である。ただし、そのチャンネルが機能しなければ、中央・地方双方が納得するような役回りは生まれず、持続的な協同関係は生まれないであろう。

◆27　2015年地方統一選挙向けの自民党の政策パンフレットの表紙とポスターのキャッチコピー。

◆28　2016（平成28）年1月22日第190回国会における安倍内閣総理大臣施政方針演説。

第15章

「普通」プラス「クール」
——再軍事化とジャパンブランドの再構築と民主主義

■トーステン・マリー

21世紀初頭の日本は、再軍事化とジャパンブランドの再構築に必死に取り組んできた。安全保障に対するより積極的な姿勢、そして伝統的文化・現代文化のプロモーションによって、強い国家というイメージが作り上げられた。昨今の国際関係という文脈において、再軍事化とブランド再構築は、それぞれ「ハード」および「ソフト」パワー戦略として機能する。本章では両方のパワー形態について併せて考察していくが、特に注目したいのが第二次安倍晋三内閣（２０１２年～）によってもたらされた変化だ。政府がハードおよびソフト・パワーを支配していく中で、国民が自主性や危機意識を保ち、常に情報把握に努めるよう働きかけるために、ポップカルチャーはどのような役割を果たせるのだろうか。これは同時に、民主主義の役割とは一体何なのか、という問いにもなる。

21世紀に入ってから、日本は「クールジャパン」政策を広く実施することで、日本の製品やサービスに対する国民の誇りと外国人による消費を促進してきた。この「クール」なソフト・パワーを利用したキャンペーンには、和食、観光、アニメ、漫画をはじめとした、多くのコンテンツが含まれる。こうして日本のビジネス界や政界のリーダーが、海外から見た日本文化という構想に気を良くするのと同時に、日本は軍事力の再開発にも着手している。２０１５年には、安倍内閣（自由民主党：自民党）により、それまで国内の人道的支援や国連主導の平和維持活動に役割が限定されていた自衛隊が、「集団的自衛権」の行使が可能な、攻撃能力を備えた軍隊へと転換された。これによって第二次世界大戦後初めて、自衛隊が海外で合憲的に武力行使を行う可能性が出てきた。つまり、同盟国が武力攻撃された際に、自国が攻撃を受けていなくても武力で反撃するということだ。さらに安倍内閣は、武器輸出、平和維持活動、国内テロ対策政策に関する法改正をも目論んでいる。

ソフト・パワーとハード・パワーの同時性と接続性について理解を深めるには、どのような説明が適切だろうか。ジョセフ・ナイ（Nye, 2004）が、「ソフト・パワー」を「心と思考を勝ち取る」こと――支配やお金によってではなく、魅力で欲しい物を手に入れる能力――であると特徴づけたのは有名な話だ（p.x）。彼の理論によると、スポーツ、教育、文化の分野で培われた無形資源である「ソフト・パワー」は、軍事などの「ハード・パワー」の支配力と手を組むのが一番有効だ。「賢い」国であれば、その競争力を保つためにハードとソフトの両パワーを、状況によってうまく活用すべきであると、さらにナイは主張する。つまり、「ハード」と「ソフト」は単一の主体――ナイがしばしば使用するところの代名詞「you（あなた）」――に寄与すると同時に、互いに対照的であるとも言える。ナイは的外れにも、ソフト・パワーがいかなる主体によっても行使されうるものであり、その使用は必ずしも好ましくない――オサマ・ビンラディンでさえもソフト・パワーを保持していた（Whitney, 2008）――とするが、彼のほとんどの著作で「you」と言えば国家のことを指していることに反論の余地はない（Watanabe & McConnell, 2015）。

本人は認めようとはしないが、国家は軍事的支配に頼るのではなく、文化によって人を惹きつけることが大切だという「ソフト・パワー」のコンセプトを、多くの人が多分な理想主義と見なしている。ソフト・パワーがハード・パワーに取って代わり、国家のリーダーがそのパワーをいつ、どのように展開するかについて「賢い」選択をする、というのは確かに理想的だ。しかし、「ハード」と「ソフト」の両パワーが、いずれも国家権力に由来している点も考慮する必要がある。ここでは、日本におけるハードとソフト・パワー、そしてそれらが必ずしも相容れない選択肢としてだけでなく、どのように連携しているかを詳細に検討していく。まずは、ハード・パワーに特有の芸術性について触れた後に、日本におけるハードとソフトの両パワーが、民主主義にどのように影響を及ぼし得るかについて考察する。参加型民主主義において、市民、情報、そして被支配者から支配者へのコミュニケーションの流れというのは、すべて重要なポイントだ。必然的に、文化の「ソフト」パワーというのも、市民と国家の両方に密接に関係するものとなる。

「普通」＝ハード

第二次世界大戦後の1947年に課せられた日本国憲法の第9条は、以下のように定める。

1．日本国民は、正義と秩序を基調とする国際平和を誠実に希求し、国権の発動たる戦争と、武力による威嚇又は武力の行使は、国際紛争を解決する手段としては、永久にこれを放棄する。

2．前項の目的を達するため、陸海空軍その他の戦力は、これを保持しない。国の交戦権は、これを認めない。

憲法第9条が示す徹底した平和主義は、日米安全保障条約によって変化を強いられた。この合意は、1951年9月8日にサンフランシスコでの連合国諸国による日本との平和条約調印（発効は1952年）と同時に締結され、米国主導の連合軍による日本占領（1945~1952年）に終息をもたらしたが、その後も在日米軍基地は維持されることとなった。米国のリーダーは日米安全保障条約よりも前から、共産主義台頭の阻止、朝鮮戦争への参戦、ソ連による核開発の抑止という日米共通の利害に突き動かされ、日本の再軍備化を支持していた。そして1954年、日本政府は米国の許可のもと、国内防衛という役割に限定した、軍隊に準ずる組織としての自衛隊を発足した。

政治家は、平和主義を覆すことで日本を「普通」の国に変える必要性について、しばしば言及する。ここで「普通」というのは、やはり「普通」に配備された他国の軍隊と同じく、実用的な軍事力を保持する国を指す。1991年の湾岸戦争後にこの意味での「普通」という言葉を広めたのが、率直な発言で知られる政治家小沢一郎（Ozawa, 1994）だ。当時、イラクによるクウェート侵略を阻止しようと戦う米国主導の連合軍に対して、莫大な財政支援「だけ」（しかし130億USドルというのはかなりの額だ）を投じた日本に対して、国際社会や日本国内の保守派は「小切手外交」や「ATM」などと言って非難した。その後紛争が収束を迎えると、日本政府は地雷撤去部隊も現地派遣した。しかし日本が、自らの生命を賭けて戦う人員である地上軍を送り込むことはなかった。小沢をはじめとした多くが、平和主義というのが日本の繁栄に不釣り合いだと感じ、批判的な立場をとっていた。冷戦の終結と中国の台頭によって不安定な時期にあった1990年代では、日本が普通の国になることが期待されていたのだ。

1992年に制定された「PKO協力法」により、日本はカンボジア、モザンビーク、東ティモール、スーダン、ハイチなど各地での活動に自衛隊員や警察官を派遣できるようになった。アフガニスタンとイラクにおける米国主導の「対テロ戦争」では、戦闘開始から間もないにもかかわらず、小泉純一郎首相（2001~2006年）指揮のもと、日本の陸・空・海自衛隊が小規模ながらも非戦闘的な貢献を見せた。国連はこのイラクでの紛争を容認しなかったが、元々の日本の法制度が国連指令による平和維持活動としての自衛隊参加しか認めていなかったことを考えると、これは一つの決定的な出来事であったと言える。

2014年になると、安倍は憲法の「再解釈」という近道により、長い間温めていた戦後の憲法改正という夢へと一気に駒を進めた。安倍は、衆議院と参議院の総議員の3分の2以上、および国民投票で過半数以上の賛成を憲法改正の条件とする憲法96条を利用して、憲法改正を実現させることを目論みながら、自身二度目となる一貫性に欠ける任期を開始した。安倍の連立政権（自民党と公明党）は、衆議院および参議院で過半数の議席を獲得してはいるものの、まだ憲法改正を潤滑に進めるほどではない。それでもなお、2014年に要求された「再解釈」は、「平和憲法」

が日本の集団的自衛権の行使を阻むものではないと指摘した。2015年に可決され、2016年に施行された二つの安全保障関連法案は同盟国に代わって日本が自己防衛をする権利を有することを確認した。この流れにより、朝鮮戦争（1950～1953年）以降、段階を踏んで進められてきた日本による軍事力の再構築への動きが、一気に加速した形になる。安倍首相と自民党内の安倍支持者は今もなお全面的な憲法改正の実現を希望している。

「クール」＝ソフト

国家というのは、権力を正当化し臣民の服従を引き出そうとするものである（Weber, 2009）。昔から政府は、海外のみならず、国内でも権威と服従を得るためにポップカルチャーや芸術を利用してきた。統一された「国民」は、「国家」の定めた領土や安全要求に従う。そのため、日本という国民国家の「普通化」には、国内外の人気を高め、好ましく美しいイメージを広めるために、社会的に全体を調整することが重要になってくる。イラク戦争の際、日本はジョージ・W・ブッシュの「有志連合」支持という過去に例のない決断を下し、イラクに自衛隊を派遣した。同時に、イラクの子どもたちに配布するためのマンガを持ち込み、イラクのテレビでは日本のアニメを放送し、さらにサッカーのイラク代表を日本に招待したが、これはすべて米国と同盟関係にある日本が嫌われないようにと講じられた策である。また、マンガ、アニメ、サッカーは、日本人自身の誇りにもつながっている。

日本では過去20年もの間、自衛隊の国民人気を高めることにより、「ハード・パワー」の正当性を得るための「普通化」という試みが行われてきた。「普通」になるためにはかわいさやポップカルチャーが有効であり、たとえば自民党は、憲法改正の利点を説明するためにマンガを作っている。この「普通化」活動の一環として、2011年3月11日に発生した三重の災害（東日本を襲った大地震、津波、そして原子力発電所のメルトダウン）における、自衛隊の実際のレスキュー活動映像も利用された。

「ソフト・パワー」という表現は冷戦後の比較的新しい造語ではあるものの、その概念自体は古くから存在しており、ナイはその起源を中国の哲学者・老子（紀元前5世紀）だとしている。アイゼンハワー大統領は冷戦時代に、爆弾ではなく言論によって立ち向かうことを好んだと言うが、ナイはその事実を特に評価する。「長い目で見て効果的な戦略だった」と彼は言う（Whitney, 2008）。このような冷戦のノスタルジアは、国民国家における文化の力というものを暗に示している。ナイがしばしば使用する、複数か単数かも曖昧な「you」という言葉はまさに、国民国家を擬人化し、国民と国家が一体であることを示唆するものである。

ナショナリズムを研究する学者ベネディクト・アンダーソン（Anderson, 1991）は、18世紀から20世紀初頭の頃より、国家によるメディアや言語の管理が見られるようになってきたと指摘する。印刷物の普及は人々にとって、それまで意識していなかった互いのつながりや、新たに規定された国民という概念について、思いをはせるきっかけとなった。この「国民」というのは「想像の共同体」であり、偽でありながらも「水平的な深い同志愛」である。しかし、そのいわゆる同胞愛というのが、まさに「数千、数百万の人々が、かくも限られた想像力の産物のために、殺し合い、あるいはむしろ自らすすんで死んでいった」動機となってきたという事実に、アンダーソンは警鐘を鳴らす（pp.5-7）。

19世紀、西洋の風にさらされた日本のエリートは、「日本」という幻想をどう組み立てていくかという点を真剣に考え始めた。そこで幻想を支えるための物語探しに着手したが、科学進歩を遂げた遺跡分析技術により導き出された結果が、国家起源の雑種性を示すものだったため、人類学者や歴史学者によって事実に反する研究が作り上げられることとなった。19世紀末期から20世紀初頭における日本人らしさについての社会的論争は、やがて戦争計画者にとって都合のいい話へと転換していった。中国は古くから族長である日本の「庇護下」にあった、という認識が一般的となったのである（Oguma, 2002, pp.3-15）。さらに、第二次世界大戦に突入する際には、「八紘一宇」（世界を一つの家にする）というスローガンが掲げられたが、これは仲間のアジア諸国を「解放」するという日本の意図を表したものだ。

植民地支配の意図を国民が受け入れやすくするために、日本のリーダーが無駄に動くことは一切なかった。「日本ほど洗練されたプロパガンダ・キャンペーンを国内で仕掛けた国は他にない」(Dower, 2012, p.65)と歴史学者ジョン・ダワーは書く。戦争キャンペーンの大部分は、人々に輝かしい未来を想像させる満州の美しいポスターなど、国家戦略を日常に紛れ込ませる方法により実施された。

今日では、「プロパガンダ」や「文化帝国主義」などの言葉は、思想植え付けといった固い感情を呼び起こす。それに対してナイは、ソフト・パワーを「魅力」の創造と特徴づけたが、これは何とも耳触りの良い見事な解釈である。アホール（Åhäll, 2015）は、「軍事化」が日常のコミュニケーションにも潜んでいると主張する。シンシア・エンロー（Cynthia Enloe）の考えを基に、彼女は軍事化を「人や社会が徐々に軍隊の必要性を認識していく、特定の文化変換プロセス」とする（p.67）。ここで重要なのが「徐々に」という修飾語だ。「普通化」というのは、何もあからさまなプロパガンダ的アプローチによって、文化が政治に利用されることを指すわけではない。特にこのマスコミの時代において、文化に対する政治的影響というのは、従来よりもさらに識別しにくくなっている。

さらに政府はその集中的権力によって、プラスのイメージづくりに多大な影響力を発揮することもできる。戦後、日本における文化外交と「外交」は、いずれもはっきりとした「あらかじめ設定した目的に向けて……明確に定義された政治的意図」を持つという点で、同様に機能していた。これは、東京2020オリンピック・パラリンピック招致委員会のメンバーである小倉和夫の主張であり、彼によると、日本の文化外交の裏に隠された野望は、どれだけ国際舞台が日本社会への評価を急激に変えてきたか、という部分に負うところが大きい。第二次世界大戦後の地政学的認識としては、日本はアジア諸国の解放者でもパートナーでもなく、あくまで米国の仲間でしかない。日米同盟は依然として、かつて日本がアジアで植民地支配していた被害国の力を弱める重石として機能している。

日本が景気後退に転じた1990年代の「失われた10年」は、戦後勢いづいていた日本の国力に衰えをもたらし、同時に韓国やその他アジア諸国も世界的な不況に見舞われた。そんな中、日本製の商品が文化外交としてより積極的な役割を担う可能性や、それにより戦争の傷から立ち直っていないアジア諸国に働きかけることさえもできるかもしれない、というマクグレイ（McGray, 2002）の提唱により、「クールジャパン」が非公式に開始され、日本に明るい材料を与えることとなった。彼の主張を考えると意外な選択にも思えるが、マクグレイは外交専門誌 *Foreign Policy* で自らの記事、「日本のグロス・ナショナル・クール（国民総文化力）」を発表した。文化の輸出によって人気が得られるという楽観的な予言により、マクグレイは日本のリーダーに対して、日本がバブル崩壊後に失った他国の関心を回復するための機会に気づくことが大切だと主張した。

もし「クール」がトレンドという意味だけでなく、ある種のカウンターカルチャー（対抗文化）や反体制としての独自性を含意するのであれば、クールジャパンが主流に乗った途端、10年も経たないうちにそのクールさは失われてしまうのかもしれない。現に「クールジャパン」が２００３年に自民党政権のもと、経済産業省や外務省によって採用されると、その姿は国政術の柱へと変貌した。政策としての「クールジャパン」は、革新的芸術家や破壊的な起業家の多様なエネルギーを褒め称えるのではなく、国家の名誉を挽回するための、独断的かつ独占的な道具になってしまったのだ（Matsui, 2010）。

特に「クールジャパン」が初期のうちは、個人消費者は楽観的でいられた。マクグレイが話題を呼んだ前述の記事を書いたのには具体的な理由があり、それは日本のアジアに対するポップカルチャーの輸出が既に成功していたためである。その後、どのように新たな文化商品を売り出し、クールな国というイメージづくりに「活用」することができるか、という点が起業家の課題となってきた。２００９年から２０１２年の短い間、日本が非自民党政権の時期もあったものの、以下では主に自民党復権後の２００３年以降における政策という文脈で、「クールジャパン」について述べていく。

ハード・パワーの芸術性

ポップカルチャーをソフト・パワーとして利用することによって、国民の誇りを再ブランド化しようとする最近の動きは、首相官邸と深い関係がある。２００６年、日本の議会は初めて安倍晋三を総理大臣に選出したが、これは母方の祖父である岸元首相をはじめとして、著名な政治家を父親や祖父に持つ安倍が、まさに待ち望んでいた瞬間だった。自称審美家である安倍は、１９９６年に出版された著書『美しい国へ』において、自身の政治的キャリアをアピールした。国家としての美しさと国を愛することの必要性を結びつけることで、「国への愛」を語源とした、旧来の愛国心やナショナリズムを蘇らせたいという考えだ。総理大臣となった安倍は、さまざまな「美しい」マニフェストの官僚化を試みたことに加え、「クール」の日本語訳とも言える「カッコいい」という言葉と「美しい」を結びつけた。また第一次安倍内閣では、日本の本質や美しさに関する国民の意識調査のため、複数の年齢層を対象とした大規模な世論調査が内閣府により全国で実施され、10代の若者には「和を美しく格好いいものとして」捉えることが推奨された（Shusō Kantei, 2007, p.3）。

美しい国の創造という壮大な計画のもと、芸術家や起業家をはじめとした多くの人員が集結したが（しかし世論は懐疑的だった）、就任からわずか1年足らずで安倍は突如辞任してしまう。退陣の理由は、健康上の問題や、アフガニスタンにおける同盟軍支援のための自衛隊による給油活動を継続するための新法制定が行き詰まったことに責任を取って、という実に曖昧なものに終始した。

安倍が提唱していた「美しさ」は廃れ、代わりに「カワイイ」や「クール」が、ポップカルチャーから主流の官僚制に取り込まれ、圧倒的な存在感を持ち始めた。安倍内閣退陣後の２００８年には、アニメ・キャラクターの「ドラえもん」が「日本のアニメ大使」となった。さらに２００９年になると、外務省が3名の若い女性を「カワイイ大使」に公式任命している（松井 2010, pp.96-97）。

２０１３年に官民ファンドとして設立されたクールジャパン機構は、今やあらゆる芸術、表現、日常生活において「クールジャパン」戦略を打ち出している。クールジャパン機構では国家の政策を受けて、日本の良いイメージを広め、国内消費を拡大し、グローバルな文化交流により大規模な利益を得ることを目指している。クールジャパンの多面志向はあらゆる点において、安倍による「美しい日本」構想を彷彿とさせる。地方、地域、世界市場における国内外に向けた混合戦略として、経済産業省の「クールジャパン戦略」は、マンガやアニメだけでなく、ネイルアート、料理番組、テレビドラマ、ストリートファッションなどの流行も取り込んでいる。経済産業省は、「大きな利益を生むためのクールジャパン戦略」の三つの目的概要を以下のように述べる。それは、世界中で「日本ブーム」を巻き起こす、地域の利益を上げる、そして地域にマッチした形のサブカルチャーによって国内消費を促す、というものだ。秋葉原はいわゆるオタクの街で、渋谷はカワイイ、京都は高級志向、そして銀座は「大人の女性」向けである。このように、トレンドや対抗的トレンドとされるものをすべて所有することで生み出された「文化」は、「ジャパンブランド」の促進といった、ごく限られた役割に限定されたものとなっている。

一方、クールジャパンの文化外交としての優れた面は、他のソフト・パワー活動同様、芸術家などの文化の担い手が全国的に認知され、それによって彼らの技術や専門性を高めることにつながる点である。これは、政府が芸術や文化に対する投資に積極的であることの表れだ。またソフト・パワーは、多くの市民に対して奨学金の獲得や、海外で働くなどの機会を与える。表現の自由を推奨することで、ソフト・パワーは国内の文化とも釣り合いの取れるものになり得る。

しかしながら、クールジャパンのケースでは、政府によるさまざまな文化活動の演出が、あくまで日本の利益に値する機能の「範囲内」に限定して行われている。「国民」に対する物語の担い手としての期待も大きい。「共有された意義は、思考の仕組みをすべて反映し、その仕組みは本質的に主観的な一連の政治的判断や仮定を、具体化すると同時に覆い隠すものである」とブレイカー（Bleiker, 2009）は書く。自民党以後の安倍公認「クールジャパン」戦略は、消費者や市民が日本の名誉や権力といった観点で物事を考えるように仕向け、ポップカルチャー特有の多彩な政治的選択肢、多様な顧客層、そしてジャンルを超えた関係性などに影を落としている。そのため「ソフト」という象徴が提示する選択肢は、意図的かつ人工的に作り上げられたものとして、人々の関心から外れてしまうのだ。

「ソフト」が想像力や感謝の気持ちを刺激し、それに対して「ハード」は「リアル」で「可算」かつ疑わしい、といったイメージで両者の溝を広げるのは何も日本政府だけでなく、国際社会もやはり一役買っている。綿密な職人芸のような努力により、政治家は素材（「ハード」）と融合するような文化的象徴（「ソフト」）を作り出し、互いの区別を縮めようと苦心している。たとえば、安倍は2度目の任期（２０１２年〜）で「日本を取り戻そう」というキャンペーンのスローガンを発表した際に、ポスターを作製した。彼はより積極的な人格に入れ替えて二度目の政権に臨んだが、特に東日本大震災や津波後の日本の景気回復や、ことにアジア諸国の批評家に対する古き良き日本の「復活」という目標を掲げていた。以前から国家主義者として有名な安倍は、靖国神社へ参拝する姿を幾度となくマスコミに取り上げられている。靖国神社は日本の戦犯を祀ることで知られ、その敷地内には、第二次世界大戦前より続いた植民地支配からアジアやアフリカ諸国を解放するという（具体的な）日本の役割を讃えるなど、さまざまないわくのある歴史資料館「遊就館」を有する。また、安倍が「７３１」と書かれた訓練機に試乗した際には、その姿が第二次世界大戦で中国人捕虜に対して生体実験を行った、日本の悪評高き「７３１部隊」を彷彿とさせ、世界中のメディアの注目を集めた（Spitzer, 2013）。

２０１５年には、集団的自衛権に新たな役割を与える安全保障関連法案が可決されたが、これは第二次世界大戦終結から70周年というタイミングとも一致していた。専門家は２０１５年の大半を、どのように安倍が戦後70年談話を組み立てるべきか――それは一種の芸術である――という議論に費やした。保守派である読売新聞の編集者でジャーナリストの田中隆之は、20年前、議会での長い議論や妥協の末に日本社会党の村山元首相によって発表された戦後談話における「深い反省」という言葉を受けて、日本の「傷ついたプライド」に関する修正主義者としての本音を出さないよう安倍に提言した。田中は、それによって米国の安全保障関係が苦境に立たされるのに加え、他の国々が日本に対して「世界平和と安定を強固にする役割を担う」ために必要な「信用」を「授与」する妨げになると話す（Tanaka, 2015）。そのため、日本のパートナー諸国を宥めるための戦後談話の言葉選びは、日本に新たに与えられた世界規模の安全保障という役割と切り離すことのできないものとなったのである。

日本国外では、主流派ジャーナリズム、政治談話、そして一般的な学識において、しばしば日本はその単一性、文化の根ざした様子、そして変わらない服従性という観点で捉えられてきた（本書の第1章参照）。しかしながら、日本は時にこういった固定概念を自らの利益へと転換してきた。自民党の「クールジャパン」は、19世紀にヨーロッパやアメリカによって作り上げられた日本文化への熱狂、ジャポニズムを独自に再現し促進する方法に他ならない。日本的な物事すべてに向けられた関心は、まとまりのある単一国民国家という内側の認識と、海外による固定概念の両立を可能とする。日本の公共放送、NHKは、主に外国人が感じる日本の魅力に注目して、番組や番組ウェブサイトを製作している。

「COOL JAPAN」というキーワードが世界中で飛び交っています。ファッションやアニメ、ゲーム、料理など、私たちが当たり前と思ってきた日本のさまざまな文化が外国の人たちには格好いいモノとして受け入れられ、流行しているのです。『COOL JAPAN　発掘！　かっこいいニッポン』は外国人の感性をフルに活かして、クールな日本の文化を発掘して、その魅力と秘密を探ろうという番組です。

２０１５年、「クールジャパン」や「ジャパンブランド」として知られる日本の文化外交戦略が、「日本びいき」の外国人を増やして、日本の戦時中の行いを受け入れてもらおうという、あからさまな目的で外国人をターゲットにしていると、ロイター通信が取り上げた（Sieg, 2015）。この報道を考えると、日本のほとんどのソフト・パワーおよびハード・パワーの取り組みが外国人の検証に頼っているにもかかわらず、戦時中の残虐行為への疑惑に関して、日本による歴史の書き換えに対する国際社会の反発をわざと無視したり防衛策を取ったりするというのは、驚くべき矛盾である。さらに、このような日本の歴史に関する記憶喪失がたとえトップニュースで取り上げられても、降伏後の平和主義から遠ざかる動きに反発する日本の世論が（以前より減少しているとしても）、依然として健在だという事実が反映されることはない。

ハード、ソフト、民主主義の課題

もし民主主義が単に代議員と選挙のある、非独裁的な政治システムを指すのであれば、賛否両論を呼んだ先の法案可決は、「代議制」という意味で民主主義的であったと言える。日本の市民は選挙により、圧倒的な数の自民党議員を選出した。野党のリーダーは、２０００年代中盤からまったくの無力状態に陥っている。3分の2の過半数を自民党が占める衆議院、そしてやはり自民党過半数の参議院は、２０１３年に国家機密法を可決し、２０１４年には憲法の再解釈を容認した。さらに２０１５年には、衆議院が前述の国家安全保障関連法案を可決するに至った。

しかし「参加型民主主義」とは、組織や代表を超越した力に目を向けるものである。国の代表と市民が互いにどのようにコミュニケーションを取り、また「見聞の広い市民」がより多数への利益となるように賢い判断をするための能力を、メディアがどのように促すことができるか、ということが重要だ。近年では、参加型民主主義は消費主義やメディア集塊、不平等、アイデンティティ政治、軍事費拡大、になり下がっているのではないか、という疑問が世界的に投げかけられている。そんな中、市民はまだ多様な思想に触れ、広い見識に基づいた決断を下すことができるのだろうか。さらに、ソーシャルメディアやアイデンティティ政治の台頭に伴って、事実に基づくコンテンツを重視するより、自身の持つグループへの帰属意識と一致するニュースをひいきする市民も現れた。日本における参加型民主主義の意義は大きい。前述の憲法第9条は、主体を「国民」に置き（「日本国民は……永久にこれを放棄する」）、市民参加は「国民主権」という形を取る。

日本国民は……ここに主権が国民に存することを宣言し、この憲法を確定する。そもそも国政は、国民の厳粛な信託によるものであつて、その権威は国民に由来し、その権力は国民の代表者がこれを行使し、その福利は国民がこれを享受する。

法律文書というのはどの国でも戦略的な曖昧さを有するが、それに対して日本国憲法は「国民」と「政府」との対比を強調させることにより、日本を第二次世界大戦へと導いた大衆操作を回避したいという思いが込められている。確かに、憲法立案者はポップカルチャーの力が明確な権力の道具としてではなく、単純に媒体として市民を駆り立てることを見込んではいなかっただろう。しかし、ソフト・パワーの「ブランド化」が持つ訴求力や、ポップカルチャーの産物が政府主導の文化象徴主義を表す傾向が高まっていることもあり、今後、芸術面での努力が「国民」に報いるものになるとは限らない。政府によるブランド化は「公共圏」――一般市民が政府の介入なしに互いに議論を交わす、実体のない開かれた空間――を阻止するものだ（Habermas, 2001）。情報化社会に適用した形で、テレビ番組や落書き、ブログ、歌謡、マンガや編集者への手紙などを含む公共圏は、市民が公共の利益のために物事を決定したり、権力に疑問を持つ空間を提供する可能性を秘めている。ポップカルチャーは国家ブランドの代表であるだけでなく、国内外の公共議論に寄与する力も期待できる。

公共圏の収縮に応じて、学者や活動家は「オープンで民主的な文化」を築く「市民指向」アプローチの必要性を呼びかけている。彼らは「表現形態や報道機関が本当の意味での多様性や多元性を持つこと」や、「活気があり多元的な公共圏」を擁護する（Cammaerts & Carpentier, 2007, p.5）。このような対話は他の国にも見られるが、日本国憲法が定める平和主義が変わる可能性を考慮すると、特に再軍事化や再ブランド化が顕著なこの時期の日本にとって、メディアや民主主義が大きく関わってくる。

また、大量消費も重要な役割を果たす。国家によるブランド化戦略は、政界や企業のリーダーが自ら国のイメージを決められると感じる部分で発揮されるが、一方で一般市民は買い物やファッションの好みによって「票を投じる」。世界的なブランド・コンサルティングファームである「フューチャーブランド」は、広範な調査の結果として日本をグローバル・リーダーの1位に選出した。基準となったのは彼らが設定した「現状」と「経験」に関する六つの軸で、いずれも「平均的な認知より上」という評価で外国人を引き寄せている点に、日本の国家ブランド化の強みがあるとした。アンケートの回答者は、「文化、歴史、観光、そして『メイド・イン（～産）』の技術と同じ比重で、生活の質、価値観、ビジネスなど」についても検討しながら、それぞれの国を評価する必要がある（Dill, 2014）。言い替えるなら、ブランド・コンサルタントは国産品の消費とその国の歴史認識とを関連づけ、国民国家に形容詞を割り当てる多項選択式の軸へとそのすべてを混ぜ込んでいるが、これはまさに公衆の議論を回避する方法に他ならない。

2014年1月1日に掲載された新年恒例の社説で、朝日新聞、毎日新聞、そしてジャパン・タイムズ（後者は日本の英字新聞社）はいずれも、日本が直面する最大の課題として民主主義の崩壊を挙げている。なかでも朝日新聞は、「民主主義社会で市民が疑問を感じる政策を政府が進める。……だが、議論が割れる政策を探るならなおさら、政府は市民と対話しなければならない」と断言した。哲学者の國分功一郎の言葉を引用して、同新聞の元旦の社説は次のように続けた。「民主主義を『強化するパーツが必要』だ。議会は不可欠だが、それに加えて行政を重層的に監視して『それはおかしいと伝える回路が欠かせない』」。

日本の市民はまさに、そのような「重層的な回路」を求めているのかもしれない。参議院で安全保障関連法案が可決されて以来、１９６０年代以降政治を避けてきたという日本国民の印象を覆し、日本全国で何万もの人々がデモに参加している。また、反原発問題に関しても、主に東京や米軍基地のある沖縄で、大規模なデモが行われている。憲法学者の長谷部恭男は、安倍内閣に任命されたにもかかわらず、安全保障関連法案を違憲として不支持に回った。あるインタビューで彼は「憲法の意味が政権の都合で変わってしまうのではないか」という懸念を示し、日本国民がそれを阻止してくれるよう期待していると述べた（Kawasaki & Hasebe, 2015）。

結　論

「クールジャパン」の体制順応的な思考パターンと、意外なまでに入念な日本各地の文化の囲い込みは、いずれも今後の軍事国としての日本と合致するものであると同時に、市民や民主主義のためのポップカルチャーとしての力に疑問を投げかける。日本は今まさに、多角的な思考が養われ、多様性が賞賛され、制度的権力に対してクリエイティブな問いかけがなされるべき時期に直面している。多様な声が成熟していく可能性に備えて、日本政府の行政機関はその引力や権力を確実に増大させている。

多様な文化も所詮すべて政府の類似物である、という認識を人々が持ち続ければ、「民衆」にとってのポップカルチャーという役割は損なわれてしまうのか。国家が再軍事化を進める中で、人々はなお注意深さと批判的視点を持ち続けることができるのだろうか。

第16章

反権力集団とその展望

■ジル・スティール

普通の人たちがデモに参加し、短期間とはいえ大きな力を発揮した。

（Tarrow, 1994, p.1）

本章の主目的は、国家権力（power）を論じることではない。だがその存在は、本書の随所で確認することができる。筆者らの研究結果は、ステレオタイプでは現実が誇張されていることを示している。国家権力の回避（deflect the power of the state）に市民が成功する場合もあるが（本書第4章、第5章、第6章）、市民がそのための資源を持たない場合もある（第8章、第11章）。さらに「国家」が掲げる理念や目標は一つとは限らないと思い出させてくれた研究結果もある（第2章）。

2010年代に入ってから日本で活発化した政治運動は、本質的には国家権力に立ち向かう運動であった。本章では、近年の三つの政治運動すなわち、①3・11以降の原発反対運動（2011年）、②特定秘密保護法反対運動（2014年）、③集団的自衛権反対運動（2015年）を取り上げる。◆1◆2 これらの運動における抗議のレパートリー（手段）や国の対応を追っていけば、一方でなぜ市民の反対運動の成果が上がらなかったのか、また一方で、競争が激化する世界において日本の対立的な政治状況がどう位置づけられるかが理解できるだろうとの考えからである。

世界では、今世紀に入ってから、集団的な行動が各地で活発化している。それらの運動は、新たな抵抗のレパートリーや新たな形態の組織を特徴としている（Feixa, Pereira & Juris, 2009, p.72を参照）。日本の反対運動を見ても、一部の研究者が「新・新」社会運動あるいは修正積極行動主義（alter-activism）と称する運動の特徴が多く見られる。それはたとえばインターネットの利用であり、若者がフラットなネットワーク組織を作って自ら参加し、メディアを味方につけて、平和で陽気な行動を展開することなどである（Juris & Pleyers, 2009, pp.52-53）。さらにこれらの運動では、さまざまな経済的問題やアイデンティティの問題に根ざした要求が行われ、一つの目的に向けて背景や立場の異なる人々や団体が結集することもある（Feixa et al., 2009, pp.425-426; Juris 2005, 2008も参照）。

これらの事柄はすべて、日本の一連の抗議行動にも当てはまる。だが、本章で検討する日本の行動は、世界各地で展開される社会正義を求めるグローバル・ジャスティス運動と、ある重要な点で異なる。日本では、政治・経済・社会体制を根本的に変革したいという思いからではなく、むしろ原子力を廃止し、脅かされている戦後体制を守ろうという思いから声が上がった。◆3 日本の問題は概ね国内問題であり、これこそが新しい社会運動の特徴であるとフェイシャら（Feixa et al., 2009）が主張する、国境を越えた「グローバリズムとトランスナショナリティ」（p.425）という特徴を欠く場合が多い。さらに日本の抗議行動は、グローバルでもトランスナショナルでもない、たとえば「アラブの春」のような抗議行動とも異なっている。「ローカル」な問題（国内の民主主義）に取り組んだという点は同じであったものの、政治体制の根本的な変革を求めたという点においては「アラブの春」のほうがはるかに急進的であった。

争点その1 ── 原子力

福島第一原子力発電所事故により、原子力発電所（原発）の安全性に対する懸念が高まり、原発依存を日本は続けるべきかどうかが議論されるようになった。当初、反原発活動家は、従来からある抗議のレパートリーを用いてエネルギー政策に影響を及ぼそうとした（つまり、自分たちの発言力や影響力を高めようとした）。これに対して国はさまざまな対抗手段を講じた。この場合の「国」には、政治家や一部の官僚に加えて、彼らを支える電力会社、産業界、一部のメディアが含まれる。

■「弱者の武器」

反対派は、請願書の署名活動、デモや行進等の従来型の抗議行動を展開した。だが中には、既成の運動とはひと味違う、遊び心のある斬新な抗議活動も見られた。

◆1　「対決の政治」の事例すべて（あるいはそのレパートリーすべて）を取り上げるのは本章の範囲を越えている。沖縄の基地移転に対する反対運動や各種の住民投票など地域的な問題、あるいは国家権力とあまり関わりのない差別問題についての抗議運動は、ここでは論じない。

◆2　反原発運動は、菅直人と野田佳彦が首相だった民主党（ＤＰＪ）政権時代に始まり、安倍晋三が首相に就任した自民党政権になっても続いている。

◆3　その他には、たとえば２００８年のＧ８サミット反対運動や、日本の社会・政治・経済体制の変革を求めるフリーターの抗議運動などがある（O'Day, 2012を参照）。

■ **請　願**

原発に反対するさまざまな請願書が作成され、署名運動が展開された。その一例が、７５０万人分の署名を集めた「さようなら原発１０００万人署名」である。集められた署名は２０１２年６月、大江健三郎が野田首相に提出した。またその１週間後には、原発の是非を問う住民投票を東京で行うことを求める別の市民グループが、32万人分の署名を集めて東京都議会の総務委員会に提出した（Williamson, 2012）。

■ **テント村**

反対派は、常駐拠点となる「脱原発テント」を経済産業省（経産省）前に設置し、テントを横断幕やポスターで覆った[◆4]。

■ **デ　モ**

小規模なデモは、３・11の直後に始まり（Manabe 2013, FN3を参照）、その後、拡大し続けて全国に広がっていった。毎週金曜日夜に国会議事堂前と首相官邸前で行われるデモは、何か月も続いた。『東京新聞』（2011）によると、２０１１年９月の抗議デモには推定６万人が参加し、その後もかなり大規模なデモが数か月ごとに行われた。

同じ月、原発に反対する市民が「首都圏反原発連合」を形成した。この団体は２０１２年１月に横浜でデモ行進を行い、その後３・11の１周年記念行事として約１万４０００人が国会を追悼と抗議のキャンドルで包囲した[◆5]（Williamson, 2012）。抗議活動はその後も続けられ、２０１２年６月22日には１万人（警視庁推計）から４万５０００人規模のデモ[◆6]、そしてその１週間後にもさらに大規模なデモが行われた。

日本では1960年代以降、最大規模の抗議活動となった。毎週金曜日夜、野田佳彦首相が住む首相官邸の周りでは集会が開かれてきたが、今回は大飯原発3、4号機を再稼働させるという6月16日の首相決定に反対する10万人以上が集まり、怒りの声を上げた。

(Williamson, 2012)

さらに2012年7月16日には7万5000人（警視庁推計）から17万人（主催者側推計）が参加した集会が開催された（『朝日新聞』2012/7/17）。

海外メディアの中には、参加者の年齢に注目し、その多くは1960年代の活動家ではないかと指摘するものもあった。

今回の集会は、大昔のプラカードや拡声器のホコリを払って再び使うチャンスとなった。代々木公園は、60年代から70年代にかけて反体制運動（カウンターカルチャー）を担った全共闘世代で埋めつくされた。ステージ上にいた多くの人が、日本を代表する（そして高齢化した）反原発活動家だった。（『ザ・エコノミスト（The Economist）』2012）

参加者の一部は予想通り、筋金入りの活動家であった。昔の左翼主義者は集団行動の歴史と記憶を有しており（Tarrow, 1994, pp.18-19）、反対運動に参加したり運動を組織したりした経験を持っていたからである。とはいえ、実際にデモに加わって参与観察した筆者は、多数の中高年以外に、若者も、そして前述の『ザ・エコノミスト』の記事が「そこかしこに家族連れも見られる」（The Economist, 2012）と報じたように、家族連れの参加者も多く見られた。

◆4　経産省前テントひろばのウェブサイト（http://tentohiroba.tumblr.com/）を参照のこと。
◆5　首都圏原発連合のウェブサイト（http://coalitionagainstnukes.jp/）を参照のこと。
◆6　Web DICE のウェブサイト（http://www.webdice.jp/dice/detail/3551/）を参照のこと。

■パフォーマンスやメディアの利用

ＳＮＳ（ソーシャル・ネットワーキング・サービス）が生活の一部となっている今，特に若者による抗議行動の組織化や情報発信にＳＮＳが利用されているのは当然と言えよう。[◆7] 真鍋典子は，「相次ぐ反原発抗議行動をテレビ局が報道しなかった際，（そのために）反対派は自らリアルタイムでツイキャス配信したり，動画や写真をアップロードしたりした……。『NO NUKES』のコンサートや『プロジェクトFUKUSHIMA!』のイベントは，ウェブキャストでライブ配信された」（Manabe, 2015）と述べ，「NO NUKES」のコンサートや，フジロックフェスティバルの「ザ・アトミックカフェ」イベントについても説明している。

従来型の政治運動に飽き足らない人々に広まったのが，サウンドデモである。デモ隊は荷台に巨大なスピーカーやターンテーブルを積み込んだトラック（サウンドカー）とともに歩く。サウンドカーは，ヒップホップやレゲエやハードコアやパンクのバンド，あるいはＤＪやラッパーが動くステージとして用いられる。[◆8] 筆者が東京や京都で観察したサウンドデモでは，ラップ，楽器（特にドラム）演奏，コール・アンド・レスポンス（掛け合い）がレパートリーとして用いられていた。[◆9] 真鍋のエスノグラフィ調査からも，音楽がデモで重要な役割を担うようになったのがわかる。

> デモ隊によるスローガンのシュプレヒコールや掛け合いに合わせて，ドラムや警笛が鳴らされ，一方でフォークシンガー，和太鼓の演奏者，団扇太鼓を持った詠唱者が…道路のあちこちで歌ったり演奏したりしている。デモ隊の行進とともに……楽隊，ブラスバンド，チンドン屋その他のミュージシャンが，「サウンドトラック」とともに演奏している。
>
> （Manabe, 2013）

ＳＮＳを利用すれば当然，抗議パフォーマンスが何を目的にして，どのように行われているかの情報を，ある場所から別の場所に簡単に発信できる（Tilly & Tarrow, 2006, Appendices）。東京で「This is what democracy looks like（これこそが民主主義だ）」とラッパーが英語で抗議すれば、その情報は国境を越えて拡散する。そして拡散によって、近年の論文が抗議について使う「トランスナショナリティ」という概念も、日本の抗議行動と結びつく（Della & Tarrow, 2005）。

「拡散」が生み出したのは、混乱や不確実性（Tarrow 1994, pp.107-108を参照）ではなくむしろ、デモのやり方（rituals）であった（Favre 1990, cited in Tarrow, 1994）。楽しく気軽に参加できるデモのやり方は各地に広がり、サウンドデモが国内のあちこちで展開されたのである。

一部のデモグループは、社会正義を求めるグローバル・ジャスティス運動と同じように、意図的にフラットに組織化されている。たとえば「素人の乱」というグループの「リーダー」は、初期に開催したイベントについて、以下のように述べている。

> 「……自分たちは主催者・組織者というわけではない」「通りすがりの人がこの無秩序な集団に目をとめて、ごく自然に『No Nukes』と言ってくれるほうが、インパクトが強い」
> （インタビューより）

何をするかを数名の代表が決めてしまうと、そのような多様性は生まれにくいとこのグループは考えている（Manabe, 2013）。

◆7　原発反対運動については、SEALDsによる２０１５年のツイートなども参照のこと。
◆8　このデモについては、O'Day（2012）のフリーターデモの説明、あるいはManabe（2013）を参照のこと。
◆9　Manabe（2013）が指摘するように、はやし言葉を連呼する「ええじゃないか」のように、音楽は江戸時代末期から日本の社会運動に用いられてきた。

■株主の行動主義

２０１２年、脱原発を求める株主提案が、原発を保有するすべての電力会社の年次株主総会において提出された（その中には、関西電力にすべての原発を廃止するように提案した大阪市も出席していた）。だがこれらの提案はすべて否決され、「大手電力９社、脱原発株主提案をすべて否決」（朝日新聞 2012）と報じられた。

■住民投票の要求

原発の再稼働は住民投票で決めるべきだ、という市民団体からの提案は、再稼働は国の問題だという理由によって各地の市町村議会で否決された。たとえば大阪市議会は２０１２年２月、東京都議会は同年６月に否決している。東京都の場合は、「みんなで決めよう『原発』国民投票」という市民グループが、「原発」都民投票条例案に関して32万３０７６人分の署名（地方自治法に基づく直接請求に必要な署名数は、有権者総数の50分の１である約21万である）を集めた。しかし都議会第１党の自民党と公明党[◆10]、そして当時の石原慎太郎都知事はすべてこの条例案に反対し、反対票が賛成票のほぼ２倍となり（民主党議員49人のうち19人は反対に回った）、「原発都民投票条例案、都議会が否決」（朝日新聞 2012）と報じられた。この他にも、特に原発の立地地域において、市民団体が地方自治体への請願を通じて住民投票の実施を要求した。

地方の住民の一部は、裁判によって再稼働を阻止しようとしたが、それも失敗に終わった。たとえば、福井地方裁判所は、原発２基の再稼働を差し止めるという決定を下したものの、その後に交代した裁判長がその決定を覆し、原発は新規性基準に適合しており、安全性に問題はないとして再稼働を認め、「住民側が保全抗告、高浜原発再稼働」（朝日新聞 2016）と報じられた。

■国とメディアの反応

バーチら（Birch et al., 2014）は次のように主張している。

（原子力に対する）闘いは，組織的につぶされてきた。彼（河野太郎）とその仲間はこれを，強力な政治勢力の分かりやすい実例（縁故主義，買収，反対つぶし）だと述べている。それによって原子力業界や電力会社の原子力推進派が，大きな力を保ってきたのである。

だがスカリーゼ（Scalise, 2012）が指摘するように，電力会社と政治との直接のつながりは，「せいぜい状況証拠」によってしか示されない（p.148）。電力会社とその業界団体である電気事業連合会は，「表立った政治工作をほとんど」行っていない。電力会社にはさまざまな種類があり，その中には少額の政治献金を行っている共同火力発電事業者や公営電気事業者もいるが，主要な一般電気事業者の中でここ数十年政治献金を行っている会社は1社もない（Scalise, 2012）。

一方で，原発の周辺地域が原発に依存しているのは明らかだ。政府は原発建設地を決定する際，地元住民の支持を得るためにさまざまな手段を用いており，一部の発電所を人口が少ない，あるいは過疎化が進んだ地域に建設してきた。地元はまず国から支給される直接交付金や補助金に，さらには発電所や関連産業によってもたらされる雇用や税収に依存するようになる。その税収をみると，道府県税では法人二税（法人事業税・法人住民税），市町村では固定資産税の寄与が大きく，原発，ならびにそれに関連する企業の影響は大きい[11]（Onitsuka, 2011も参照）。

◆10　都議会公明党の中島義雄幹事長は，公明党は「原発に依存しない社会」を目指すと述べたものの，その公明党は連立政権の一翼を担っている。

これを背景として、民主党政権はエネルギー政策の策定を、官僚に任せるのではなく、自らコントロールしようとした（日本の政治家もそうすべきだと長年批判されていたのである）。そのために民主党政権は２０１１年７月、エネルギー政策についての提言を行う新たな政策策定機関「エネルギー・環境会議」を設立した。この機関は、国家戦略会議の分科会の一つとして、国家戦略局の下に置かれることになった。そして一時は、「高度に組織化された利益集団が、国民の目の届かない密室で政策を決定していた国のエネルギー政策」（Scalise, 2012, p.141）も、ようやく変革されるだろうと思われた。◆12

民主党政権と経済産業省（経産省）の官僚は、原子力の廃止に向けて動き出した。２０１１年10月に発表されたエネルギー白書には、原子力への依存を低減し、エネルギー基本計画を一から見直すと記されている（経産省 2011, p.2/Vivoda, 2014 に引用：Scalise, 2012）。菅首相は、政府が新エネルギー政策を策定すると発表した。計画ではまず、安全性向上を追求し、さらには再生可能エネルギーを推進し、脱原発を目指すことになっていた（Scalise, 2012）。「エネルギー・環境会議」が２０１２年９月に発表した戦略は、２０２０年までにすべての原発を廃炉にすると提言している（Williamson, 2012; Vivoda, 2014 を参照）。

だが原発を廃止するという提案には、「広く産業界から大きな懸念が示された」とウィリアムソン（Williamson, 2012）は述べており、産業界や電力会社の代表は、再稼働は必要だと表明するようになった。

> 東京電力（TEPCO）の廣瀬直己社長は、「プランA」は電気料金の値上げと世界最大の原発である柏崎刈羽原発の再稼働を前提としていると述べた。６月18日、廣瀬はブルームバーグに対して「プランAの実施に向けて最善の努力をするしかない」と語り、「プランBはない」と答えた。
>
> （Williamson, 2012）

エネルギーの最大の消費者である産業界だけでなく、官僚、経団連、国や地方の一部の政治家、さらには当然のことなから（「原子力村」と称されることもある）電力会社などの既得権者も、脱原発のエネルギー政策は経済にとって大打撃だと述べた。[13] 価格の高い化石燃料の輸入によって電力料金を値上げすると、一般家庭は打撃を受け、「生産や雇用は海外に流出してしまう」からである（Reuters, 2012; 世界原子力協会 2015）。

化石燃料の輸入は急増した（Bacon & Sato, 2014, pp.162-163）。それによる財政圧迫も、最悪の経済シナリオの理由の一つだった。

ジャパン・タイムズによると、銀行はこぞって、原発を再稼働させて電気料金を値上げしないと追加融資を行わない、という圧力を東京電力にかけている。ザ・エコノミストは、政府は1兆円の公的資金注入を行って東京電力を実質的に国有化し、銀行に圧力をかけていると報じている。（Williamson, 2012）

稼働していた最後の原発（泊原発）が定期検査のために停止したわずか1か月後の2012年6月8日、野田首相は記者会見において「国民生活を守るため」に、原発の運転再開の意向を述べた。それによって果たして点検は厳密に行われたのだろうかという疑念が国民の間に広がった。

6月20日の原子力基本法改正は、反対派の怒りを買い、デモが活発化した。議会が法改正を行ったのは、原子力は「我が国の安全保障に資する」との文言を追加するためである。改正は公開討論なしで行われ、議案が国会のホームペー

◆11　中村真由美は、沼尾波子を引用して、福井県の税金の使い方は（富山県と比較して）高い福井の出生率の理由の一部を説明していると述べている（中村 2016）。

◆12　「産業界の反対と、2009年度予算の優先順位をめぐる対立」に直面した政府は、すでに再生可能エネルギー政策を後退させていた（Scalise, 2012, p.148）。

◆13　最近の論文において「戦間期に受け継がれた日本人の意識や日本の制度・政治が、原子力国家を形作って維持し、それが不寛容（illiberal）という傾向の根底にある」と指摘している（Germer, Mackie & Wöhr, 2014, p.15）。

ジに掲載されたのは、衆議院で可決されてからであった。「我が国の安全保障」は、内閣府当初案には記載されていなかったが、ウィリアムソン（Williamson, 2012）によると、議会での交渉中に自民党によって追加され、民主党も反対しなかったとのことである。

全国各新聞社の態度は、２０１１年９月の反対運動の報道の仕方に表れている。原子力を長年支持している産経、読売、日経の各紙はほとんど報道せず、紙版の新聞に小さな記事を載せるのみであった。朝日は紙版の一面にデモの写真を掲載したが、写真の説明はウェブ版のみに掲載された。一方、毎日と東京は、一面に大きな写真と記事を掲載し、さらに詳しい記事が別の面にも掲載された[14]。ＮＨＫニュースはこの月のデモを報道しなかった。そして、その後のデモを報道したのは、公共放送としては不適当だとの批判を浴びた[15]。

初期の頃の報道は、その後の報道姿勢にも影響した。阿部悠貴（Abe, 2015）は、２０１１年３月12日から翌年２０１２年12月31日までの全国５紙の社説を分析した[16]。それによると、原発推進派の産経や読売は、電力不足が経済にいかに深刻な影響を与えるかという社説を繰り返

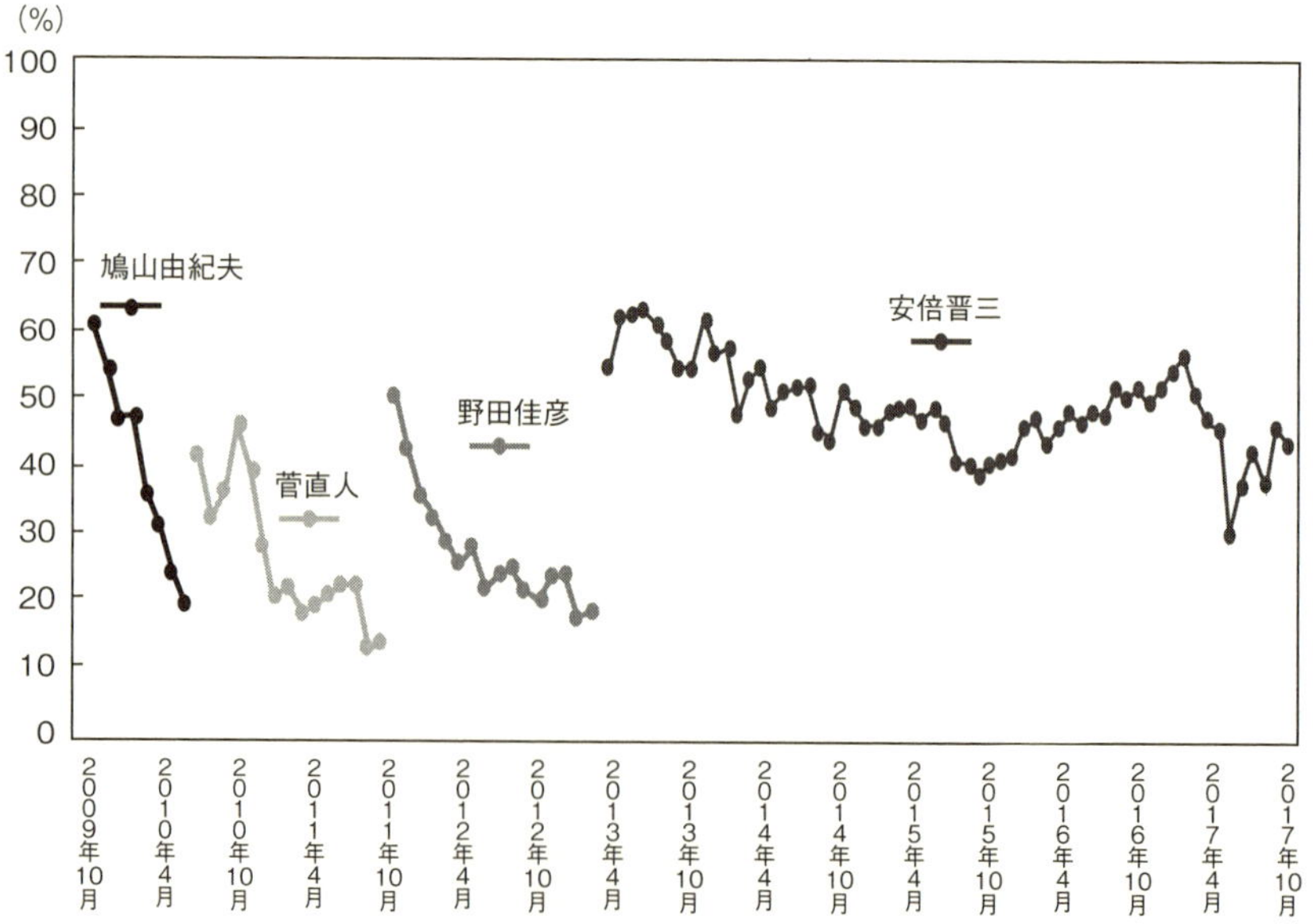

図 16.1　内閣支持率（%）：2009-2017 年
出典：時事通信

し掲載し、「国際社会における日本の存在感や影響力が低下し……脱原発によって原子力の技術レベルが低下し、原子力の安全性に関する国際的な規制に貢献できなくなる」と警告している。[◆17] 阿部はこれを、「技術ナショナリズム」だと述べている。日経もまた、これまでの原子力の管理体制を批判しつつ、原子力は経済にとって必要だという原発推進の社説を掲載している。反原発派の朝日と毎日は、原子力発電の安全管理体制の不備を批判し、安全面だけではなく民主主義や国民の意思の尊重という観点から反対を唱えている（Abe, 2015, p.101）。

民主党政権内の分裂や、国内・外国政策のつまずきが3・11の前にも相次いでいたことから、内閣の支持率は、鳩山内閣から菅内閣にかけて低迷した[◆18]（図16・1）。3・11の後、菅首相は一旦辞任要求を拒否したものの、8月には退任し、野田内閣が発足した。だが蜜月期間は長くは続かなかった。野田首相は消費税増税法案を成立させ、税率は2014年に8％、2015年10月に10％に引き上げられることとなった（増税はいつの時代も不人気だ）。次の衆議院総選挙で自民党が政権に返り咲いた後、野田政権が決めた消費税増税の時期を安倍政権は延期した。

電力不足、節電キャンペーン、さらなる電力不足のうわさ、そして増税の中、衆議院議員総選挙が行われた。2012年12月、自民党は選挙に勝利したが、投票率は前回選挙を10％下回り、過去最低となった（総務省自治行政局選挙部管理課）。自民党は、支持者をわずかに増やしただけで、多数の議席を獲得したのである（Pekkanen, 2012）。抗議運動に多数の国民が参加したにもかかわらず、普通の有権者が依然として自民党に投票したのは、他の党は実

◆14　この新聞記事を筆者に紹介するとともに、コメントも寄せてくださった中野晃一先生に感謝する。

◆15　言論の自由の擁護を目的とした団体「国境なき記者団」は、政府について「透明性が欠如し、福島原発事故に直接・間接にかかわる情報公開に全く配慮がみられない。ランクを大きく下げたのは警鐘を鳴らすものだ」と述べた。この「国境なき記者団」の「報道の自由度ランキング」によると、日本の順位は2012年の22位から2013年には53位へと急落した。ただし、その具体的な理由は述べられていない。

◆16　その間、全国紙には原子力関連の社説が多数掲載された（朝日433本、毎日383本、日経256本、産経346本、読売336本）。

◆17　2013年の朝日新聞の調査によると、過去40年間に原子力推進のために276億ドルもの広告宣伝費が使われている（Birch et al., 2014）。

◆18　ある大きな判断ミスがなされたと新聞の見出しで報道されたが、後にそれは虚偽の報道であることがわかった（Kushida, 2012, p.FN40）。

力不足だと思えたのも一因だろう。普通の有権者にとって原発は唯一の問題ではなく、また彼らは反対運動にも参加していなかった。中には原発は安全だろうかとためらった人もいただろうが、結局は自民党政権の利点が欠点を上回ると考える人が多かった。民主党は混迷が続き、その他の政党は小さすぎ、反原発を掲げる政党も少なかった。その中では最大の「国民の生活が第一」党も、選挙では奮わなかった。[19]

２０１３年７月、自民党は参議院選挙でも議席を増やした。世界原子力協会（2015）が指摘するように、原発を抱える県ですら自民党を見放さなかった。自民党候補者は各選挙区で少なくとも１議席を確保し、福島県の自民党候補は、民主党候補の2倍以上の票を獲得した。

新たに選出された自民党議員たちは安倍首相のもと、「エネルギー・環境会議」を廃止し、その提案も退け、増税も先送りした。エネルギー計画の策定担当となったのは、経産省の総合資源エネルギー調査会だった（環境省の中央環境審議会は気候変動関連の作業に追われていた）。さらに自民党は、使用済燃料の再処理を停止するという民主党の計画を変更し、島根原発3号機や大間原発の建設を続行し、今後、原発最大12基の建設を容認しうると発言した（世界原子力協会 2015）。

安倍政権にとってこれらが可能だったのは、政府与党が議会で過半数を占め、野党が混迷を続け、「支配層」に属するさまざまな人々の中からコンセンサスが生まれたためである。政府は、反対運動が民意を反映しているのではない限り、あるいはただ一つの争点をめぐって票が投じられるのではない限り、反対派を無視できるのである。この頃、世論調査によると国民の大半は再稼働に反対しており、多くの人が原子力の安全性に懸念を表明したり、原子力に反対したりしていた。反対する国民が約60％（この割合は調査によって若干上下したものの）存在することは、原子力支持派も相当数存在することを意味する。新聞や原子力安全システム研究所（ＩＮＳＳ）が実施した世論調査のデータを分析したＩＮＳＳの北田敦子（Kitada, 2016）は、この60％という数字には「どちらとも言えない」人々も含まれていると指摘しているが[20]、この点にも留意すべきだ。つまり調査（設問の仕方）によっては、二者択一を迫られたり、

「わからない」，「どちらとも言えない」が排除されてしまう。その結果，民意が誇張されて示されてしまうのである。

これらの方法論上の問題はともかく，さらに２０１３年に実施された朝日新聞の調査では，「原発利用によって経済成長を加速する」という安倍首相の政策には60％近くが反対しているものの，約半数（51％）は経済政策には期待できると答え，安倍首相の経済政策の効果を疑うと答えたのは33％だった（朝日新聞 2013）。つまり，安倍首相の経済手腕を評価しなかったのは3分の1にすぎない。国民は原子力の安全性に対して懸念を抱いているものの，いざ投票日になると，問題は他にもあり（そして選択肢も不足しており），原発は投票行動の決め手ではなくなるのである。

結局，自民党政府は以下に支えられて原子力政策を巻き戻した。

> 規制当局，電力業界トップ，技術者，労働運動指導者，地方の政治家，そして雇用，収入，社会的地位を原発に頼る国民など，原発をめぐる利権によって固く結ばれた人々の集団である「原子力ムラ」の……永続的な支援。
> 河野（太郎）が２０１１年の著書で述べているように，再処理施設の建設を推進する与党のメンバーだけでなく，官僚，メディアの指導者，銀行，学界も推進派であった。
> (Birch et al., 2014)

大規模な反原発抗議行動は，特に政府が原発を再稼働させた後に勢いを失っていった。小規模な抗議行動は，首相官邸や国会周辺で何年も続けられたが，タロウ（Tarrow, 1994）が「民衆のパワーは急激に盛り上がるが，ピークに達すると急にトーンダウンする」（p.1）と，簡潔に述べている。

◆19　当時，新たに結成された「国民の生活が第一」党の代表は小沢一郎だった。小沢は，野田首相の消費税増税に反対して民主党を離党し，この党を結成したが，党は短命で，後に「日本未来の党」に合流した。

◆20　たとえば，朝日新聞（2014）の世論調査「原発再稼働反対59％」を参照のこと。

争点その2 ―― 特定秘密保護法

反原発抗議運動は政策を変えることができなかったが、これが契機となって政府への抗議行動は活発化した。大規模な反原発デモから間もない2013年、政府・自民党は特定秘密保護法案を国会に提出し、これが次の争点となった。特定秘密保護法は、防衛関連の情報を政府が「特定秘密」に指定できるとする法律で、指定を行えるのは19の行政機関の長である（東京新聞 2014; The Japan Times, 2014）。特定秘密を漏らしたとして有罪となった者（たとえば公務員）は10年以下の懲役、漏洩情報を取得したとして有罪となった者（ジャーナリストを含む）は5年以下の懲役に処される可能性がある。◆21

法案提出後、多くの反対派が立ち上がり、ジャーナリストや組合も抗議行動を開始した。日本弁護士連合会でさえも、この法律は秘密を恣意的に指定する権利を政府に与えるものだとして、反対声明をウェブサイトに発表した（The Japan Times, 2014）。国連の人権問題専門家2名も、法案の不透明さや曖昧さ、独立した調査機関の設置が法案に盛り込まれていない等に対して深刻な懸念を表明した（UNHR, 2013）。日本新聞協会と日本新聞労働組合連合（新聞労連）も、以下の理由から法案には反対すると述べた。

- 「国民の知る権利」や取材・報道の自由を阻害しかねない。
- 何が特定秘密に当たるかをチェックする仕組みがなく、政府・行政機関にとって不都合な情報を恣意的に指定し、国民に必要な情報まで秘匿する手段に使われる疑念が残る。
- 基本的人権を「不当」に侵害してはならないとするが、「不当」の範囲が不明確である。

・特定秘密の漏えいに対する10年以下の懲役は重く、公務員らの情報公開への姿勢を過度に萎縮させる疑念がある。報道機関の正当な取材が漏えいの教唆と判断され、罪に問われかねない

(http://www.pressnet.or.jp/statement/pdf/20141208_iken.pdf)

その他の反対者は、この法案が防衛関連の情報にも適用されると戦争につながりかねないと訴え、「秘密保護法廃止！　戦争法廃止！」を訴える活動が広がった(http://www.himituho.com/ を参照)。

若者の抗議活動も注目を集めるようになった。２０１４年はじめに、若者数百人によって始められた小規模な抗議行動は、その後数千人規模にまで拡大した。なかでも目立ったのは、「SASPL（特定秘密保護法に反対する学生有志の会）×CIVITAS」、「東京デモクラシークルー◆22」である。秘密保護法などの政策提案は、若者を再び刺激して抗議活動へと向かわせると指摘するコメンテーターもいた。ネット上では2万４０００人が批判的なコメントを掲載した（国境なき記者団 2014）。

図 16.2　国会前での抗議デモでスローガンを叫ぶ SEALDs 創設メンバーの一人である福田和香子さん（右）
出典：The Japan Times 2015 年 8 月 29 日付

◆21　共同通信のアンケート調査によると、特定秘密の数は合計約46万件にのぼる。

◆22　２０１３年に結成されたグループで、「東京から日本に民主主義を取り戻しましょう。安倍ファシスト政権打倒を目指します」というグループの目的が Facebook で発信されている。

若者たちは年上の人々に混じってデモに参加し、なかでも目立つ数人は新旧メディアの注目するところとなった。若者たちは、抗議行動は、クールでかっこよくて楽しいものだという新たな演出を試みた。ＳＮＳの宣伝効果を知っている彼らは、デモのイメージを発信した。グループには英語名をつけ、プラカードやスローガンも英語を多数使用した。スローガンでよく使われたのは、“peace not war”や“war is over”などである。

彼らの戦術は、イメージの演出だけでなく、国内外のメディアの注目を集めることでもあった。反対派はまた「テレビや新聞などのマスメディアが伝えるイメージを管理して、ハイテク通の若者以外の視聴者や読者をもっと増やそうとした」（Slater et al. 2015）。彼らの戦略やメディア展開は成功し、新聞には活動を称賛する記事が掲載され、一部の活動家についてはＳＮＳのファンページも作られた。

一方、新しい形の抗議行動は批判も浴びることとなった。石破自民党幹事長は、法案に反対する市民団体等のデモの「絶叫戦術はテロ行為とその本質において余り変わらないように思われます」と公式ブログに書き込み、その後の記者会見で「大音量のデモはテロにあたるのか」と質問された。市民団体の怒りを買ったブログの記述は、後に「絶叫戦術は本来あるべき民主主義の手法とは異なる」と訂正された（読売新聞２０１３年11月29日、12月１日／五十嵐 2013 に引用）。他の与党政治家も、若者の抗議行動は利己的で容認できないと公然と批判した（Okunuki, 2015）。

だが彼らの抗議行動もむなしく、法案は２０１３年12月に国会で可決され、１年後に「特定秘密の保護に関する法律」が成立した。その結果、「国境なき記者団」によると、２０１４年の世界報道自由度ランキングで日本は順位をさらに六つ下げた。

翌年の２０１５年には、安倍政権による憲法改正の動きが活発化した。当初は、改正を試みても失敗する可能性が高いとみられていた。そこで安倍政権は、失敗リスクを回避しようと、自衛隊に課せられてきた規制を撤廃する２つの法案（10の法律を一括改正する等）を提出した。そこには、日本が「集団的自衛権」を行使して自衛隊を海外派遣し、国連が承認する多国籍軍等への後方支援を行えるようにするという、憲法第９条の再解釈も含まれていた（Yoshida & Aoki, 2015）。

反対者は今度も抗議行動を開始し、行動は多くの有権者に支持された。朝日新聞の世論調査によると、憲法改正を支持しないと答えたのは回答者の59％だった一方で、支持すると答えたのは27％にすぎなかった。

法案は５月に国会に提出され、安倍首相は（法案が強行採決されたという批判を阻止するために）、国会で２００時間以上かけて法案を審議したと強調した（安倍 2015）。国会に招致された憲法学者も政府案に賛成すると思われたが、彼らは逆に安保関連法案は憲法違反だと述べた（小林 2015）。

ここでも、連立与党が衆参両院で過半数を占めており野党は非力だった。そのため野党は、不信任案や問責決議案の提出、牛歩戦術などの手段によって審議の進行を遅らせようとした。会期中、議場が騒然となって乱闘に発展したこともあった。

安保関連法制に反対する市民は、新しいメディアを使って旧メディアとも連携しながらメッセージを発信する、グループを結成する、オンライン請願に署名する、デモ行進する等、これまで何度も繰り返して練習を積んだ抗議行動のレパートリーを展開した。反対グループの多くは、自分たちが普通の市民であることを強調した。その中には、「安保法案に反対するママの会[23]」、高齢者による「オールズ（OLDs）」、中年による「ミドルズ（MIDDLEs）」、高校生らによる「ティーンズソウル（T-nsSOWL）」などがあり、それぞれが各種の抗議行動に取り組んだ。職業関連団体には「安全保障関連法に反対する学者の会[24]」などがある。

若者の団体も数多く結成された。なかでもクローズアップされたのが、「自由と民主主義のための学生緊急行動」である。この団体は英語名 "Student Emergency Action for Liberal Democracy-s" の頭文字をとった略称 SEALDs（シールズ）で知られるようになった。その名前が示すように、（過去の失敗からおそらく教訓を得て）一つの法案だけに反対するのではなく、危機にさらされている民主主義を守るのが目的だと述べている。彼らは、ＳＮＳを活発に使い、また旧メディアともうまく連携した。SEALDs の活動に参加すると就職できないなどのうわさがネット上にあふれたにもかかわらず、防衛法案に反対する抗議行動を毎週行った（後藤 2015）。

SEALDs の目的は、「立憲主義」の尊重、社会保障制度の強化（経済成長を確保しつつ富を公平に分配する）、そして戦争反対である（高橋・SEALDs, 2015, pp.22-26; 神奈川新聞 2015, p.6, p.12）。SEALDs の創立メンバーは、差別反対、集団的自衛権反対、原発反対、核軍縮、安全保障の調査研究、辺野古新基地建設反対なども掲げている（神奈川新聞取材班 2015, p.19, p.28, p.53, p.88）。

つまり、これら多くは、旧左派の昔の政策が再度争点として登場したもので、彼らは体制全体の変革を求めているわけでも（その点が、「新・新」社会運動と異なる）、修正積極行動主義の活動家（alter-activist）のように代議政治を拒否しているわけでもない。スレーターら（Slater et al., 2015）も、SEALDs の前身である「特定秘密保護法に反対する学生有志の会（SASPL）」について、「最初の一歩は勉強会の開催だった。前世代の活動家のように、マルクスやレーニン、ロック、ランドのような特定のイデオロギーを前提としているという証拠はない」と述べている。

SEALDs のメンバーは設立直後に、自分たちの運動は１９６０年代の活動家とは異なり、「個人主義」または「個人的な言葉を使う」ものであり、イデオロギーに染まったものではないと指摘している（高橋・SEALDs, 2015, p.48）。

その組織を見ても，従来の左翼のヒエラルキー構造とは異なり，むしろネットワーク的な構造となっている。また，一昔前の反原発運動とは対照的に，組織団体の一つである「首都圏反原発連合」は反原発のみを争点とし，原子力とは関係のない政治メッセージを掲げた横断幕や旗は使わないように参加者に要請している（Williamson, 2012 を参照）。

ネット記事などで報道された創意工夫をこらした直接行動は，多くのデモで見られた。２０１４年8月はじめに開催されたブルドーザーデモもその一例である。このデモでは，"This machine kills fascists" という英語メッセージが書かれたブルドーザーが，渋谷を行進した。アメリカのフォーク歌手であるウディ・ガスリーは，自分の音楽が比喩的にファシストを殺すことを望んだが，その生まれ変わりともいえるこの運動には，実際にファシストを殺すこともできるブルドーザーが使われた。ブルドーザーの後にはドラム隊（「怒りのドラムデモ」）が続き，"Abe Fascists Get Out" という横断幕が掲げられ，メディアや買い物客の注目を集めた。レイバーネット（Labornet）のブログにも書かれているように，デモ隊は「安倍やめろ！　憲法こわすな！」のコールを続けた。参加者の多くは笑顔でデモを楽しんでいたが，プラカードの訴えやアピールの中には安倍政権に対する怒りが感じられた（図16・3）。

抗議行動の参加者の中には，自分たちは「普通の人間」だと説明する人もいた。

「あらゆる人が，全国各地からこの運動に参加しています」と労働組合活動家のマツモトチエは，ドイツのメディアドイチェ・ヴェレ（ＤＷ）に語った。

「左翼団体，組合，平和活動家，人権団体，学生，市民団体などさまざまな団体が，自然に一つに集まって大きな抗

◆23　英語名称は"Mothers Against War"で，法律に反対する2万人分の署名を集めた。

◆24　２０１５年末までに学者・研究者1万４０００人以上と，賛同者3万２０００人以上が署名した。以下のウェブサイトを参照のこと。http://anti-security-related-bill.jp/index.html

議行動に発展し、注目を浴びました」と8月30日のデモに参加したマツモトはDWに語った。（Ryall, 2015; http://www.dw.com/en/a-look-at-japans-anti-government-protests/a-18693387）

ブルドーザーデモ以外にも、首相をヒトラーになぞらえたり、「国民の敵」というレッテルを貼ったり、プラカードに「ファシスト」と書いたりした、もっと過激な抗議行動も展開された。

抗議行動は暑い夏の間中続き、8月末には最大規模の抗議行動が展開され、「主催者発表で約12万人が国会周辺に集まり、全国約200か所でも集会が開かれた」（Osaki, 2015）。抗議行動は安保法案が可決された9月19日まで続いた。

その直後に行われた朝日新聞の世論調査では、回答者の半数近くが法律に反対で、賛成者は30%にすぎなかった。人々は法案通過に不満だった。「最新の調査では、回答者の75%が法案の国会審議は不十分で、74%が内閣は国民の理解を得るために『十分な努力をしてこなかった』と回答した。

1960年代の安保闘争によって岸信介首相を退陣に追い込んだことを記憶している活動家は、岸の孫である安倍首相も同様に退陣させたいと願った。だがそうはならなかった。アメリカのアイゼンハワー大統領の訪日を政府が延期せざるをえなかった際、岸首相は弱々しく影響力を失っていた。だが、過去の歴史を認識している安倍首相は、（アメリカ主導

図 16.3　ブルドーザーデモ “This machine kills fascists”「安倍政権打倒！　怒りのブルドーザーデモ」
出典：2014年レイバーネット日本（https://www.youtube.com/watch?v=UBrgAWthrng&feature=youtu.be）

の同盟関係に日本は貢献するという、アメリカに対する確約に沿いつつ）国際社会における日本の役割を拡大しようという決意を固めていた。決定的だったのは、安倍首相が直面した抗議行動には暴力化する恐れがなく、反対者を囲い込むために大量の警察官が動員されたことである。

２０１７年に成立した、いわゆる「テロ等準備罪処罰法案」を安倍内閣が国会に提出した際、野党、日本弁護士会、市民は、同法が市民団体に向けて適用されることを恐れて反対した。同法の成立に関して政府は過去に三回、その成立を試みているが、一般的な「集団」を適用対象としていたため、三回とも失敗している。今回は、潜在的な政府の行き過ぎが懸念されたものの、同法案は可決された（Kikuchi, 2017）。同法の成立に反対する人々が国会の外でデモを行ったが、その数は原発問題や防衛問題など他の諸問題と比べるとずっと少なかった（Sieg, 2017）。

おわりに――これらの抗議行動が意味するもの

本章では、社会運動の特質として挙げられる一連の特徴（暴動などの集団行動とは区別される）を説明した（Tilly, 2004; Tarrow, 1994, 1998）。これらの学者によると、本格的な「社会運動」とは、社会ネットワークに支えられており、集団行動が文化的・理念的なシンボルによって説明され、①相互に影響し続け、②社会に根付いているという特徴を持つという。

今回の抗議行動は、一つの大規模デモや一つの法案への反対運動にとどまらず、何度も繰り返された。だがこれらは社会に十分根付いたとは言えなかった。一部の抗議団体は、既存の社会ネットワークのメンバーによって結成され、新旧の他団体と連携し、これまで政治活動をしたことのなかった人々を動員した。だが反対者たちは、もっと広い社会に自分たちや目標を根付かせる、つまり普通の有権者を説得して支持を集めることはできなかった。世論調査は（争点や質問の仕方にもよるものの）、彼らの主張が国民に支持されたことを示していたが、選挙で自民党を敗北に追い込むほどには反対運動は盛り上がらず、内閣不支持を決意させることもできなかった。安倍内閣の支持率は、全体として低下傾向にはあるものの、依然として比較的高い（図16・1参照）。

特に後者の抗議行動の参加者が用いた理念的なシンボルは、一般市民にも支持された。そして前述のとおり彼らは、反対運動の対象を特定の法案に限るのではなく、広く民主的な政治体制や平和を守るものだと訴えた。だが結局、運動の成果は上がらず、参加者は「無力（powerless）」で、政策に影響を及ぼすこともできなかった。タロウによると、抗議の声や行動は、「相手の弱点を明らかにした」段階で運動として本格化するが（Tarrow, 1994, p.23）、反対派は自民党の弱点をつくことに失敗したのである。

本章で説明した政策決定プロセスを、反対派は反自由主義的またはファシズムであると批判した。これらは、一旦選ばれた議員が必ずしも有権者の意向に沿って行動するわけではない、被信託者アプローチの代表制度（trustee approach to representation）の典型的な事例である。議員は、長い目で見れば自分の選挙区の利益になるという確信に基づいて投票する。本章で紹介した事例のように、世論調査に示されたような過半数の有権者の意向に反して票を投じるのである。◆[25]

その意味でこれらの抗議行動は、最近になって「新・新」社会運動に分類されるようになった行動にある程度当てはまるといえよう。

> グローバルネットワークと若者のサイバーカルチャーの時代に、新しい形で出現した集団的行動に結びついている。世代間、性別間、階級間の闘いは、'yo yo' や 'adultescent'（大人になっても若者文化を追い求め続ける人々、子供な大人）といった新たな社会的アクター（「レプリカント」シンドローム――映画『ブレードランナー』にみられる体制派とアンドロイドの抵抗のはざまにいる若者――に基づく）を生み出した。
>
> （Feixa et al. 2009, p.423）

これらの運動と共通しているのは、日本の抗議行動が、これまで政治とは関わりのなかった人々を政治の世界へと誘ったことである。彼らが求めたのは、社会や政治の大変革ではなかった。たとえばSEALDsは、新たな価値観や慣習を作り出すのではなく日本の民主主義の強化を求めた。彼らが掲げる理念や彼らの行動は、むしろ社会・政治の55年体制に沿っている。さらに、日本の運動はグローバルな課題にほとんど着目してこなかった。

このように、日本の抗議活動への参加者とグローバルな社会正義の運動家との間には大きな違いがあるものの、日本の若い政治活動家もまた、「積極的な文化生産者」（Caputo, 1995/ Juris & Pleyers, 2009, p.72に引用）であることに変わりはない。彼らもまた、これまでにない形のシティズンシップや、一連の（サブ）カルチャー的な慣習をつくり出して、より直接的な代表制度を要求し、それによって民主主義的な制度を強化しようとしている。

これらの現実は、民主主義の理想的なイメージには合致しないかもしれない。だが、政治家は被信託者（trustees）としてやるべきことを行っているのであり、抗議活動への参加者は、政治に関心を持つ市民として、自らの意見を届けるためにより直接的な代表制度を求めているのである。

◆25　これとは反対の委任的アプローチの代表制度（delegate approach）では、議員はあくまでも有権者の意向に沿って行動する。

あとがき

我々編集担当者は、さまざまな分析手法を使って日本社会と政治における権力の多様性を分析した研究論文を一つの形にする努力を試みた。

このプロジェクトのために京都に集まり、それぞれが担当する論文を発表し、議論を重ねるプロセスでは極めて楽しい時間を過ごすことができた。また、シカゴで開催されたアメリカ政治学会（ＡＰＳＡ）ではそれぞれの論文を発表し、フロアーから有益なコメントを受けて議論した。海外の学会での論文発表も、その後の編集作業も楽しく進めることができた。本書の出版に至る一連の作業を楽しく進めることができたのも、執筆していただいた研究者の皆さんの好意的な協力のおかげである。この場を借りて、本書に執筆していただいた研究者の皆さんに感謝申し上げたい。

本書は２０１４年7月に同志社大学で開催されたシンポジウム（Power in Contemporary Japan Symposium）で論文を発表したことに始まる。このシンポジウムで討論者として建設的なコメントをいただいた池田謙一氏、西澤由隆氏、マリー・トーステン氏、そして山田真裕氏の皆様にこころから感謝申し上げる（池田氏とトーステン氏には、執筆者として後にプロジェクトに加わっていただいた）。

本プロジェクトのシンポジウムやワークショップは、ジル・スティールが同志社大学人文科学研究所（部門２０１３~２０１５）から受けた研究助成によって実現できた。この場を借りて感謝申し上げる。また、・が担当する第14章はＪＳＰＳ科研費（26885038）の助成を受けている。

アヤコ・エミリー・佐藤氏には、複数の章の翻訳をご担当いただいた。両氏の迅速かつ正確な翻訳に、この場を借りて感謝申し上げたい。

本書の計画から出版に至るまで、辛抱強く執筆者を導いて下さった北大路書房の若森乾也氏に感謝申し上げたい。

そもそも本プロジェクトは、執筆者の一人である秋吉美都氏との何気ない会話をきっかけとして生まれたものである。2012年に開催されたフジロックフェスティバルでの休憩時間に秋吉氏が「powerを手がかりとして我々の研究成果をつなぐことができないか」と発言し、社会学、心理学、政治学という三つの社会科学の学問領域をカバーする研究者が協力して研究成果を出す好機だと合意したのであった。複数の社会科学の分野をまたいだ本書の評価は読者の皆さんに委ねることになる。本書を読まれる皆さんが、既存の研究成果とは異なる何らかの有益性や知的刺激を感じていただければ幸いである。

2018年8月

編者　浅野正彦、ジル・スティール

人名索引

事項索引

■ら

■り

■ろ

■わ

文献・参考資料

■ 第 1 章 ■

朝日新聞（2015）．地方政治の壁に反響女義（17th March). Retrieved from http://www.asahi.com/articles/ASH3B6QW1H3BUCLV00W.htm

Christensen, R. (2008). Societal, electoral, and party explanations for the low representation of women in the house of representatives. In M. Tremblay (Ed.), *Women and Legislative Representation: Electoral Systems, Political Parties, and Sex Quotas* (pp.219-231). New York: Palgrave Macmillan.

Cucek, M. (2015). Womenomics comes up a cropper. Retrieved from http://shisaku.blogspot.jp/

Dahl, R. (1957). The concept of powers. *Systems Research and Behavioral Science*, *2,* (3), 201-215.

Dahl, R. A. (1961). *Who Governs? Democracy and Power in an American City*. New Haven: Yale University Press.

Foreign Press Center Japan (2013). Mr. Martin Fackler, Tokyo Bureau Chief, The New York Times (United States). Retrieved from http://fpcj.jp/en/interviewing-en/p=17331/

Foucault, M. (1980). *Power/Knowledge: Selected Interviews and Other Writings, 1972-1977* (1st American ed.). New York: Pantheon Books.

Gender Equality Bureau Cabinet Office (2014).Expansion of Women's Participation in Policy and Decision-making Processes in All Fields in Society
http://www.gender.go.jp/english_contents/mge/process/index.html (Accessed 2018/1/15)

Hall, P. (1986). *Governing the Economy*. Oxford: Oxford University Press.

Hearn, J. (2012). *Theorizing Power*. Houndmills, Basingstoke, Hampshire, New York: Palgrave Macmillan.

Hrebenar, R. J., & Itoh, M. (2014). Japan's changing party system. In R. J. Hrebenar & A. Nakamura (Eds.), *Party Politics in Japan: Political Chaos and Stalemate in the 21st Century* (pp.1-21). Routledge (Routledge Contemporary Japan Series).

Interparliamentary-union (2017). Women in National Parliaments. Situation as of 1st July 2017. Retrieved 2017/8/24.

金井雅之（2014）． 6 章　出生機会格差とソーシャル・キャピタル――自治体の家族政策によるサポート資源格差の是正　辻竜平・佐藤嘉倫（編）『ソーシャル・キャピタルと格差社会――幸福の計量社会学』　東京大学出版会

Lovenduski, J. (2005). *Feminizing Politics.* Cambridge, UK: Polity.

毎日新聞 (2015).「選挙毎日」Retrieved from http://senkyo.mainichi.jp/news/20150425ddlk21010015000c.html (Accessed 2015/5/2)

盛山和夫（2000）．『権力〈社会科学の理論とモデル 3〉』東京大学出版会

内閣府男女共同参画局（2016）．「第 4 次男女共同参画基本計画」内閣府男女共同参画局 Retrieved from http://www.gender.go.jp/about_danjo/basic_plans/4th/pdf/2-02.pdf.

Nobel, G. W. (2003). Reform and continuity in Japan's shingikai deliberation councils. In J. A. Amyx & P. Drysdale (Eds.), *Japanese Governance: Beyond Japne Inc.* (pp.113-133). New York: Routledge Curzon.

Pempel, T. J. (1998). *Regime Shift: Comparative Dynamics of the Japanese Political Economy*. Cornell: Cornell University Press.

Shikata, M. (2012). Is temporary work "dead end" in Japan? labor market regulation and transition to regular employment. The Research Institute for Socionetwork Strategies. The Japan Institute for Labor Policy and

Training. Online publication.
Smith, M. J. (2009). *Power and the State*. Basingstoke, New York: Palgrave Macmillan.
The Japan Times (2014). Crime rate in Japan falls for the 11th straight year. Retrieved from http://www.japantimes.co.jp/news/2014/01/10/national/crime-legal/crime-rate-in-japan-falls-11th-straight-year/#.VOLQw_mUeSo (Accessed 2014/01/10)
UNODC database (2014). Kidnapping at the national level, number of police-recorded offences.
Weber, M., Roth, G., & Wittich, C. (1978). *Economy and Society: An Outline of Interpretive Sociology*. Berkeley: University of California Press.
Yamaguchi, M. (2015, May2). LDP gears up to revise constitution.The Japan Times. Retrieved from https://www.japantimes.co.jp/news/2015/05/02/national/politics-diplomacy/ldp-gears-up-to-revise-pacifist-constitution/#.VY6S10Y5hsI

【資料】

参議院（2017）.「会派別所属議員数一覧」Retrieved from http://www.sangiin.go.jp/japanese/joho1/kousei/giin/193/giinsu.htm (Accessed 2017/8/23)
衆議院（2017）.「会派名及び会派別所属議員数」Retrieved from http://www.shugiin.go.jp/internet/itdb_annai.nsf/html/statics/shiryo/kaiha_m.htm (Accessed 2017/8/23)

■ 第2章 ■

Akahata Editorial. (2015, April 17). Instilling specific moral education in children using "ethics" classes is unconstitutional. Akahata/Japan Press Weekly. Tokyo. Retrieved from http://www.japan-press.co.jp/modules/news/index.php?id=8106
Anzai, S. (2014). Re-examining patriotism in Japanese education: Analysis of Japanese elementary school moral readers. *Educational Review, 67* (4), 1-23. http://doi.org/10.1080/00131911.2014.975783
Anzai, S., & Matsuzawa, C. (2014). Values and value priorities uunderlying Japanese elementary-school moral education: Content analysis of Japanese elementary-school moral books. *Mediterranean Journal of Social Sciences*. http://doi.org/10.5901/mjss.2014.v5n4p359
Baker, D., & LeTendre, G. K. (2005). *National Differences, Global Similarities: World Culture and the Future of Schooling*. Stanford University Press.
Bassani, C. (2003, May 8). Social Capital Theory in The Context of Japanese Children [Text]. Retrieved July 25, 2014, from http://www.japanesestudies.org.uk/articles/Bassani.html
Berti, A. E. (2005). Children's understanding of politics. In M. Barrett & E. BuchananBarrow (Eds.), *Childrens Understanding of Society* (pp.69-103). Hove, UK: Psychology Press.
Berti, A. E., & Andriolo, A. (2001). Third graders' understanding of core political concepts (law, nation-state, government) before and after teaching. *Genetic Social and General Psychology Monographs, 127* (4), 346-377.
Berti, A. E., & Ugolini, E. (1998). Developing knowledge of the judicial system: A domain-specific approach. *Journal of Genetic Psychology, 159* (2), 221-236.
Bevir, M. (2010). Rethinking governmentality: Towards genealogies of governance. *European Journal of Social Theory*, 13. Retrieved from http://escholarship.org/uc/item/6r00g70n
Bevir, M. (2013). *A Theory of Governance*. Berkeley Calif.: Global, Area, and International Archive.
Cave, P. (2010). The inescapability of politics? Nationalism, democratization and social order in Japanese education. In M. Lall & E. Vickers (Eds.), *Education as a Political Tool in Asia* (pp.33-52). Taylor & Francis.
Davies, I., Mizuyama, M., & Hampden, G. (2010). Citizenship education in Japan. *Citizenship, Social and Economics Education, 9* (3), 170. http://doi.org/10.2304/csee.2010.9.3.170
Davies, I., Mizuyama, M., Ikeno, N., Pamenter, L., & Mori, C. (2013). Political literacy in Japan and England.

Citizenship, Social and Economics Education, 12 (3), 163. http://doi.org/10.2304/csee.2013.12.3.163

Dower, J. W. (2000). *Embracing Defeat: Japan in the Wake of World War II*. W. W. Norton & Company.

Habashi, J., & Worley, J. A. (2014). Children's projected political preference: Transcending local politics. *Children's Geographies, 12* (2), 205-218. http://doi.org/10.1080/14733285.2013.812306

Haddad, M. A. (2007). *Politics and Volunteering in Japan: A Global Perspective*. Cambridge University Press.

Hooghe, M., & Wilkenfeld, B. (2008). The stability of political attitudes and behaviors across adolescence and early adulthood: A comparison of survey data on adolescents and young adults in eight countries. *Journal of Youth and Adolescence, 37* (2), 155-167. http://doi.org/10.1007/s10964-007-9199-x

Horio, T. (1988). *Educational Thought and Ideology in Modern Japan: State Authority and Intellectual Freedom*. (S. Platzer, Trans.). University of Tokyo Press.

Ide, K. (2009). The debate on patriotic education in post- World War II Japan. *Educational Philosophy and Theory, 41* (4), 441-452. http://doi.org/10.1111/j.1469-5812.2008.00510.x

Ikeno, N. (2005). Citizenship education in Japan after World War II. *International Journal of Citizenship and Teacher Education, 1* (2), 93-98.

Ikeno, N. (2012). New theories and practice in social studies in Japan: Is citizenship education the aim of social studies as a school subject? *JSSE - Journal of Social Science Education*, (2). http://doi.org/10.2390/jsse-v11-i2-1198

Ito, T., Kubota, K., & Ohtake, F. (2014). The Hidden Curriculum and Social Preferences. Tokyo: Research Institute of Economy, Trade and Industry (RIETI). Retrieved from http://www.rieti.go.jp/en

Johnston, S., & Kotabe, T. (2002). A Japanese 3rd-grade classroom: The individual within the group. *Childhood Education, 78* (6), 342-348.

Jovchelovitch, S., Priego-Hernandez, J., & Glaveanu, V.-P. (2013). Constructing public worlds: Culture and socio-economic context in the development of children's representations of the public sphere. *Culture & Psychology, 19* (3), 323-347. http://doi.org/10.1177/1354067X13489320

Kelley, J. E. (2008). Harmony, empathy, loyalty, and patience in Japanese children's literature. *The Social Studies, 99* (2), 61-67, 69-70.

Knipprath, H. (2004). The role of parents and community in the education of the Japanese child. *Educational Research for Policy and Practice, 3* (2), 95-107. http://doi.org/10.1007/s10671-004-5557-6

Kobara, T. (2011). Exemplary social studies lessons in Japan: Pedagogy for effective citizenship education. In K. J. Kennedy, W. O. Lee & D. L. Grossman (Eds.), *Citizenship Pedagogies in Asia and the Pacific* (pp.107-125). Springer Netherlands. Retrieved from http://link.springer.com/chapter/10.1007/978-94-007-0744-3_6

Lebowitz, A., & McNeill, D. (2007). Hammering down the educational nail: Abe revises the fundamental law of education. The Asia-Pacific Journal: Japan Focus. Retrieved from http://www.japanfocus.org/-Adam-Lebowitz/2468

LeTendre, G. K. (1999). The problem of Japan: Qualitative studies and international educational comparisons. *Educational Researcher, 28* (2), 38-45.

Maruyama, H. (2013). Moral Education in Japan. National Institute for Educational Research. Retrieved from http://www.nier.go.jp/English/educationjapan/pdf/201303MED.pdf

McCullough, D. (2008). Moral and social education in Japanese schools: Conflicting conceptions of citizenship. *Citizenship Teaching and Learning, 4* (1).

Ministry of Economy, Trade and Industry (METI), & Mitsubishi Research Institute. (2006). Report from the Study Group on Citizenship Education and Individual Engagement in Society and Economy. [シティズンシップ教育と経済社会での人々の活躍についての研究会]. Tokyo. Retrieved from http://www.akaruisenkyo.or.jp/wp/wp-content/uploads/2012/10/hokokusho.pdf

Morrone, M. H., & Matsuyama, Y. (2012). Japanese Warabeuta: Nursery rhymes of body, mind, and soul. *Childhood Education, 88* (5), 315-318.

Niemi, R. G., & Hepburn, M. A. (1995). The rebirth of political socialization. *Perspectives on Political Science*, 24.

Nishino, R. (2008). The political economy of the textbook in Japan, with particular focus on middle-school history textbooks, ca. 1945-1995. *Internationale Schulbuchforschung, 30* (1), 487-514.

Otsu, K. (2001). Civics education in transition: The case of Japan. *International Journal of Educational Research, 35* (1), 29-44. http://doi.org/10.1016/S0883-0355(01)00004-0

Otsu, K. (2008). Citizenship education curriculum in Japan. In D. L. Grossman, W. O. Lee, K. J. Kennedy, M. Mason, M. Bray & Y. Rui (Eds.), *Citizenship Curriculum in Asia and the Pacific.* Vol.22 (pp.75-94). Springer Netherlands. Retrieved from http://www.springerlink.com.ezproxy.stolaf.edu/content/t6k5716037021356/abstract/

Otsu, T. (2010). Moral and global citizenship education in Japan, England, and France. *Mukogawa Women's University Research Bulletin of Education, 5*, 53-60.

Parmenter, L. (2004). A solid foundation: Citizenship education in Japan. In W. O. Lee et al. (Eds.), *Citizenship education in Asia and the Pacific: Concepts and Issues* (pp. 81-95). Hong Kong: Comparative Education Research Centre.

Pekkanen, R. (2006). *Japan's Dual Civil Society: Members Without Advocates* (1st ed.). Stanford University Press.

Pharr, S. J., & Schwartz, F. J. (2003). *The State of Civil Society in Japan*. New York: Cambridge University Press.

Regular Education Activities Study Group. (2011). Towards a New era in "voters education" : Aiming for Voters Who Participate in Society, Think Independently and Judge Independently. Final Report from the Regular Education Activities Study Group.「常時啓発事業のあり方等研究会」最終報告書　社会に参加し，自ら考え，自ら判断する主権者を目指して――新たなステージ「主権者教育」へ (p.28). Tokyo: MInistry of Internal Affairs and Communication.

Saito, H. (2011). Cosmopolitan nation-building: The institutional contradiction and politics of postwar Japanese education. *Social Science Japan Journal, 14* (2), 125-144. http://doi.org/10.1093/ssjj/jyq060

Sapiro, V. (2004). Not your parents' political socializaiton: Introduction for a new generation. *Annual Review of Political Science, 7* (1), 1-23. http://doi.org/10.1146/annurev.polisci.7.012003.104840

Schulz, W., Ainley, J., Fraillon, J., Kerr, D., & Losito, B. (2010). *Initial Findings from the IEA International Civic and Citizenship Education Study*. Amsterdam: IEA.

Takao, Y. (1998). Participatory democracy in Japan's decentralization drive. *Asian Survey, 38* (10), 950.

Takao, Y. (2006). Co-Governance by local government and civil society groups in Japan: Balancing equity and efficiency for trust in public institutions. *Asia Pacific Journal of Public Administration, 28* (2), 171-199. http://doi.org/10.1080/23276665.2006.10779321

Takayama, K. (2008). Japan's ministry of education "becoming the Right" : Neo-liberal restructuring and the ministry's struggles for political legitimacy. *Globalisation, Societies & Education, 6* (2), 131-146. http://doi.org/10.1080/14767720802061439

Tawara, Y. (2008). The hearts of children: Morality, patriotism, and the new curricular guidelines. *The Asia-Pacific Journal: Japan Focus.* Retrieved from http://www.japanfocus.org/-Y_-Tawara/2860

Tsujinaka, Y., & Pekkanen, R. (2007). Civil society and interest groups in contemporary Japan. *Pacific Affairs, 80* (3), 419-437.

van Deth, J. W., Abendschön, S., & Vollmar, M. (2011). Children and politics: An empirical reassessment of early political socialization: Young children and politics. *Political Psychology, 32* (1), 147-174. http://doi.org/10.1111/j.1467-9221.2010.00798.x

Wiseman, A. W., Astiz, M. F., Fabrega, R., & Baker, D. P. (2011). Making citizens of the world: The political socialization of youth in formal mass education systems. *Compare: A Journal of Comparative and International Education, 41* (5), 561-577. http://doi.org/10.1080/03057925.2010.530764

Wong, M. (2011). Chinese children's justifications for sharing resources: Why do we have to share. *Early Child Development and Care, 181* (9), 1199-1214. http://doi.org/http://dx.doi.org/10.1080/03004430.2010.520712

【資料】

Center for Public Education (n.d.). A guide to international assessments: At a glance. Retrieved August 16, 2014, from http://www.centerforpubliceducation.org/Main-Menu/Evaluating-performance/A-guide-to-international-assessments-At-a-glance

JPRI Working Paper No. 107. (n.d.). Retrieved July 4, 2015, from http://www.jpri.org/publications/workingpapers/wp107.html

子どもと教科書全国ネット 21.（n.d.）. Retrieved July 4, 2015, from http://www.ne.jp/asahi/kyokasho/net21/top_f.htm

National Institute for Educational Policy Research. (n.d.). 指導資料・事例集：国立教育政策研究所 National Institute for Educational Policy Research. Retrieved August 18, 2014, from http://www.nier.go.jp/kaihatsu/shidousiryou.html

日本共産党：しんぶん赤旗（n.d.）.「主張／『道徳』の教科化案／『考える』どころか国家が統制」 Retrieved July 4, 2015, from http://www.jcp.or.jp/akahata/aik14/2015-02-16/2015021602_01_1.html

産経新聞「道徳教科化に賛否両論 6000 件『健全な社会秩序維持』『価値観の押しつけ』（n.d.）. Retrieved March 15, 2015, from http://headlines.yahoo.co.jp/hl?a=20150313-00000554-san-life

■ 第3章 ■

Abendschön, S. (2013). *Growing into Politics: Contexts and Timing of Political Socialisation*. ECPR Press.

Achen, C. H. (2002). Parental socialization and rational party identification. *Political Behavior, 24* (2), 151-170. doi: 10.2307/1558353

Alwin, D. F., & Krosnick, J. A. (1991). Aging, cohorts, and the stability of sociopolitical orientations over the life span. *American Journal of Sociology, 97* (1), 169-195.

Bennett, S. E. (2007). Time to look again at young people and politics 1. *Indiana Journal of Political Science, 2*, 2-9.

Berti, A. E. (2005). Children's understanding of politics. In M. D. Barrett & E. Buchanan-Barrow (Eds.), *Children's Understanding of Society* (pp.69-85). Hove (UK): New York Psychology Press.

Campbell, A., Converse, P., Miller, W., & Stokes, D. (1960). *The American Voter*. New York: Wiley.

Chaffee, S. H., McLeod, J. M., Atkin C. K., & Wackman, D. B. (1973). Family communication patterns and adolescent political participation. In J. Dennis (Ed.), *Socialization to Politics: A Reader* (pp.349-364). New York: John Wiley.

Easton, D. (1965). *A Framework for Political Analysis*. Prentice-Hall.

Easton, D., & Dennis, J. (1969). *Children in the Political System: Origins of Political Legitimacy*. New York: McGraw-Hill.

Easton, D., & Hess, R. D. (1962). The child's political world. *Midwest Journal of Political Science, 6* (3), 229-246.

Gordon, C. (2004). Al Gore's our guy: Linguistically constructing a family political identity. *Discourse & Society, 15* (5), 607-631.

Greenstein, F. I. (1965). *Children and Politics*. New Haven: Yale University Press.

Haddad, M. A. (2012). *Building Democracy in Japan*. Cambridge: Cambridge University Press.

Harris, J. R. (1999). *The Nurture Assumption: Why Children Turn Out the Way They Do*. New York: Simon and Schuster.

橋本晃（2004）.『無党派層の研究』 中央公論新社

Hess, R. D., & Torney-Purta, J. (1967). The Development of Political Attitudes in Children. Chicago: Aldine Pub.

Ikeda, K. (2010). Social networks, voting and campaign participation in Japan: An empirical study using a Japanese national survey. In M. R. Wolf, L. Morale & K. Ikeda (Eds.), *Political Discussion in Modern Democracies: A Comparative Perspective* (pp.162-182). Abingdon, UK: Routledge.

Ishida, H., & Slater, D. H. (2010). *Social Class in Contemporary Japan: Structures, Sorting and Strategies*. London and New York: Routledge.
岩瀬庸理（1977）．政党支持態度の形成と家族の役割――高校生の場合　同志社大学人文学会『評論・社会科学』12 号，15-48.
Jennings, M. K., & Niemi, R. G. (1974). *The Political Character of Adolescence: The Influence of Families and Schools*. Princeton, N. J.: Princeton University Press.
Jennings, M., Stoker, L., & Bowers, J. (2009). Politics across generations: Family transmission reexamined. *The Journal of Politics, 71*(3), 782-799. doi:10.1017/s0022381609090719
加留部清（1975）．日本人はどのようにして支持政党をきめるか 『日本人研究』No.2, 74-75.
Kawata, J. (1987). Political socialization in contemporary Japan. *International Political Science Review, 8* (3), 245-259.
Kubota, A., & Ward, R. E. (1970). Family influence and political socialization in Japan: Some preliminary findings in comparative perspective. *Comparative Political Studies, 3* (2), 140-175.
La Due Lake, R., & Huckfeldt, R. (1998). Social capital, social networks, and political participation. *Political Psychology, 19*, 567-584.
Massey, J. A. (1975). The missing leader: Japanese youths' view of political authority.*The American Political Science Review. 69*, (1), 31-48
Massey, J. A. (1976). *Youth and Politics in Japan*. Lexington Books.
Miyake, I. (1991). Five agents of partisan socilizaiton in Japan. In S. C. Flanagan, S. Kohei, I. Miyake & B. M. Richardson (Eds.), *The Japanese Voter* (pp.198-225). New Haven: Yale University Press.
Niemi, R. G., & Sobieszek, B. I. (1977). Political Socialization. *Annual Review of Sociology, 3*, 209-233. doi: 10.1146/annurev.so.03.080177.001233
岡村忠夫（1970）．「現代日本における政治的社会化――政治意識の培養と政治家像（現代日本における政治態度の形成と構造）」『日本政治学会年報政治学』 1 -67.
Percheron, A., & Jennings, M. K. (1981). Political continuities in French families: A new perspective on an old controversy. *Comparative Politics, 13* (4), 421-436. doi: 10.2307/421719
Sapiro, V. (2004). Not your parents' political socialization: Introduction for a new generation. *Annual Review of Political Science, 7*, 1-23. doi: 10.1146/annurev.polisci.7.012003.104840
Sears, D. O. (1975). Political socialization. In F. I. Greenstein & N. W. Polsby (Eds.), *Handbook of Political Science*. Vol.2 (pp.93-153). Reading, MA: Addison-Wesley.
Shively, W. P. (1980). The nature of party identification: A review of recent developments. In J. C. Pierce & J. L. Sullivan (Eds.), *The Electorate Reconsidered* (pp.219-236). Beverly Hills: Sage.
Steel, G. (2014). Political Socialization「民意」『年報政治学』1, 37-58.
Steel, G. (2016). Political socialization. In G. Steel (Ed.). *Power in Contemporary Japan* (pp.35-58) . Palgrave Macmillan.
Tedin, K. L. (1980). Assessing peer and parent influence on adolescent political attitudes. *American Journal of Political Science. 24* (1), 136-154.
Westholm, A. N., & Niemi, R. (1992). Political institutions and political socialization: A cross-national study. *Comparative Politics, 25* (1), 25-41.
Zuckerman, A. S., Dasovic, J., & Fitzgerald, J. (2007). *Partisan Families: The Social Logic of Bounded Partisanship in Germany and Britain*. Cambridge: Cambridge University Press.

【資料】

時事通信社　JIJI.COM ウェブサイト（https://www.jiji.com）
東京大学社会科学研究所附属社会調査・データアーカイブ研究センター SSJ データアーカイブ（2009）．「若い有権者の意識調査（第 3 回）」（明るい選挙推進協会）
若倉健亮（2014）．千葉県の公立小中高校児童生徒及び早稲田大学学生に対する質問票調査

■ 第4章 ■

Blair, T., & Schröder, G. (2000). The Third Way/Die Neue Mitte. In B. Hombach (Ed.), *The Politics of New Centre* (pp.157-177). Cambridge: Polity Press.

Burchell, G. (1996). Liberal government and techniques of the self. In A. Barry, T. Osborne & N. Rose (Eds.), *Foucault and Political Reason: Liberalism, Neo-Liberalism and Rationalities of Government* (pp.19-36). Abingdon, Oxon: Routledge.

大門正克編（2012）．『新生活運動と日本の戦後――敗戦から 1970 年代まで』日本経済評論社

Dean, M. (1999). *Governmentality: Power and Rule in Modern Society*. London: Sage Publications.

Dillon, M., & Neal, A. (Eds.) (2011). *Foucault on Politics, Security and War*. Basingstoke, Hampshire: Palgrave Macmillan.

Donzelot, J. (1997). *The Policing of Families* (translated by Robert, H.). Baltimore, Maryland: The John Hopkins University Press.

Foucault, M. (1978). *The History of Sexuality: An Introduction* (translated by Robert, H.) Harmondsworth, Middlesex: Penguin.

Foucault, M. (1983). The Subject and Power. In H. L. Dreyfus & P. Rabinow (Eds.), *Michel Foucault: Beyond Structuralism and Hermeneutics the Second Edition with an Afterword by and Interview with Michel Foucault* (pp.208-226). Chicago: University of Chicago Press.

Foucault, M. (1991). Governmentality. In G. Burchell, C. Gordon & P. Miller (Eds.), *The Foucault Effect: Studies in Governmentality* (pp.87-104). Chicago, Illinoi: The University of Chicago Press.

Foucault, M. (2003). *Society Must be Defended: Lectures at the Collège de France, 1975-76* (translated by David, M.). London: Allen Lane.

Foucault, M. (2007). *Security, Territory, Population: Lectures at the Collège de France, 1977-78* (translated by Graham, B.). Basingstoke, Hampshire: Palgrave Macmillan.

Foucault, M. (2008). *The Birth of Biopolitics: Lectures at the Collège de France, 1978-79* (translated by Graham, B.) Basingstoke, Hampshire: Palgrave Macmillan.

Garon, S. (1997). *Molding Japanese Minds: The State in Everyday Life*. Princeton: Princeton University Press.

Gordon, C, (1991). Governmental rationality: An introduction. In G. Burchell, C. Gordon & P. Miller (Eds.), *The Foucault Effect: Studies in Governmentality* (pp.1-51). Chicago, Illinoi: The University of Chicago Press.

Gordon, A. (1997). Managing the Japanese household: The new life movement in postwar Japan. *Social Politics, 4* (2), 245-283.

Hook, G. D., & Takeda, H. (2007). "Self-responsibility" and the nature of the Japanese state: Risk through the looking glass. *Journal of Japanese Studies, 33* (1), 93-123.

一億総活躍国民会議（2015）．「一億総活躍社会の実現に向けて緊急に実施すべき対策――成長と分配の好循環に向けて」2015 年 11 月 26 日　http://www.kantei.go.jp/jp/topics/2015/ichiokusoukatsuyaku/kinkyujisshitaisaku.pdf（Accessed 2017/12/23）

板垣邦子（1992）．『昭和戦前・戦中期の農村生活――雑誌「家の光」にみる』 三嶺書房

上川龍之進（2010）．『小泉改革の政治学――小泉純一郎は本当に「強い首相」だったのか』東洋経済新報社

経済財政諮問会議（2014）．「経済財政運営と改革の基本方針 2014 ――デフレから好循環拡大へ」2014 年 6 月 24 日 http://www5.cao.go.jp/keizai-shimon/kaigi/cabinet/2014/2014_basicpolicies_01.pdf (Accessed 2017/12/23)

厚生労働省（2015）．平成 27 年　我が国の人口動態（平成 25 年までの動向）

小山静子（1999）．『家庭の生成と女性の国民化』 勁草書房

Lemke, T. (2012). *Foucault, Governmentality and Critique*. London & Boulder, CO: Paradigm Publishers.

内閣府（2002a）．『平成 13 年度　国民生活白書　家族の暮らしと構造改革』ぎょうせい

内閣府（2002b）．「生活大航海、未来生活への指針――生活未来懇談会報告書」2002 年 12 月 14 日 http://dl.ndl.go.jp/info:ndljp/pid/1167184 (Accessed 2017/12/23)

内閣府国民生活局（2001）.「構造改革の一環として家族関連制度の見直し——『家族とライフスタイルに関する研究会報告』のポイント」2001 年 6 月 22 日　http://www.caa.go.jp/seikatsu/2001/0622kazoku-lifestyle/point.html（Accessed 2016/1/29）
中村隆英（1986）.『昭和経済史』岩波書店
Offe, C. (1984). *Contradictions of the Welfare State* (edited by John, K.). Cambridge, Mas.: MIT Press.
大淵寛（1997）.『少子化時代の日本経済』　日本放送出版協会
落合恵美子（1997）.『21 世紀家族へ　新版』　有斐閣
荻野美穂（2008）.『「家族計画」への道——近代日本の生殖をめぐる政治』　岩波書店
重田園枝（2000）.　少子化社会の系譜——昭和 30 年代の「新生活運動」をめぐって『家計経済研究』47, 36-43.
Polanyi, K. (1944 [2001]). *The Great Transformation: The Political and Economic Origins of Our Time*. Boston, Massachusetts: Beacon Press.（吉沢英成他訳（1975）.『大転換——市場経済の形成と崩壊』東洋経済新報社）
Rose, N. (1996). Governing "Advanced" liberal democracies. In A. Barry, T. Osborne & N. Rose (Eds.), *Foucault and Political Reason: Liberalism, neo-Liberalism and Rationalities of Government* (pp.37-64). Abingdon, Oxon: Routledge.
Rose, N. (1999). *Powers of Freedom: Reframing Political Thought*. Cambridge: Cambridge University Press.
佐藤卓己（2002）.『「キング」の時代——国民大衆雑誌の公共性』岩波書店
新生活運動協会（1958）.『新生活シリーズ 13　明日への胎動　ひろがる企業体の新生活運動』新生活運動協会
少子化危機突破タスクフォース（2014）.『少子化危機突破タスクフォース（第２期）取りまとめ』平成 26 年 5 月 26 日　http://www8.cao.go.jp/shoushi/shoushika/meeting/taskforce_2nd/pdf/torimatome.pdf（Accessed 2017/12/23）
ショッパ・レナード（2007）.『「最後の社会主義国」日本の苦闘』毎日新聞社（Lenard, J. S. (2006). *Race for the Exit: The Unravelling of Japan's System of Social Protection*. Ithaca, NY: Cornell University Press）
Takeda, H. (2005). *The Political Economy of Reproduction in Japan: Between Everyday Life and Nation-State*. Abington, Oxon: Routledge Curzon.
Takeda, H. (2011). Reforming families in Japan: Family policy in the era of structural reform. In R. Richard & A. Alexy (Eds.), *Home and Family in Japan: Continuity and Transformation* (pp.46-64). Abingdon, Oxon: Routledge.
武田宏子（2016）.「再生産とガバナンス——政治社会学から」東京大学社会学研究所 大沢真理・佐藤岩男編『ガバナンスを問い直す Ｉ——越境する理論のゆくえ』東京大学出版会
田間泰子（1996）.「少産化と家族」井上俊・上野千鶴子・大澤真幸・見田宗介・吉見俊哉編『〈家族〉の社会学』岩波書店　pp.159-187.
内山融（2007）.『小泉政権』　中央公論新社
Uno, K. S. (1993). The death of "Good wife, wise mother? " In A. Gordon (Ed.), *Postwar Japan as History* (pp.293-322). Berkeley, California: University of California Press.
山田昌弘（2001）.『家族というリスク』　勁草書房

■ 第５章 ■

Callon, M. (1987). Society in the making: The study of technology as a tool for sociological analysis. *The Social Construction of Technological Systems: New Directions in the Sociology and History of Technology*, 83-103.
Caplow, T. (1984). Rule enforcement without visible means: Christmas gift giving in middletown. *American Journal of Sociology, 89* (6), 1306-1323.
Eastin, M. S., Greenberg, B. S., & Hofschire, L. (2006). Parenting the internet. *Journal of Communication, 56* (3),

486-504.

Erdur-Baker, Ö. (2010). Cyberbullying and its correlation to traditional bullying, gender and frequent and risky usage of internet-mediated communication tools. *New Media & Society, 12* (1), 109-125.

Fischer, C. S. (1992). *America Calling: A Social History of the Telephone to 1940*. Berkeley: University of California Press.

FMMC (2008). *An Investigative Report on the Use of the Net and Social Ties. (Net riyou ni okeru kizuna ni kansuru chosa houkokusho)*. The Foundation for Multimedia Communications.

Gusfield, J. R. (1984). *The Culture of Public Problems: Drinking-Driving and the Symbolic Order* (Paperback ed.). Chicago: University of Chicago Press.

Hammond, M. (2014). Introducing ICT in schools in England: Rationale and consequences. *BJET British Journal of Educational Technology, 45* (2), 191-201.

Japan Times (2009). "Ishikawa Kids Face Mobile Ban" (2009, June 18). Retrieved from http://www.japantimes.co.jp/news/2009/06/18/national/ishikawa-kids-face-mobile-ban/ (Accessed 2015/2/24)

Kirwil, L. (2009). Parental mediation of children's internet use in different European countries. *Journal of Children and Media, 3* (4), 394-409.

Latour, B. (1990). Technology is society made durable. *The Sociological Review, 38* (S1), 103-131.

Lawless, W., Akiyoshi, M., Angjellari-Dajci, F., & Whitton, J. (2014). Public consent for the geologic disposal of highly radioactive wastes and spent nuclear fuel. *International Journal of Environmental Studies International Journal of Environmental Studies, 71* (1), 41-62.

Lee, S.-J. (2013). Parental restrictive mediation of children's internet use: Effective for what and for whom? *New Media & Society, 15* (4), 466-481.

Marvin, C. (1990). *When Old Technologies Were New: Thinking About Electric Communication in the Late Nineteenth Century* (Reprint edition). New York: Oxford University Press.

Nakayama, M. (2011). Parenting style and parental monitoring with information communication technology: A study on Japanese junior high school students and their parents. *Computers in Human Behavior, 27* (5), 1800-1805.

National Police Agency (NPA) (2010). Let's discuss strategies against cyber-crimes at home. (Kazoku de kangaeyou saiba hanzai taisaku). Retrieved from https://www.npa.go.jp/cyber/pamphlet/index (Accessed 2015/4/4)

National Police Agency (NPA) (2013). A survey on the victimization of children on community websites. (Komyuniti webusaito ni kiinsuru jidouhigaino jihan ni kakawaru chosa kekka). Retrieved from http://www.npa.go.jp/cyber/statics/index.html (Accessed 2014/6/19)

National Police Agency (NPA) (2015). A survey on the promotion of filtering services at mobile phone stores. (Keitai denwa hanabiten ni taisuru firutaringu suishou jyoukyou tou jittai chousa). Retrieved from http://www.npa.go.jp/safetylife/syonen/filtering/270212filtering.pdf (Accessed 2015/2/19)

Notten, N., & Nikken, P. (2014). Boys and girls taking risks online: A gendered perspective on social context and adolescents' risky online behavior. *New Media & Society*.

Ragnedda, M., & Muschert, G. W. (Eds.) (2013). *The Digital Divide: The Internet and Social Inequality in International Perspective*. Abingdon, Oxon, New York, NY: Routledge.

Rainie, L., & Wellman, B. (2014). *Networked: The New Social Operating System* (Reprint edition). The MIT Press.

Reilly, J. (2014, March 24). Children banned from using their mobile phones after 9pm. Retrieved from http://www.dailymail.co.uk/news/article-2588151/Children-banned-using-mobile-phones-9pm-Japanese-city-bid-fight-cyber-bullying.html (Accessed 2015/2/19)

Thaler, R. H., & Sunstein, C. R. (2009). *Nudge: Improving Decisions About Health, Wealth, and Happiness* (Revised & Expanded edition). New York: Penguin Books.

Verton, D. (2002). *The Hacker Diaries: Confessions of Teenage Hackers*. New York: McGraw-Hill Osborne Media.

Yardi, S., & Bruckman, A. (2011). Social and technical challenges in parenting teens'social media use. In *Proceedings of the SIGCHI Conference on Human Factors in Computing Systems* (pp.3237-3246). New York, NY, USA: ACM.

Yomiuri Shimbun (2015). "Kodomono sumaho, juji de ofu." (Let's turn off the smartphone after 10 PM). Retrieved from http://www.yomiuri.co.jp/national/20150226-OYT1T50017.html (Accessed 2015/2/25)

■ 第6章 ■

Cave, P. (2007). *Primary School in Japan: Self, Individuality and Learning in Elementary Education*. London: Routledge.

Cutts, R. (1997). *An Empire of Schools: Japan's Universities and the Molding of a National Power Elite*. London: Routledge.

Imoto, Y. (2007). The Japanese preschool system in transition. *Research in Comparative and International Education, 2* (2), 88-101.

猪熊弘子（2014）．『「子育て」という政治――少子化なのになぜ待機児童が生まれるのか？』 角川新書

苅谷剛彦（2008）．『学力と階層』 朝日新聞出版

Lave, J., & Wenger, E. (1991). *Situated Learning: Legitimate Peripheral Participation*. Cambridge: Cambridge University Press.

LeTendre, G., Gonzalez, R. G., & Nomi, T. (2006). Feeding the elite: The evolution of elite pathways from star high schools to elite universities. *Higher Education Policy, 19*, 7-30.

Mizumoto, N. (2009). Preschool training takes off: ‘Yokomine Method’ gains following after developing ‘super kids.’ Japan Times, December 26, 2009.

森上史朗（1973）．『幼児教育――その理論と方法』 学苑社

Okada, A. (2010). Inequality and education policies in current Japan. *Proceedings from World Congress of Comparative Education Societies*. Istanbul.

Shimoda, T. (2008). Representations of parenting and gender roles in the shōshika era: Comparisons of Japanese and English-language parenting magazines. *Electronic Journal of Contemporary Japanese Studies*.

Willis, D. B., Yamamura, S., & Rappleye, J. (2008). Frontiers of education: Japan as "global model" or "nation at risk?" *International Review of Education, 54* (3-4), 493-515.

■ 第7章 ■

Agresti, A. (2012). *Categorical Data Analysis*. (3rd ed.). New York: Wiley.

Batalova, J. A., & Cohen, P. N. (2002). Premarital cohabitation and housework: Couples in cross-national perspective. *Journal of Marriage and Family, 64* (3), 743-755. doi: 10.1111/j.1741-3737.2002.00743.x

Benin, M. H., & Agostinelli, J. (1988). Husbands' and wives' satisfaction with the division of labor. *Journal of Marriage and Family, 50* (2), 349-361. doi: 10.2307/352002

Blair, S. L., & Johnson, M. P. (1992). Wives' perceptions of the fairness of the division of household labor: The intersection of housework and ideology. *Journal of Marriage and Family, 54* (3), 570-581. doi: 10.2307/353243

Blood, R. O. J., & Wolfe, D. M. (1960). *Husband and Wives: The Dynamics of Married Living*. Glencoe, Ⅲ : Free Press.

Braun, M., & Lewin-Epstein, N., Stier, H., & Baumgartner, M. (2008). Perceived equity in the gendered division of household labor. *Journal of Marriage and Family, 70*, 1145-1156. doi: 10.1111/j.1741-3737.2008.00556.x

Coltrane, S. (2000). Research on household labor: Modeling and measuring the social embeddedness of routine family work. *Journal of Marriage and Family, 62* (4), 1208-1233. doi: 10.1111/j.1741-3737.2000.01208.x

Easterlin, R. A. (2003). Explaining happiness. *Proceeding National Academy of Sciences of the United States of*

America,100 (19), 11176-11183. pmid:12958207 doi: 10.1073/pnas.1633144100

Ex, C. T. G. M., & Janssens, J. M. A. M. (1998). Maternal influences on daughters' gender role attitudes. *Sex Roles, 38* (3-4), 171-186.

Frisco, M. L., & Williams, K. (2003). Perceived housework equity, marital happiness, and divorce in dual-earner households. *Journal Family Issues, 24* (1), 51-73. doi: 10.1177/0192513x02238520

Fuwa, M., & Cohen, P. N. (2007). Housework and social policy. *Social Science Research, 36* (2), 512-530. doi: 10.1016/j.ssresearch.2006.04.005

不破麻紀子・筒井淳也（2010）．家事分担に関する不公平感の国際比較分析『家族社会学研究』22 (1), 52-63. doi: 10.4234/jjoffamilysociology.22.52

Gager, C. T. (1998). The role of valued outcomes, justifications, and comparison of referents in perceptions of fairness among dual-earner couples. *Journal Family Issues, 19* (5), 622-648. doi: 10.1177/019251398019005007

Gambetta, D. (2009). *Were they pushed or did they jump?: Individual decision mechanisms in education* (Reprint edition). Cambridge Cambridgeshire; New York: Cambridge University Press.

Geist, C. (2005). The welfare state and the home: Regime differences in the domestic division of labor. *European Sociological Review, 31* (1), 23-41. doi: 10.1093/esr/jci002

Greenstein, T. N. (1996a). Gender ideology and perceptions of the fairness of the division of household labor: Effects on marital quality. *Social Forces, 74* (3), 1029-1042. doi: 10.2307/2580391

Greenstein, T. N. (1996b). Husbands' participation in domestic labor: Interactive effects of wives' and husbands' gender ideologies. *Journal of Marriage and Family, 58* (3), 585-595. doi: 10.2307/353719

Greenstein, T. N. (2009). National context, family satisfaction, and fairness in the division of household labor. *Journal of Marriage and Family, 71* (4),1039-1051. doi: 10.1111/j.1741-3737.2009.00651.x

Guimond, S., & Dambrun, M. (2002). When prosperity breeds intergroup hostility: The effects of relative deprivation and relative gratification on prejudice. *Personality and Social Psychology Bulletin, 28* (7), 900-912. doi: 10.1177/01467202028007004

Harth, N. S., Kessler, T., & Leach, C. W. (2008). Advantaged group's emotional reactions to intergroup inequality: The dynamics of pride, guilt, and sympathy. *Personality and Social Psychology Bulletin, 34* (1), 115-129. pmid:18162660 doi: 10.1177/0146167207309193

Hochschild, A. R. (2003). *The Second Shift*. New York: Penguin Books.

Lennon, M. C., & Rosenfield, S. (1994). Relative fairness and the division of housework: The importance of options. *The American Journal of Sociology, 199* (2), 506-531. doi: 10.1086/230545

Major, B. (1987). Gender, justice, and the psychology of entitlement. In P. Shaver & C. Hendrick (Eds.), *Sex and Gender* (pp.124-148). Newbury Park, CA: Sage.

Nakamura, M., & Akiyoshi, M. (2015). What Determines the Perception of Fairness Regarding Household Division of Labor Between Spouses? PLOS ONE. Published: July 6, 2015 doi: 10.1371/journal.pone.0132608

OECD (2012). *Policies for a Revitalisation of Japan, Better Policies*. Paris: OECD Publishing.

Osborne, D., & Sibley, C. G. (2013). Through rose-colored glasses system-justifying beliefs dampen the effects of relative deprivation on well-being and political mobilization. *Personality and Social Psychology Bulletin, 39* (8), 991-1004. doi: 10.1177/0146167213487997. pmid:23719621

Smith, H. L., Gager, C. T., & Morgan, S. P. (1998). Identifying underlying dimensions in spouses' evaluations of fairness in the division of household labor. *Social Science Research, 27* (3), 305-327. doi: 10.1006/ssre.1998.0624

Smith, T, W., Marsden, P. V., Hout, M., & Kim, J. (2013). General social surveys, 1972-2012: Cumulative codebook. Principal Investigator, Smith TW; Co-Principal Investigators, Marsden PV, Hout M. Chicago: National Opinion Research Center. (National Data Program for the Social Sciences Series, No. 21).

総務省統計局（2011）．「平成 23 年　社会生活基本調査」Available:http://www.e-stat.go.jp/SG1/estat/List.do?bid=000001044385&cycode=0.(Accessed 2014/5/10 Japanese)

Suitor, J. J. (1991). Marital quality and satisfaction with the division of household labor across the family life cycle. *Journal of Marriage and Family, 53* (1), 221-230. doi: 10.2307/353146

Thompson, L. (1991). Family work: Women's sense of equity. *Journal Family Issues, 12* (2), 181-196. doi: 10.1177/019251391012002003

Tomeh, A. K. (1984). Parents, friends, and familial sex role attitudes. *Sociologial Inquiry, 54* (1), 72-88. doi: 10.1111/j.1475-682x.1984.tb00046.x

Treiman, D. J. (2008). *Quantitative Data Analysis: Doing Social Research to Test Ideas* (1st ed.). San Francisco: Jossey-Bass.

Twaronite, L. (2013).「外国人家政婦で試される安倍の移民政策」 Reuters, 13 December. Available:http://jp.reuters.com/article/marketsNews/idJPL3N0JQ14U20131213. (Accessed 2014/12/7 Japanese)

Vanyperen, N. W., & Buunk, B. P. (1991). Sex-role attitudes, social comparison, and satisfaction with relationships. *Social Psychology Quarterly, 54* (2), 169-180. doi: 10.2307/2786934

Veenhoven, R. (2008). Sociological theories of subjective well-being. In M. Eid & R. J. Larsen (Eds.), *The Science of Subjective Well-Being* (pp.44-61). New York: The Guilford Press.

Waite, L. J., & Gallgher, M. (2000). *The Case for Marriage: Why Married People are Happier, Healthier, and Better off Financially* (1st ed.). Doubleday.

Wunderink, S., & Niehoff, M. (1997). Division of household labor: Facts and judgements. *Economist* (Leiden), 145(3), 399-419. doi: 10.1023/a:1003024732314

Yu, W. H. (2009). *Gendered Trajectories: Women, Work, and Social Change in Japan and Taiwan*. Stanford: Stanford University Press.

Zuo, J., & Bian, Y. (2001). Gendered resources, division of housework, and perceived fairness: A case in urban China. *Journal of Marriage and the Family, 63* (4), 1122-1134. doi: 10.1111/j.1741-3737.2001.01122.x

■ 第8章 ■

Allison, A. (1994). *Nightwork: Sexuality, Pleasure, and Corporate Masculinity in a Tokyo Hostess Club*. Chicago: University of Chicago Press.

天野正子（2006）．総論「男であること」の戦後史　阿部恒久・大日方純夫・天野正子編『男性史３「男らしさ」の現代史』　日本経済評論社　pp.1-32.

Gerson, K. (1993). *No Man's Land: Men's Changing Commitments to Family and Work*. New York: Basic Books.

Hirschman, A. O. (1970). *Exit, Voice and Loyalty: Responses to Decline in Firms, Organizations, and States*. Cambridge, MA: Harvard University Press（矢野修一訳『離脱・発言・忠誠——企業・組織・国家における衰退への反応』　ミネルヴァ書房，2005）．

Hochschild, A. R. (1983). *The Managed Heart: Commercialization of Human Feeling*. Berkeley: University of California Press（石川准・室伏亜希訳『管理される心——感情が商品になるとき』　世界思想社，2000）．

Hochschild, A. R. (1989). *The Second Shift*. New York: Avon（田中和子訳『セカンド・シフト第二の勤務——アメリカ共働き革命のいま』　朝日新聞社，1990）

本田由紀・内藤朝雄・後藤和智（2006）．『「ニート」って言うな！』　光文社

Imamura, A. E. (1987). *Urban Japanese Housewives: At Home and in the Community*. Honolulu: University of Hawaii Press.

Iwao, S. (1993). *The Japanese Women: Traditional Image and Changing Reality*. Cambridge, MA: Harvard University Press.

Lebra, T. S. (1984). *Japanese Women: Constraint and Fulfillment*. Honolulu: University of Hawaii Press.

二宮厚美（2006）．『ジェンダー平等の経済学』　新日本出版社

落合恵美子（1997）．『21 世紀家族へ〈新版〉』　有斐閣

小笠原祐子（2009）．性別役割分業意識の多元性と父親による仕事と育児の調整『季刊家計経済研究』

81, 34-42.

Roberts, G. S. (1994). *Staying on the Line: Blue-Collar Women in Contemporary Japan*. Honolulu: University of Hawaii Press.

Rosenberger, N. (2001), *Gambling with Virtue: Japanese Women and the Search for Self in a Changing Nation*. Honolulu: University of Hawaii Press.

Scott, J. C. (1985). *Weapons of the Weak: Everyday Forms of Peasant Resistance*. New Haven: Yale University Press.

鹿野正直（2004）.『現代日本女性史』 有斐閣

多賀太（2011）.『揺らぐサラリーマン生活——仕事と家庭のはざまで』 ミネルヴァ書房

Takeda, H. (2005). *The Political Economy of Reproduction in Japan: Between Nation-State and Everyday Life*. London: Routledge.

Vogel, S. H. (1978). Professional housewife: The career of urban middle class Japanese women. *Japan Interpreter, 12*, 16-43.

山田昌弘（2001）.『家族というリスク』 勁草書房

山田昌弘（2012）.「すべての制度は高度成長期につくられた」山田昌弘・塚崎公義『家族の衰退が招く未来』東洋経済新報社 pp.35-63.

■ 第９章 ■

アンドルー・ゴードン（編）（2002）.「職場の争奪」『歴史としての戦後日本（下）』みすず書房 pp.356-394.

荒木尚志（2013）.『労働法 第２版』 有斐閣

久本憲夫（1998）.『企業内労使関係と人材形成』 京都大学経済学叢書４ 有斐閣

兵藤釗（1997）.『労働の戦後史（上）』 東京大学出版会

池添弘邦（2004）. 諸外国の集団的労働条件決定システム——ドイツ，フランス，イギリス，アメリカ JILPT Discussion Paper pp.4-11.

Imai, J. (2011). *The Transformation of Japanese Employment Relations: Reform without Labor*. Basingstoke: Palgrave Macmillan.

Imai, J. (2016). Are labor union movements capable in solving the problems of the "Gap Society?" In H. Carola & C. David (Eds.), *Social Inequality in Post-Growth Japan: Structure, Discourse, Agency under Economic and Demographic Stagnation* (pp.89-104). London: Routledge.

稲上毅（2003）.『企業グループ経営と出向転籍慣行』 東京大学出版会

稲上毅・逢見直人・下平好博・H. ウィッタカー・篠田徹（1997）.『ネオ・コーポラティズムの国際比較——新しい政治経済モデルの探索〈日本労働研究機構調査報告〉』 日本労働研究機構

Keizer, A. (2011). "Japanese Unions and the Organisation of Non-Regular Employment: A Step towards Greater Equality?" 2nd Conference Regulating for Decent Work, ILO.

熊沢誠（1993）.『日本の労働者像』 筑摩書房

熊沢誠（1997）.『能力主義と企業社会』 岩波書店

久米郁男（1998）.『日本型労使関係の成功——戦後和解の政治経済学』 有斐閣

日経連能力主義管理研究会（1969）.『能力主義管理——その理論と実践』 日本経団連出版

Schwartz, M. (1976). *Radical Protest and Social Structure: The Southern Farmers' Alliance and Cotton Tenancy, 1880-1890*. Chicago: University of Chicago Press.

【資料】

厚生労働省「労働組合基礎調査 時系列」
http://www.e-stat.go.jp/SG1/estat/List.do?bid=000001018508&cycode=0（Accessed 2016/1/23）

厚生労働省「労働争議統計調査 時系列」
http://www.e-stat.go.jp/SG1/estat/List.do?bid=000001028496&cycode=0（Accessed 2016/1/23）

厚生労働省「平成 21 年　労使コミュニケーション調査」
http://www.e-stat.go.jp/SG1/estat/GL08020101.do?_toGL08020101_&tstatCode=000001018360&requestSender=dsearch（Accessed 2016/1/23）
労働省（1978）.「労使コミュニケーション調査報告」 労働大臣官房統計情報部
労働省（1985）.「日本の労使コミュニケーションの現状」 大蔵省印刷局

第 10 章

Aldrich, H. E., & Waldinger, R. (1990). Ethnicity and entrepreneurship. *Annual Reviews of Sociology, 16*, 111-135.
David, R. (2009). Filipino workers in Japan: vulnerability and survival. *Kasarinlan: Philippine Journal of Third World Studies, 6*, 3.
Fligstein, N., & McAdam, D. (2012). *A Theory of Fields*. Oxford University Press.
林永彦（2004）．韓国人企業家――ニューカマーの起業過程とエスニック資源『上智大学博士論文』
樋口直人・高橋幸恵（1998）．在日ブラジル出身者のエスニック・ビジネス――企業家供給システムの発展と市場の広がりを中心に 『イベロアメリカ研究』20，1-15.
Higuchi, N., & Tanno, K. (2003). What's driving Brazil-Japan migration? The making and remaking of the Brazilian Niche in Japan. *International Journal of Japanese Sociology, 12* (1), 33-47.
イシ・アンジェロ（2009）．ブラジル系エスニック・ビジネスの展開と変容―― 2000 年代の動向を中心に『調査と社会理論』28, 51-62.
梶田孝道（1994）．『外国人労働者と日本 vol. 698』 NHK 放送出版協会
金花芬・安本博司（2011）．コリア系ニューカマーの教育戦略――韓国人と朝鮮族の学校選択と家庭内使用言語を中心に『人間社会学研究集録』6, 27-49.
駒井洋（1993）．『外国人労働者定住への道』明石書店
Kyle, D. (1999). The Otavalo trade diaspora: Social capital and transnational entrepreneurship. *Ethnic and Racial Studies, 22* (2), 422-446.
Landolt, P., Lilian, A., & Sonia, B. (1999). From "hermano lejano" to "hermano mayor": The dialectics of Salvadoran transnationalism. *Ethnic and Racial Studies, 22*, 290-315.
Liu-Farrer, G. (2007). Producing global economies from below: Chinese immigrant transnational entrepreneurship in Japan. In S. Saskia (Ed.), *Deciphering the Global: Its Spaces, Scales, and Subjects* (pp.177-198). New York: Routledge.
Liu-Farrer, G. (2009). Educationally channeled international labor mobility: Contemporary student migration from China to Japan. *International Migration Review, 43* (1), 178-204.
Liu-Farrer, G. (2011a). *Labor Migration from China to Japan: International Students, Transnational Migrants*. London: Routledge. (Paperback forthcoming in September, 2013).
Liu-Farrer, G. (2011b). Making careers in the occupational niche: Chinese students in corporate Japan's transnational business. *Journal of Ethnic and Migration Studies, 37* (6), 785-803.
Lopez, M. (2012). Reconstituting the affective labour of Filipinos as care workers in Japan. *Global Networks, 12* (2), 252-268.
馮偉強（2011）．中国人研修生・技能実習生の日本出稼ぎ移動――人類学的なフィールドワークを踏まえて『愛知大学国際問題研究所紀要』137, 69-95.
三木奈都子（2005）．「水産加工業における外国人労働の実態と課題――千葉県銚子市の中国人研 修・技能実習生を中心に」『漁業経済研究』第 50 巻，第 2 号
Min, P. G. (1984). From white-collar occupations to small business: Korean immigrants' occupational adjustment. *The Sociological Quarterly, 25*, 333-352.
Min, P. G. (1988). *Ethnic Business Enterprise: Korean Small Business in Atlanta*. New York: CMS.
Ogawa, R. (2009). Foreign caregivers and cross cultural care: The experiences from the Japanese elderly homes in the Philippines. *Bulletin of Kyushu University Asia Center, 3*, 113-126.

大久保武（2005）．『日系人の労働市場とエスニシティ——地方工業都市に就労する日系ブラジル人』お茶の水書房
小内透（2009）．『在日ブラジル人の労働と生活』 お茶の水書房
Piore, M. J. (1979). *Birds of Passage: Migrant Labor and Industrial Societies*. Cambridge: Cambridge University Press.
Piquero-Ballescas, M. R. (1992). *Filipino Entertainers in Japan: An Introduction*. Foundation for Nationalist Studies.
Roth, J. (2002). *Brokered Homeland: Japanese Brazilian Migrants in Japan*. Cornell University Press.
Sanders, J., Victor, N., & Scott, S. (2002). Asian immigrants' reliance on social ties in a multiethnic labor market. *Social Forces, 81* (1), 281-314.
Sasaki, K. (2013). To return or not to return: The changing meaning of mobility among Japanese Brazilians, 1908–2010. *Return: Nationalizing Transnational Mobility in Asia*, 21–38.
Sassen, S. (1995). Immigration and local labor markets. In A. Portes (Ed.), *The Economic Sociology of Immigration: Essays on Networks, Ethnicity, and Entrepreneurship* (pp.87-127). New York: Russell Sage Foundation.
Saxenian, A. L. (2006). *The New Argonauts: Regional Advantage in a Global Economy*. Cambridge, MA: Harvard University Press.
Siu, P. C. P. (1952). The sojourner. *American Journal of Sociology*, 34-44.
Suzuki, N. (2008). Filipino migrations to Japan: From surrogate Americans to feminized workers. Yamashita et al. (Eds.) *Transnational Migration in East Asia Senri Ethnological Reports, 77*, 67–77.
田嶋淳子（2010）．『国際移住の社会学——東アジアのグローバル化を考える』明石書店
Takenoshita, H. (2006). The differential incorporation into Japanese labor market: A comparative study of Japanese Brazilians and professional Chinese migrants. *The Japanese Journal of Population, 4* (1), 56-77.
田巻松雄（2013）．栃木県における外国人生徒の進路状況——3 回目の調査結果報告『宇都宮大学国際学部研究論集』第 36 号 , 17-26.
Tsuda, T. (2003). *Strangers in the Ethnic Homeland: Japanese Brazilian Return Migration in Transnational Perspective*. Cornell University Press.
Tsuda, T. G. (2010). Ethnic return migration and the nation-state: Encouraging the diaspora to return "home". *Nations and Nationalism, 16* (4), 616-636.
Tyner, J. A. (1996). The gendering of Philippine international labor migration. *The Professional Geographer, 48* (4), 405-416.
Waldinger, R., & Lichter, M. I. (2003). *How the Other Half Works: Immigration and the Social Organization of Labor*. University of California Press.

【資料】

法務省入国管理局統計「国籍（出身地）別在留資格（在留目的）別外国人登録者」（2010 年 12 月）
法務省入国管理局統計「国籍・地域別　在留資格（在留目的）別在留外国人」（2014 年 12 月）

■ 第 11 章 ■

Eisenstadt, S. N. (1996). *Japanese Civilization: A Comparative View*. Chicago: The University of Chicago Press（梅津純一・柏岡富英訳『日本比較文明論的考察 2』岩波書店，2006）.
Huckfeldt, R., & Sprague, J. (1995). *Citizens, Politics, and Social Communication: Information and Influence in an Election Campaign*. Cambridge, MA: Cambridge University Press.
池田謙一（2010）．行政に対する制度信頼の構造 『年報政治学 2010-I』 11-30.
Ikeda, K. (2013). Social and institutional trust in East and Southeast Asia. *Taiwan Journal of Democracy, 9* (1), 13-45.
Ikeda, K., & Huckfeldt, R. (2001). Political communication and disagreement among citizens in Japan and the

United States. *Political Behavior, 23*, 23-51.
Ikeda, K., Kobayashi, T., & Nathan, A. (2011). The impact of culture. In C. Yun-han et al. (Eds.), *Ambivalent Democrats,* (mimeo).
Ikeda, K., & Richey, S. (2009). The impact of diversity in informal social networks on tolerance in Japan. *British Journal of Political Science, 39*, 655-668.
Ikeda, K., & Richey, S. (2011). *Social Networks and Japanese Democracy: The Beneficial Impact of Interpersonal Communication in East Asia*. London: Routledge.
池田謙一・竹本圭佑（2018).「東アジア的」な価値観とソーシャルネットワークは民主主義と両立するか　池田謙一（編）『「日本人」は変化しているのか――価値観・ソーシャルネットワーク・民主主義』　勁草書房　第2章
黄俊傑（2010).『東アジアの儒学』　ぺりかん社
Lazarsfeld, P. F., Berelson, B., & Gaudet, H. (1944). *The People's Choice*. New York: Columbia University Press（有吉広介監訳『ピープルズ・チョイス』　芦書房，1987).
Murthy, V. (2000). The democratic potential of confucian minben thought. *Asian Philosophy, 10*, 33-47.
Mutz, D. (2006). *Hearing the Other Side: Deliberative versus Participatory Democracy*. New York: Cambridge University Press.
Putnam, R. D. (2000). *Bowling Alone: The Collapse and Revival of American Community*. New York: Simon & Schuster（柴内康文訳『孤独なボーリング――米国コミュニティの崩壊と再生』　柏書房，2006).
Shi, T., & Lu, J. (2010). The shadow of confucianism. *Journal of Democracy, 21*, 123-130.
Spina, N., Shin, D. C., & Cha, D. (2011). Confucianism and democracy: A review of the opposing conceptualizations. *Japanese Journal of Political Science, 12*, 143-160.
Sullivan, J. L., Piereson, J., & Marcus, G. E. (1981). *Political Tolerance and American Democracy.* Chicago: University of Chicago Press.
Sztompka, P. (1999). *Trust: A Sociological Theory*. Cambridge, UK: Cambridge University Press.
渡辺浩（1997).『東アジアの王権と思想』　東京大学出版会
渡辺浩（2010).『近世日本社会と宋学』東京大学出版会
Yamagishi, T., & Yamagishi, M. (1994). Trust and commitment in the United States and Japan. *Motivation and Emotion, 18*, 129-165.

■ 第12章 ■

Aberbach, J. D., Putnam, R. D., & Rockman, B. A. (1981). *Bureaucrats and Politicians in Western Democracies*. Cambridge, Mass.: Harvard University Press.
Amyx, J. A. (2004). *Japan's Financial Crisis: Institutional Rigidity and Reluctant Change*. Princeton: Princeton University Press.
Broadbent, J., & Ishio, Y. (1998). The "embedded broker" state: Social networks and political organization in Japan. In W. M. Fruin (Ed.), *Networks, Markets, and the Pacific Rim* (pp.79-108). New York: Oxford University Press.
Campbell, J. C. (1984). Policy conflict and its resolution within the governmental system. In E. S. Krauss, T. P. Rohlen & P. G. Steinhoff (Eds.), *Conflict in Japan* (pp.284-334). Honolulu: University of Hawaii Press.
Carpenter, D. P. (2001). *The Forging of Bureaucratic Autonomy: Reputations, Networks, and Policy Innovation in Executive Agencies, 1862-1928*. Princeton: Princeton University Press.
Dwyer, J. H. (2012). Explaining the politicization of monetary policy in Japan. *Social Science Japan Journal, 15* (2), 179-200.
Epstein, D., & O'Halloran, S. (1999). *Delegating Powers: A Transaction Cost Politics Approach to Policy Making under Separate Powers*. Cambridge: Cambridge University Press.
Gilardi, F. (2008). *Delegation in the Regulatory State: Independent Regulatory Agencies in Western Europe*. Cheltenham: Edward Elgar.

Haley, J. O. (1991). *Authority without Power: Law and the Japanese Paradox*. New York: Oxford University Press.

Huber, J. D., & Shipan, C. R. (2002). *Deliberate Discretion? The Institutional Foundations of Bureaucratic Autonomy*. Cambridge: Cambridge University Press.

飯尾潤（2007）.『日本の統治構造――官僚内閣制から議院内閣制へ』 中央公論新社

猪口孝・岩井奉信（1987）.『「族議員」の研究――自民党政権を牛耳る主役たち』 日本経済新聞社

Johnson, C. (1982). *MITI and the Japanese Miracle: The Growth of Industrial Policy, 1925-1975*. Stanford: Stanford University Press.

川人貞史（2015）.『議院内閣制』 東京大学出版会

Kettl, D. F. (2000). *The Global Public Management Revolution: A Report on the Transformation of Governance*. Washington, D.C.: Brookings Institution.

Kimura, S. (2010). *Consumer Affairs Agency: Potential and Risks*. Harvard Law Japan-US Symposium, Hakone. Retrieved from http://www.law.harvard.edu/programs/about/pifs/symposia/japan/2010-japan/concept-papers/kimura.pdf. (Accessed 2015/4/5)

待鳥聡史（2012）.『首相政治の制度分析――現代日本政治の権力基盤形成』 千倉書房

牧原出（2003）.『内閣政治と「大蔵省支配」――政治主導の条件』 中央公論新社

McCubbins, M. D., & Noble, G. W. (1995). Perceptions and realities of Japanese budgeting. In P. Cowhey & M. D. McCubbins (Eds.), *Structure and Policy in Japan and the United States* (pp.81-115). Cambridge: Cambridge University Press.

村松岐夫（1981）.『戦後日本の官僚制』 東洋経済新報社

村松岐夫（1988）.『地方自治』 東京大学出版会

村松岐夫（2010）.『政官スクラム型リーダーシップの崩壊』 東洋経済新報社

Muramatsu, M., & Krauss, E. S. (1984). Bureaucrats and politicians in policymaking: The case of Japan. *American Political Science Review, 78* (1), 126-146.

ノーブル・グレゴリー・W.（2011）.「財政危機と政党戦略」樋渡展洋・斉藤淳編『政党政治の混迷と政権交代』所収 東京大学出版会

Noguchi, Y. (1987). Public Finance. In K. Yamamura & Y. Yasuba (Eds.), *The Political Economy of Japan: Domestic Transformation*. Vol.1 (pp.186-222). Stanford: Stanford University Press.

Nyblade, B. (2011). The 21st century Japanese prime minister: An unusually precarious perch.『社會科學研究』 *62* (1), 195-209.

Pempel, T. J. (1977). *Policymaking in Contemporary Japan*. Ithaca: Cornell University Press.

Ramseyer, J. M., & Rosenbluth, F. M. (1993). *Japan's Political Marketplace*. Cambridge: Harvard University Press.

Samuels, R. J. (1987). *The Business of the Japanese State: Energy Markets in Comparative and Historical Perspective*. Ithaca: Cornell University Press.

佐藤誠三郎・松崎哲久（1986）.『自民党政権』 中央公論社

Seldon, A. (Ed.) (2007). *Blair's Britain, 1997-2007*. New York: Cambridge University Press.

Shinoda, T. (2005). Japan's cabinet secretariat and its emergence as core executive. *Asian Survey, 45* (5), 800-821.

曽我謙悟（2005）.『ゲームとしての官僚制』 東京大学出版会

Upham, F. K. (1987). *Law and Social Change in Postwar Japan*. Cambridge, Mass.: Harvard University Press.

Whitehead, L. (2013). The Westminster system: “Model” or “Muddle” ? *Taiwan Journal of Democracy, 9* (Special Issue), 9-38.

Woodall, B. (2014). *Growing Democracy in Japan: The Parliamentary Cabinet System since 1868*. Lexington: The University Press of Kentucky.

Yamashita, K. (2015). “A First Step Toward Reform of Japan's Agricultural Cooperative System.” http://www.nippon.com/en/currents/d00169/

Yanaga, C. (1968). *Big Business in Japanese Politics*. New Haven: Yale University Press.

■ 第13章 ■

網代誠悟（2007）．「閣僚ポスト獲得が得票に与えるインパクトの計量分析」 早稲田大学大学院政治学研究科に提出された修士論文

Ariga, K., Horiuchi, Y., Mansilla, R., & Umeda, M. (2016). No sorting, no advantage: Regression discontinuity estimates of incumbency advantage in Japan. *Electoral Studies, 43*, 21-31.

Browne, E., & Patterson, D. (1999). An empirical theory of rational nominating behavior in Japanese district elections. *British Journal of Political Science, 29* (2), 259-289.

Christensen, R. (2000). *Ending LDP Hegemony: Party Cooperation in Japan*. Honolulu: University of Hawaii Press.

Cox, G. (1997). *Making Votes Count*. New York: Cambridge University Press.

Cox, G., & Niou, E. (1994). Seat bonuses under the single nontransferable vote system: Evidence from Taiwan and Japan. *Comparative Politics, 26*, 221-236.

Cox, G. W., & Thies, M. F. (1998). The cost of intraparty competition: The single, nontransferable vote and money politics in Japan. *Comparative Political Studies, 31*(3), 267-291.

Duverger, M. (1964). *Political Parties: Their Organization and Activity in the Modern State*. NY: John Wiley.

Hayama, A. (1992). Incumbency advantage in Japanese elections. *Electoral Studies, 11* (6), 46-57.

Hickman, J. (1992). The effect of open seats on challenger strength on Japanese lower house elections. *Legislative Studies Quarterly, 17* (4), 573-584.

Hirano, S. (2006). Electoral institutions, hometowns, and favored minorities: Evidence from Japanese electoral reforms. *World Politics, 59* (1), 51-82.

菅直人（1998）．『大臣』 岩波書店

Krauss, E., & Pekkanen, R. (2004). Explaining party adaptation to electoral reform: The discreet charm of the LDP. *Journal of Japanese Studies, 30* (1), 1-34.

Krauss, E., & Pekkanen, R. (2010). *The Rise and Fall of Japan's LDP: Political Party Organizations and Historical Institutions*. Ithaca, NY: Cornell University Press.

増山幹高（2013）．小選挙区比例代表並立制と二大政党制——重複立候補と現職優位 『レヴァイアサン』52, 8-42.

McCubbins, M. D., & Rosenbluth, F. M. (1995). Party provision for personal politics: Dividing the vote in Japan. In P. F. Cowhey & M. D. McCubbins (Eds.), *Structure and Policy in Japan and the United States* (pp.35-55). Cambridge: Cambridge University Press.

Naoi, M., & Krauss, E. (2009). Who lobbies whom? Special interest politics under alternative electoral systems. *American Journal of Political Science, 53* (4), 874-892.

Patterson, D. (2009). Candidates, votes, and outcomes: A method for evaluating nomination strategies in MMD/SNTV electoral systems. *Legislative Studies Quarterly, 34* (2), 273-285.

Patterson, D., & Robbins, J. (2012). Party competition, nomination errors, and the electoral decline of the Japan socialist party. *Taiwan Journal of Democracy, 8* (1), 119-144.

Patterson, D., & Stockton, H. (2010). Strategies, institutions, and outcomes under SNTV in Taiwan, 1992-2004. *Journal of East Asian Studies, 10* (1), 31-59.

Pekkanen, R., Nyblade, B., & Krauss, E. (2006). Electoral incentives in mixed member systems: Party, posts, and zombie politicians in Japan. *American Political Science Review, 100* (2), 183-193.

Rae, D. W. (1972). *The Political Consequences of Electoral Laws*. New Haven, CT: Yale University Press.

Ramsayer, J. M., & Rosenbluth, F. M. (1993). *Japan's Political Marketplace*. Cambridge, MA: Harvard University Press.

Reed, S. R. (1990). Structure and behavior: Extending duverger's law to the Japanese case. *British Journal of Political Science, 20*, 335-356.

Reed, S. R. (1994). The incumbency advantage in Japan. In S. Albert et al. (Eds.), *The Victorious Incumbent: A Threat to Democracy* (pp.278-303). Aldershot, UK: Dartmouth Publishing.

Rosenbluth, F. M., & Thies, M. F. (2010). *Japan Transformed: Political Change and Economic Restructuring.*

Princeton, NJ: Princeton University Press.
Scheiner, E. (2006). *Democracy Without Competition: Opposition Failure in a One-Party Dominant State*. NY: Cambridge University Press.
Taagepera, R., & Shugart, M. S. (1989). *Seats and Votes: The Effects and Determinants of Electoral Systems*. New Haven, CT: Yale University Press.
高橋良輔（2015）.「政務三役ポスト獲得のインパクト――得票、当選に対して」 早稲田大学大学院政治学研究科に提出された修士論文
建林正彦（2004）.『議員行動の政治経済学――自民党支配の制度分析』 有斐閣

■ 第14章 ■

Calder, K. E. (1988). *Crisis and Compensation: Public Policy and Political Stability in Japan, 1949-1986*. Princeton University Press.
Chiavacci, D. (2010). Divided society model and social cleavages in Japanese politics: No alignment by social class, but de-alignment of rural-urban division. *Contemporary Japan, 22* (1-2), 47-74.
Hijino, K. V. L. (2015). Regional inequality in 2014: Urgent issue, tepid election. In R. Pekkanen, S. R. Reed & E. Scheiner (Eds.), *Japan Decides 2014: The Japanese General Election* (pp.183-198). New York: Palgrave Macmillan.
Hijino, K. V. L. (2016). Selling local power: Decentralization discourse in Japan. In G. Steel (Ed.), *Power in Contemporary Japan* (pp.219-238). New York: Palgrave Macmillan.
Hijino, K. V. L. (2017). *Local Politics and National Policy: Multi-level Conflicts in Japan*. Routledge.
細川護熙・岩國哲人（1991）.『雛の理論』 光文社
伊藤修一郎（2002）.『自治体政策過程の動態――政策イノベーションと波及』 慶應義塾大学出版会
村松岐夫（1988）.『地方自治（Vol.15）』 東京大学出版会
村松岐夫（2010）.『政官スクラム型リーダーシップの崩壊』 東洋経済新報社
西尾勝（2007）.『地方分権改革（Vol.5）』 東京大学出版会
西尾勝（2013）.『自治・分権再考――地方自治を志す人たちへ』 ぎょうせい
小沢一郎（1993）.『日本改造計画』 講談社
Reed, S. R. (1986). *Japanese Prefectures and Policymaking*. University of Pittsburgh Press.
Rosenbluth, F. M., & Thies, M. F. (2010). *Japan Transformed: Political Change and Economic Restructuring*. Princeton University Press.
砂原庸介（2011）.『地方政府の民主主義』 有斐閣
Treisman, D. (2007). *The Architecture of Government: Rethinking Political Decentralization*. Cambridge: Cambridge University Press.
山下祐介・金井利之（2015）.『地方創生の正体――なぜ地域政策は失敗するのか』 筑摩書房

■ 第15章 ■

Åhäll, L. (2015). The hidden politics of militarization and pop culture as political communication. In F. Caso & C.Hamilton (Eds.), *Popular Culture and World Politics: Theories, Methods, Pedagogies* (pp.63-72). Bristol: E-International Relations.
Anderson, B. (1991). *Imagined Communities: Reflections on the Origin and Spread of Nationalism*. London: Verso. pp.5-7.
Bleiker, R. (2009). *Aesthetics and World Politics*. New York: Palgrave Macmillan.
Cammaerts, B., & Carpentier, N. (2007). *Reclaiming the Media: Communication Rights and Democratic Media Roles*. Bristol: Intellect.
Citizen Passivity a Real Threat to Democracy [editorial] (2014, 2 Jan.). Asahi Shimbun [vernacular on 1 Jan., 2014].

Cool Japan Fund Inc. (2015). Cool Japan Fund. Retrieved from http://www.cj-fund.co.jp/en/
Dill, K. (2014, 12 Nov.). "Japan tops 2014 ranking of the strongest country brands." Forbes. Retrieved from http://www.forbes.com/sites/kathryndill/2014/11/12/japan-tops-2014-ranking-of-the-strongest-country-brands/
Dower, J. W. (2012). *Ways of Forgetting, Ways of Remembering: Japan in the Modern World.* New York: New Press.
Habermas, J. (2001). The public sphere: An encyclopedia article. In M. G. Durham & D. M. Kellner (Eds.), *Media and Cultural Studies: Keyworks* (pp.102-107). Malden, MA: Blackwell.
Kawasaki, K., (Interviewer) & Hasebe, Y. (Interviewee) (2015). Constitutional scholar says public starting to notice problems with security bills. Mainichi Shimbun. Retrieved from http://mainichi.jp/english/english/perspectives/news/20150716p2a00m0na017000c.html
Matsui, T. (2010). "Buumo to shite no kuuru Japan: Poppu karuchaa wo meguru chuuo kanryou no seisaku kyousou" [The Cool Japan craze among central ministries in Japan] *Hitotsubashi Business Review, 58*, (3), 86-105 [English title provided by original publication].
Nye, J. S., Jr. (2004). *Soft Power: The Means to Success in World Politics* (1st ed.). New York: Public Affairs.
Oguma, E. (2002). *Genealogy of Japanese Self-Images*. Melbourne: Trans-Pacific Press.
Ozawa, I. (1994). *Blueprint for a New Japan: Rethinking of a Nation*. Tokyo: Kodansha.
Shusō kantei [Office of the Prime Minister of Japan] (2007, Sept.). Utsukushii Nippon no sui: Boshū kekka hōkoku-sho [White paper on recruiting results for the "essence of beautiful Japan"] Naikaku kanbō 'utsukushii kuni zukuri' suishin shitsu [Office Cabinet secretariat for "beautiful nation building") 1-35.
Sieg, L. (2015, Feb.10). With focus on wartime past, Japan's global PR message could misfire. Reuters. Retrieved from http://www.reuters.com/article/2015/02/10/us-japan-diplomacy-campaign-idUSKBN0LE0O920150210
Spitzer, K. (2013, 20 May). Sorry, but Japan still can't get the war right. Time. Retrieved from http://nation.time.com/2013/05/20/sorry-but-japan-still-cant-get-the-war-right/
Tanaka, T. (2015, 31 March). Abe must choose war anniversary words carefully. The Japan News by The Yoimiuri Shimbun.
Watanabe, Y., & McConnell, D. L. (2015). *Soft Power Superpowers: Cultural and National Assets of Japan and the United States*. Oxon: Routledge.
Weber, M. (2009). Politics as a vocation. In H. H. Gerth & C. W. Mills (Eds.), *From Max Weber: Essays in Sociology* (pp.77-128). Oxon: Routledge.
Whitney, J. (2008, 8 Oct.). How soft is smart: Joel Whitney interviews Joseph Nye. *Guernica Magazine*.

【資料】

NHK (n.d.). What is Cool Japan? Retrieved from http://www6.nhk.or.jp/cooljapan/en/about/

■ 第 16 章 ■

安倍晋三（2015）．平成 27 年 9 月 25 日安倍内閣総理大臣記者会見〈安倍総理冒頭発言〉 http://www.kantei.go.jp/jp/97_abe/statement/2015/0925kaiken.html（Accessed 2015/11/17）
Abe, Y. (2015). The nuclear power debate after Fukushima: A text-mining analysis of Japanese newspapers. *Contemporary Japan, 27* (2), 89-110. Retrieved Jan 13, 2016.
Aldrich, D. P. (2008). *Site Fights: Divisive Facilities and Civil Society in Japan and the West*. Ithaca: Cornell University Press.
朝日新聞（2012）．「原発問う住民投票条例案，都議会が否決　32 万人署名」(2012 年 6 月 21 日) http://www.asahi.com/special/energy/TKY201206200855.html
The Asahi Shimbun (2012, June 27). 9 utilities reject all shareholders' anti-nuclear appeals. Retrieved from http://ajw.asahi.com/article/0311disaster/fukushima/AJ201206270094
The Asahi Shinbun (2012 November 27) . http://ajw.asahi.com/article/behind_news/politics/AJ201211270089.

（Accessed 2015/12/12）

The Asahi Shimbun (2013, June 10).ASAHI POLL: 59％ oppose Abe's nuclear power policy. Retrieved from https://ajw.asahi.com/article/behind_news/politics/AJ201306100070

The Asahi Shimbun (2013, August 26). ASAHI POLL: 59% against moves to allow right to collective self-defense. Retrieved from https://ajw.asahi.com/article/behind_news/politics/AJ201308260110

The Asahi Shimbun (2014, March 18). ASAHI POLL: 59% oppose restart of nuclear reactors. Retrieved from https://ajw.asahi.com/article/0311disaster/fukushima/AJ201403180058

The Asahi Shimbun (2015, September 21). ASAHI POLL: 51% oppose security laws, 74% criticize Cabinet's explanation to public. Retrieved from http://ajw.asahi.com/article/behind_news/politics/AJ201509210023

朝日新聞（2015）．安保法案の今国会成立「必要ない」68％　朝日世論調査（2015 年 9 月 14 日） http://www.asahi.com/articles/ASH9F659TH9FUZPS569.html (Accessed 2015/11/8)

Bacon, P., & Sato, M. (2014). What role for nuclear power in Japan after Fukushima? A human security perspective. In P. Bacon & C. Hobson (Eds.), *Human Security and Japan's Triple Disaster : Responding to the 2011 Earthquake, Tsunami and Fukushima Nuclear Crisis* (pp.160-170). Abingdon, Oxon; New York, NY: Routledge.

Birch, D., Smith, R. J., & Adelstein, J. (2014). Japan's Nuclear Fever. Foreign Policy. Retrieved from http://foreignpolicy.com/2014/03/12/japans-nuclear-fever/

Della, P. D., & Tarrow, S. G. (2005). *Transnational Protest and Global Activism*. Lanham, MD: Rowman & Littlefield.

The Economist (2012/7/21). "The heat rises. Japan's anti-nuclear protests. The restart of two nuclear reactors has belatedly lit a fuse under the Japanese." http://www.economist.com/node/21559364

Feixa, C., Pereira, I., & Juris, J. S. (2009). Global citizenship and the 'New, New' social movements: Iberian connections. *Young, 17* (4), 421-442. doi:10.1177/110330880901700405

Germer, A., Mackie, V. C., & Wöhr, U. (2014). *Gender, Nation and State in Modern Japan*. Abingdon, Oxon: Routledge.

後藤遼太（2015）．デモに参加すると就職に不利？ 「人生詰む」飛び交う　朝日新聞　Retrieved from http://www.asahi.com/articles/ASH7W5SYRH7WUTIL03M.html

五十嵐仁（2013）．特定秘密保護法案を成立させてはならない 「五十嵐仁の転成仁語ブログ」（2013 年 12 月 4 日）http://igajin.blog.so-net.ne.jp

石破茂（2013）．沖縄など 「石破茂オフィシャルブログ」（2013 年 11 月 29 日）http://ishiba-shigeru.cocolog-nifty.com

The Japan Times (2014/12/10). "State secrecy law takes effect amid protests, concerns over press freedom." http://www.japantimes.co.jp/news/2014/12/10/national/japans-secrecy-law-takes-effect-amid-concern-arbitrary-info-withholding-lack-oversight/#.Vj2ePF7ouDk (Accessed 2015/11/1)

Juris, J. S. (2005). The new digital media and activist networking within Anti-corporate globalization movements. *The Annals of the American Academy of Political and Social Sciences, 597*, 189-208.

Juris, J. S. (2008). *Networking Futures: The Movements Against Corporate Globalization*. Durham, N.C.: Duke University Press.

Juris, J. S., & Pleyers, G. H. (2009). Alter-activism: Emerging cultures of participation among young global justice activists. *Journal of Youth Studies, 12* (1), 57-75.

神奈川新聞取材班（2015）．『時代の正体――権力はかくも暴走する』 現代思潮新社

Kikuchi, D. (2017). Controversial conspiracy bill approved by Abe Cabinet. The Japan Times. Retrieved from http://www.japantimes.co.jp/news/2017/03/21/national/crime-legal/controversial-conspiracy-bill-approved-by-abe-cabinet/#.WSSLrMa1ueA

Kingston, J. (2015a). SEALDs: Students slam Abe's assault on Japan's constitution. *The Asia-Pacific Journal*, Vol. 13, Issue. 36, No. 1, September 7.

Kingston, J. (2015b). Student protesters want a revitalized democracy. Special to The Japan Times. Sep 12, 2015. http://www.japantimes.co.jp/opinion/2015/09/12/commentary/student-protesters-want-revitalized-

democracy/#.VlkWdr8dnk8.（Accessed 2015/11/28）

Kitada, A. (2016). The pros and cons about restarting and awareness about nuclear power generation: Further findings from INSS's analysis of the opinion survey answers. Institute of Nuclear Safety System. Retrieved from http://www.inss.co.jp/e/seikae/journal22e/j22_3e.htm

小林正弥（2015）．安保法案について，国会で全憲法学者を調査せよ　優先されるべきは，「多数決」ではなく「立憲主義の論理」http://webronza.asahi.com/politics/articles/2015061600002.html 2015 年 6 月 17 日（Accessed 2015/11/16）

Kushida, K. E. (2012). Japan's Fukushima Nuclear Disaster: Narrative, analysis, and recommendations. Shorenstein APARC Working Paper Series, June. Retrieved from http://aparc.fsi.stanford.edu/publications/japans_fukushima_nuclear_disaster_narrative_analysis_and_recommendations

Labornet Japan (2014)."Abe, get out!" - Bulldozer Demonstration takes Shibuya by storm of anger. Retrieved from http://labornetjp.blogspot.jp/2014/08/abe-get-out-bulldozer-demonstration.html

Local residents appeal ruling backing Takahama reactor restart. (2016). Japan Times. Retrieved from http://www.japantimes.co.jp/news/2016/01/06/national/crime-legal/local-residents-appeal-ruling-backing-takahama-reactor-restart/#.VpNhIG5_SSo

Manabe, N. (2013). Music in Japanese antinuclear demonstrations: The evolution of a contentious performance model. *The Asia-Pacific Journal*, Vol.11, Issue 42, No.3.

Manabe, N. (2015). *The Revolution will not be Televised: Protest Music After Fukushima*. New York: Oxford University Press.

中村真由美（2016）．『地域ブロック内における出生率の違い——富山と福井の比較から』（Unpublished manuscript）

野田内閣総理大臣記者会見（2012）．平成 24 年 6 月 8 日　Retrieved from http://www.kantei.go.jp/jp/noda/statement/2012/0608.html.

O'Day, R. (2012). Japanese irregular workers in protest: Freeters, precarity and the re-articulation of class. Unpublished thesis. University of British Columbia. Retrieved from https://open.library.ubc.ca/cIRcle/collections/ubctheses/24/items/1.0073097

奥田愛基・倉持麟太郎・福山哲郎（2015）．『年安保 国会の内と外で——民主主義をやり直す』 大月書店

Okunuki, H. (2015, Aug 30). Should SEALDs student activists worry about not getting hired? The Japan Times. Retrieved from http://www.japantimes.co.jp/community/2015/08/30/issues/sealds-student-activists-worry-not-getting-hired/#.VrAxn09_QYp

Onitsuka, H. (2011). Hooked on nuclear power: Japanese state-local relations and the vicious cycle of nuclear dependence. *The Asia-Pacific Journal| Japan Focus, 10* (2), 1-11. Retrieved from http://japanfocus.org/-Hiroshi-Onitsuka/3676

Osaki, T. (2015). Thousands protest Abe, security bills at Diet rally. Japan Times. Aug 30, 2015. http://www.japantimes.co.jp/news/2015/08/30/national/thousands-protest-abe-security-bills-diet-rally/#.VnTl2V7UiL8（Accessed 2015/11/30）

Pekkanen, R. (2012). The 2012 Japanese election paradox: How the LDP lost voters and won the election. The National Bureau of Asian Research. Retrieved from http://nbr.org/research/activity.aspx?id=297

Pereira, A. M. P. A. (2007). Women's Movements, the State, and the Struggle for Abortion Rights: Comparing Spain and Portugal in Times of Democratic Expansion (1974-1988). Unpublished Ph.D. dissertation submitted to the University of Minnesota.

Reporters Without Borders for Freedom of Information (2013). World Press Freedom Index: Dashed hopes after spring. World Press Freedom Index. 2013. http://en.rsf.org/press-freedom-index-2013,1054.html（Accessed 2015/12/4）

Reporters Without Borders for Freedom of Information (2014). "RWB supports legal action against secrets law." 15 December 2014. http://en.rsf.org/japan-rwb-supports-legal-action-against-15-12-2014,47379.html

(Accessed 2015/12/4)

Reporters Without Borders for Freedom of Information (2015). "World Press Freedom Index. 2015." (Accessed 2016/11/16)

Ryall, J. (2015/4/9). A look at Japan's anti-government protests. Deutche Welle. Retrieved from http://www.dw.com/en/a-look-at-japans-anti-government-protests/a-18693387 (Accessed 2016/01/01)

Scalise, P. J. (2012). Hard choices: Japan's post-Fukushima energy policy in the 21st century. In J. Kingston (Ed.), *Natural Disaster and Nuclear Crisis in Japan: Response and Recovery after Japan's 3/11* (pp.140-155). Nissan Institute/Routledge Japanese Studies.

Sieg, L. (2012). "Despite 2011 disaster, pro-nuclear party could win power in Japan." November 27. https://www.reuters.com/article/us-japan-election-nuclear/analysis-despite-2011-disaster-pro-nuclear-party-could-win-power-in-japan-idUSBRE8AQ02U20121127

Sieg, L. (2017/5/22). Japan protests against U.N. expert's queries on bill to fight terrorism. Reuters. Retrieved from http://www.reuters.com/article/us-japan-politics-conspiracy-idUSKBN18I0CG

Slater, D. H., O'Day, R., Uno, S., Kindstrand, L., & Takano, C. (2015). SEALDs (Students emergency action for liberal democracy): Research note on contemporary youth politics in Japan. *The Asia-Pacific Journal, 13* (37, No.1). Retrieved from http://apjjf.org/-David_H_-Slater/4375#sthash.a4n6pDln.dpuf

高橋源一郎・SEALDs（2015）.『民主主義ってなんだ？』 河出書房新社

Tarrow, S. G. (1994). *Power in Movement: Social Movements, Collective Action, and Politics*. Cambridge University Press.

Tarrow, S. G. (1998). *Power in Movement: Social Movements and Contentious Politics* (2nd ed). Cambridge University Press.

Tilly, C. (2004). *Social Movements, 1768-2004*. Boulder, Colorado, USA: Paradigm Publishers.

Tilly, C., & Tarrow. S. (2006). *Contentious Politics*. Paradigm Publishers.

Tokyo assembly votes down nuclear referendum ordinance (2012/6/21). Asahi Shimbun. Retrieved from http://ajw.asahi.com/article/behind_news/politics/AJ201206210045vi

東京新聞（2011/11/19）. 声合わせ６万人集会（特定秘密の保護に関する法律 平成二十五年十二月十三日法律第百八号）http://law.e-gov.go.jp/htmldata/H25/H25HO108.html (Accessed 2015/12/18)

東京新聞（2014/12/1）.〈特定秘密保護法〉特定秘密46万件見通し　指定19機関調査　無回答多く不透明 http://www.tokyo-np.co.jp/article/feature/himitsuhogo/list/CK2014120102000192.html (Accessed 2015/11/1)

United Nations Human Rights (UNHR) Office of the High Commissioner (2013). Japan: "Special Secrets Bill threatens transparency" - UN independent experts. Retrieved from http://www.ohchr.org/EN/NewsEvents/Pages/DisplayNews.aspx?NewsID=14017

Vivoda, V. (2014). *Energy security in Japan: Challenges After Fukushima*. Farnham, Surrey, England; Burlington, VT: Ashgate.

web DICE（2012/6/23）. ４万５千人を集めた6/22首相官邸前抗議，読者からの投稿によるレポート：大飯原発再稼働反対の声高まるなか，今まで報じなかった各メディアも報道 http://www.webdice.jp/dice/detail/3551/

William, A. G. (1990). *The Strategy of Social Protest*. Wadsworth Pub. Co.

Williamson, P. (2012). Largest demonstrations in half a century protest the restart of Japanese nuclear power plants. *The Asia-Pacific Journal*, Vol.10, Issue 27, No.5.

World Nuclear Association（世界原子力協会）(2015). Nuclear Power in Japan (Updated 19 November2015). http://www.world-nuclear.org/info/Country-Profiles/Countries-G-N/Japan/

Yoshida, R., & Mizuho, A. (2015/9/19). Diet enacts security laws, marking Japan's departure from pacifism. The Japan Times. http://www.japantimes.co.jp/news/2015/09/19/national/politics-diplomacy/diet-enacts-security-laws-marking-japans-departure-from-pacifism-2/#.Vj2elV7ouDk

Yomiuri Shimbun (2012/10/18). Referendums no way to decide restarts of nuclear reactors -say Shizuoka Prefectural Assembly. Editorial Desk 18-10-2012

Zolberg, A. (1972). Moments of madness. *Politics and Society*, March 2, 183-207.

【資料】

国境なき記者団（Reporters Without Borders）ウェブサイト（https://rsf.org）

New York: Oxford University Press, 2013.
"Koizumi's complementary coalition for (mostly) neo-liberal reform in Japan." In K. E. Kushida, K. Shimizu & J. C. Oi (Eds,), *Syncretism: The Politics of Economic Restructuring and System Reform in Japan*(pp.115-146). Stanford, Cal.: Stanford University Asia-Pacific Research Center, 2014　など

■ **デニス・パターソン**（Dennis PATTERSON）……第 13 章
テキサス工科大学政治学部教授、学部長。カリフォルニア大学ロサンゼルス校（UCLA）Ph.D.（政治学）
ミシガン州立大学、ウイスコンシン大学を経て 2002 年より現職。
〈専門〉比較政治、日本政治、アジア政治制度、政治学的方法論
〈主著・論文〉
The Japan that Never Was: Explaining the Rise and Decline of a Misunderstood Country. SUNY Press, 2004
British Journal of Political Science, World Politics, Comparative Political Studies, Women and Politics, Asian Survey, Harvard International Journal of Press/Politics, Journal of the Asia-Pacific Economy, Pacific Focus.　など

■ **ヒジノ・ケン・ビクター レオナード**（HIJINO Ken Victor Leonard）……第 14 章
京都大学大学院法学研究科准教授。ケンブリッジ大学 Ph.D.（日本研究）
〈研究テーマ〉中央・地方関係、マルチレベルの政党政治、首長と政党の関係、地域政党、政党組織。地方分権や地域格差に対する規範的意識や公的言説の日本・スウェーデン・英国・ドイツなどの比較研究。
〈主著・論文〉
「地方政党の台頭と地方議員候補者の選挙戦略——地方議会議員選挙公報の分析から」（砂原庸介と共著）『レヴァイアサン』53 号　2013 年
"Intra-party conflicts over gubernatorial campaigns in Japan: Delegation or franchise? " *Party Politics*, 20 (1), 78-88, 2014
『日本のローカルデモクラシー』（単著／石見豊 訳）芦書房　2015 年
Local Politics and National policy: Multi-level Conflicts in Japan. Routledge, 2017　など

■ **池田謙一**（Kenichi IKEDA）……第 11 章

同志社大学社会学部教授。東京大学博士（社会心理学）

東京大学大学院で 21 年間教鞭を執った後、2013 年より同志社大学社会学部社会学研究科メディア学専攻の教授に転じた。これまでに国際比較研究として、アジアンバロメーター調査（ABS）、世界価値観調査（WVS）、選挙制度の効果に関する国際比較調査（CSES）の複数回のプロジェクトの日本代表として活動。

〈主著・論文〉

"Impact of diversity in informal social networks on tolerance in Japan." *British Journal of Political Science, 39*. Sean Richey と共著）, 2009

Political Discussion in Modern Democracies: A comparative perspective. Routledge. (Michael Wolf, & Laura Morales と共編著）, 2010

「行政に対する制度信頼の構造」（単著）『年報政治学 2010-I』2010 年

Social Networks and Japanese Democracy（Sean Richey と共著）, 2011

"Multiple discussion networks and their consequence for political participation". *Communication Research, 38*.（Jeffrey Boase と共著）, 2011

『新版・社会のイメージの心理学――ぼくらのリアリティはどう形成されるか』サイエンス社　2013 年

『震災から見える情報メディアとネットワーク〈震災に学ぶ社会科学シリーズ 8 巻〉』（編著）東洋経済新報社　2015 年　など

■ **竹本圭佑**（Keisuke TAKEMOTO）……第 11 章

東京工業大学大学院社会理工学研究科博士課程院生。2015-2016 年日本学術振興会特別研究員（DC2）。東京大学修士（社会心理学）。

研究の関心は、政治コミュニケーション、社会的ネットワーク、世論。

■ **グレゴリー・W・ノーブル**（Gregory W. NOBLE）……第 12 章

東京大学社会科学研究所教授。ハーバード大学 Ph.D.（政治学）

カリフォルニア大学、オーストラリア国立大学を経て、2001 年から現職。

〈主著・論文〉

Collective Action in East Asia: How Ruling Parties Shape Industrial Policy (Cornell Studies in Political Economy), Cornell University Press: Ithaca, 1998.

「政治的リーダーシップと構造改革」東京大学社会科学研究所（編）『「失われた 10 年」を超えて (II)：小泉改革への時代』東京大学出版会　pp.73-105　2006 年

"New breakthroughs and enduring limitations in Japan's special relationship with Taiwan." In Y. Sato & S. Limaye (Eds.), *Japan in a Dynamic Asia: Coping with New Security Challenges* (pp.89-116) . Lanham, Maryland: Lexington Books, 2006

"Japan's business community in Sino-Japanese relations." In F. Rosenbluth & M. Kohno (Eds.), *Japan and the World* (pp.187-227). New Haven: Yale University Council on East Asian Studies, 2009

"The decline of particularism in Japanese politics." *Journal of East Asian Studies 10*: 2, 239-273, 2010.

"The Chinese auto industry as challenge, opportunity and partner." In D. Breznitz & J. Zysman (Eds.), *The Thierd Globalization: Can Welthy Nation Stay in the Twenty-First Century?* (pp.57-81).

■ **中村真由美**（Mayumi NAKAMURA）……第 7 章
富山大学経済学部准教授。シカゴ大学 Ph.D.（社会学 ）
東京大学社会科学研究所研究員、お茶の水女子大学助教を経て現職
〈専門〉家族社会学、労働社会学
〈主著・論文〉
『弁護士のワークライフバランス―ジェンダー差から見たキャリア形成と家事・育児分担』（編著）明石書店　2015 年　など

■ **小笠原祐子**（Yuko OGASAWARA）……第 8 章
日本大学経済学部教授。シカゴ大学 Ph.D.（社会学 ）
〈専門〉労働社会学、家族社会学、ジェンダーの社会学
〈主著・論文〉
「ステレオタイプの悪循環」（天野正子・伊藤公雄 他編）『新編 日本のフェミニズム 4　権力と労働』岩波書店　pp.279-298　2009 年
「性別役割分業意識の多元性と父親による仕事と育児の調整」『季刊 家計経済研究』冬 81, 34-42. 2009 年
"Family formation crisis in contemporary Japan." In Cüneyt Dinç (Ed.), *Family Conference-III International Family Policies Conference Proceedings* (pp.162-173). Istanbul: Journalists and Writers Foundation Press, 2015　など

■ **今井　順**（Jun IMAI）……第 9 章
上智大学総合人間科学部教授。ニューヨーク州立大学ストーニーブルック校 Ph.D.（社会学）
デュースブルグ・エッセン大学研究員、東北大学助教授、北海道大学大学院文学研究科准教授を経て、2018 年より現職。
〈専門〉雇用関係の社会学、経済社会学、比較社会学など
〈主著・論文〉
The Transformation of Japanese Employment Relations: Reform without Labor. Palgrave Macmillan, 2011
「制度と社会的不平等――雇用関係論からの展開」（佐藤嘉倫・木村敏明編）『不平等生成メカニズムの解明――格差・階層・公正』pp.163-186. ミネルヴァ書房　2013 年
"Policy responses to the precarity of non-regular employment in Japan."（Hsiao M, Kalleberg A and Hewison K (Eds.), *Policy Responses to Precarious Work in Asia* (pp.49-80). Academia Sinica Press, 2015　など

■ **グラシア・ファーラー**（Gracia LIU-FARRER）……第 10 章
早稲田大学国際学術院（大学院アジア太平洋研究科）教授。シカゴ大学 Ph.D.（社会学）
東北大学社会階層と不平等研究教育拠点フェロー（2006-2007 年）、お茶の水女子大学助教（2008-2009 年）、一橋大学大学院社会学研究科地球社会研究専攻客員教授（2008-2009 年）、早稲田大学大学院アジア太平洋研究科准教授（2009-2013 年）を経て、2014 年より現職。
〈主著・論文〉
「中国系移民の余暇サブカルチャーにおける性および地位の実践」（広田康生・町村敬志・田嶋淳子・渡戸一郎編）『先端都市社会学の地平』ハーベスト社 所収　2006 年
Labor Migration from China to Japan: International Students, Transnational Migrants. London: Routledge, 2011　など

■ **武田宏子**（Hiroko TAKEDA）……第 4 章
名古屋大学法政国際教育協力研究センター教授。シェフィールド大学 Ph.D.
カーディフ大学、シェフィールド大学講師、東京大学総合文化研究科附属国際日本研究教育機構特任准教授を経て現職。
〈専門〉政治社会学、ジェンダー研究、日本研究
〈主著・論文〉
The Political Economy of Reproduction in Japan: Between Nation-State and Everyday Life. Routledge Curzon, 2005
"Gender-related social policy" In Alisa Gaunder (Ed.), *The Handbook of Japanese Politics* (pp. 212-222). Abingdon, Oxon: Routledge, 2011
「再生産とガバナンス――政治社会学から」（大沢真理・佐藤岩男編）『ガバナンスを問い直す Ⅰ――越境する理論のゆくえ』pp.161-191. 東京大学出版会　2016 年　など

■ **秋吉美都**（Mito AKIYOSHI）……第 5 章、第 7 章
専修大学人間科学部教授。シカゴ大学 Ph.D.（社会学）
〈専門〉情報行動、幸福度とワークライフ・バランス、社会統計
〈主著・論文〉
"Missing in the midst of abundance: The case of broadband adoption in Japan." In R. Massimo & G. W. Muschert (Eds.), *The Digital Divide: The Internet and Social Inequality in International Perspective*. Abingdon, Oxon,; New York, NY: Routledge. (Motohiro Tsuchiya、Takako Sano と共著)，2013
"Conceptualizing a social sustainability framework for energy infrastructure decisions." *Energy Research & Social Science, 8*: 127–138.（John Whitton, Ioan Mihangel Parry, and William Lawless. と共著)，2015　など

■ **グレゴリー・プール**（Gregory POOLE）……第 6 章
同志社大学国際教育インスティテュート所長、社会文化人類学教授。オックスフォード大学 Ph.D.（社会人類学）
主な研究分野は教育人類学。Council on Anthropology and Education（アメリカ人類学会）、Anthropology of Japan in Japan、および日本国際教育学会の理事・運営委員を務めてきた。
〈主著・論文〉
"The Japanese university in crisis." *Higher Education, 50*: 685–711.（天野郁夫との共著)，2005
Higher Education in East Asia: Neoliberalism and the Professoriate. Sense Publishers.（Ya-chen Chen との共同編集)，2009
The Japanese Professor: An Ethnography of a University Faculty. Sense Publishers, 2010
Foreign Language Education in Japan: Exploring Qualitative Approaches. Sense Publishers.（堀口佐知子、井本由紀との共同編集)，2015
Reframing Diversity in the Anthropology of Japan. Kanazawa University Center for Cultural Resource Studies（John Ertl、John Mock、John McCreery との共同編集)，2015　など

執筆者一覧（執筆順）

編集担当

■ ジル・スティール（Gill STEEL）……はじめに、第1章、第3章、第16章、あとがき
同志社大学国際教育インスティテュート准教授。シカゴ大学 Ph.D.（政治学）
元東京大学法学部研究員、東京大学社会心理研究室にて教鞭をとる。
世論や投票行動、メディアと政治に関する数多くの専門誌や書籍に多数の論文を発表。『年報政治学』や *The Japanese Journal of Social Science, and PS: Political Science and Politics* などで寄稿、編集、および発表している。現在の研究テーマは性別と政治的行動、政治社会学。
〈主著〉
Democratic Reform in Japan. Lynne Rienner Pub.（Sherry Martin と共編），2008
Changing Politics in Japan. Cornell Univ Pr.（蒲島郁夫と共著），2010　など

■ 浅野正彦（Masahiko ASANO）……はじめに、第1章、第13章、あとがき
拓殖大学政経学部教授。カリフォルニア大学ロサンゼルス校（UCLA）Ph.D.（政治学）
拓殖大学大学院地方政治行政研究科委員長。
東京大学社会科学研究所助手を経て2006年より現職。
〈専門〉政治学的方法論、比較政治学、現代日本政治論
〈主著・論文〉
「国政選挙における地方政治家の選挙動員――『亥年現象』の謎」『選挙研究』1998年
『市民社会における制度改革――選挙制度と候補者リクルート』（単著）慶應義塾大学出版 2006年
Political Market-Orientation in Japan. Routledge（共著），2009
『Stata による計量政治学』（共著）オーム社　2013年　など

■ マリー・トーステン（Marie THORSTEN）……第1章、第15章
国際基督教大学社会学研究所研究員。ハワイ大学 Ph.D.（政治学）
元同志社大学グローバル・コミュニケーション学部教授で、東京大学とマカレスター大学での教鞭経験もある。
〈専門〉国際政治、日米関係、メディア文化
〈主著〉
Superhuman Japan: Knowledge, Nation and Culture in US-Japan Relations. Routledge, 2012　など

■ キャサリン・テグマイヤー・パク（Katherine TEGTMEYER PAK）……第2章
米国セントオラフ大学政治アジア学部准教授、学部長。シカゴ大学 Ph.D.（政治学）
元東京大学社会科学研究所フルブライト研究員。研究のため交換留学生を伴いしばしば日本を訪れている。
〈専門〉比較政治学、国際政治学、アジア学

現代日本社会の権力構造

2018年9月10日　初版第1刷印刷
2018年9月20日　初版第1刷発行

定価はカバーに表示してあります。

編著者　浅野正彦
　　　　ジル・スティール

発行所　㈱北大路書房
〒603-8303　京都市北区紫野十二坊町12-8
電　話　(075) 431-0361㈹
F A X　(075) 431-9393
振　替　01050-4-2083

編集・製作　本づくり工房　T.M.H.
装　幀　　　野田和浩
印刷・製本　モリモト印刷（株）

ISBN 978-4-7628-3026-6　C3036　Printed in Japan© 2018
検印省略　落丁・乱丁本はお取替えいたします。

家族実践の社会学

標準モデルの幻想から日常生活の現実へ

デイヴィッド H. J. モーガン　著
野々山久也，片岡佳美　訳

A5 判上製・336 頁
本体 4500 円＋税
ISBN978-4-7628-2986-4

多様化する家族を「動的存在」として認識するために，「家族実践」という概念を提案。時間と空間，身体，感情，家族研究の倫理的転回，労働と家族との連接化といった重要なテーマとの関連性を論じる。標準モデルにもとづく規範型家族の呪縛から放れて，絶えず変化しつつある「日常的な家族生活」の本質的なありように迫る。

沈黙の螺旋理論［改訂復刻版］

世論形成過程の社会心理学

E. ノエル＝ノイマン　著
池田謙一，安野智子　訳

A5 判・368 頁
本体 4700 円＋税
ISBN978-4-7628-2795-2

自分の意見は少数派である，あるいはそうなりそうだとわかった人は孤立を恐れて沈黙し，逆に自分が多数派だと認知した人は声高に発言する。沈黙は雄弁を生み，雄弁は沈黙を生むというこの螺旋状のプロセスの中で，少数派はますます少数派になっていく……。長らく絶版となっていた世論研究の名著，待望の復刻版。

紛争と平和構築の社会心理学

集団間の葛藤とその解決

D. バル・タル　編著
熊谷智博，大渕憲一　監訳

A5 判・392 頁
本体 4000 円＋税
ISBN978-4-7628-2787-7

紛争の発生から，和解プロセスを通じてその解決と平和構築に至る全サイクルを，実証データを示しながら体系的に記述し，「紛争」と「平和構築」における非対称性について，それぞれの心理的メカニズムを解明していく。「世界平和のために何かしたいが，どうしたらよいのか分からない」と思う人，必読の書。

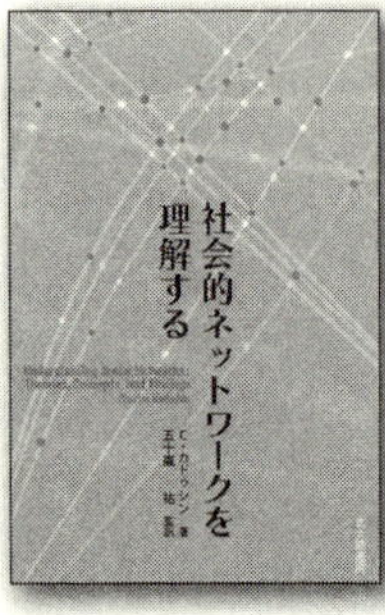

社会的ネットワークを理解する

C. カドゥシン　著
五十嵐　祐　監訳

A5 判・328 頁
本体 3400 円＋税
ISBN978-4-7628-2900-0

社会生活に関する理解を深めるための有益な手段として，人間をノード（節点）の単位とする「社会的」ネットワークに注目。その形成・維持を支える人間行動の基本原理について，近年の SNS の普及といった環境変化や，「個人の動機づけ」概念を取り入れた上で，社会学の古典的な知見をベースとする理論的な説明を提供する。